湛庐CHEERS

与最聪明的人共同进化

HERE COMES EVERYBODY

财富的起源

The Origin of Wealth

[英]埃里克·拜因霍克 著
Eric D. Beinhocker
俸绪娴 刘玮琦 尤娜 译

浙江人民出版社
ZHEJIANG PEOPLE'S PUBLISHING HOUSE

Eric Beinhocker

埃里克·拜因霍克

牛津大学新经济思想研究所掌门人
圣塔菲研究所外聘教授
麦肯锡全球研究所合伙人

E R I C B E I N

牛津大学
新经济思想研究所掌门人

在一次田野调查中，拜因霍克前往了肯尼亚西南地区的一个偏远乡村。在那里，他偶遇了一位马赛族人。那位马赛族人一直在礼貌地询问关于拜因霍克的家乡和家庭的问题，打听他的经济实力。在得知拜因霍克家里一头牛都没有时，马赛族人显露出了遗憾的神情，同时还有一丝疑惑，他搞不明白这样穷困潦倒、家里一头牛都没有的人怎么有钱跑到村子里探访，还拥有相机这种看上去非常昂贵的东西。

后来，在得知拜因霍克的叔叔在马里兰州的农场上养了一大群牛时，马赛族人心里的疑惑"解开了"——很显然，这位客人是仰仗富人叔叔的游手好闲之辈,是靠富人叔叔的财富来旅行和生活的。

这次调查促使拜因霍克想要了解财富是什么，财富是如何被创造出来的，如何才能创造更多的财富等问题。拜因霍克是牛津大学新经济思想研究所的掌门人，牛津大学布拉瓦尼克政府学院公共政策实践教授。而牛津大学新经济思想研究所是一个致力于将前沿的跨学科方法应用于解决金融系统稳定性、创新和增长、经济不平等和环境可持续性等问题的机构，面对经济学领域正在发生的深刻变化，该研究所在开创性研究方面占据着举足轻重的地位。

The Origin of Wealth

O C K E R

埃里克·拜因霍克

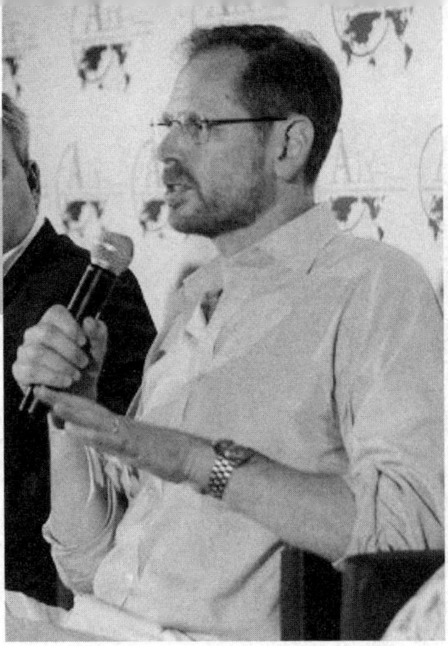

圣塔菲研究所外聘教授

拜因霍克还是圣塔菲研究所的外聘教授，在《复杂经济学》的作者布莱恩·阿瑟的组织和合作下，他们开展了多项复杂经济学研究项目，在该领域产生了重要影响。

经济学领域正在经历一场变革，由传统的古典经济学研究范式向复杂经济学转变。

在实践和研究中，人们逐渐发现传统经济学中的假设和实践并不符合真实的经济运行状况，比如“完全理性的经济人假设”“均衡理论”等，事实上，经济本身是一个开放的、动态的非线性系统，并不会实现均衡状态，而经济人本身也是不完全理性的，经济本身是由众多个体组成的互动网络，是一种涌现现象，也是一个进化系统。复杂经济学概念将在未来数十年为经济学理论和实践提供支持。圣塔菲研究所正是在经济学领域的范式转移中诞生的专门性研究机构，是世界知名的复杂性科学研究中心。

The Origin of Wealth

麦肯锡
全球研究所合伙人

在加入牛津大学之前，拜因霍克在麦肯锡公司工作了 18 年，担任麦肯锡全球研究所合伙人。《财富》杂志称其为“新世纪的商业领袖”。他写作的商业和经济学文章发表在《金融时报》《泰晤士报》《卫报》《大西洋月刊》《新闻周刊》等杂志报纸上。

拜因霍克的文章深入浅出、逻辑严密，用语流畅清晰，获得了读者的诸多好评。在《财富的起源》中，作者从位于菲律宾马尼拉的一处名叫乐土的垃圾场入手，将位于垃圾场上的复杂经济网络向读者娓娓道来：垃圾捡拾者、垃圾贩子、垃圾回收商、制造商以及向垃圾拾荒者及其家人兜售日常用品的小贩，最终引出了经济源自何处，为何一堆垃圾上会诞生如此复杂的经济系统，这些行为、关系、组织和理念如何支撑起一种经济形式等问题。

在作者抽丝剥茧般的叙述中，我们将深入经济学领域看似深不可测的腹地，探索那些趣味十足又具有真正的指导意义的精妙理论和案例。

献给蒂莉。

自我们用后腿站立以来，
门已经被砸开了五六次。

或许这是活着的最好时机，
当你自认为所知道的一切几乎都是错误的时候。

——汤姆·斯托帕德

THE ORIGIN
OF WEALTH

赞誉

工业革命以来，人类巨大财富文明的创造过程一直闪耀着亚当·斯密《国富论》的智慧之光。万物互联时代，传统经济理论到了需要改写的关头。埃里克·拜因霍克的著作恰逢其时，堪称物联网时代的《国富论》。

张瑞敏

海尔集团董事局主席、首席执行官

终于有一部讲述经济学思想演进、探究经济学思想前沿的好书！对于痛感传统经济学无法解释数字经济、信息社会和智能未来的人来说，拜因霍克的这部《财富的起源》，堪称与新时代共舞的杰作。

段永朝

苇草智库创始合伙人

经济学曾经和进化论有过一段相互学习、相互激励的时期，但很快就分道扬镳了。分手之后的进化论慢慢沉淀为现代科学的基石，而分手之后的经济学却飘飘在上，看似霞光万道，其实一阵风就能吹走。《财富的起源》回到了进化论和经济学最初相遇的地方，然后尝试让经济学再走一条不一样的道路。这条路当然更为艰辛危险，却能通往正确的方向。

何 帆

上海交通大学安泰经济与管理学院经济学教授

本书革命性地展望了复杂经济学的格局，可以预见，以动态、主体、互动、涌现、进化为特征的新的经济学范式，将指导人类更好地理解和把握量子时代的经济发展实践。

陈 劲

清华大学经济管理学院教授、知名创新管理学家

《财富的起源》一书不仅用动态、进化等五种视角重新解释了1750年持续至今的财富和经济复杂性大爆发，还将商业设计、物理技术、社会技术这三种进化机制纳入到复杂经济学体系中，甚至以复杂性重新定义了经济、商业和财富及其逻辑，堪称一本新的《国富论》。这是一本全面反思经济学的雄心之作，也是重新认识人性、组织和社会的良心之作。

本 力

中国经济学教育科研网主编

过去几十年间，经济思想发生了根本性的变化。埃里克·拜因霍克在这本书中带领我们踏上了一段饱览这些思想的闪耀旅程，非常值得一读。

布莱恩·阿瑟

圣塔菲研究所元老，复杂性科学奠基人

《财富的起源》是一本杰作。拜因霍克通过一系列广泛的研究证明了经济和金融将为何以及如何经历一场思想革命。这本书意义重大，任何对商业和社会产生的影响感兴趣的人都应该读一读。

迈克尔·莫布森

畅销书《反直觉思考》《魔鬼投资学》作者

序言

百余年来最深刻的变化

在我写这本书的时候，经济学正经历着百余年来最深刻的变化。我相信，这种变化代表着世界思潮的重大转变，这将对我们以及后面几代人的生活产生实质性的影响。此外，我还相信，正如生物学在 20 世纪成为一门真正的科学那样，经济学也将在 21 世纪成为一门科学。

伟大的历史学家和哲学家托马斯·库恩（Thomas Kuhn）曾指出，科学探索不是在平稳、平坦的进程中展开的。研究库恩作品的一位学者说过，科学的进步中只有“些许平和的插曲，这些插曲是被思想上的激烈革命不时打断的…… 在每一次革命中，旧的观点将被新的观点取代”。[1] 库恩将这些剧变的阶段称为“范式转移”，尽管这个词语因为被滥用而失去了威力，但本书将阐明，我们所见证的今日的经济学，事实上只是这样一次范式转移的初始阶段。

为何经济学的范式转移如此重要？为何我们即便不是经济学家也要关注？大多数人将经济学视为一个枯燥、高深的领域——托马斯·卡莱尔（Thomas Carlyle）给它取了一个响亮的名字：惨淡的科学。[2] 经济学的理念之所以重要，是因为它们深刻地注入了社会结构之中。从进行何种类型的抵押，到人们为退休所做的投资，再到我们为谁投票，经济学理念会影响每个人的选择。经济学理念还为商界和政府领导的决策提供了关键框架，这也会对所有人造成影响。就像抽象的科学理论会通过我们乘坐的飞机、服用的药品和使用的电脑而化虚为实，经济学理念也会通过机构、商品和服务以及公共政策而在生活中变成实际的存在。约翰·梅纳德·凯恩斯（John Maynard Keynes）在其著作《就业、利息和货币通论》（*General Theory of Employment, Interest and Money*）的结论部分写到："经济学家和哲学家的思想无论对错，都比世俗理解的更有影响力。事实上，世界就是由这些思想统治的。"[3] 综观历史，糟糕的经济学理念曾导致数百万人遭遇苦难，而优秀的经济学理念则为繁荣奠定了基础。

尽管经济学思想十分重要，但很少有人在学术殿堂外能够意识到今天该领域正在经历根本性的变化。本书是关于我眼中的复杂经济学革命的故事，书中讲述了复杂经济学究竟为何物，揭露了经济学者的一些深层的奥秘，以及经济学对于整个商业和社会的意义何在。

某些科学革命天生就是完整的，是个别天才的成果，例如爱因斯坦的相对论。另外一些则是许多人经过几十年的努力得出的成果，比如 1900 年至 1930 年的量子物理学。复杂经济学革命与后者类似，它是全世界许多研究者多年工作的结晶。尽管复杂经济学里的许多思想有着深厚的历史根源，但直到 20 世纪 70 年代晚期，这场革命才开始酝酿，当时物理科学的进步使得一小部分经济学家、社会科学家开始思考是否存在一种全新的方式来看待经济。20 世纪 80 年代至 90 年代，大规模、成本低廉的计算工具的出现允许研究者利用新式的、不可预见的方式来探索他们的理念，从而推动了复杂经济学革命的发展。

这场革命尚未成功，本身也充满了争议。部分经济学家将会同意本书提出的观点，部分将会坚决地反对，而大部分人将会同意某些观点，同时反对另一些观点。正如一个老笑话所说的那样，如果你想要得到四个观点，只要询问两位经济学家就够了。尽管如此，我仍然相信，思潮正坚定地朝着复杂经济学的方向涌去，并且复杂经济学的概念将在未来数十年为经济学理论和实践奠定基础。本书的目的在于讲述复杂经济学的故事，使之更容易为普通听众接受。与此同时，我还将提出自己的观点，说明这些思想的意义为何，以及如何将它们应用到商业、金融和公共政策的现实世界里。

在写这本书时，我在脑海里设定的是三类读者。第一类是商业领袖、投资人以及政策制定者之中热衷于了解经济和科学将如何影响他们的工作的人。对于这类读者，我想说的是，这不是一本指导你周一上午该做什么的书。复杂经济学包含一套非常有力的概念，它们与高管和政策制定者所面临的大部分棘手的问题是高度相关的。然而，读者将不会在本书中看到龙头企业应用复杂经济学的具体案例，也不会看到什么十步轻松成功法。许多管理学著作承诺读者，它们的理念是最前沿的，同时也被许多公司多年来的成功实践证明是行之有效的——毫无疑问，两者是不可兼得的。我的主张是，复杂经济学确实是前沿的，但这也意味着它没有获得广泛的应用。一些公司已经利用它进行了实验，另外一些公司基于直觉和巧合，无意中也进行了与复杂经济学思想相一致的实践。尽管人们有过一些将这些经验转化为管理工具的尝试，但我认为阐述如何应用这些思想还为时过早。[4] 我的关注点不在于案例和工具，而在于帮助读者更新他们关于经济系统如何发挥作用的认知。我希望这本书是一本“周日上午指南”——其目标不在于告诉你具体应该怎么做，而在于改变你的思考方式。

第二类读者是对经济学、社会组织、公共政策以及科学感兴趣的任何人。见证科学革命的发生，尤其是这样一个将对全世界产生重大影响的科学革命的机会并不易得。对于这类读者，我希望这本书能为他们提供一个前沿视角，来见证这场 21 世纪最激动人心的变革。本书并没有预设读者拥有经济学或科学背景，相关讨论也不会过于技术化。然而，我会介绍大量对于读者来说并不熟悉的术语。事实上，复杂经济学的其中一个重要贡献就是提供了一套讨论和理解经济学、商业和社会组织的新语言。

第三类读者是学者和学生。对于这个群体，我希望本书能够成为一份有用的非技术性综述，即我们身处何处、将要去向何方。同时，我还希望本书能够澄清（尽管我们肯定无法解决）当前某些关于经济学的争辩，并提出一些新的论题。如果学者和其他读者想要进一步了解相关内容，注释应被当作讨论不可分割的一部分。它们提供了参考，以及在正文中并未呈现的更多技术讨论和延伸。如果读者对于到原始素材中寻找答案感兴趣，我们也将提供完整的参考文献目录。

THE ORIGIN OF WEALTH

目录

第三部分 财富起源于进化：复杂经济学中的三种进化力量

第四部分 财富的积累及增长：如何利用复杂经济学理论决胜于商业社会

第一部分

范式转移：从传统经济学到复杂经济学

I

THE ORIGIN OF WEALTH

THE ORIGIN OF WEALTH

宇宙的历史有可能是由少数几个比喻构成的。

——豪尔赫·路易斯·博尔赫斯《迷宫》

THE ORIGIN OF WEALTH ❶

01 财富起源之谜由来已久

肯尼亚西南地区的一处偏远乡村中坐落着一座茅草屋，茅草屋最中间的房间烟雾缭绕，我坐在屋里的小窗台上，背靠着粪土砌成的墙壁。茅草屋主人是一位年长的马赛族人，他的脸庞显得睿智、饱经风霜，双目炯炯有神，一直在礼貌地询问关于我的家乡和家庭的问题。

随后，他开始打听我的经济实力。“你有多少头牛？”他的目光透过煮饭的火苗聚焦在我身上。我顿了一下，礼貌地回答：“一头都没有。”我的向导是当地的马赛族教师，已经成了我的朋友，他替我翻译了一下。房间里随之响起了一阵喃喃低语，显然对我这位陌生人充满好奇的村民们正在消化我刚才的回答。思考片刻之后，长者说：“我为你感到非常遗憾。”但他的声音和脸庞除了透露出这种遗憾外，还夹杂着一丝困惑：如此穷困潦倒之人怎么有钱大老远地跑到这儿来，而且还拥有一台相机？

当话题又回到我的家庭时，我提到自己有一位叔叔曾经在马里兰州的农场养了一大群牛。于是，之前的困惑得以解开，他们立刻点头表示理解——很明显，这位客人是仰仗富人叔叔的游手好闲之辈，单纯依靠叔叔的财富（牛群）来旅行和生活。

财富的未解之谜

财富为何物？对于马赛族人来说，财富是以牛的数量来衡量的。对于本书的读者而言，则以美元、英镑、欧元、日元或其他货币作为衡量标准。200 多年前，伟大的经济学家亚当·斯密指出，在整个历史进程中，人们用以衡量财富的标准是多种多样的："在早期社会，牲口被当作商业上的通用媒介，虽然这是最不方便使用的一种媒介……据说食盐是埃塞俄比亚商业和交易的通用媒介；在印度的某些沿海地区，人们使用的通用媒介是某种贝壳；纽芬兰是干制鳕鱼；弗吉尼亚是烟草；美国的部分西印度殖民地是糖；其他某些国家则是牛皮或熟皮；我还听说，在苏格兰的一个村庄，至今工匠去面包房或酒馆的时候带的还是钉子，而不是钱。"[1]

财富是一种固有的、有形的东西吗？牛、鳕鱼和钉子是因为内含着某样东西而被赋予了价值吗？对于马赛族人来说，财富存在于牛身上，这是人人可见的。牛为他们和他们的家人供应着牛奶、牛肉、牛骨、牛皮和牛角。然而，正如亚当·斯密在其著作《国富论》中所述，财富并不是一个确定不变的概念，事物的价值取决于某个特定时间点上他人的支付意愿。对于马赛族人来说，甚至一头牛的价值在今天和明天都会存在差别。对于用货币衡量财富的人而言，财富更是一个瞬息的概念。发达国家的大多数民众从未见过或触摸过他们的大部分财富——他们辛辛苦苦存下来的钱只存在于银行电脑的电子信号里。然而，这些幽灵般的信号可以通过刷信用卡或点击鼠标的动作，转换成可以触摸的物品，比如牛、鳕鱼、钉子或任何他们希望得到或者有能力购买的物品。

财富最初的起源在何处？人们流下的汗水和脑袋里的知识是如何创造出财富的？为何随着时间的流逝，世界变得越来越富裕？人们是如何从以牛交易转变成以微芯片交易的？这一系列问题最终将把我们导向一个关于财富的最重要的未解之谜：人们如何才能创造出更多财富？我们可以基于狭隘的自身利益提出这个问题，但也可以提出一个更宏大的问题，即如何才能增加社会财富？管理者应该如何发展企业，才能够为人们提供更多的工作岗位和机会？政府应该如何发展经济，以解决贫困和不平等问题？全世界的不同社会应该如何创造资源，解决教育、医疗和其他急迫的问题？全球经济应该如何以可持续的方式发展？财富或许买不来幸福，但贫困却可以“买”到世界上数以百万计的民众的痛苦。[2]

本书旨在探讨的问题包括：财富是什么？财富是怎样产生的？如何为个人、企业和社会创造更多的财富？这些问题都是经济学领域最重要，也最古老的问题。然而，综观历史，经济学似乎很难回答这些问题。本书的观点在于，关于这些基本问题的新答案是在最近几十年的工作中产生的。这些新答案不仅源自经济学家的工作，同样还源于生物学家、物理学家、进化论理论家、计算机科学家、人类学家、心理学家和认知科学家的工作。我们将会看到，现代科学，尤其是进化理论和复杂适应系统的理论，为我们提供了一种全新的视角，来看待这些存在已久的经济问题。

在第1章，我将大致列出本书的主题，简要阐述将在后续章节探究的观点。但在找到一种全新的视角之前，我们必须调整一下自己看问题的角度。对于大部分人来说，经济只是一种日常生活中理所应当的事物，人们很少去思考它。我们真正思考经济的时候，通常是在一种被普林斯顿大学经济学家保罗·克鲁格曼（Paul Krugman）称为“上涨下降经济学”的情境下，即“股市在上涨”，而“失业率在下降”。[3] 事实上，我们需要从经济短期的上涨下降的摇摆曲线中跳脱出来，将经济作为一个整体、一个系统来思考。

人类最复杂的创造

你可以环顾一下自己的房子，看看自己的穿着，望一眼窗外。无论你身处何处，无论是最大的工业城市还是最小的乡村，你都被经济活动及其产生的结果包围着。地球上每时每刻都充斥着设计、组织、制造、服务、运输、沟通、购买和销售等活动。[4]

以上这些活动的复杂性令人难以想象。假设有一座乡村小镇，那是一个安静而简单的地方，是你逃避现代喧嚣生活的去处。镇上的居民将你拥戴为他们仁慈的统治者，赋予你无上权力，但有一个条件——你要确保镇上的居民每天饱有其食，蔽有其衣，居有其所。每个人只会按照你的指令行事（没有指令则一动不动），因此，每天早晨，你必须制作一个工作清单，安排镇上所有的经济活动。[5] 你要写下所有必须完成的工作和所有需要协调的事务，以及所有事务的完成时间和顺序。无论是确保威瑟斯本夫人花店的玫瑰到货，还是让纳特利先生的腰痛保单获得赔付，总而言之，这个清单再详细也不为过。即便是一个小镇，这都会是一个太长、太复杂而不可能完成的清单。但这相对于全球的经济管理来说又是一个非常小的体量。全世界每天、每分钟要作出数万亿的复杂协调决策，是它们在维持着世界经济的运转。然而，并没有人负责列出全球的工作清单，也不存在一位仁慈的统治者，由他确保莫桑比克渔民捕获的鱼儿要被运到韩国的餐馆，被当作计算机工作者的午餐，而这位计算机工作者负责制造个人电脑的零件，电脑会被米兰的时装设计师用来设计出被芝加哥利率期货交易商购买的西装。可令人感到惊奇的是，诸如此类的事情每天都在自下而上、自行组织地发生着。

关于经济学第一令人震惊的经验事实莫过于经济确实存在，第二令人震惊的经验事实则是经济日复一日地在运转。全球经济系统为世界上 70 多亿人口中的大部分人（可惜不是全部）提供了工作、食物、房子、衣服以及从凯蒂猫（Hello Kitty）手提包到医疗激光等的各种各样的产品。如果有人能够联想到其他高度复杂的人造系统，如国际空间站、互联网，我们可以明显看出，全球经济的复杂程度比其他任何人类创造出来的物理或社会结构的复杂程度还要高出几个数量级。[6]

经济是复杂性方面的一个奇迹，因为没有人设计它，也没有人运营它。当然，首席执行官、政府官员、国际组织、投资人和其他人确实在努力管理经济的某些特定部分，但当人们抽身而出时就会发现，没有人能够掌控它。[7]

经济是如何发展成为今天的模样的呢？科学告诉我们，历史起源于原始状态，即真正意义上“赤身裸体”的状态。人类的直系祖先是早期原始人，他们有着硕大的脑袋和灵巧的双手，他们生活的非洲大草原距离我同马塞族人坐在一起的地方并不遥远。那么，人类是如何从自然状态发展出了令人惊讶的、自组织的、复杂的现代全球经济的呢？

250 万年经济史概要

很多人基于直觉认为，人类朝着经济复杂性的迈步是一个缓慢而平稳的过程，是一个从石器到 DVD 播放机的线性发展过程。而由考古学家、人类学家、历史学家和经济学家共同拼凑出来的实际故事却完全不是这样的，它更富有戏剧性。[8]

故事开始于大约 700 万年前，那时第一批原始人出现在了地球上，他们的后代非洲南方古猿在大约 400 万年前学会了直立行走。[9] 约 250 万年前，东非猿人拥有了相对较大的大脑并开始制作粗糙的石器。我们可以认定这些石器是最早的产品，并且可以想象一下，在某个时期，两位原始人祖先坐在非洲大草原的尘土里交易石器。现在人们将大约 250 万年前的这个节点看作人类经济的开端。随后，直立人又用了将近 100 万年的时间发明了火，并且开始用石头、木头和骨头制作各种各样的工具。生物学意义上的现代人——大约在 13 万年前出现的智人，制作出了更加复杂和多样的工具。在某些情况下，智人在何时获得了极为关键的语言技能还存在很大争议。第一批人类的经济活动主要局限于近亲群族中的觅食和基础工具的制作上。

直到 3.5 万年前才开始出现更加稳定的生活方式的种种迹象，人们有了墓地、洞穴壁画以及装饰品。在这个时期，考古学家开始发现早期人类进行跨群体贸易的证据，包括在墓葬遗址里发现的非本地材料制成的工具，在非海岸部落里发现的贝壳珠宝，以及让人联想到贸易路线的活动方式。[10] 贸易的最大好处在于它为劳动分工创造了条件，有记录表明，在这个时期，工具和人工器物的种类大大增加。正如来自法国图卢兹大学的保罗·西布赖特（Paul Seabright）所言，非亲属间的合作性贸易是人类独有的活动。[11] 其他物种都未曾发展出人类经济所独有的、陌生人之间的贸易与劳动分工的组合。实际上，密歇根州立大学的理查德·霍兰（Richard Horan）及其同事认为，智人独有的贸易能力赋予了他们关键的优势，使得他们在与其他古人类物种（如尼安德特人）竞争时得以存活下来，而其他古人类物种却走向了灭绝。[12]

在拥有了固定的居住地点、多种多样的工具以及贸易网络之后，我们的祖先在文化和经济上实现了一定程度的跃升，即人类学家所谓的狩猎采集生活方式。从考古记录中，我们可以或多或少地了解狩猎采集时代的祖先如何生活以及他们的经济形态是什么样的。此外，对于这种生活方式，我们还有另外一个丰富的信息源。现在地球上仍有少数几个与世隔绝的地方存在着狩猎采集部落，这些部落与现代社会的接触寥寥无几，千百年来几乎维持着原样。人类学家则将这些部落看作早期人类生活的实况转播舱。

两个部落的故事

让我们来看看这样两个部落。第一个部落是亚诺玛米族人，他们是一个制造石器的狩猎采集部落，生活在巴西和委内瑞拉偏远边界的奥里诺科河沿岸。[13]第二个部落是纽约人，他们打着电话，喝着拿铁，生活在纽约和新泽西边界的哈德孙河沿岸。这两个部落人群的体内都有着人类共有的大约30 000个基因，因此，从生物学和天生智力的角度来说，他们毫无差别。然而，纽约人的生活方式与亚诺玛米族人保存完好的狩猎采集生活方式可谓天差地别，后者尚未发明车轮，没有文字，他们的计数系统还局限在“1、2和许多”的水平。

如果我们仔细观察两个部落的经济就会发现，亚诺玛米族人的工作机会集中在从森林里采集食物、猎取小型猎物、种植少量的水果和蔬菜以及维护住所上。亚诺玛米族人还会制造一些产品，例如篮子、吊床、石器和武器。他们以村为居住单位，每村40～50人，每个村的村民与该地区的约250名其他村的村民之间会发生货物和服务交易。亚诺玛米族人每年的人均收入约为90美元（这是一个估值，因为他们不用钱，也没有数据统计），而纽约人在2001年的人均收入约为36 000美元，是亚诺玛米族人的378倍。[14]这里对于他们的幸福程度、道德优越程度或与环境的和谐程度不做评判，但在物质财富上，我们可以看出两个部落之间存在明显的巨大鸿沟。亚诺玛米族人的人均寿命低于纽约人，在亚诺玛米族人的一生中，他们必定会遭遇纽约最贫困人群都不会面对的无常、疾病、暴力、来自环境的威胁以及其他困难。在特定的年份，生活在亚诺玛米村庄的人的死亡率是生活在纽约市的人的8倍。[15]

但是纽约人富有不仅仅是因为绝对收入水平，还因为财富可以让他们买到令人难以置信的、丰富多样的物品。这里你可以设想一下假如自己拥有跟纽约人一样的收入，但只能买到亚诺玛米族人生活中的物品会是什么情形。[16] 如果你花36 000美元修缮你的小泥屋，购买村里最好的陶壶，享用最高级的亚诺玛米族饭菜，以亚诺玛米族人的标准来看，你极度富有，但你仍会觉得自己比普通的纽约人贫困，因为他们拥有耐克运动鞋、电视，能到佛罗里达度假。对比之下，普通纽约人的经济选择简直多得惊人。[17] 肯尼迪机场附近的沃尔玛超市存货数量超过10万种，有线电视里的频道超过200个，巴诺书店的书超过800万种，当地超市里有275种不同的早餐麦片，普通的百货商店里有150种唇膏，而仅在纽约市就有50 000多家餐厅。

零售商用“库存单位”（SKUs）作为衡量标准，来计算店铺出售的商品种类的数量。比如，5种不同类型的牛仔裤为5个库存单位。如果有人清点亚诺玛米族人所有商品和服务的种类数量，如不同石斧的型号数量、食物的类型数量等，他就会发现，亚诺玛米族经济中的库存单位总数不过数百个，至多数千个。[18] 我们无法确切得知纽约人经济中的库存单位数量，但通过一系列的数据源，我粗略地估算出总数约为10^{10}（即数百亿个）。[19] 地球物种的总数量约为10^6～10^8个。因此，纽约人和亚诺玛米族人之间的显著差距，不是用美元衡量的“财富”上的400倍差距，而是纽约人经济与亚诺玛米族人经济的复杂性与多样性之间数百万倍，或者说8个数量级的差距。

亚诺玛米族人的生活方式与1.5万年前我们祖先的典型生活方式相同。[20]这听起来距离我们很遥远，但就人类物种的经济历史而言，亚诺玛米族的世界距离我们非常近。如果我们将第一批工具的出现看作起点，从第一批工具发展到亚诺玛米族式的狩猎采集的经济水平和社会成熟度，用了248.5万年，这在经济史上占了99.4%的时间（见图1-1）。而从亚诺玛米族人的人均90美元、10^2个库存单位的经济水平发展到纽约人的人均3.6万美元、10^{10}个库存单位的经济水平只用了人类经济史上0.6%的时间。

假如我们进一步放大并且更加细致地审视过去1.5万年，就会发现一些更加令人感到惊讶的结果。狩猎采集者的世界通往现代世界的经济旅途在1.5万年间的大部分时间里的进程都非常缓慢，但在最后250年出现了爆发性的增长。加州大学伯克利分校经济学家布拉德福德·德隆（Bradford DeLong）收集的数据显示，从人均90美元的狩猎采集经济社会到公元1000年古希腊时期人均150美元的经济社会，用了1.2万年。[21]

直到公元1750年，世界范围内的人均国内生产总值（GDP）才达到180美元，是1.5万年前我们狩猎采集者祖先的两倍。到了18世纪中叶，在短到不可思议的250年间，世界的人均GDP增长了37倍，达到6 600美元的水平，而最富有的社会，例如纽约，他们的人均GDP还要远远高于这个数值。[22]全球财富的增长几乎攀升为一条竖直线，时至今日我们仍在沿着这条竖直线往上走。

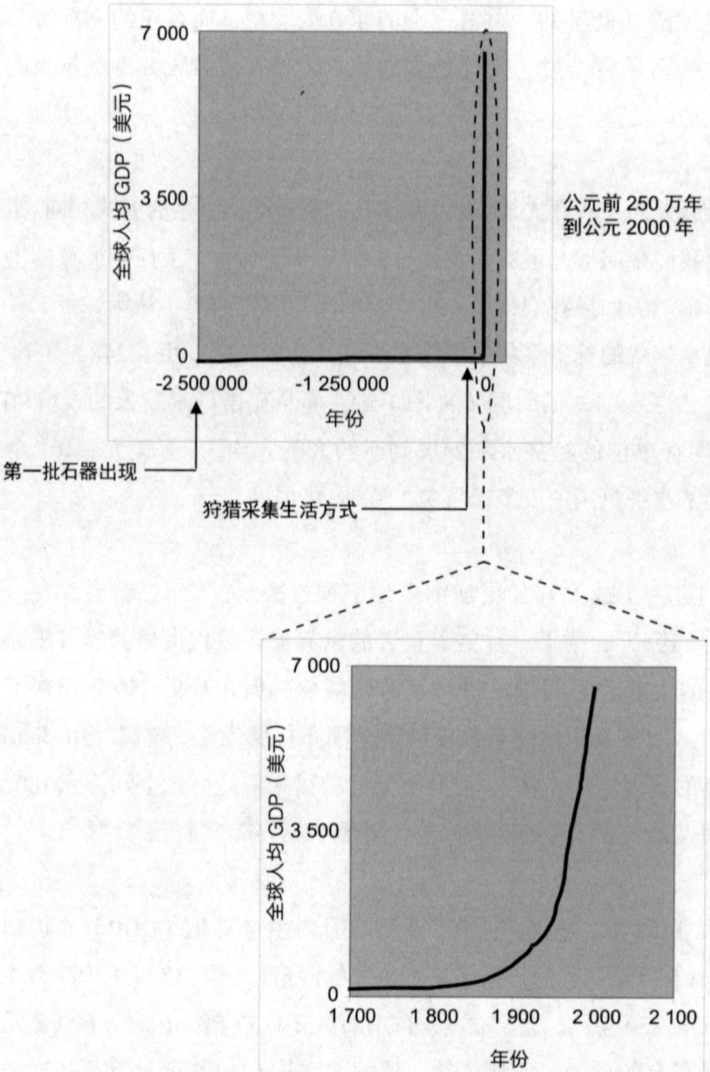

图 1-1　人类财富的爆炸性增长

资料来源：布拉德福德·德隆对于公元前 100 万年到公元 2000 年期间经济增长的概算，以及公元前 250 万年到公元前 100 万年期间经济增长的推测。人均 GDP 以 1990 年的国际美元作为计算单位。

人类财富的爆炸性增长

我们简要总结一下 250 万年间的经济发展史：在非常长的一段时间内，几乎什么都没有发生；然后突然之间，天翻地覆。人类历经经济史上 99.4% 的时间，达到亚诺玛米族人的经济水平；然后又花了 0.59% 的时间，达到 1750 年的经济水平；最后经过 0.01% 的时间，全球财富跃升到现代世界的水平。从另一个角度来说，超过 97% 的人类财富是在最近 0.01% 的历史阶段被创造出来的。[23] 正如经济历史学家大卫·兰德斯（David Landes）所描述的那样，“比起自己曾孙辈的生活水平，1750 年的英国人的生活水平与恺撒时期士兵的生活水平更为接近”。[24]

至此，在对我们面对的现象有了更深入的了解后，我们可以在提问列表中增加更多的问题。

◎ 像经济这样复杂、高度结构化的事物是如何被创造出来，又如何以自组织和自下而上的方式运作的呢？

◎ 经济的复杂性和多样性为何会随着时间的流逝而增强？为何经济的复杂性与财富值之间存在关联？

◎ 为何财富的增加和经济的复杂性会在突然之间爆发，而不是平稳增长呢？

任何试图对财富的定义及其起源作出解释的理论都必须回答这些问题。尽管我们已经从历史叙述的角度知道了经济史上发生的故事，例如农业革命、工业革命等，但我们仍然需要一个理论来阐释经济是如何发生的，以及为何会发生。我们需要一个理论，带领我们探索从生活在原始社会的早期人类到亚诺玛米族的狩猎采集生活方式，再到纽约以及此后的状态。

经济的进化

现代科学正好为我们提供了这样一种理论。本书将论证财富的起源是一个简单有力的三步走公式（即变异、选择、放大）的结果，这也是进化的公式。该程序曾驱动了生物圈的进化次序和复杂性，也驱动了"经济圈"的进化次序和复杂性。[25] 并且，同样的程序不仅促成了寒武纪时期物种多样性的爆发，还促成了工业革命时期库存单位多样性的爆发。

我们习惯于从生物学的角度思考进化，但现代进化论将进化视为一个更加广泛的概念。进化是一种算法，是创新的通用公式——通过独具一格的试错法，它可以创造出新的设计，解决难题。进化不仅可以在 DNA 的"基质"上，还可以在拥有正确信息处理和信息存储特征的系统上发挥作用。[26] 简而言之，进化的"变异、选择、放大"的简单处方就像一种计算机程序——一种用来创造新奇事物、知识和增长的程序。进化是某种形式上的信息处理过程，它能在计算机软件、大脑、人类文化和经济等方面开展创建秩序的工作。

经济学与进化论有着一段很长的共生历史。针对该历史，有一种批评意见认为，经济与进化系统相似的类推过于宽泛。例如，有人说，计算机行业就像一个生态位，其中生存着不同的"物种"，包括芯片设计师、硬件驱动制造商、硬盘驱动器生产商、软件提供商等，他们共同参与生态位里的"适者生存"竞争。保罗·克鲁格曼将此类经济和生态系统的比喻式对比称为"生物圣经"。[27] 本书提及的大部分研究者都同意克鲁格曼所说的，这种"生物圣经”既不是好科学，也没有太多的启发意义。如今研究者在将经济理解为一个进化系统时，会自觉避免类似的比喻，转而将注意力集中在理解进化的通用算法是如何植入人类经济活动的信息处理基质上的。由于生物和经济系统共享了进化的核心算法，所以它们之间存在某些相似性，但它们实现进化的方式其实存在很大的差别，必须在各自的情境下理解。

从科学的角度来说，将全球经济看作一个进化系统的比喻与按照字面对此进行理解，这两者之间的差别非常关键。经济系统与生物系统相似的说法并没有为我们提供什么具有科学价值的东西。但是，在一个更加普遍而广泛的进化系统类别里，经济系统和生物系统都是它的子类，这一说法给我们提供了很多东西，因为研究者相信进化系统里存在着一些普遍规律。[28]科学家认为，自然的某些特征是普遍性的。比如，重力在地球上和在宇宙中的作用是一样的，它对于原子、苹果和星系的作用也毫无差别。现代进化理论家认为，同重力一样，进化也是一种普遍现象，也就是说，无论是在生物 DNA 的基质，还是在电脑程序、经济系统及遥远星球外星生物的基质里运行进化的算法，进化都遵循着某些特定的普遍法则。

如果经济真的是一个进化系统，并且进化系统存在某些普遍法则，那么我们可以得出一个结论：经济上也存在某些普遍法则——这就与许多观点发生了冲突。这些观点认为，经济领域并不存在普遍法则，我们永远不可能对经济作出精准预测，但是在未来的某天，我们可以获得对经济现象的更深刻的理解。这也意味着，在未来，经济学或许可以为商业和公共政策给出精准的建议，并具备前所未有的科学权威。

有人或许会说，更加科学的经济学前景将会激动人心，并且能为世界带来许多潜在的利益。其他人或许会认为这是将科学应用到人类社会问题上的又一次被误导的尝试。这些批评让我们回想起19世纪晚期和20世纪初期，社会达尔文主义运动中产生的一些令人反感的观点。当时的一些哲学家，如赫伯特·斯宾塞（Herbert Spencer），试图通过粗暴的比喻，将达尔文理论应用到社会和经济领域。[29]社会达尔文主义者用“适者生存”法则（人们经常误认为这是达尔文提出的，其实这句口号出自斯宾塞）来为阶级不平等、种族歧视、殖民主义和其他社会不公平现象作辩护。我们即将讨论的经济进化的新观点与社会达尔文主义的旧观点没有任何共同之处。事实上，它们的意义正好相反，合作与“适者生存”的个人主义在经济发展中同样重要。关于社会工程的告诫已经受到了重视，后续讨论的新理论将能够帮助我们揭示为何经济现象难以预测，以及为何历史上的大型社会工程都会以失败告终。

创造出适合的设计

什么样的算法才是进化？它能起到什么作用？哲学家丹尼尔·丹尼特（Daniel Dennett）① 将进化定义为一种用来创造“不用设计师的设计”的通用算法。[30]举个例子来说，常见的陆生蚯蚓就是为了能在北美和欧洲的森林、草地和家庭花园环境中生存和繁殖而存在的巧妙设计。它本质上是一种管状生物，这种结构能让它在泥土中穿梭，从一端摄入泥土并从另一端排出，在此过程中吞食大量富有营养的微生物、获取足够的卡路里，以便能够找到更多食物，繁殖后代。这种特殊的设计布满了接触传感器和震动传感器，可以帮助生物体远离捕食者。生物身体的大部分身段上都有备用系统，如果被切

① 世界著名哲学家、认知科学家，美国艺术与科学院院士。全球50位最具影响力的健在哲学家之一，其哲学著作《直觉泵和其他思考工具》中文简体字版已由湛庐文化策划、浙江教育出版社出版。——编者注

成两段，它还可以自行再生。陆生蚯蚓还可以大量繁殖，以便提高后代存活和繁殖的概率。这种聪明设计是由进化算法创造出来的，无须理性设计师的存在。[31]

进化创造了设计，更确切地说，借由试错的过程，进化发现了设计。许多候选设计被创造出来，然后被环境淘汰。成功的设计得以保留、复制和存续，失败的设计则会被摈弃。经过反复试验，适合特定目的和环境的设计就会被创造出来。如果条件正确，设计方案之间为获取有限资源的竞争会使组织结构日益增大，复杂性日益增强，这是因为进化是建立在过去为未来创造出更加新颖的设计的基础之上的。[32] 随着世界的变迁，进化创造出来的设计也通常会朝着更加聪明、甚至更加惊人的方向变化。进化是一种在大量、几近于无穷的可能设计中寻找几近于无穷小的"适宜"特定目标和环境的设计方法。就好像丹尼特所说的那样，进化是一种搜索算法，像是"在草垛（可能性）中搜寻细针（好的设计）"。[33]

有些人或许会用"没有设计师的设计"来解释生物进化，但为何在拥有许多人类设计师的情况下，我们需要用"没有设计师的设计"来解释经济领域中的财富创造呢？难道我们不是创造人类经济的上帝吗？我们习惯于将人类的理性和创造力看作创造财富的主要驱动力，毕竟财富是由聪明、善于创新的人创造出来的，他们为产品和服务想出新的创意，又为生产和销售做了许多努力。我将在后续章节中论证，人类的理性和创造力的确在财富创造的过程中发挥了重要作用，但事实与我们通常所认为的有些偏差。理性和创造力助长塑造了进化算法对于经济所起的作用，但并没有取代它。

想想看你穿的衬衫、裤子或其他衣物——它们的设计由何而来？[34] 你或许会说，很明显啊，是服装设计师设计的。但事实并非仅仅如此，事实或多或少地更接近于以下这种情况：许多设计师在衬衫应该是什么样的已有概念上，通过发挥他们的理性与创造力来创造各式各样的"衬衫"，并将它们的样子勾画出来。随后，这些服装设计师会查看设计图，选出他们认为顾客会喜欢的一些设计，并制作少量的样品。接下来，设计师把这些样品展示给服装公司，服装公司又选出一部分他们认为顾客会喜欢的设计，并安排生产。服装公司会向不同的零售商展示这些产品，零售商同样会选择一部分他们认为顾客会喜欢的设计。有了订单之后，服装公司开始批量生产，并向零售商供应这些衬衫。最后，你走进商店，浏览各式各样的衬衫，选择你所喜欢的并付款。不同的设计、根据某种标准而作出的选择以及对于成功设计的量产，这一切不仅发生在服装公司里，也发生在整个服装市场。你的衬衫并不是设计出来的，它是进化而来的。

为何时装行业要经历这些迭代，甚至可以说浪费的过程呢？你的衬衫是进化出来的而非设计出来的原因在于，没有人可以从接近于无穷多的衬衫设计中，准确预测你所喜欢的衬衫的样子。我们将会看到，尽管人类理性中蕴含着能力和美德，但在短时间内对经济这样复杂的系统进行预测几乎是不可能成功的。在作出经济决策时，我们会尽最大努力发挥大脑的优势，然后进行试验，不断探索向着未来前进，保持和维护有用的部分，同时摒弃无用的部分。我们的目标、理性和创造力确实在经济中起到了作为驱动力的重要作用，但它们只是作为更广阔的进化过程中的一部分而起作用的。

经济进化并不是一个单独的过程，而是三个相互联系的过程。第一个过程是技术的进化，这是历史上经济发展的关键因素。1750 年左右出现的经济急速增长与工业革命的技术飞跃恰好吻合。但技术的进化只是一部分。来自哥伦比亚大学的进化经济学家理查德·纳尔逊（Richard Nelson）曾指出，事实上有两类技术在经济增长的过程中扮演了重要的角色。[35] 第一类是物理技术，也是我们通常所说的技术，例如制铜技术、蒸汽机和芯片；第二类则是指人们组织活动的方式，例如农业、法律、货币、股份制公司以及风险投资。纳尔逊认为，物理技术曾对社会产生了重大影响，而事实上社会技术也起到了同样重要的作用，两者是共同进化的。[36]工业革命期间，理查德·阿克赖特（Richard Arkwright）发明了精纺机（物理技术），使得大型工厂里服装生产的方式更加经济（社会技术），这又反过来刺激人们在应用水力、蒸汽和电力进行制造的过程中作出了许多发明。[37]农业、工业和信息革命的历史故事大部分都是物理技术和社会技术相对起舞的历程。

然而，物理技术和社会技术的共同进化也只占了 2/3 的内容。技术本身只不过是理念和设计。服装精纺这种物理技术本身不是服装精纺技术，事实上是有人需要它成为这种技术。同样，工厂这种社会技术本身并不是工厂，而是有人需要它成为工厂这种组织形式。为了让技术对世界产生影响，有些人或者有些群体需要将物理技术和社会技术从概念转化为现实。在经济领域，这种转变是经由商业实现的。商业将物理技术和社会技术融为一体，并将它们转化为产品和服务带入现实世界。

商业本身就是一种设计。商业的设计包含了商业策略、组织结构、管理流程、文化以及许多其他因素。通过变异、选择和放大的过程，商业设计在时间的进程中不断进化，而市场是对适宜性的最终仲裁者。本书的其中一个主题，就是论述物理技术、社会技术和商业设计的三向共同进化塑造了我们今天所见到的经济波动和增长模式。

复杂经济学

经济是一个进化系统，这个概念是具有革命性的，尤其是因为它与过去 100 多年间发展出来的大部分经济学的标准概念是相冲突的。然而，它远不只是一个新颖的概念。进化理论与经济学有着一段很长的紧密相连的历史。[38] 事实上，是一位经济学家激发了达尔文某部分最重要的洞见。1798 年，英国经济学家托马斯·罗伯特·马尔萨斯（Thomas Robert Malthus）出版了一部名为《人口论》（*As Essay of the Principle of Population*）的作品，在书中，马尔萨斯将经济描述为一场竞争性生存挣扎以及人口增长与人类生产力增长之间的持续斗争。马尔萨斯预言，在这种斗争中，人类将会败北。达尔文阅读了马尔萨斯的著作，并在自传中记录了自己的感想：

> 1838 年 10 月，那是我开始系统查询资料后的第 15 个月，我在闲暇时无意中读到了马尔萨斯的《人口论》一书，这才充分理解了生存竞争——通过对动物和植物习性的长期观察发现，生存竞争普遍存在 。这立即启发了我，即在这样的情况下，有利的变化将被保存下来，反之则被淘汰，这个过程的结果就是新物种的形成。
>
> 由此，我终于找到了一种可行的理论。[39]

由此可见，达尔文对于自然抉择在进化中所起到的关键作用的伟大洞见是被经济学激发的。[40] 在达尔文发表进化论后不久，思潮又从进化理论家流向了经济学家。1898 年，经济学家索尔斯坦·凡勃伦（Thorstein Veblen）写下了一篇至今看来仍然精彩绝伦的文章。文章指出，经济是一种进化系统。[41] 随后不久，现代经济学的奠基者之一阿尔弗雷德·马歇尔（Alfred Marshall），在其知名作品《经济学原理》（*Principles of Economics*）的引言中写到，“经济学家的圣地存在于经济生物学领域”。[42] 在随后的几十年里，许多伟大的经济学家，包括约瑟夫·熊彼特（Joseph Schumpeter）和弗里德里希·冯·哈耶克（Friedrich Hayek），都曾致力于探究经济学与进化论之间的关系。[43]1982 年，理查德·纳尔逊和悉尼·温特（Sidney Winter）发表了一部具有划时代意义的作品：《经济变革的进化理论》（*An Evolutionary Theory of Economic Change*）。这是首次将进化论、经济以及最近发展起来的计算机模拟工具联合起来的重大尝试。[44]

尽管经济学界的学者作出了种种努力，但进化论对于主流经济学理论的影响微乎其微。大致从达尔文出版《物种起源》的时间点起，经济学转向了一条殊途。从 19 世纪晚期开始，经济学的组织框架认为，经济是一个均衡系统，其本质上是一个静止的系统。在后续章节中我们将会看到，从 19 世纪晚期到 20 世纪中期，经济学家的主要灵感来源不是生物学，而是物理学，尤其是运动和能量物理学。传统经济学理论将经济看作一个个在大碗底部滚动的橡皮球。最终，橡皮球会在碗底的静止点或均衡点停下。橡皮球将保持不动，直到外部的力量撼动、压弯或冲击大碗，从而将球推到一个新的均衡点。在过去数百年间，经济学的主流框架认为，由于受到技术、政治、消费者品位转换以及其他外部因素的冲击，经济是一个不断地从一个平衡点移动到另一个平衡点的系统。

在经济学家不断追求经济学作为均衡系统这一愿景的同时，在 19 世纪下半叶，物理学家、化学家以及生物学家对一类远远称不上均衡的、动态而复杂、永不停歇的系统的兴趣日益浓厚。从 19 世纪 70 年代开始，科学家们开始将这类系统称为复杂系统。我们将在后续对该术语进行更加细致的讨论，简而言之，复杂系统是指一个由许多动态关联的部分或粒子组成的系统。在此类系统中，部分或粒子在微观层面的互动将导致宏观层面行为方式的涌现。比如，单个水分子处于静止状态时是相当无聊的，但如果将数十亿的水分子放在一起，并适当地赋予一些能量，就会出现复杂的微观漩涡模型。[45] 漩涡模型是单个水分子动态互动的结果。如果只有一个水分子，就不能形成漩涡，漩涡是系统本身的集体或“涌现”的产物。

20 世纪 70 年代，随着科学家们对复杂系统行为的了解越来越深入，他们越来越有兴趣地关注到，粒子并不是像水分子那样具有固定行为的简单事物，它们拥有一定程度的智力，能够适应自身所处的环境。水分子无法调整自己的行为，蚂蚁却可以。以人类的标准来看，蚂蚁或许不是非常聪明，但它可以处理从其他蚂蚁那儿和环境中得来的信息，并相应地调整自己的行为。跟单个水分子一样，单个蚂蚁本身不太可能存在。然而，如果你将几千只蚂蚁放在一块儿，它们彼此之间就能互动，通过化学信号进行交流，还能够协调相互之间的活动，例如建造结构复杂的蚁穴，对进攻者组织复杂的防御。科学家将这些具有处理信息和调整行为能力的部分或粒子称为行为主体，并将行为主体互动的系统称为复杂适应系统（complex adaptive systems）。[46] 复杂适应系统的案例还包括身体免疫系统的许多细胞，生态系统里的诸多有机体，以及互联网的大规模用户等。随着 20 世纪 80 年代低价、高性能计算机的出现，科学家在理解自然界中的复杂适应系统以及将这类系统看作具有许多共同行为特征的通用类别上取得了较大的进展。实际上，许多生物学家都将进化系统视为复杂适应系统中的一个特殊类别或子类别。

此后，社会科学家越来越怀疑经济是否也是一种复杂适应系统。经济较明显的特征之一就是它是人们相互之间以复杂方式进行互动、处理信息以及调整自身行为的综合体。20 世纪 80 年代至 90 年代早期，研究者开始对有别于传统模式的经济现象进行实验。[47] 他们认为经济不是一个静态均衡系统，这些模式显示，经济是一系列嘈杂的动态活动。就像漩涡源自互动的水分子一样，这些模式表明，繁荣与萧条的复杂模式以及创新的浪潮是经由受刺激的行为主体互动产生的。在过去的几十年里，人们对于将经济理解为复杂适应系统的兴趣和研究急剧增多，在本书中，我们将对这些工作进行回顾。

我将用复杂经济学一词指代相关的主要工作（该词语的创造者是布莱恩·阿瑟［Brian Arthur］，他曾任职于斯坦福大学和圣塔菲研究所）。[48] 我们不该根据字面意思认为现在存在一种统一、综合的复杂经济学理论。我使用这个词语，是为了涵盖一系列本书将要探究的理论、假设、工具、技术和现象。在现阶段，复杂经济学是一项正在进行中的工作，或者说是科学哲学家所说的“项目”，而非一个统一的理论。[49]

前方的线路图

如果经济确实是一个复杂适应系统，那么这代表着四层重要的隐含意义。

第一，这意味着在过去的一个世纪里，经济学家对经济的归类从根本上来说是错误的，而且教科书、管理学思想和政府政策中所反映的主流经济学要么是错的，要么最好的情况也只不过是接近正确。

第二，将经济看作复杂适应系统，能够为我们解释经济现象提供一套新的工具、技术和理论。

第三，这意味着财富必然是进化过程的产物。正如生物进化使原始汤变成了复杂的有机体和生态系统，经济进化使人类从原始状态发展到了现代的全球经济，同时为世界带来了秩序、复杂性和多样性。

第四，历史证明，每当经济学理论出现重大的范式转移，学术界的震动要在很久之后才能传导到外界。在 19 世纪，亚当 · 斯密的思想对于自由贸易的发展产生了重要的影响；在 20 世纪初期及中期，马克思的愿景激发了革命以及社会主义的兴起；在 20 世纪最后的十几年里，英美新古典经济学的思潮与全球资本主义的上升正好契合。我们还需要数十年才能弄清复杂经济学的社会和政治影响。尽管如此，复杂经济学的轮廓已经充分形成。

我们将在最后获知一个乐观的消息：如果人们能够更好地理解财富的起源，就能利用这些知识找到为人们创造经济增长和机会的新办法。复杂经济学并不是解决一切管理挑战或社会问题的万金油。对自然现象更加科学的理解为创造更好的人类生活条件作出了巨大贡献，同理，对经济现象的科学理解也有可能给全世界人类带来福祉。

02 传统经济学的时代已经结束

时值 1984 年，约翰 · 里德（John Reed）遇到了一个难题。[1] 在 45 岁这年，里德刚刚当选为世界顶尖公司花旗银行的董事长和首席执行官。然而，里德所接手的公司刚刚经历了一场重创。在整个 20 世纪 70 年代，花旗银行同美国其他主要银行一道，向发展中国家的政府发放了大量贷款，尤其是拉丁美洲的政府。里德的前任沃尔特 · 里斯顿（Walter Wriston）宣告这些贷款是“安全的银行业务”，因为主权政府从不拖欠债务。里斯顿后来被证明大错特错——1982 年 8 月，墨西哥政府宣告无法偿还它所背负的巨额债务。

一连串类似事件最终导致了全球金融危机的爆发。在随后的几年里，有多个国家出现了大范围的违约、货币贬值和经济崩溃。尘埃落定后，数以百万计的穷困民众发现他们更加贫穷了，银行则发现 3 000 亿美元从它们的资产负债表上蒸发了。仅花旗银行一家就在一年内损失了 10 亿美元，另外还产生了 130 亿美元的坏账。

里德试图弄清究竟发生了什么，是如何发生的，以及如何防止它再次发生。花旗银行和其他所有大型银行里的优秀人才为何会严重地误判了相关的风险？为何没有任何人能够预测到这些贷款将导致的问题？为何在墨西哥发生的局部事件会升级为一场全球危机？为何全世界其他政府的应对措施丝毫不起作用？

里德咨询了各种专家，包括来自学术界、华尔街和各国政府的顶尖经济学家。自就读于麻省理工学院起，里德就对经济学产生了浓厚的兴趣。如果说回答这类问题是某些人的工作职责，那么这些人必定是经济学家。然而，经济学家对于这场危机却给不出任何新颖的或有用的说法。事实上，里德认为他们在危机中给出的建议错得离谱。据科学作家米歇尔·沃尔德罗普（Mitchell Waldrop）所言："里德判定，在面对世界金融市场时，专业的经济学家毫无用处…… 里德认为我们或许需要一种全新的经济学方法。"[2]

对于新方法的需求

里德并非唯一一个质疑经济学状况的人。在过去几十年里，人们对于经济学理论的批评声不绝于耳。[3] 1996 年，约翰·卡西迪（John Cassidy）在《纽约客》杂志上撰写了一篇极具争议而阅读者众多的文章：《经济学的衰落》。[4] 卡西迪指出，经济学已经沦为象牙塔中高度理想化的理论，未经数据检测，充满着不现实的假设。他声称，经济学已发展成一场"大型的学术游戏"，经济学家在游戏里写文章互相吹捧，炫耀各自的数学才华，但毫无兴致证明他们的理论与现实世界的关联。卡西迪认为，大部分企业已经对经济学表示绝望，他还指出 IBM、美国通用电气等公司已经关停了它们的经济学部门。

不仅商业人士和记者在批评当前的经济学状况，经济学家本身也是其最严厉的批评者。[5]在《纽约客》的文章中，卡西迪引用了美国总统经济顾问委员会前主席、诺贝尔奖获得者约瑟夫·斯蒂格利茨（Joseph Stiglitz）的说法："任何看到这些模型的人都会说，它们没有很好地描述现代社会的状况。"[6]在同一篇文章中，也曾任经济顾问委员会主席一职、来自哈佛大学的格雷戈里·曼昆（Gregory Mankiw）同样指出，鉴于经济学家的有用产出较低，应削减他们的研究经费，曼昆还将经济学家比作获得过度补贴的奶农。美联储前主席以及在经济政策制定方面受到高度尊崇的艾伦·格林斯潘（Alan Greenspan）①曾对他的同事说："我们真的不知道（经济）是如何发挥作用的……旧模型已经不起作用了。"格林斯潘在更早之前还说过："许多经济学家无法区分我们所创建的经济模型与现实世界。"[7]

尽管人们对经济学理论的不满愈加严重，但只有很少几位批评者认为这个领域是完全无用或是没有影响力的。相反，大部分商业领导者、政策制定者，甚至长于自我批评的经济学家都承认，经济学产生了一些极其强大、有影响力的理念，这些理念的范围涵盖了从市场效率到自由贸易的好处，再到个人选择的重要性。经济学理论成功与否的衡量标准可以在七国集团中的富裕经济体里被找到，因为在七国集团，这些理念被运用的程度远远超过世界上其他任何国家。现在，七国集团大部分民众认为理所应当的许多理念，例如使用利率调节通货膨胀，货币和财政政策可以抑制经济循环、积极鼓励竞争，社会保障体系可以磨平市场体系的粗糙边缘，产品安全、环境、劳动法规可以保护人们不受市场失灵的伤害——这些理念在100年前、50年前，甚至20年前都不常见，都是学者型经济学家经过一个世纪的艰苦工作发展起来的。

---

① 美国第十三任联邦储备委员会主席，美国国家经济政策的权威和决定性人物。讲述其传奇人生经历的《格林斯潘传》中文简体字版已由湛庐文化策划、浙江人民出版社出版。——编者注

更确切地说，问题在于学术、商业和政策制定者群体越来越觉得经济学没有发挥它作为一门科学的真正潜质。[8] 如今，该领域许多“伟大思想”的历史已经超过 100 年，太多正式的理论和数学模型要么被不现实的假设拖了后腿，要么与现实世界的数据直接矛盾。问题的关键不在于诋毁过去的贡献，而在于承诺“经济学可以做得更好”，是时候往前走了。

第 2 章和第 3 章将为大家揭示为何我们需要一种全新的办法。在一开始，我们将为经济学领域的传统观点或者说我所谓的传统经济学作出定义。我们将快速回顾一下传统经济学理论的历史和重要概念，并在第 3 章听一听批评者们的整体言论。可以想见，我们只能对 200 多年的经济学理论走马观花，而忽略掉许多重要的工作。然而，这两章的目的并不在于为传统经济学或全面的批评考察提供教科书般的叙述（更加完整的叙述请参考注解和参考书目），[9] 而是在于强调现代经济学发展过程中的一些突出问题，检测它们的优势与不足，并为第二部分中关于复杂经济学的讨论打下一些基础。我们将会看到，为了能使大家透彻地理解经济学在未来的走向，在此之前了解它的过去是非常重要的。

定义传统经济学

我将使用传统经济学一词指代过去 100 年间占据经济学理论主导地位的一系列理论。至此，我有必要定义这一词汇所蕴含的意义。总的来说，传统经济学是指人们在大学课本里发现的、在媒体上讨论的以及在商业公司和政府大厅里提及的经济学，主要是指学术经济学的主流观点。[10] 为了能够更加准确地定义这个概念，我将遵从两大传统经济学主要批评家的引导——哥伦比亚大学的理查德·纳尔逊和宾夕法尼亚大学的悉尼·温特，并使用经济学文献本身作为我下定义的基础。[11]

> 传统经济学是指本科和硕士研究生教科书里阐述的一系列概念和理论。它还包括同行评议调查里声称或假设的、领域内普遍认可的概念或理论。[12]

教科书代表了专业的主流观点，包括进入该领域必须知道的基础观点。[13]但教科书不可避免地会遗漏一些更加高级的资料。因此，我在自己的定义中增加了一些调查文献和文章，它们及时地对某些时间点上经济学领域的状况进行了总结。当然，教科书和调查资料的局限性都在于它们通常将注意力集中在传统的而非前沿的方面，[14]但是这种局限性是有意为之的。我所说的传统经济学是指经济学的历史核心，是那些诺贝尔奖已经嘉奖的内容。[15]被我归纳在"传统"这一标签下的理念，通常是指经济学家所谓的新古典经济学，在本章的后续内容中，我们将对这个词语作出定义。[16]

判断内容是否能够划归到传统标签之下，必然会有一定的主观性，并且还会存在一些灰色领域——某些理念既可划入又可划出。尽管如此，这个标签仍将在后续的讨论中起到重要作用，因为我们在历史框架和复杂经济学新理念之间划清了界限——这将是一个挑战。在了解这些说明后，既然已经为传统经济学的盒子贴好了标签，那我们就来一窥究竟吧。

大头针制作与看不见的手

我们将从知名度最高的经济学家亚当·斯密谈起。亚当·斯密并不是历史上第一位经济学家，有资料记载，这一荣耀属于古希腊哲学家色诺芬（Xenophon）；"经济学"一词源自他的作品《经济论》（*Oikonomikos*），但亚当·斯密的巨大影响力为我们的讨论提供了一个合适的起点。[17]亚当·斯密出生于苏格兰爱丁堡附近一个名为克尔卡迪的小镇，在世时间为1723—

1790年，这属于历史学家所谓的古典经济学理论的阶段（1680—1830年）。[18]亚当·斯密曾就读于牛津大学，但他职业生涯的大部分时间都是在格拉斯哥大学度过的。他的第一部重要著作《道德情操论》不是关于经济学，而是关于道德哲学的。这本书出版于1759年，使得亚当·斯密在相对年轻的年纪就成了苏格兰启蒙运动的一个关键人物。在格拉斯哥大学就读期间，他引起了一位年轻苏格兰公爵的注意，那位公爵带他进行了一趟报酬丰厚的私人旅行。亚当·斯密跟随公爵到了法国，在那里，他接触到了当时欧洲大陆上热议的经济学理念，尤其是重农学派的理念——当时有一群知识分子坚持认为：政府应该限制对经济的干扰，让市场发挥主要作用。从公爵那儿获得的收入给了他经济上的保障，回到克尔卡迪后，亚当·斯密与母亲一起过了6年深居简出的日子，专职写作《国富论》（*Wealth of Nations*）的手稿。该书于1776年出版，并立即被认定为一部伟大的作品。

历史上，经济学家一直对两个基本问题争论不休：一是财富是如何被创造出来的，二是财富是如何分配的。[19]在《国富论》中，亚当·斯密回答了这两个问题。[20]他对于第一个问题的回答简单而有力：人们从环境中获取原材料，经过劳作将这些原材料转变为人类所需的东西，经济价值由此产生。比如，制陶工人从地里取出黏土并用它来制成一个碗。斯密的伟大洞见在于他提出财富起源的秘密就藏在劳动生产力的提升之中。制陶工人在一个小时内能够制造的碗越多，他就越富有。更高生产力的秘诀则在于劳动分工以及劳动分工所带来的专业化。[21]亚当·斯密引用了广为人知的一个大头针工厂的例子，他观察到，工厂里有10名工人，每人专门负责大头针生产过程的一到两个步骤。[22]这种专业化和合作使得团队每天能够生产48 000枚大头针，或者说每人每天能够生产4 800枚大头针。如果没有劳动分工，工厂里的工人每人每天只能生产20枚大头针，而技艺最差的工人一枚都生产不出来。

人口的增长能够增加社会的总财富，因为可用的劳动力增多了。但人均财富的增加（从而提升个人的生活水平）需要提升生产力，而生产力的提升需要专业化分工。这个逻辑将亚当·斯密引向了第二个经济问题：是什么决定了财富和资源在社会中的分配方式？创造财富需要专业化分工，而专业化分工需要贸易——毕竟，大头针工人不能以大头针为食物，他们必须用它们来交换生活所需的其他物品。但如果大头针工人、农民、渔民、木匠以及其他生产者在同一个经济体中交换他们的产品，什么能够决定物品的分配方式呢？多少个大头针能换一蒲式耳①小麦？多少条鱼能换木匠的一把椅子？大头针工人和渔夫谁会更加富有？亚当·斯密作为一名道德哲学家，他自然而然产生的疑问不仅仅是资源是如何分配的，还包括它们应该如何分配，以及对于个人和整个社会来说，什么才是公平或公正的资源分配方式。

亚当·斯密认为，最公正的分配资源的机制是能够让人们追求自身利益、自主决策的机制。毕竟，每个人都是自身幸福的最佳判断者。与此同时，对于社会整体来说，最好的资源分配方式是将资源分配到利用效率最高的地方，由此实现社会总财富的最大化。在道德层面而言，浪费资源是不应该的（对节俭的苏格兰人来说尤其如此），因为这样会减少社会可用的总财富。亚当·斯密提出的基本原理源自他在格拉斯哥大学的导师弗朗西斯·哈奇森（Francis Hutcheson），哈奇森曾呼吁“为多数人争取最大的幸福”。[23]亚当·斯密对于如何实现这个目标提出了一个革命性的观点（至今对于部分人来说仍然如此）：自由竞争是分配社会资源最公正的机制。他指出，如果人们可以自由地贸易，那么谋取自身利益将驱动人们提供他人所需的商品和服务：“我们不能期望从屠夫、酿酒师或银行家的善心里得到晚餐，而要从对他们自身利益的尊重里得到。”[24]此外，利益动机和竞争将一同驱使人们以最高效的方式提供

① 蒲式耳是谷物计量单位，一蒲式耳约为36升。——译者注

商品和服务："每个人都会尽己所能，去寻找自身最具优势的工作来赚取他们所能赚到的利益。"[25]

亚当·斯密指出，对于自身利益的追求将反过来给整个社会带来好处："（商人）只在意自己的收益，在这种情况下，或是许多其他情形中，他们都被一只看不见的手指挥着，实现了一种与他本意无关的目的…… 商人追求自身利益的过程时常会伴随社会利益的提升，这比他真正想要提升社会利益更有效。"[26]

这只"看不见的手"为社会带来了资源高效分配的喜人结果，它是竞争市场所产生的机制。亚当·斯密描绘了价格是如何在生产者和消费者于市场相遇的过程中提供这种关键机制的。[27] 如果对于有效需求的供应太少，价格就会上涨，生产者就会加大生产，而消费者会减少消费。如果对于有效需求的供应过多，价格就会降低，生产者就会减少生产，而消费者会增加消费。在某个时刻，市场价格会稳定在这两种相反力量的均衡点上：供应等于需求，市场出清。亚当·斯密指出，如果放任不管，人对自身利益的追求和竞争市场将自然而然地将经济引导到这个均衡点上。我们可以引用 20 世纪 80 年代的电影《华尔街》里的角色戈登·盖柯（Gordon Gekko）的话，用现代话语来重新阐述亚当·斯密的观点："贪婪是好事。"

健康的均衡

经济在其自然发展过程中会达到一个均衡点，这种概念可以追溯到亚当·密斯之前，追溯到经济学发展的最初阶段，而且它现在仍是传统经济学的核心概念：对有限资源的竞争必然意味着在经济中存在着相互抗衡的力量或紧张局势。对于 17 世纪的爱尔兰金融家理查德·坎蒂隆（Richard

Cantillon）而言，经济中最主要的竞争局势莫过于人口与土地的粮食产能之间的竞争。坎蒂隆相信，人口过量与饥饿之间的严酷机制将导致经济系统中的工资和物价自发调节，使得人口过量与饥饿最终达到某种平衡。[28]18 世纪法国知识分子弗朗索瓦·魁奈（François Quesnay，重农学派的领导人，斯密在法国期间的大部分时间都是同他在一起）则认为，经济领域最主要的矛盾是农业、制造业以及拥有土地的贵族之间的矛盾。在其代表作《经济表》（*Tableau Economique*）中，魁奈声称可以计算出能使经济达到均衡状态的物价和生产水平。[29] 对于魁奈而言（他在进入经济学领域之前曾是一名医生），均衡的经济就是健康的经济，就像 18 世纪的医学观念，如果身体的各种“体液”是均衡的，那么身体就是健康的。对于亚当·斯密而言，经济领域最主要的矛盾是消费者与生产者之间的矛盾，要达到的均衡是供求之间的均衡。我们应该知道，亚当·斯密所说的供应和需求并不完全等同于如今教科书中的供求概念，如今的供求概念是后来由约翰·斯图尔特·密尔（John Stuart Mill）和阿尔弗雷德·马歇尔创造出来的。

亚当·斯密描述了市场在达到供求均衡的过程中所起的作用，但他并没有详细描述决策的过程，即在此过程中，受自我利益驱动的生产者决定供应多少产品，或者受自我利益驱动的消费者决定购买多少产品。决策过程的核心理念其实来自亚当·斯密的两位同辈：雅克·杜尔哥（Jacques Turgot）和杰里米·边沁（Jeremy Bentham）。

雅克·杜尔哥是路易十五政府的一名部长，是自由放任主义（laissez-fame）的知名拥护者——自由放任主义是指政府应该在市场运作的过程中将其干预降至最低的一种思想。[30] 尽管杜尔哥持有这样的观点，当时的法国政府还是极大程度上介入了经济的运作（换汤不换药），而杜尔哥作为部长的职责之一则是处理食物短缺问题。[31] 1767 年，杜尔哥观察到，如果农民仅仅是将种子洒在地里，就只能收获很少的庄稼。但如果在播种前哪怕只翻一次土，产量就会高得多。如果翻两次土，他的收获不仅会翻倍，甚至能达到原来的 3 倍。农民在土地上下的功夫越多，他们的收获就越多。但在到达某个顶点后，地力就会衰竭，农民投入的额外单位努力的产出就会减少。在此观察的基础上，杜尔哥提出了收益递减规律（law of diminishing returns）。在大多数的生产过程中，无论是农业、制造业还是服务业，随着某一要素（如劳动力、原材料或机器）投入的不断增多，到达某个时间点后，单位投入所能得到的产出就会越来越少。收益递减规律是使得经济达到均衡的一种关键力量。针对市场的某一价格，生产者会不断增加投入、扩大生产，直到产出不抵投入，也就是说直到生产的增量成本大于增量收入。因此，农民会按照市场的需求量进行生产，不多也不少。如果农作物的价格上涨，农民会更加努力地耕地（或耕种更多土地）；而当价格下降，他们就会减少耕种。如果投入所能得到的产出不会下降，农民会继续扩大生产——无限投入，而这是一种非常荒谬的结果。[32] 将生产者成本与供求关系中的供应方面联系起来，杜尔哥的规律为此提供了一种至关重要的理念。[33]

几乎是在同一时间，英国哲学家杰里米·边沁在需求方面也作出了同样重要的贡献。边沁 1748 年生于伦敦。他是一个神童，4 岁开始学习拉丁语，12 岁进入牛津大学。[34] 同亚当·斯密一样，边沁将自己定义为道德和政治哲学家。亚当·斯密指出，人类的利己主义是驱动经济发展的动力，但他没有过多提及利己主义是如何转化成具体的经济决策的。边沁认为，对于自我利益的追求是一种基于愉悦和痛苦算计的理性活动。[35] 他用数值来表示个人的愉悦和痛苦。边沁提出，经济决策是个人计算如何达到自我效用最大值的结果。[36] 假如说你喜欢苹果而不喜欢香蕉，当要在苹果和香蕉中作出选择时，你会因为计算出食用苹果会给你带来更大的效用而选择它。但对于其他人来说，或许香蕉的效用更高。边沁的理论在18世纪晚期的知识分子和政治圈里吸引了一大批追随者，他的理论即后来被人所熟知的功利主义。功利主义者的信仰在于，社会应该以实现集体效用或幸福最大化的方式进行组织。

大约50年后，德国经济学家赫尔曼·海因里希·戈森（Hermann Heinrich Gossen）在边沁理论的基础上，提出了边际效用递减规律（law of diminishing marginal utility）。[37] 这个规律从本质上来说是杜尔哥理论的另一面。杜尔哥指出扩大生产的收益是不断减少的，戈森则认为增加消费的收益也是不断减少的。比如，某人饥肠辘辘，于是买了一个甜甜圈，这次消费能为他带来极大的满足感。如果他仍感到饥饿，又买了第二个甜甜圈，这也能带来满足感，但是根据边际效用递减规律，第二次购买的满足感远远小于第一次。在这个人购买第五个或第六个甜甜圈时，他因购买次数增加而体验到的满足感或许会变得非常小（或者说甚至有可能是负值，因为他可能会吃到胃疼）。到某个时刻，这个人会说："我吃饱了，下一个甜甜圈不值得我花钱了。"就像农民会在价格上涨时加大生产，而在价格下降时减少生产一样，消费者说出"不值得花钱"而停止消费的时刻，会因价格的不同而到来得或早或晚。因此，价格上涨时需求会减少，反之亦然。此外，就像不断减少的收益会阻止农民无限量地扩大庄稼种植一样，不断减少的边际效用也会阻止消费者无限量地购买甜甜圈。

生产上的收益递减和消费上的边际效用递减结合在一起，意味着市场拥有一种天然的均衡机制——价格。价格是生产者与消费者共享的一个关键信息，价格上涨会同时抑制消费者的消费并鼓励生产者的生产，而价格的下降则会导致相反的结果。

为此，古典经济学以一个令人瞩目的框架取代了原来的理论，描绘出市场是如何平衡消费者需求与经济生产，并自然而然地达到一个双方都满意的平衡点的。但仍有一个重要问题悬而未决：对于某种特定的商品、特定的效用和特定的生产过程而言，价格到底是什么？我们能够对它进行计算和预测吗？

新科学的梦想

在古典经济学家的工作之后，我们迎来了边际主义时代（1830—1930 年）。这个阶段的核心人物是莱昂·瓦尔拉斯（Léon Walras），他于 1834 年出生于法国埃弗勒。年轻的瓦尔拉斯在事业的起步阶段步履蹒跚，丝毫看不出日后大有作为的迹象。作为一个学生，由于数学太差，他曾两次被赫赫有名的巴黎综合理工大学拒绝。后来，瓦尔拉斯转而进入国家南特高等矿业学院，却未能成为一名工程师，随后又尝试过写小说，但也以失败告终。1858 年的一个晚上，郁郁不得志的瓦尔拉斯与父亲（教师兼作家）一起散步，谈到了他该如何生活。[38] 瓦尔拉斯的父亲非常尊崇科学，他谈到 19 世纪仍有两大挑战尚未解决：即发明一套完整的历史理论和一套科学的经济学理论。他坚信可以将微分学应用到经济学上，由此创造出“经济力量的科学，类似于天文力量的科学”。[39] 年轻的瓦尔拉斯受到父亲对于科学经济学愿景的启发，决心将实现此愿景作为毕生的目标。瓦尔拉斯花了数年时间，一边作为报纸作家和银行雇员艰苦工作，一边利用业余时间撰写关于经济学的文章和小册子。1870 年，经过其他教授反复讨论，瓦尔拉斯最终被任命为洛桑学院的教师，并且在 1872 年完成了巨著《纯粹经济学要义》（*Elements of a Pure Economics*）。[40]

在瓦尔拉斯发表《纯粹经济学要义》之前，经济学并不属于数学领域。许多早期的经济学家，例如亚当·斯密和边沁，都自认为是哲学家而非科学家，而且古典时期的数学总的来说还只局限于一些数字案例和一点点几何，并没有什么复杂的东西。[41] 瓦尔拉斯及其同伴一起彻底改变了这种状况。他们生活在一个科技进步的时代。在 17 世纪牛顿的重大发现之后，一系列的科学家和数学家，包括莱布尼茨（Leibniz）、拉格朗日（Lagrange）、欧拉（Euler）和汉密尔顿（Hamilton），开发了一种新的数学语言，他们用不同的方程式来描述越来越多的自然现象。自古希腊时期起就困扰人们的一些问题，从星球的运动到小提琴琴弦的颤动，突然之间被人类征服了。在这些理论上取得的进展让科学家非常乐观地认为他们可以用方程式描述自然界的任何方面。[42] 瓦尔拉斯和他的同胞们相信，如果微分方程式能够捕获宇宙中星球和原子的运动方式，那么数学方法也可以捕获人类大脑中关于经济学的运作方式。

瓦尔拉斯提出的经济系统中的均衡点的观点与自然界中的均衡点的观点可以类比。[43] 自然界中的许多系统都有均衡点，这一概念也同样适用于物理学。正如之前章节所描述的那样，你可以想象有一个大玻璃碗，碗底呈光滑的圆弧形，你拿着一个橡皮球将其放在碗的边缘，并让它下落。球会来回滚动一段时间，但最终会在碗的底部停下，处于静止状态。静止状态的实现是由于作用于系统的所有外力互相抵消，系统实现均衡。在这个案例中，向下的重力几乎完全等于球下方的碗所起的支撑力。球将在碗底的同一位置永远保持不动，直到有其他外力作用于它。这个例子中只有一个均衡点——碗的最底部。无论我们让球往下掉多少次，它都将在同一个点停下来。

在物理系统中，均衡的类型是多种多样的。比如铅笔在笔尖立起的平衡。如果你能将铅笔立得笔直，它就能处于均衡状态。然而，与碗中的球不一样的是，这种状态是一种极不稳定的均衡，一阵微风都有可能将铅笔吹倒。此外，还有动态均衡状态。当行星在环绕恒星的轨道上运行时，恒星对于行星向内牵拉的万有引力几乎被向外推动行星的离心力冲抵了。这种均衡可以长期维持下去，使行星在稳定的轨道上运行，直到被外力打破均衡。

瓦尔拉斯将数学应用到经济学的目标之一是使经济系统具备可预测性，但不稳定的均衡从来就很难预测，这是因为小小的变化就会导致系统转向不同的方向。同样，在瓦尔拉斯的时代，判断动态系统是否处于稳定的均衡状态被认为是一个难题，为此瑞典国王奥斯卡二世承诺以 2 500 克朗奖金奖励解决这个问题的人。[44] 如果系统拥有多个均衡点，那么预测系统将在哪一个均衡点停留就是所有几乎不可能解决的问题中难度最小的一个。瓦尔拉斯希望发掘可预测性，那就意味着他需要一个唯一的、稳定的均衡点。更确切地说，瓦尔拉斯将市场中的供求平衡比作物理均衡系统里的力量均衡。他推测，市场上每一件用来交易的商品都只有一个可以达到平衡点的价格，在这个平衡点上交易双方都很满意，市场能够出清。我们可以预测市场上的价格会在唯一的一个平衡点上稳定下来，就像我们可以预测橡皮球会在光滑的碗底静止。

为了将其推测转变为方程式，瓦尔拉斯搜遍了那个时代的物理教科书，由法国数学家路易·潘索（Louis Poinsot）于 1803 年发表的《静力学要义》(*Elements of Statics*)，对瓦尔拉斯产生了特别重大的影响（他甚至将自己的著作命名为《纯粹经济学要义》以致敬）。[45] 正如瓦尔拉斯的传记作者威廉·贾菲（William Jaffé）指出的那样，尤其是从瓦尔拉斯提出的“用方程式表达的平衡条件”开始，瓦尔拉斯将物理学中的均衡概念引入了经济学，这为如今我们在教科书和期刊上看到的传统经济学打下了数学基础。[46] 这是一个值得铭记的历史细节，因为正如我们将在下一章看到的那样，一些批评者认为，从物理学中借用均衡概念是一个重大的科学失误，它造成的影响延续至今。

为了打造均衡模型，瓦尔拉斯将在经济中占据一半地位的生产置于一旁，而将注意力全部集中在消费者之间的交易上。在他的模型中，瓦尔拉斯假定各式各样的商品已经存在于经济之中，问题在于如何设定价格以及商品是如何在相关个体中进行分配的。为了弄清瓦尔拉斯的模型是如何工作的，我们可以假设有一个大房间，里面挤满了人。每人天生就拥有一些随机的商品。比如，我拥有 5 个香蕉、1 台洗衣机、2 双鞋、5 个汽车轮胎，而你有可能被分配了 1 条牛仔裤、2 把雨伞、1 部手机、3 个牛油果和其他一些东西。每个人对不同商品的效用的理解不一样，例如你可能想要香蕉，而我想要牛油果，但我们都很重视手机。由于最初的商品分配是随机的，所以所有参与者对所获得的东西都很满意基本是不太可能的，因此他们想要进行交易。瓦尔拉斯认为，这种想要交易的欲望是系统失衡的标志。它意味着存在另外一种能使大家更加开心的商品分配方式，问题在于如何找到一种让房间里所有人都满意的商品分配方式，并且找到合适的商品价格，让人们可以从最初的状态转变为更加满意的状态。新的状态将会是均衡的，因为一旦所有人都尽可能满意了，鉴于可用的商品和价格只有那些，就不会再有人进行交易。[47]

为了使得交易更加有序（并且在数学上更加简单），瓦尔拉斯假定人群中有一位拍卖师。他假定其中一种商品可以作为货币（例如黄金、玻璃珠或贝壳），拍卖师会用该商品作为单位来给东西定价（比如 1 个牛油果值 10 颗玻璃珠），为每件商品编号，并记下投标价。如果买家对于某件商品的需求大于供应，他就会提高价格；反之，他就会降低价格。拍卖师会为房间中的每一件商品做这样的事，直到所有人的供求关系都达到平衡。在所有价格都确定后，人们才会进行交易，这样可以确保所有参与者都能在交易中实现价值的最大化。交易会使大家从最初随机、失衡的状态，转变为更加满意、平衡的状态。瓦尔拉斯将这种状态称为一般均衡点（general equilibrium），将他所描述的拍卖过程称为“tâtonnement”，这是一个法语单词，意思是“探索”，因为拍卖师是通过为不同商品找到不同的价格而探索出了一般均衡状态。

瓦尔拉斯的观点很新颖，但真正具有革命意义的是他将物理学中的复杂数学应用到了经济学领域。如果你能接受瓦尔拉斯的假设——人们都有不同的效用要求，他们在实现效用最大化的过程中是理性的、受自我利益驱使的，那么你就能够利用数学的精准性来预测人们将如何进行交易及如何定价。这其中还遗漏了几个小细节，比如完美的拍卖师，以及人们如何观察和衡量个人的效用这个问题，但这些问题将在未来被解决——为了实现历史上第一次对一些东西实现数值精准的、科学的预测，这只不过是一个小小的代价。[48] 瓦尔拉斯希望在现实交易中实现数学上的可预测性，他的这个愿望为20世纪的经济学家树立了目标。

像万有引力一样可以预测

瓦尔拉斯并不是他那个时代唯一一个穷尽物理学教科书来寻找灵感的人。威廉·斯坦利·杰文斯（William Stanley Jevons）于1835年出生于利物浦一个富裕的工人家庭，他在11个孩子中排行第9。[49] 跟瓦尔拉斯一样，他也是大器晚成。杰文斯大学肄业，在他20岁到30岁期间恰逢澳大利亚淘金热，他在悉尼的铸币厂当了一名试金员。然而，他的脑子很灵活，对铁路非常着迷，试图在业余时间里为铁路经济学建造一个数学模型。这段经历让他深信经济学可以成为一门数学科学。后来杰文斯决定返回英国，学习经济学，取得学位。同瓦尔拉斯一样，杰文斯肩负着一种使命——“定义人类知识的基础”，以及“在合理的基础上重塑（经济学）科学”。[50]

1867年，两位卓越的英国科学家威廉·汤姆森爵士（Sir William Thomson）及皮特·格思里·泰特（Peter Guthrie Tait）合著了一本名为《自然哲学论》（*Treatise on Natural Philosophy*）的教科书，它集合了当时能量物理学方面的最新发现。[51]杰文斯就是这本书的狂热读者之一。在汤姆森和泰特的书中，杰文斯发现了由迈克尔·法拉第（Michael Faraday）和詹姆斯·克拉克·麦克斯韦（James Clerk Maxwell）发明的用于描述万有引力、磁力和电力的新理论——“力场”。比如，一个质量块（如太阳）会产生一个引力场，将其他物品吸引到它身边。质量块越大，它的引力场越强。杰文斯认为人的利己主义就像一个引力场：[52]“效用只有在一个人想要某样东西，而某样东西被他需要的时候才存在……就好像某种物质所产生的引力不仅取决于物质本身的质量，还取决于周边物质的质量以及双方的相对位置和距离，因此，效用是指希望得到某物的人以及被需要的某物之间的吸引力。”[53]

杰文斯在1871年出版的《政治经济学理论》（*Theory of Political Economy*）一书中沿用了边沁提出的效用概念以及戈森提出的边际收益递减理论，并使用从场理论中进化而来的方程式来将他们的理念从哲学概念转化为数学模型。[54]简而言之，杰文斯希望能使人类行为像万有引力一样可以预测。为了预测物体在引力场中的运动方式，有两件事是必须知道的：引力作用的方向以及物体运动过程中受到的阻力的方向。回到之前的案例，如果我们将球放入碗里，重力会使球向下运动，而碗的内壁会阻止球的运动。如果我们知道“向下”是指什么方向以及碗的阻力的方向，就能预测出球将停留在何处。同样，如果我们知道引力的吸引方向以及阻碍运动的钟摆长度，我们就能预测出钟摆的均衡点。在杰文斯的概念中，利己主义提供了一种类似于万有引力的力量，它会将我们吸引到幸福或效用最大化的地方。但人们也生活在一个资源有限的世界里，这为我们的行为增添了阻力。窍门在于找到一种商品和服务的组合，能够在有限资源的阻碍下，实现幸福最大化，就像瓦尔拉斯提出的模型一样，我们通过交易来实现这种状态。

假设经济中只有两种商品：酒和奶酪。通常情况下，我喜欢酒胜过奶酪，但根据边际效用递减规律，在某个时刻我会觉得自己拥有的酒足够多了，那时我更希望要一些奶酪而不是一杯酒。相反，你通常喜欢奶酪胜过酒，但在某个时刻，你会更愿意要酒而非奶酪。我们假设，市场中的酒和奶酪的数量都是有限的，我们随机分配到了这两样东西。跟瓦尔拉斯的模型一样，我们不可能正好获得与自身效用相符的数量，于是我们就会进行交易，直到每个人都获得数量最满意的酒和奶酪。

杰文斯的持久贡献在于将经济学的选择问题描述为有限条件下实现最优化的练习。也就是说，在可用数量的前提下，消费者要计算出能够实现个人最大幸福的不同商品的数量 。在杰文斯看来，个人效用的差异创造出了一种潜在的交易能量。他在《经济学原理》(*Principles of Economics*)中写到："价值的概念之于科学，就相当于能量的概念之于数学。"[55]就像碗中的球在碗壁的阻碍下寻求最低的能量状态一样，人类也会在有限资源的限制下寻求最大的幸福状态，并通过交易的方式实现这个目标。

趋于至善的经济

亚当·斯密假定人类的利己主义会驱使市场走向平衡，在这种平衡状态下，人们会商定价格，进行交易，出清市场。瓦尔拉斯证明了这种平衡状态可被认为是一个平衡点，并且可以用数学计算出来。杰文斯表明，在效用不同、资源有限的世界里，如果人们追求幸福的最大化，他们必然要进行交易来达到市场的平衡点。亚当·斯密推进了杰文斯的观点：利己主义不仅能使市场趋于平衡，它还会为整个社会带来最好的结果。

意大利人维尔弗雷多·帕累托（Vilfredo Pareto）是跟瓦尔拉斯和杰文斯同时代的人。帕累托接受过工程师的训练，并写过题为《固体的弹性平衡》的博士论文，他同瓦尔拉斯和杰文斯一样精通物理学，甚至更胜于他们。[56]帕累托是一个性情古怪的人，晚年同20只安哥拉猫一起隐居在瑞士山中的小屋里。他也因发明了经济学领域的重要概念之一而在经济学领域声名大噪。

在亚当·斯密的《国富论》发表之后，经济学家希望能够断定竞争市场是否真的实现了社会利益的最大化，若真如此，又是在何种情况下实现的。尽管杰文斯已经极大地推进了效用的理论研究，但仍存在一个问题，即效用的不可衡量性——我们不可能看透人们的脑袋，计算他们的效用，然后把它们相加。那么，如何才能判断社会利益是真的提升或者实现最大化了呢？

帕累托通过一个天才的逻辑推理解决了这个问题。他推断说，人们可以进行四类交易，第一类是双赢的交易，双方都可以获利。在这种情况下，很明显社会利益可能得到提升；第二类是只有一方获利，但另一方没有损失，社会利益毫无疑问会再次得到提升；第三类是没有人获利，但有人失利的交易，这种情况下社会利益毫无疑问将会下降；第四类是有人获利，也有人失利的交易，但由于无法直接计算效用，所以也就无法判断净影响。帕累托认为，既然是同意交易的双方参与其中，他们又不傻，所以人们只会选择双赢或一方获利而另一方无损失的交易，这两类交易都会提升参与者的总利益，这些交易后来被称为帕累托改进交易（Poreto superior trades）。帕累托主张，在自由市场中，人们会不断进行交易，直到完成所有帕累托改进交易。在那个时刻，交易将会停止，因为进一步的交易将会导致某些人的利益受损，而市场将由此达到平衡点，这就是后来经济学家所谓的帕累托最优（Pareto optimal）。因此，帕累托最优是指如果不损害任何人的利益，就不可能再继续进行交易的点。帕累托最优未必是全体价值最大化的点，因为有些交易可以在损害部分人利益的情况下为其他人带去好处，从而提升整体的总效用。由于无法准确地对效用进行计算，也没有独裁者可以为了某些人的利益而强制损害他人的利益，因此，帕累托最优是自由社会所能达成的最好结果。[57]

根据瓦尔拉斯、杰文斯、帕累托以及其他边际主义者的理论，在市场经济中，参与者会自由交易，达到可用资源条件下尽可能满意的状态。通过这样的交易，经济会日渐趋于平衡，即达到一个自然的静止点。在该状态下，供求相等，资源的利用效率最高，社会利益达到帕累托最优。用伏尔泰笔下的人物潘格洛斯博士的话来说："在理想的世界里……一切都是为了最美好的目的而设。"[58]边际主义者最突出的成就或许在于让经济学拥有了一种数学理论，这种理论表明，如果顺其自然，自由市场经济将会达到一种潘格洛斯状态（趋于至善），这就像球在碗底静止一样是不可避免的。瓦尔拉斯声称他的"经济学的纯理论是一门从各方面来说都与物理、数学相似的科学"。杰文斯相信自己发明了一种"具有道德影响力的微积分学"。帕累托则声称："经济科学的理论由此养成了理性力学的严谨。"[59]在他们看来，边际主义者成功地将经济学转变成了数学科学。

新古典综合派

20 世纪，在边际主义者奠定的基础上，伟大经济学家的先贤祠整合建立起来了。在世纪之交，英国经济学家阿尔弗雷德·马歇尔将杰文斯关于单个独立市场的模型（部分均衡）与瓦尔拉斯关于多个关联市场的模型（一般均衡）联系在了一起。马歇尔首创了交叉供求曲线图，此后，这个曲线图就一直在给经济学系的学生们带来难题。20 世纪 30 年代，约翰·希克斯（John Hicks，他曾在曼彻斯特大学担任杰文斯的专属教授）在其作品《价值与资本》（*Value and Capital*）中将瓦尔拉斯、马歇尔和帕累托的成果综合为一套连贯的理论。20 世纪中期，欧洲陷入战争，创新的中心转移到了大西洋彼岸，在那里，一代美国人以及由希特勒制造的欧洲难民创造了经济学理论的现代核心，即后来的“新古典综合派”。保罗·萨缪尔森（Paul Samuelson）和肯尼斯·阿罗（Kenneth Arrow）是那个时代两位最为卓越的人物。

萨缪尔森是一个名副其实的神童。[60] 1941 年，他 26 岁，他在当年完成了《经济分析基础》（*Foundations of Economic Analysis*），这是萨缪尔森在哈佛大学读研究生时完成的一篇论文。在这篇文章中，他主要采用了希克斯的综合理论，并加上自己的创新，将之转化为一个引人瞩目的数学理论，这后来成了市场运作的标准模型。[61] 萨缪尔森的突破性贡献在于解决了一个自边沁时期起就困扰着经济学家的问题。当时效用已经成为经济学理论的一个关键部分，但它仍是一个不可观测、不可度量的神秘变量。帕累托和希克斯提出，“尤特尔”是计算效用的固定单位（就像千克或瓦特），并且认为效用只有在相对情形中才有意义，就好比“对我而言，那个苹果的效用是橘子的两倍”。但这依然引出了一个问题，即如何计算相对效用。萨缪尔森的回答是，我们不需要窥探他人的脑袋而直接计算效用，人们作出的选择会揭示他们的意愿。我们需要做的就是假定人们在行为中会表现出逻辑和一致性。比如，你让某人在苹果和橘子中作出选择，他选择了苹果，那么就可以预测如果要在苹果、橘子和香蕉中作选择，他不会选择橘子。按照逻辑来说，他应该依然喜欢苹果胜过橘子，所以他会选择苹果或者香蕉。尽管这个结果无法让我们得出“一个苹果的尤特尔是橘子尤特尔的两倍”的结论，但是我们可以肯定地说，在这种情况下，问题中的主人公“喜欢苹果胜过橘子”。萨缪尔森认为，这个简单的论断足以建立一个需求侧的理论，因此他用一套关于人们偏好排序的、基础的、逻辑学的规则替代了效用理论。这些规则后来成了传统经济学消费行为理论的基础，以及“人们在作经济选择时是理性的”这一理念的主要支撑。[62]

比萨缪尔森年纪稍小的肯尼斯·阿罗同样在很小的时候就展现出了非凡的数学才能。阿罗为经济学领域作出了许多基础性的贡献，其中最著名的是他同法国经济学家吉拉德·德布鲁（Gérard Debreu）在1954年证明的理论。阿罗和德布鲁将瓦尔拉斯关于一般均衡的理念与帕累托关于最优的理念用一种一般性的方法联系起来，从而创造了关于一般均衡的新古典理论。他们的理论表明，经济体中的所有市场都能够自动协调出一套价格，那就是经济整体的帕累托最优，这种现象哪怕在市场存在不稳定性的时候也会发生（瓦尔拉斯在他的模型中规定一切都是确定的）。[63]这种自动协调的产生是由于市场之间是相互联系的——某些产品可以成为其他产品的替代品，比如咖啡的价格上涨，消费者可以转而选择茶，以及有些商品是与其他商品一起消费的互补品（例如，汽油价格的上涨有可能会降低人们对于高耗油的大型汽车的需求）。阿罗和德布鲁表明，价格就像神经系统，负责在整个经济体中传递供应和需求的信号。信奉利己主义的人们会根据信号作出反应，不可避免地驱使系统达到社会最优的均衡点——“看不见的手”真的是威力十足。

阿罗－德布鲁一般均衡理论最惊人的成就或许就在于，这个极其有力的结果是基于少数几个公理建立起来的。其中的部分假设毫无争议，例如你不能进行负劳动或负消费。然而，其中的另一部分假设则存在更多令人质疑的地方。例如，该理论假设，每个人都或多或少拥有每一种商品，未来市场里存在着每一种商品和服务，每个人在作计算决策的时候都极其理性并且了解世界未来可能出现的所有状况。在瓦尔拉斯最初的模型中，这些假设被当作必要的简化条件，细节要另行讨论。重要的是，我们可以以一套简单的公理作为起始点，然后严格地用数学方法得出一套通用的结果：在竞争市场中运作的理性利己主义将驱使经济达到最优点。1954 年，在这套理论发表的时候，它被经济学家认为是一种重大突破。在冷战高峰时期，它最终在政治领域被误读成了资本主义市场优于社会主义市场的证据。[64] 可以肯定的是，阿罗和德布鲁的理论是经济高度简化的影像，它缺乏真实世界的特征，例如垄断性产业、工人联合会、政府监管、税收等，但它的政治信息却很清晰。在没有扭曲和干扰的情况下，我们越接近完美市场竞争的理性状态，就越接近最优均衡。

20 世纪 60 年代出现了一种基本完整的理论，这种理论从关于个人消费者和生产者的公理假设出发，呈现了关于市场和经济学的全面结论。经济学家将这些自下而上的、关于个人和市场的理论称为微观经济学。在此期间，关于宏观经济学的研究也有很多。在宏观经济学中，经济学家采用自上而下的视角提出了一些问题，例如为何存在失业，是什么导致了商业的循环以及利率与通货膨胀之间存在怎样的关联。我们将在后续章节讨论这些内容，但当前的关键问题在于，在 20 世纪 60 年代至 70 年代，芝加哥的经济学家（这样说是因为他们大部分人都是芝加哥大学的教员），例如米尔顿 · 弗里德曼（Milton Friedman）和罗伯特 · 卢卡斯（Robert Lucas）开始将新古典微观经济学的理论应用到宏观经济学上，诸如理性效用最大化的消费者、最优均衡之类的概念也成了传统宏观经济学理论的核心部分。

从分配到增长

在本章的前半部分，我曾提到过历史上经济学曾被两大问题困扰：一是财富是如何被创造出来的，二是财富是如何进行分配的。在亚当·斯密的古典时期以及萨缪尔森和阿罗的19世纪中叶，第一个问题被第二个问题掩盖了。瓦尔拉斯、杰维斯以及帕累托的模型都是从一些假定条件开始的，即经济已经存在，生产者拥有资源，消费者拥有各式各样的商品。在这些模型里，关键问题变成了如何通过为每个人提供最大利益的方式，分配已经存在的有限资源。为何他们的注意力都集中在对有限资源的分配上？这里边有一个重要的原因，那就是从物理学中引用的数学均衡方程式在回答分配问题上是极为理想的，但要想将它运用到增长方面会十分困难。在定义上来说，均衡系统是一种静止的状态，而增长则意味着变化和动态。

意识到均衡与增长之间存在矛盾的是约瑟夫·熊彼特，他通常被说成是奥地利经济学家，但他其实出生于今天的捷克共和国。[65] 熊彼特因为穿着马靴去哈佛大学教师会议、穿着正式的晚礼服出席家里的晚餐而变得人人皆知，他还因宣传自己的人生三大目标而出名：成为维也纳最伟大的情人、欧洲最伟大的马术师以及世界上最伟大的经济学家。但他或许会说，可惜自己没能达成第二个目标。在财富的分配问题上，熊彼特认同新古典主义同侪的均衡概念，但他不相信这是回答增长问题的正确框架。新古典主义关于生产的观点是静态的。他们假定公司拥有固定的技术和产品组合，人们所需要做的就是计算出能够实现利益最大化的产品数量。但在熊彼特看来，经济增长不仅是指增加已有产品的数量，还与创新相关："将车厢连续相加，加多少都可以，但你永远也不会因此而得到一辆货车。"[66] 用第1章中给出的术语来说，熊彼特希望解释的是库存单位增长以及数量增加。

新古典主义者倾向于将创新看作外部的、外生性的因素，认为它是影响经济的一种随机变量——就像天气，认为它不在经济学的研究范围内。然而，熊彼特却认为，我们必须将创新看作一种经济内部的、内因性的因素，并且这对于理解经济是非常关键的。他坚持主张，为了实现增长，必须由“经济系统内部的能量来源打破将要达到的均衡状态”。[67] 对于熊彼特而言，这种能量的来源就是创业者，他几乎是用英雄主义的笔触来描写他们的。在熊彼特看来，技术进步因一系列随机的发明而产生。然而，新技术的商业化却面临许多障碍，包括从融资需求到旧习惯和旧思想的阻碍。因此，就像水坝后面的水一样，发明的随机雨水会逐渐积蓄起来。在熊彼特的理论中，创业者扮演着大坝破坏者的角色，是他们将创新之洪泻入市场的。通过这种方式，经济就会出现增长，但这并不像平稳的溪流，用熊彼特的话来说，这是“破坏性的创新风暴”。根据熊彼特的观点，财富的起源归功于各位创业者历史性的努力。在熊彼特的理论里，财富的起源是经过理查德·阿克赖特、亨利·福特、爱迪生和乔布斯这样的人战胜种种困难，将时代的技术转化为成功的商业企业而产生的。

熊彼特的理论在本质上是关于人类和历史的理论，它既有优势，也有不足。尽管熊彼特理论的言辞丰富性使得它在今天仍能引起共鸣，但他从未成功地将其转变成严谨的数学语言。这就意味着，他的理念永远不可能与数学式的新古典主义的框架达成和解——这是最终限制了熊彼特理念影响力的不足之处。[68] 缺乏数学方法也使得增长理论在随后的 40 年里始终停滞不前，直到罗伯特·索洛（Robert Solow）的出现。[69]

索洛出生于布鲁克林，他在哈佛大学接受训练，并在麻省理工学院度过了自己的职业生涯。[70] 索洛并没有被熊彼特的缺乏数学敏锐性所困扰，他试图将增长与新古典主义理论中所说的碗中球的可预测性调和在一起。在

1987 年获得诺贝尔经济学奖并发表演讲时，索洛描述了他发展理论的动机。[71] 关于增长的早期数学工作被过度简单化了，它假定资本的产出是恒定不变的，也就是说，对于工具、机器和装备等进行投资所得到的回报是恒定不变的。这种假设明显是不现实的。从历史发展来看，技术的变革将会极大地提升资本的产出——拖拉机的产出要远远高于牛拉犁的产出。索洛希望找到一种方法来对这个重要的方面进行解读。熊彼特将创新看作打破均衡的力量，而索洛则希望用一种与新古典主义理论一致的方式来解读创新，并维持经济的均衡。

增长和均衡听起来并不像一对可以兼容的概念，碗中球所处的系统并不是增长的。然而，在 1956 年发表的一篇标志性论文中，索洛将两个概念协调在了一起——索洛将经济视为一种动态均衡，或者说是他所谓的平衡增长（balanced growth）。[72] 请想象有一场马戏表演，一位勇敢的演员在高空钢丝上踩单车。为了保持平衡并且不从钢丝上掉下去，演员手里会拿一根长长的横向木杆。虽然演员在钢丝上骑车是运动着的，但在每一个时间点上，这位骑手都处于某种平衡状态。同样，索洛将经济看作均衡中的平衡，哪怕它处于不断增长中。他在模型中提出有两个关键的变量是外生性的：人口增长率和技术革新率，这两个变量驱动了经济增长（你可以将它们看作高空钢丝骑手作用于单车踏板的力量）。随后，索洛表明，经济中的其他因素，例如储蓄率和经济中的总资本量，将根据人口增长和技术变革自动地进行平衡，就像马戏演员不断地移动木杆来保持平衡。在索洛的模型里，平衡单车骑手的角色是由劳动力和资本市场扮演的，即便是在经济不断增长的情况下，它们也在努力地使一切维持在帕累托最优均衡的状态。

索洛的模型与亚当·斯密的某些观点是一致的，即尽管人口增长或许能够增加国家的总财富，但只有提高生产力才能提高国家的人均财富——一个国家的富有不在于它拥有多少资本，而在于这些资本的生产力有多高。在索洛看来，生产力的关键在于技术。索洛的模式意味着，美国和其他西方国家并不是因为拥有自然资源，或者拥有天上掉下的资本而变得富有的。它们变得富有的过程是一个良性循环，即技术的改进提升了资本的生产力，这又会提高储蓄水平，继而增加投资资本。如果没有技术的提升，资本只会根据人口数量的情况按比例增长，而人均财富值只会保持不变。1956 年距离“知识经济”一词变得流行还有很久，但罗伯特·索洛已经发现了它。[73]

索洛的工作使得人们对于增长这个主题重新燃起了兴趣。很快，在他提出的基本模型的基础上又出现了一系列变化的版本。然而，在 20 世纪 80 年代，以斯坦福经济学家保罗·罗默（Paul Romer）为首的一群研究者越来越不满意索洛模型提出的“增长的真正驱动者——技术是外生性的”这一说法，这就跟熊彼特在 50 年前受到的挫折一样——当时经济学家认为创新也是外生性的。[74] 罗默认为增长的“能量”应该被看作经济的内在因素，1990 年，罗默发表了一篇论文，启动了后来被称为“内生增长理论”的研究。[75]

索洛没有将增长的能量源泉定义为创业者的英雄主义，而是定义为技术的特性。他指出，技术对于增加具有一种累计的、加速的特性。我们知道得越多，现存的人类知识的基础就越大，并且从下一个发明中得到的利益就越多。知识被经济学家称作一种沉浸回报现象。正如之前讨论的那样，18 世纪，雅克·杜尔哥指出，大部分生产过程表现出了收益递减的相反特性。对于大多数的生产过程来说，无论是农业、制造业还是服务业，随着投入资源的不断增加，边际收益会越来越少。罗默认为，在生产技术的情况中（比如我们可以将研发当作生产技术的一个环节），这个逻辑是相反的。如果我们在知识上的投入随着时间的增加而不断累积，收益就会越来越高。今天，人们在微芯片和生物技术上投入一小时进行研发所得到的收益，比 1900 年在蒸汽机和电报机上投入一小时进行研发所得到的收益要高。罗默在他的模型中创建了一种积极的反馈、一种良性的循环，在这种循环里，在技术上投入得越多，一个社会就会越富有，未来在技术上的投资收益也就越高，结果就是无限的、指数级的增长。在技术投资上不断增加的回报将赋予经济增长的脚踏板以前所未有的速度和力量。

传统经济学的遗产

到 20 世纪末期，传统经济学完全由新古典主义的思维框架主导，其基础理念就在于，理性、乐观的消费者和生产者在资源有限的世界里做决策，并且（在没有技术投资的情况下）这些决策所带来的收益是递减的。利己主义和种种限制会驱使经济达到帕累托最优均衡。经济分析的方法论同样被数学证明主导着，这些数学证明都以一套假设作为前提，并且有逻辑地构建了一套结论。以索洛为先驱的新古典主义增长理论声称回答了财富的起源这一伟大问题，而阿罗和德布鲁的新古典主义一般均衡理论从表面看来回答了财富的分配这一伟大问题。当然，这些权威的模型有许多不同版本，包括以不确定性、不完美竞争、不完全竞争为特征的模型。但这些模型针对的是同一个主题的不同版本，而不是新的乐章。

20 世纪的经济学家意识到，他们雄心勃勃地想要创造一套严谨的、定义明确的数学模型来描述经济的运作。尽管在新古典主义的框架下，将微观和宏观视野全面融合的梦想没有完全实现，但人们仍然可以通过一个逻辑连贯的框架和一套假设，历经从个人决策者的原子世界到饱览国家经济的旅程。[76]

毋庸置疑，传统的思维框架对公共政策、商业和金融世界产生了重大影响。从中央银行行长到总统顾问、财政部部长，这些政策制定者全都依赖于传统经济学的概念和模式。同样，传统经济学理论中的概念通常被用于商业领域的决策——决策涵盖了从竞争策略到是否进行并购或收购。[77] 此外，毫不夸张地说，通过传统经济学理论计算的世界金融市场的交易量每天高达数万亿美元。传统经济学的理念在促进我们对经济和社会的广泛了解方面作出了巨大的贡献。

尽管传统经济学起到了毋庸置疑的巨大作用，但本章伊始提出的焦虑仍未解决。经济学家沃纳·希尔登布兰德（Werner Hildenbrand）曾将一般均衡理论比作一座哥特式大教堂，瓦尔拉斯及其同辈经济学家都是这座教堂的建筑师，而20世纪的伟大经济学家们则是工程队，但这座教堂的地基很不稳定。[78]

03 一场动摇传统经济学根基的辩论

虽然约翰·里德对经济学家很失望，但他依然与这个群体保持着积极的联系，并在久负盛名的拉塞尔·赛奇基金董事会任职，该基金会旨在支持社会科学研究。有一次，在纽约董事会的茶歇时间，另外一位董事、史密森学会秘书鲍勃·亚当斯（Bob Adams）告诉里德，一个全新的研究机构正在新墨西哥的沙漠上崛起。[1]研究团队的领头人是原白宫科学顾问、洛斯阿拉莫斯国家实验室的科研负责人乔治·考恩（George Cowan）。他的合伙人还包括一批科学界最耀眼的明星，包括诺贝尔奖得主、夸克的发现者默里·盖尔-曼（Murray Gell-Mann），来自普林斯顿大学的诺贝尔奖得主菲利普·安德森（Philip Anderson）以及数位来自洛斯阿拉莫斯国家实验室的资深研究员。

这个团体设立了一个雄伟的目标，即从根本上改变科学研究的方法。在历史上，科学采取了一种自上而下、归纳式的方法，将宇宙分割成许多小块，在星系到亚原子粒子之间寻找终极法则。圣塔菲研究所的科学家们认为，尽管这种方法取得了巨大的成功，但许多难解的问题本身就是“复杂系统”，它们具有集体或涌现的特征，以自下而上、系统的方法来理解会更好。[2]例如，他们认为，类似于“什么是生命”这样的问题，是永远不可能通过从有机化学方面自上而下的审视来进行分解的。[3]有机体是一个复杂系统，其整体要比各种化学部件的总和更加复杂。

要想回答“什么是生命”这个问题，需要一种将有机体视为整体的视角，以及自下而上的、对于数十亿分子如何互动而创造出一支复杂舞蹈（即所谓的生命）的理解。该团队认为，对于一系列广泛的现象，包括大脑、生物生态系统、互联网以及人类社会本身，这些现象的整体要比组成部分庞大得多，因而需要采用上述方法。他们还相信，这些难解的科学问题需要多学科的视角。“什么是生命”这个问题的解答需要生物学家、物理学家、化学家、计算机科学家以及其他科学家共同努力。然而，大部分大学和研究实验室都是以单独的院系进行组织的，这样不利于合作。1984年，该团队创建了圣塔菲研究所，这是一个非营利性组织，旨在开展对复杂系统的跨学科研究。不久之后，他们又在一处废弃的修道院建起了办公室，考恩在修道院院长的办公室安置了下来，基督圣血山脉的景色激励着他们。[4]

里德被亚当斯关于圣塔菲研究所的描述吸引了。理解像全球经济一样复杂的系统无疑是一个困难的科学问题，或许圣塔菲的研究者提出的自下而上、多学科交叉的方法可以为经济学提供一种必需的智力上的驳诘。亚当斯向圣塔菲研究所的创始团队引荐了里德，1987年，里德和花旗银行同意资助一个关于经济学的多学科交叉工作坊。

巨人的冲突

那个工作坊的会议开得就像一场橄榄球比赛。[5] 参与对决的一方是 10 位著名的经济学家，他们以诺贝尔奖得主肯尼斯·阿罗为首。另一方则由 10 位物理学家、生物学家和计算机科学家组成，他们以菲利普·安德森为领头人。经济学家一方拥有数位大咖，例如拉里·萨默斯（Larry Summers），他后来担任了美国财政部部长以及哈佛大学校长；还有来自斯坦福大学的布莱恩·阿瑟，他的理论为微软反垄断官司提供了关键论点；何塞·施可曼（José Scheinkman），他后来成了颇具传奇色彩的芝加哥大学经济学系主任。科学家队伍在吸引眼球方面一点儿也不逊色，其中包括大卫·吕埃勒（David Ruelle），他是混沌理论的先锋之一；约翰·霍兰德（John Holland），他是人工智能方面的研究者；斯图尔特·考夫曼（Stuart Kauffman），他是来自宾夕法尼亚州的生物学家，曾获得麦克阿瑟基金"天才奖"①；多因·法默（Doyne Farmer），他是来自洛斯阿拉莫斯国家实验室的一位年轻物理学大咖，因为使用非线性物理理论在阿拉斯加赢了轮盘赌而声名大噪。

双方都介绍了各自领域当前的最新成果，然后用了 10 天时间就经济行为、技术创新、商业循环以及资本市场的运作进行了辩论。经济学家们因为物理科学家们的理念和技巧而激动不已，同时也认为这些科学家在经济学问题上非常幼稚，甚至有一点狂傲。另一方面，物理科学家们则对经济学家们在数学方面的精湛技能留下了深刻印象，并且切实感受到了经济学问题的难度。

但真正让物理科学家震惊的是，在他们眼里，经济学家像是来自过去的

① 这被视为美国跨学科领域的最高荣誉。——译者注

人。后来，其中一位参会者评论说，这些经济学家让他想起了最近一次的古巴旅行。他描述说，古巴是一个因为美国贸易禁运而几乎完全与西方世界隔绝了 50 多年的地方。大街上到处都是 20 世纪 50 年代的帕卡德汽车和德索托汽车，还有少数是更新一点的古董车。他指出，我们不得不承认古巴人的心灵手巧，他们利用苏联拖拉机的翻修零部件让这些汽车运行了这么长时间。对于物理学家而言，他们在经济学家身上看到的大多也是一种类似的"复古"的感觉。在他们看来，经济学家好似被封锁在了自己的知识禁运令中，与数十年的科学进步相隔绝，但同时他们也在心灵手巧地弯折、拉伸和更新自己的理论，以便让它们保持效用。物理学家们看到的是瓦尔拉斯和杰文斯遗留下来的内容，这些数学"帕卡德"和"德索托"是边际主义从 100 年前的物理教科书里掠夺来的方程式和技术。

不仅是经济学里的数学部分看起来像来自过去的冲击波，物理学家们还为经济学家在模型里继续使用简化假设而感到震惊。自伽利略的时代起，科学家们就开始使用简化模型，例如标准球体以及理想气体，以便让模型更容易分析。但科学家们往往会很谨慎地去确认，尽管他们的假设是现实的简化版，但简化不会与现实发生真正的冲突。科学家们还会仔细地进行测试，验证他们的假设是否与理论所给出的答案有关。以参加工作坊的科学家们的观点来看，经济学家对于假设的使用到了一种极端的程度。其中一个假设获得了科学家的特别关注，那就是经济学家所谓的完美理性。传统经济学简化了人类的行为，假设人们会千方百计地了解未来，并通过不可思议的复杂计算对所有的信息进行处理，最终作出是否购买一品脱牛奶这样的基本决策。科学家们没有意识到，对于这个问题的争辩已有很长一段历史，他们仍在强烈反对使用一个与现实不符的模型。科学作家米奇·沃尔德罗普（Mitch Waldrop）引用了其中一位经济学家布莱恩·阿瑟关于交换的描述：

物理学家们对经济学家们所作的假设感到震惊——模型不是现实的反面，而是为了看看这些假设是否已经成为该领域的通用货币。我只看到菲利普·安德森面带微笑地向后靠了靠说："你们真的相信这句话吗？"

被逼到角落的经济学家会这样回答："是的，这能让我们解决问题。如果不作假设，你就什么也干不了。"

物理学家会单刀直入："但这些假设能起什么作用呢？如果假设不是现实，那么你所解决的不过是一个错误的问题。"[6]

在这一章节中，我将论证，尽管经济学领域取得了许多成功，但圣塔菲研究所的科学家们所提出的担忧是合理的。瓦尔拉斯将均衡的概念从物理学引入经济学，获得了数学的精准性与科学的可预测性。但他也为这种收获付出了高昂的代价——现实主义。均衡理论的数学要求瓦尔拉斯和后来的经济学家作出一系列限制性很强的假设，这使得理论经济学与现实世界的距离越来越远。传统经济学家遇到了计算机程序员所谓的"垃圾进、垃圾出、无用输出"的问题。如果你向计算机输入无用的东西，它将通过绝对的精准和完美的逻辑产出废料。同样，大多数传统经济学模型以不现实的假设作为开端，随后伴随着数学的必然性，得到的只是同样不现实的结论。正如我们将会看到的那样，这就是传统经济学的许多核心理念都很难找到实证支撑的原因。我们将检视这些让圣塔菲研究所的科学家们感到烦恼的假设，然后检视传统经济学的实证记录。在结尾时，我们将回顾经济学的历史，看看一个历史偶然事件是如何使传统经济学坠入长达一个世纪的错误低谷的。

不现实的假设

圣塔菲会议并不是经济学家和科学家就假设的使用而第一次发生冲突。1901 年，莱昂·瓦尔拉斯送给具有传奇色彩的法国数学家亨利·庞加莱（Henri Poincaré）一本自己的著作《纯粹经济学要义》，并征询他的看法。庞加莱回复说："就先验而言，我并不反对将数学应用到经济科学上，只要这不超越一定的界限。"在后来的一封信中，庞加莱明确指出，所谓的界限是指瓦尔拉斯理论中包含的许多"任意函数"（arbitrary functions，指瓦尔拉斯对于假设的使用）。庞加莱评论说，从瓦尔拉斯的方程式中得出的结论从数学的角度来说是正确的，但"如果任意函数在结果中复现"，理论所得出的结果就"没有益处"。[7] 跟一个世纪之后的圣塔菲研究所的科学家们一样，庞加莱尤其关注瓦尔拉斯对于经济因素的无限制预测的假设。用庞加莱的话来说就是："你将人类看作非常自私而又非常有远见的。第一个假设或许能被第一近似值验证，但第二个假设则需要抱持保留态度。"[8]

经济学家和当时的先锋科学家之间的情况也与此类似，这些科学家包括法国物理学家约瑟夫·伯兰特（Joseph Bertrand）、赫尔曼·劳伦（Hermann Laurent），美国先锋热力学家威德拉·吉布斯（J. Willard Gibbs），伟大的意大利数学家维多·沃尔泰拉（Vito Volterra）。他们都回应了庞加莱的抱怨，即尽管经济学变得更加精准和严谨是值得称赞的，但为了让方程式变得易解而抛弃现实是不可取的。[9] 然而，经济学家很大程度上忽略了这些批评，打造经济学的新古典主义理论的进程还在继续。关乎假设的争议并没有消散，数十年来一直在该领域持续存在。

1953 年，来自芝加哥大学的米尔顿·弗里德曼发表了一篇名为《积极经济学的方法论》（*The Methodology of Positive Economics*）的论文，又将争议推至完全沸腾的状态。[10] 论文指出，只要能够作出正确的预测，经济学理论中不现实的假设无关紧要。如果经济在“好似”人们完全理性的情况下运行，那么人们是否真的完全理性是无关紧要的。只要结果正确，假设无须进一步证明。也就是说，如果不是“垃圾出”，那么就不用去管“输入”的是什么。这篇论文被广泛阅读并立即引发了争议。[11] 在数年之后的一次美国经济学会的会议上，来自卡内基·梅隆大学的赫伯特·西蒙（Herbert Simon）发表了相反的观点。[12] 西蒙指出，科学理论的目的不在于进行预测，而在于解释事物——预测是关于解释是否正确的测试。但我们必须测试解释的整个逻辑链条，而不仅仅是末端的结论。

我将举一个简单的例子来说明西蒙的观点。你可以提出一个理论来解释天空为什么是蓝色的——假设有一个巨人，每天晚上都会在我们睡觉的时候粉刷天空。[13] 作为一种极端情形，弗里德曼的逻辑会认为，只要理论能够作出正确的预测——预测天空是蓝色的，那么关于巨人的假设其实无关紧要。西蒙则认为，我们不能仅仅检测结论正确与否。要接受这样的理论，我们必须观察巨人的行动。正如经济哲学家丹尼尔·豪斯曼（Daniel Hausman）所言，我们必须“深入了解”一个理论，以确保解释的因果链条也是合理的。[14]

那么，假设在理论中的应有作用是什么呢？为何伽利略和牛顿能够假设完美真空和理想球体，而瓦尔拉斯不能假设完全理性的人和像神一样的拍卖师呢？科学哲学家认为，在使用假设时通常有两条黄金法则。[15] 第一，假设必须与模型的目标相适宜；第二，假设不能影响模型为目标提供的答案。这两条规则的来源可以归结为科学哲学家所谓的细粒度与粗粒度。

要想阐释这种来源，有一个好办法，那就是将科学理论想象为地图。[16] 地图是潜在现实的近似图画，艾奥瓦州奥斯卡卢萨的地图只是现实奥斯卡卢萨的相近呈现。奥斯卡卢萨唯一完美的地图是奥斯卡卢萨本身，但它太大了，无法放进汽车的仪表储物箱里，因而用处不大。就像地图制作者会将地形进行理想化或省略某些特征，科学家也会对他们的理论进行简化和理想化。包含或省略哪些内容取决于地图或理论的目的。如果你要驾车周游全国，你或许只需要一张粗粒度的地图来为你指示主要的高速公路。但是，如果你想去拜访住在奥斯卡卢萨福特大道的姑姥姥，你就需要一张细粒度的地图，其中标注着奥斯卡卢萨的街道网络，而不是全国所有的高速公路。同样，宇宙学家或许是从星系的层面来看待宇宙的，而化学家有可能是从原子的层面来看宇宙的，每一位研究者都需要不同类型和不同程度的理想化。关键在于，粗粒度和细粒度的地图（及理论）必须相互兼容并符合潜在的现实。

如果一张高速公路地图标识某个位置有一条河，那么这条河在当地地图上必须处于相同的位置，并且必须符合现实中它所处的位置。与此类似，虽然宇宙学家和化学家的关注点不一样，但他们的模型不应互相矛盾，而应该都与经验证据和实验证据相一致。在制作地图时，我们不能为了容易绘制而移动道路和河流的位置。对于许多批评者而言，传统经济学的假设看起来并不像粗粒度的合理方案。看起来，从瓦尔拉斯和杰文斯开始，经济学家就在随意设定关于完全理性的假设、神一样的拍卖师等，而它的唯一目的就是让均衡数学能够奏效。我们现在来具体看一下传统经济学中的一些令人不安的假设。

简单到不可思议的世界里的聪明到不可思议的人

在传统经济学的所有假设中，最强有力、最不现实的或许要数人类行为的模型，我们将在第 6 章就这个话题进行讨论。这个标准模型，也就是通常所谓的完全理性，建立于两个基础的假设之上。第一个假设是人们在经济事务中的主要目的是追求自我利益。经济学家承认，在现实世界里，人们有时也会作出真正利他的行为（尽管这非常难以界定），但他们认为，在简化版中，假设人们普遍会作出符合自身经济利益的事情是合理的。第二个假设是人们在追求自身利益时会采取复杂到令人难以置信且审慎的方式。经济学家常常假设我们在作日常决策时会考虑通胀率、政府未来的预算开支以及贸易逆差等因素。经济学家还假设我们会使用连他们都觉得难解的方程式和运算来处理这些信息。

此外，为了能够预测人类行为，传统经济学家还假设这些超级人类机器人生活在一个理论世界里，那个世界要比人们实际居住的现实世界简单得多。比如，在余生中，当你要作出是否储蓄或是否购买半打啤酒的决策时，如果要将预计利率列入考虑范围，你需要获得关于这些利率的信息。传统模型往往假设，做决策时所需的所有信息可以完整、迅速地免费获得。当然，实际情况是，我们通常需要根据不完整或不确定的信息作出决策，如果我们需要更多信息，就得付出时间和金钱。其他关于我们生活的世界的典型假设包括：

◎ 不存在交易费用（比如在买卖过程中没有费用、税、法律约束或其他成本）；
◎ 所有产品是根据价格进行销售的纯商品（比如没有品牌、产品质量的差别）；
◎ 公司都在以尽可能高效的方式运营；
◎ 消费者可以为任何可能存在的不测事件购买保险；
◎ 经济决策者之间只通过价格进行互动，而且往往是通过拍卖机制互动的。（你常去的超市上一次举行拍卖会是什么时候？）

这些假设加在一起，导致加州大学洛杉矶分校的宏观经济学家阿克塞尔·莱乔霍夫德（Axel Leijonhufvud）称传统经济学模式是“聪明到不可思议的人处于简单到不可思议的环境中”，而现实世界是“简单到合乎情理的人应对复杂到不可思议的环境”。[17] 有无数的证据支撑着莱乔霍夫德的观点。包括赫伯特·西蒙、丹尼尔·豪斯曼和阿莫斯·特沃斯基（Amos Tversky）① 在内的行为经济学家已经证明，尽管人们在做决策时十分聪明，但这种方式与传统经济学所刻画的大相径庭。[18] 现实生活中，人们其实对复杂逻辑计算十分不在行，但是非常擅长快速认知、解读模糊信息以及学习。真实的人还很容易犯错误，并在做决策时陷入偏执。最终，他们会达到赫伯特·西蒙所谓的满意状态，在此状态中，他们寻求的是“足够好了”，而非绝对最好。举例来说，传统经济学会假设在你需要为汽车加油的时候，你会开车到附近的各个加油站，对比找出最便宜的价格。相反，西蒙认为人们会有一个关于价格的模糊概念，他们会选择最近的、看起来价格合理的加油站。[19] 我们有理由相信，在一个信息是有成本的、不完整的、急速变化的世界里，人们的大脑会在“足够好了”，而非绝对最优的时候作出快速的决策。

近年来，主流经济学家开始接受传统经济学中的这些不确定性。2001 年的诺贝尔经济学奖被授予了乔治·阿克洛夫（George Akerlof）、迈克尔·斯宾塞（Michael Spence）以及约瑟夫·斯蒂格利茨，他们的模型指出，并非所有人都能获得完美的信息。2002 年的诺贝尔经济学奖被授予了丹尼尔·卡尼曼（Daniel Kahneman）和弗农·史密斯（Vernon Smith），以表彰他们在更加现实的行为理论方面所取得的成就。包括弗兰克·哈恩（Frank Hahn）与根岸隆（Takashi Negishi）在内的研究者们在“非瓦尔拉斯市场”（例如没有拍卖师的市场）方面做了许多工作。尽管取得了这些进步，我们仍然很难找到同时包含所有这些方面，从而描绘现实环境中的现实人类的模型。[20] 均衡

---

① 美国行为科学家，因对决策过程的研究而著名。讲述其重量级研究成果的《特沃斯基精要》中文简体字版即将由湛庐文化策划、浙江人民出版社出版。——编者注

是一位严格的掌控者，尽管经济学家有时候会放松一两个假设，但均衡数学的限制意味着真正现实的模型需要从根本上打破传统的框架。

时间不等人

传统经济学因为依赖均衡而付出的代价还包括他们对时间的奇怪看法。大部分传统经济学模型实际上并没有考虑时间因素，它们只是假设经济会瞬间从一种均衡跳到另外一种均衡，而均衡与均衡之间的瞬变条件是无关紧要的。如果模型有时间概念，通常包括“短期”和“长期”两种，或者是一种想象的虚拟索引时间（比如博弈论模型中的回合次数，许多宏观经济模型中的世代数）。很少会有模型可以容纳正常时间概念里的分钟、小时、天和周。[21] 然而，时间在现实世界的经济现象中毫无疑问是非常重要的。人们需要时间才能设计、生产、运输、销售产品，获取信息及作出决策。这些事情所需花费的时间将影响我们对于经济动态的理解。

我们可以用一个老笑话来解释这个问题。一个老年经济学家和一个年轻经济学家在街上走路，年轻的经济学家往地下一看，看到一张 20 美元的钞票，于是说：“看，这儿有一张 20 美元的钞票！”而老年经济学家回答：“瞎说，如果街上真有一张 20 美元的钞票，早就被人捡走了。”

以传统经济学的观点来看，如果街上出现了一张 20 美元的钞票，世界瞬间就会失衡。理性的、利己的人们有动机捡走这 20 美元，所以会有人走过来把它拿走，使世界恢复到均衡状态。重要的是，我们知道什么才是均衡状态——根本不存在 20 美元放在街上的情况，人们需要花多长时间找到和捡走钞票以及世界从一种均衡状态转移到另一种均衡状态的具体路径之间并没有实际的联系。

当然，在现实世界里，有 20 美元掉在路边和有人发现并捡走它之间有一个时间差。这就说明，在任何一个时间点上，路边的某处存在未被发现的 20 美元是有可能的。在此过程中，时间尺度非常重要，因为掉在街上的钱数可以成为钱掉在地上与被发现的平均时间的比率的一个函数。通过改变时间尺度，我们就能绘制街上有钱掉落的场景（掉钱速度很快，等待被发现的时间很长）或很少见到的 20 美元掉在地上的场景（掉钱速度很慢，等待被发现的时间很短），抑或是处于两者之间的情况。我们甚至还可以构建世界在堆满钱和没有钱之间转换的场景。[22] 重点在于，除非我们知道相关的相对时间尺度，否则就无法解释系统将如何运作。

缺乏明确的时间尺度是阿尔弗雷德·马歇尔对于 100 年前的经济学的最大抱怨。在这期间，人们曾作过一些试图将动态引入传统理论的重要尝试，其中包括南加州大学理查德·戴（Richard Day）所做的工作，以及以时间滞后为特征的宏观经济学模型。[23] 但由于存在对行为的种种假设，人们几乎不可能创造出能够将均衡和复杂动态以及现实时间尺度结合在一起的模型。[24]

制造有趣的外生因素

如果传统经济学模型没有将时间的概念考虑在内，那么我们就有理由提出这样的问题：它们如何处理经济中出现的变化？之前我们说过，传统经济学理论就像碗中球，无论我们让球滚到碗中的什么地方，它都会回到同一个均衡点上。但是我们知道，经济是高度动态的现象，随着生产能力、价格波动、消费者喜好和技术的变化，各个方面都会随时发生变化。那么，如何才能将这种动态性与均衡内在的静止结合起来呢？如何才能让碗中球随着时间的推移而不断移动呢？

如果我们将碗中球取出，用力震动它，然后将碗的一边压弯，使得均衡被打破，这会出现什么情况？震动一开始就会让球离开均衡点，不断地在碗内滚动。当我们压弯碗的一边（请想象这是一只橡胶碗），改变约束的形状，最终球会根据碗的新形状而在一个新的均衡点停下（见图 3-1）。

图 3-1　均衡、震荡及新均衡

实际上，这正是经济学家在引入外生震动时对模型所做的工作。所有的模型都有限制条件。如果有人想要在模型中加入太多限制条件，那么模型就会变得很大、很复杂，从而失去用处。打个比方，人口增长很明显会对经济系统造成影响，但将生育和死亡因素纳入经济系统却是行不通的。相反，为了简化，我们可以将预估的人口数据作为外部因素输入。如前所述，模型限制之外的变量被称为外生变量，而模型限制内的变量则被称为内生变量。典型的外生变量包括客户喜好、技术创新、政府调控和天气变化。举个例子来说，技术变革（如互联网的发明）可被视为经济系统的外生震动，这一变化会影响生产者的成本（例如戴尔公司可以通过互联网销售而降低电脑的售价）和消费者的偏好（例如消费者更喜欢从亚马逊网站购书）。这些变化又会影响系统的限制条件（碗的形状），从而改变均衡点的位置。由于经济受到外生变量的反复冲击，均衡点也在不断变化。如此一来，经济的动力就来源于均衡、冲击、新的均衡、新的冲击……再次达到新均衡的过程，整个经济会经历一个又一个的临时均衡过程。

这个方法的问题在于，它为经济学家留下了一个摆脱困境的出口，致使他们可以让最困难、通常也是最有趣的问题脱离经济学的约束。比如，如果技术变革被认为是一种随机的外在力量（就好比天气），那么人们就不需要基本的理论来解释技术变革与经济变化之间的关系。[25] 同样，人们还可以将经济周期的波动归因于神秘的外在力量，例如消费者的信心或因为新闻而造成的股市崩盘。生物学上也有一个类似的方法。多年来，进化理论家一直在思考物种灭绝的谜团。人类的自然本能是要寻找一个最接近的、相称的原因，也就是说，重大事件必须有重大原因。20 世纪 80 年代，地质学家沃尔特·阿尔瓦雷茨（Walter Alvarez）和他的父亲——诺贝尔奖获得者、物理学家路易斯·阿尔瓦雷茨（Luis Alvarez）提出了一个理论，认为恐龙的灭绝是由白垩纪时期一颗巨大的小行星撞向地球导致的。实际上，一些证据也支持这个假设。后来，一些研究者选择抽身而出，研究长期的化石记录，结果发现行星理论或许能够解释白垩纪晚期的物种灭绝现象，却不能解释化石记录中其他 10 种重大的突发灭绝（其中一些事件的规模更大）。后来的研究表明，突发灭绝或许是由进化本身的内在动力导致的，而不是重大的外部事件。[26] 我们将在第 8 章看到，在复杂适应系统中，微小的内在事件可以在不经意间导致巨大的变化。

在经济学中，外生的“行星”有时确实会撞击整个系统，例如全世界的经济都受到了“9·11”恐怖袭击事件的影响。1987 年 10 月 19 日的股灾——股市下跌 20% 又是为什么呢？《纽约时报》当天的新闻标题是“对美元贬值和贸易逆差的担忧”，当然，这样的标题可以用在许多其他重大事故并未发生的日子上。[27]那1982年的经济衰退——12个月内美国公民失业率由7.5%猛升至11%，又该如何解释呢？在那一年里，20位主要的经济学家都预测失业率将会下降。如果重大的外生事件能够引发持续的衰退，为何预测者们预测不到失业率将会上升？[28]在各个案例中，似乎是外生因素在驱动真正有趣的经济行为——某些尚未被完全认识的内在动力正在引发股灾和经济衰退。[29]

人们必须明确模型的界限，但对于一门进步的科学而言，需要随着时间的推移而扩展自身的解释范围。在传统经济学中，均衡的“塑身衣”导致传统模型不得不将某些经济学领域最有趣、最根本的问题排除在外生的围墙之外。

对于事情的限制

许多人都经历过这样的尴尬场景：当你走到麦克风前开始说话，音箱中却传来一阵刺耳的声音——这是正反馈。如果麦克风离扩音器太近，声音在麦克风和扩音器之间循环放大，发出巨大的声响，就会出现正反馈现象。正反馈是一个加速、放大、自我强化的循环。负反馈则相反，它是降速、抑制、自我约束的循环。负反馈的典型案例就是恒温器，如果你的房间太冷，恒温器就会启动加热；一旦温度超过设定值，恒温器就会关闭，直到温度低于设定值。恒温器会抑制房间里的温度波动，使得温度稳定在设定值。

传统经济学假设经济过程是由抑制性的负反馈主导的。我们之前讨论过，这是生产和消费的递减或收益递减。如前所述，传统经济学假设，生产线上第20位工人的生产力大大不如第10位工人，第5个甜甜圈的吸引力大大不如第1个。跟碗壁一样，负反馈会让事物处于被控制的状态，让事物趋于均衡，并且让世界不被无限多的车辆和甜甜圈淹没。

真实世界确实展现了收益递减的现象。但是，原斯坦福大学和圣塔菲研究所的经济学家布莱恩·阿瑟认为，真实世界同样会展现出正反馈或收益递增的现象。[30] 越多年轻人穿运动鞋，运动鞋就越受欢迎。网络上可获取的信息越多，网络本身就越有用。有时候，买某一只股票的人越多，就有越多的人争相追涨。所有这些收益递增现象最终都会逐渐消失。今日的热门趋势就是明日的没落潮流，网络信息会泛滥，股票市场的泡沫最终也会破裂。但我想再重申一次，时机意味着一切。传统经济学理论往往以长期作为假设前提，在长期内，所有的收益递增都会耗尽自己，经济安全达到均衡。但如果没有长期呢？如果一种潮流在另一种潮流尚未开始之前就已经消退了呢？如果有人发明了谷歌帮助我们浏览网页呢？如果有一部分投资人在看到泡沫破裂后依然相信他们能够打败市场呢？在类似于经济这样的系统中，总有新的正反馈资源使气氛活跃起来。现实世界中没有长期，或正如约翰·梅纳德·凯恩斯的名言："长期是对当前事务的错误引导。从长远来说，我们都会死去。如果恰逢狂风骤雨的季节，经济学家只能告诉我们，风暴过后大海将会复归于平静，这样他们给自己安排的任务就显得太容易、太无用了。"[31]

---

19 世纪英国讽刺作家托马斯·洛夫·皮科克（Thomas Love Peacock）在其小说《科罗切特岛》(*Crotchet Castle*）中描述了一场两位绅士之间的辩论，他们争论的是自古希腊以来世界是进步还是倒退的问题。其中一位绅士将经济学的发明当作进步的证据，"科学中的科学"，他如此评论道。反对者则认为，经济学是"一种极其残暴的技术，没有任何一个雅典人能够忍受。假设的前提是要么没有证据，要么完全忽视证据；如果人们从中得出的结论非

常合乎逻辑，那么这些结论必然是错误的”。[32]

为了让复杂、动态的世界经济能够被装进简单、静态的盒子里，经济学家不得不采用“没有证据的假设”，这使得模型基于假设得出的结果出现了严重问题。如果没有这些假设，简化单一的碗中球模型就会失去作用；碗的平滑底部能够产生碰撞，球永远不会停下，方程不能被解决，均衡的可预测性就会消失。传统经济学家或许会找到这样的理由来回复：“这些年来，我们为建立这些模型付出了大量的努力，我们已经通过放松部分假设而加强了其现实性。”经济学家利用不尽完美的理性、不完美的信息、市场摩擦和动态，利用内生办法处理原本外生的变量，从而建立了模型。有人会问，传统经济学的模型是在何处同时放松了所有这些限制，因而看起来像一个动态系统的？为了回答这个问题，提问者必须放弃经济是一个均衡系统的观念，而传统经济学直到近来也没打算这么做。

现实验证

假设我们相信米尔顿·弗里德曼，无须对传统经济学的假设“一探究竟”，那么传统经济学在弗里德曼的实证检验中表现如何呢？

许多非经济学家对经济的科学凭据持怀疑态度，这是因为经济的预测结果不尽如人意，比如对经济增长、利率和通货膨胀的预测。然而，我们应该记住，科学的标志不在于预测未来的能力，而在于解释问题的能力，它能增强我们对于宇宙运转机制的理解。[33] 如前所述，科学在预测方面所起的作用是帮助我们在不同的解释之间作出分辨。一个成熟的理论往往拥有经得起测试的逻辑启示。比如，气象学家和气候学家能够告诉我们许多关于大气化学过程的知识，他们的理论可以通过在北极钻取冰岩芯和向高层大气发送气象气球来验证。然而，这并不意味着他们就能十分肯定地告诉你，下周日你去郊游的时候是否会下雨。这是因为地球的大气跟经济一样，是一个复杂而又高度动态的系统，距离均衡状态非常遥远。事实上，气象学和气候科学能够解释为何天气预报天然就是不准确的。在科学的各个领域，研究者都能解释现象并且验证解释的正确性，但未必能作出准确的预测。举个例子来说，生物学家能够解释却不能预测蛋白质的折叠，物理学家能够解释却不能预测湍流的确切运动方向。

科学是一个持续的学习过程，在此过程中，科学家会对相互矛盾的观点进行验证并在此过程中积累知识。正如卡尔·波普尔爵士（Karl Popper）在20世纪30年代指出的那样，没有"终极证据"证明某个理论是正确的，但是我们可以说某个理论是否被数据证明是不成立的，某个理论是否比其他理论与数据更吻合，某个理论目前还与数据不吻合。[34] 比如，我们不能说爱因斯坦的相对论已经被证明了，但是可以说它的预测已经得到了充分的验证，目前尚未出现矛盾之处，并且相对于其他解释，它与数据的吻合度更高。科学理论必须经历一个提出各种解释、严格地用可以被验证的方式将它们表达出来，去除那些无法经受验证的理论并把成功经受验证的理论作为基础的过程。[35]

在此标准之上，我们就能提出一个问题：传统经济学的预测与数据的吻合度有多高？答案是"并不是很高"。法国高等社会科学研究院教学主管、备受尊敬的微观经济学家艾伦·科曼（Alan Kirman）评论道：

> 过去100多年间创建的大多数优雅的经济学理论框架将在未来10年被验证——在均衡是由什么构成的这一理念上，它们提供了错误的聚焦、误导以及昙花一现的观念。如果我们认为

> 科学理论应符合两种标准规范——预测和解释，事实证明，经济学理论至少是不充分的。现实生活中，几乎没有人对经济学理论的差劲预测能力表示满意。许多人为此进行了辩护，但结论甚至不值得提及。许多经济学家认为，我们对于经济学运作机制的理解还在提升，因而可以质疑经济学理论在这方面并不充分的说法。然而，证据并不能打消人们的疑虑。人们对于包含经验数据的经济学理论几近病态的反感已经到了这样的程度——"解释"被当作一种独立的而非可测试的概念。[36]

正如科曼所言，除了数据与传统经济学理论相悖的问题，许多理论甚至根本没有经过验证。经济学的一个分支，所谓的计量经济学是负责数据分析的。[37]大部分计量经济学的工作不是验证理论模型，而是致力于发现变量之间的统计关系（通常是为公共政策或其他应用目标服务的）。事实上，统计关系并没有为现象提供因果解释。正如许多经济学家所指出的那样，我们常常缺乏可用的数据来验证理论。即便有可用数据，通常也是噪音数据或其他问题数据（尽管经济学家从物理学家或生物学家那儿没有得到什么同情，但这两类科学家不得不为了这些理论而建造粒子对撞机和太空望远镜，以及绘制人类的基因图谱）。

然而，传统经济学在两个方面经受住了严格的验证。首先是金融理论，金融市场的实时数据和巨大的计算能力为传统经济学理论的验证提供了前所未有的条件。不幸的是，对于传统经济学来说，这些数据不断被证明与理论得出的最基本的预测相悖，我们将在第 17 章对此话题进行讨论。[38]其次是实验经济学。有一种盛行的观点认为，经济学与其他科学的不同之处在于人们无法通过对照实验来验证假设。比如，美联储不能无限提高利率来检验到何种程度时会引发经济衰退。然而，尽管针对整体经济进行实验存在很大的困难，但我们却可以对经济的微缩版进行实验。研究者让不同小组的人互相议价、在拍卖中竞标、玩经济游戏、对模拟股票市场进行调查、去实验商店购物，并且参与建构各种各样的人为环境，以便捕捉人类经济行为的各个具体方面。这样就产生了丰富的成果，我们将在第 6 章对其中的某些方面进行讨论。需要再次申明的是，通常来说，传统经济学的许多核心观点都很难获得数据。[39]

当然，大部分关于传统经济学的验证工作都具有很高的技术性要求（对此感兴趣的读者可以参考注释）。尽管如此，在接下来的几个部分，我们还会看到多个直观的案例，看到传统经济学的关键预测并不能满足科学现实验证的标准。

供求“定律”

如前所述，传统经济学最古老的原则之一就是供求定律。关于这个定律的基本预测是，供应和需求的平衡力量会驱使市场达到一个平衡的价格和数量水平，实现市场出清。这个理论与现实情况相当接近，效果很好。举例来说，如果一个汽车公司推出了一个新的车型并很快受到热捧，公司通常会在需求大于供应时提高价格，然后扩大生产；一旦需求下降、供应增强，他们就会降低价格。一切都如理论所预测的那样。

但如果我们进入一个更加细颗粒度的层面，就会看到现实世界的市场几乎永远不会达到均衡状态，供应很少与需求相等，市场很难实现均衡。几乎所有市场都是建立在非均衡而不是均衡的假设基础上的 。大多数市场都有库存、订单储备、过剩的生产能力以及起缓解不均衡状态作用的中间商。一个地方的汽车经销商有一停车场的车卖得很慢，也有许多“热门”车型的订单，消费者都翘首以盼。一个地方的超市也几乎很少达到均衡状态，它的库存时高时低，里面充满着从后门运进来的食物供应和从前门运出的需求之间的不平衡。服务行业，例如律师和会计，很少能够百分之百地发挥他们的专业技能，因而其中都为需求的波动保留了一些可用的摇摆产能。甚至于金融市场——经常被看作最接近理论典范的市场，也拥有应对不可避免的供求不平衡的机制，在纽约证券交易所有“特种经纪人”，在纳斯达克交易所有“做市商”，他们的工作都是为了缓解供求之间的不平衡。

供求定律其实并不能称之为定律（至少从科学的层面来说不能），它更适宜被称为“关于供应和需求的粗略估算”。部分传统经济学家或许会分辩说，库存和产能过剩并不是问题，它们只不过是供应－需求平衡中的杂音。事实上这种说法是错误的。在本书的后面章节我们将讨论到，库存和产能的动态能够帮助我们解释一些现象，例如价格波动和商业循环现象，传统经济学通常利用外生力量来进行解释。[40] 正如我们将在第 8 章看到的那样，股票市场中的库存甚至有助于解释股票市场的波动。[41]

一价定律

在传统经济学中，第二条有名的“定律”是一价定律，其内容是：“在没有运输成本和贸易壁垒的情况下，同一商品在所有市场中的售价必须相同。”[42] 例如，纽约的金价应该与伦敦的金价相同，如有差异，应将其归因于从一个市场到其他市场之间的运输成本以及进口关税、税费及其他贸易成本，否则就有人能从差价中套利，即通过在低价市场买入、到高价市场售出，获得无风险利润。套利者的买入和售出会导致两个市场的价格复归均衡。跟供应和需求一样，一价定律通常也不过是一种近似的状态。高流动性的商品（例如金子）通常在不同的市场中很少会出现“可套利”的情况。

即便如此，这种近似作用通常也会发生故障，无论是在整体的宏观经济层面还是更加微观的个人生产和服务层面，都是如此。对此理论的一个重要验证就是大部分欧洲经济体加入欧盟，尤其是引入欧元的案例。理论预计，大规模消除贸易壁垒、增加流动性、降低货币交易成本、增强价格透明度的行为，必将导致欧盟范围内价格的统一性增强。但事实证明，结果恰恰相反。欧盟统计局的数据显示，自 1999 年引进欧元以来，各国间的价格差异在不断扩大。欧元区的价格标准偏差从 1998 年的 12.3% 扩大到了 2008 年的 13.8%，这与理论预测的正好相反。欧盟内部市场委员会经济分析主任弗朗西斯科 · 卡巴莱罗 – 桑斯（Francisco Caballero-Sanz）认为，价格不统一的原因在于消费者并不像经济学理论所“希望”的那样理智。[43]

从更细致的层面来看，我们通常看到个人商品和服务在价格上存在很大的差别。比如，来自德累斯顿嘉华投资银行的全球股票策略总监詹姆斯 · 蒙蒂尔（James Montier）对伦敦番茄酱市场进行了一番异想天开的调查，然后发现同样的番茄酱在区域内各超市的价格差异明显，[44] 实际价格与理论预测的价格差别最高可达 43%。在这种情况下，伦敦番茄酱市场就存在很多无风险的获利机会。在传统经济学的理论世界里，这样的机会会因为套利而立即消失：但在现实世界里，人们需要时间来发现这些套利机会，机会时隐时现，有些值得利用、有些不值得，在利用的时候或许又存在各种各样的障碍。

一些传统经济学家或许会问，如果一价定律只是一种理想状态，这又有什么关系呢？然而，对于大多数科学家而言，欧元区内存在 13.8% 的标准偏差，或者番茄酱价格存在 43% 的价格误差，这种理想化也太过于宽泛了。关键不在于一价定律背后的基本理念是错误的，人们在“无壁垒的情况下”当然有意愿从价格差中套利；而是在现实世界里，各种各样的壁垒几乎永远存在，无论是基于以下哪种事实：有的人没有时间寻遍所有商店从而找到区域内价格最低的番茄酱，或者各种各样的交易成本以及运输、法律和其他影响欧盟内交易的问题依然存在。事实上，科学家们所感兴趣的关于价格收敛的问题，是套利动机与各种壁垒的无常变化之间长期的、动态的相互作用的结果。然而，均衡框架在数学方面的要求迫使经济学家剥离了这种复杂性，只留下一个预测结果的价值尚且存疑的“定律”。更加有用的定律应该是能够应对现实世界中的价格复杂性的理论。[45]

数百万兆年里的均衡

传统经济学最基本的预测或许是：经济作为一个整体必将在某个点上达到均衡状态，这是微观经济学的一般均衡理论和标准宏观经济学都会作出的预测。[46] 如前所述，传统经济学并不认为均衡是一种永恒的状态，而认为经济将经历一连串的冲击、均衡、冲击、均衡的动态过程。我们可以想象这就好比有人猛烈冲击碗中球，看着它静止下来，又再次猛烈冲击它，如此反复。但是对于想要达到均衡状态的系统来说，两次冲击之间的时间必须长到让球能够静止下来。若非如此，球就只会永远不停地滚来滚去，然后又被随机地连续撞击，永远无法达到均衡状态。

如此一来，关键问题就在于，经济达到均衡状态需要多长时间？何时才是它的“静止”时间？20 世纪 70 年代，耶鲁大学的经济学家赫伯特·斯卡夫（Herbert Scarf）指出，达到均衡的时间根据经济中产品和服务的数量呈四次方的指数级增长。[47] 这种关系背后的直觉是直接的：产品和服务的数量越多，所有市场之间进行互动所需的时间越长，所有价格和数量进行调整所需的时间也就越长。如果按照第 1 章所说的那样，粗略估计现代社会大约有 10^{10} 个库存单位，我们乐观估计，经济领域的每一个决策都以超级计算机（当前是 IBM 的蓝色基因，每秒可进行 70.72 万亿次浮点运算）的速度进行，按照斯卡夫的理论，经济每经历一次外生冲击，需要 4.5 百万兆年（4.5×10^{18}）才能恢复到一般均衡状态。鉴于每一秒都有各种各样的因素（例如技术变革、政治变革、气候、消费者喜好变化）冲击着经济，而宇宙现在仅有 120 亿岁（1.2×10^{10}），这确实是个问题。[48]

非随机游走

如前所述，传统经济学中最有可能经受得住现实验证的或许要数金融理论。但是，尽管传统金融理论的预测不像第一近似值那么糟糕，但一旦经受近距离检视，它们也会崩溃。

传统金融的一个最有名的预测是股票的价格会遵循一种“随机游走”的规则。我们将在后续章节进行详细讲解，但总的来说，随机游走意味着价格的变动没有模式可循，回顾过去的价格并不能为未来的价格走向提供线索。乍看之下，股票价格确实很像随机游走，尤其在相对平静、表现“正常”的情况下。数十年来，研究者们始终相信，价格的确是随机的。近些年来，通过更优的数据和更强大的工具，人们分析发现价格并不遵循随机游走规则。比如，来自麻省理工学院的罗闻全（Andrew Lo）与来自宾夕法尼亚大学沃顿商学院的克雷格·麦金利（Craig MacKinlay）用 1962 年至 1985 年间 1 216 周的股票价格数据验证了随机游走假设。他们验证了单只股票、股票组合和股票指数，所有这些案例都与随机游走假设相悖。[49] 许多使用其他样本和其他方法的研究结果也与随机游走假设不符。[50]

有趣的是，在市场出现重大波动时（也就是说距离均衡状态最远的时候），股票与随机游走之间的不吻合在数据上表现得最为明显。[51] 股票价格数据里也有明显的动态结构和信息，尽管关于是否有人可以有组织地根据这些信息赚钱尚存争议，但随机游走的预测是错误的这个事实对于增强金融科学的可信度而言毫无用处。[52]

传统经济学理论的预测也不完全是疯狂的。供应确实近似地等于需求，价格有时（并不总是）确实会收敛。市场或许永远不会真正地达到均衡状态，但是可以以貌似均衡的形式运转。从表面上看，在金融市场稳定、运行良好时，它似乎确实遵循着随机游走，也就是说，稳定和运行良好的状态被打破时则不然。如果你觉得这些陈述听起来并不科学，那是因为它们真的不科学。正如弗里德曼的对手赫伯特·西蒙所言："可以肯定的是，经济学已经发展出了大量高度复杂的数学定律，但其中大多数定律与经验现象相距甚远，并且通常只能显示被观察对象之间的定性关系。"[53]

传统经济学建立在摇摇欲坠的假设的基础之上，这就导致了它的结论也站不住脚。下一个问题是，为何传统经济学沦落到了这个地步？传统经济学的问题出在100多年前，出在瓦尔拉斯的一个关键举动上——将均衡的概念从物理学引入经济学。瓦尔拉斯并没有意识到自己从根本上对经济学进行了错误的分类。

被误用的比喻

人类能够熟练地识别模型，使用比喻来加强对于世界的理解和推理。指出一种事物与另一种事物的相似之处或相同之处，能够帮助我们快速地抓住一个复杂现象的本质。莎士比亚本可以用长篇巨著向我们展示朱丽叶对于罗密欧的生命来说有多么重要，如何给他带来了幸福，等等。但事实上，莎士比亚只用了一个简短的句子“朱丽叶就是太阳！”表达了这些含义，并且含义更加丰富、形式更为有力。

科学家同样也会使用比喻，以便激发创造力，促进关于复杂理论的沟通。举个例子来说，弦的小型震动回路的比喻启发物理学家提出了弦理论（此理论试图统一宇宙的根本力量并解释亚原子粒子的来源），使得他们发现了与前辈完全不同的思考方式。[54] 同样，相对于“十 维的卡比拉 丘空间”，弦回路一词使得物理学家能够以比喻的方式，更容易地与外行听众沟通弦理论的核心概念。但是，尽管比喻有助于科学交流，但科学本身不仅仅是以比喻为基础的。科学理论的内容不仅仅包含某样事物与其他事物相似。正如我们在第 1 章中讨论过的那样，科学家会提出某事物确实属于某种普遍现象，但相似不等于相同。宇宙学家说太阳是恒星，这不仅仅是说它在某些方面与恒星相似，而是说太阳是一种普遍现象，即所谓的恒星中的一员，它拥有某些在现实中可观测到的特征。[55]

毫无疑问，瓦尔拉斯在阅读潘索的物理教科书时，受到了物理学系统中平衡力与经济学系统中平衡力概念之间的相似之处的启发。[56] 这种相似激励了他将均衡分析的数学工具运用到经济系统中。100 年后，在圣塔菲研究所的科学家与经济学家会议上，摆在台面的关键问题就是，经济学中均衡概念的提出仅仅是基于物理系统与经济系统之间的表面相似性，还是经济系统确实就是均衡系统，因而拥有系统的普遍性质？[57] 换句话说，传统经济学中的均衡框架是一种比喻还是一门科学？

对于瓦尔拉斯及其支持边际主义的同事来说，这样的问题本不应该被摆在他们面前。首先，当时人们对于科学哲学以及对于比喻的合法性和非合法性的理解尚未到达如今的程度。其次，这个问题还会引出另一个问题：如果经济系统不是均衡系统，那又是什么系统呢？第二个问题同样也会让瓦尔拉斯感到困惑。对于瓦尔拉斯那个时代的物理学家来说，系统只有两类：均衡系统——可以用数学方法进行分析的系统；以及“其他”系统——其中部分可以用数学方法分析，但大多数都不可以。对于类似经济这样的现象，当时没有很多别的办法对此进行分类。由于瓦尔拉斯的目标是将数学的严谨与可预测性带入经济学，所以，他最终踏上了均衡分析这条多人踏足的道路也就不足为奇了。

尚未成熟的物理学

瓦尔拉斯在履行将经济学转变为一门科学的使命时，科学本身尚处于发展阶段，缺乏一些关键概念。所有科学都在不断进步，边际主义者所了解的物理学并不是我们今天能在教科书上看到的经典热力学；事实上，我们可以说它在当时尚未成熟。边际主义者从物理学中借用的内容包括热力学第一定律，但是他们忽略了第二定律。

热力学第一定律认为，能量既不能被创造也不能被消灭，因此也被称为能量守恒定律，它发展于 19 世纪早期到中期，瓦尔拉斯、杰文斯和其他人在读到相关材料时这个定律已经非常清晰。有关第一定律的作用，我们可以想象有一个小球被拿到了碗的上方。当球掉落，它所拥有的势能就会被释放出来。如果你把手放在碗的底部，就会感受到球由于重力而对碗底造成的冲击。能量的释放被称为功（因为它有可能有用武之地，例如驱动机器）。球坠落之后会开始滚动，它会受到碗的摩擦力，而摩擦会产生热量。因此，球的势能就会被转换成功和热。伟大的英国物理学家詹姆斯·普雷斯科特·焦耳（James Prescott Joule）指出，自然界对于能量极其吝啬，能量既不能被创造也不能被毁灭，仅能从一种形式转化为另一种形式。如果将在碗的最高点时储存于球内的势能与滚落时所做的功及释放的热量相比，这两者的数量应该是相等的。同样，如果测量存储于一团煤炭中的能量及燃烧煤炭所做的功（如驱动火车头），存储于煤炭中的能量应该等于它所做的功以及从火车头烟囱中排出的、被浪费掉的热量。[58]

第一定律的属性之一在于，如果某个系统的总能量是固定的，也就是说"守恒的"，那么系统最终必然会趋于均衡。一旦球的势能不再转变为功和热，那么球就会在碗底以最低的能量状态静止。同样，一旦燃烧的煤炭被转化为了功和浪费的热量，它就不再燃烧，达到均衡状态。只有加入外部的能量，例如晃动碗或加入更多的煤炭，我们才能破坏此时系统的均衡状态。

正如巴黎圣母院的菲利普·米罗斯基（Philip Mirowski）指出的那样，瓦尔拉斯借用均衡概念的后果之一，在于引发了传统经济学模型对于固定或守恒数量的数学需求。因此，传统经济学通常将价值描绘为能从一件物品转移到另一件物品的固定数量（例如，从资源转移到商品可以换来钱；钱换回商品，然后进行消耗，创造实用性）。[59] 实际生活中并没有新的财富被创造出来，世界上有限的资源先是被分配给了生产者，他们又创造出有限的商品，这些商品被分配给消费者。人们可以用或高效或低效的方式来分配财富，就像他们可以用高效或低效的方式烧煤，但在一般的均衡模式中，经济无法创造出新的财富，就像煤不能被循环利用。[60] 由于人们强调财富蛋糕的大小是固定的，英国经济学家莱昂内尔·罗宾斯（Lionel Robbins）在 1935 年提出了将经济称为"稀缺的科学"这一著名的说法。[61] 这在现代经济学教科书中仍有体现，比如，在保罗·萨缪尔森和威廉·诺德豪斯（William Nordhaus）的书中，经济学就被定义为“关于社会如何利用稀缺资源来生产具有价值的商品以及如何向人们销售商品的研究”。[62] 曾经给瓦尔拉斯和杰文斯带来启发的第一定律的遗留问题至今留存于传统经济学之中。

然而，第一定律仅仅是故事的一半。第二定律没有出现在瓦尔拉斯和杰文斯当时所了解的物理学中，第二定律指出了衡量系统混乱或随机程度的指标——永远都在增长的熵。宇宙作为一个整体不可避免地会从有序状态转变为无序状态，其最终的归宿是一种随机的、毫无特征可言的、温度完全均匀的瘴气。随着时间的推移，宇宙中所有的秩序、结构和模式都会瓦解、衰退、消失，如汽车生锈、建筑崩塌、山峰被侵蚀、苹果腐烂、倒入咖啡里的奶油消散至完全融合。熵为时间指明了方向。伟大的物理学家、圣塔菲研究所的创始人之一默里·盖尔-曼指出，如果你有尚未长大的孩子或孙辈，你的食品柜里可能既有花生酱又有果冻。随着时间的推移，在给孩子们做三明治的时候，花生酱会混入果冻中，果冻会混入花生酱中。盖尔-曼指出，如果他让你看花生酱中如何越来越多地混入果冻的延时视频，然后再让你看一个果冻消失、与此同时花生酱变得干净的视频，你立即就会明白哪一个影片是正向播放，哪一个是倒退播放。[63] 如果没有熵和不可避免地从有序到无序的转变，我们就无法分辨什么是过去、现在和未来。从熵的发现开始，它就成了物理学家看待宇宙的一个核心概念。[64]

但对于瓦尔拉斯、杰文斯和其他传统经济学的建设者来说，这条自然界的最高法则并未体现在他们的框架中。第二定律是一个经过了长期酝酿的科学概念，包含了1824年到1865年间许多人的努力，其中包括萨迪·卡诺（Sadi Carnot）、鲁道夫·克劳修斯（Rudolph Clausius）和威廉·汤姆森爵士。然而，它的重要性直到19世纪末才被人们意识到，而它的许多重要含义直到20世纪才开始发挥作用（一直延续至今）。熵这个概念对当时的人来说太新了，人们对它的理解过于浅薄，以至于未能将它加入当时给了瓦尔拉斯和杰文斯以启发的入门教科书中。[65]

芝麻开门

在对热力学的第一定律和第二定律有所了解之后，我们就能开始接触另一个在瓦尔拉斯和杰文斯的时代无法触及的概念：关于封闭系统和开放系统的概念①。热力学系统是指任何一套我们希望界定和研究的确定的空间、物体、能量或信息。宇宙本身就是一个系统，在宇宙这个最大的系统之中，人们可以定义任意数量的小系统。比如，地球是一个系统，你的身体、房子、装满水的浴缸也都是系统。封闭系统是指与其他系统没有任何互动或交流的系统，没有物质或信息进入或流出，宇宙就是一个封闭系统。宇宙没有“外界”，没有其他系统存在于它的边界之外并且可以与它互动。[66]能量可以被转化成物质，反之亦然，而且系统内的能量有可能会被转化成不同的形式，但根据第一定律可知，总量是恒定的。此外，随着有序状态转变为无序状态，封闭系统最终会趋于均衡，封闭系统内的总熵永远都在向着最高水平增长。

第二类系统是开放系统，能量和物质会不断进入、流出。这样的系统能够利用流动的能量和物质来暂时对抗熵，并创建一段时间内的秩序、结构和模式。举个例子来说，地球就是一个开放系统，它处于太阳流出的能量河流的中央。这种能量流创造出了大型的、复杂的分子，分子又创造了生命，进而创造出一个秩序与复杂性共存的生物圈。熵并没有置身事外，地球上的事

---

① 这两个术语在经济学中有着另外的含义，指的是某个经济体是否参与国际贸易，但我们这里用的是它们在物理学中的定义。

物一直在瓦解和衰减，所有有机物最终都会死亡。但来自太阳的能量会不断地为新秩序的诞生提供能量。在开放系统中，由能源赋能的新秩序创建与由熵驱动的旧秩序瓦解之间的斗争从未停歇。自然的会计规则十分严格，在开放系统中，创建新秩序需要付出代价。为了在宇宙某个地方创建新秩序，其他地方的旧秩序就必须被摧毁，这是因为净效应必须永远是熵的增长（秩序的减少）。因此，当太阳的能量在地球上创建新秩序时，新秩序里所有的生命和活动都会产生热量，热量又会被反射回太空。无论热量最终去到哪里，它都会产生一种随机效应，从而导致熵增加。地球就是通过这种方式来引入能源并输出熵的。

假设你一直忙于工作，第二定律让你的房子从有序状态变为无序状态。你决定投入一些能量来对抗熵——整理房屋。你燃烧卡路里来擦洗、归置物品，从而向房屋注入能量，同时你还会用电来驱动吸尘器、洗碗机和洗衣机。此外，物质还会以一种高度有序的状态进入房屋，包括食品、衣服、清洁用品等。然而，当你和你所使用的所有物品向周围的环境辐射热量时，宇宙就能获得熵。并且，你用的电也会产生浪费的热量，发电站的烟囱排放物和离开你的房屋重新进入环境中的物质都以垃圾的形式处于一种无序状态。你的房子这个系统引入了能量和物质，并在房子的范围内被用来创造秩序，然后又向宇宙的其他部分输出热量和无序物质，从而输出它的熵。

封闭系统永远都有一个可预测的最终状态。尽管它们在进程中或许会做一些无法预测的事情，但最终都会趋于最大值的熵的均衡。开放系统则要复杂得多。有时，它们会处于稳定的、看似均衡的状态，或者它们会展示出非常复杂而不可预测的行为模式——距离均衡状态十分遥远，这些行为模式包括指数增长、彻底崩溃以及大起大落。只要开放系统能够获得自由能，它的最终状态或者说何时能够达到最终状态就无法预测。

在第 1 章中，我将复杂适应系统定义为互动的行为主体能够相互适应并且适应环境的系统。复杂适应系统是开放系统的一个子类，它通过能量来处理信息、维持秩序、创造复杂模式。比如，蚁群通过带回蚁巢的食物和物品获得能量和物质，在建筑蚁巢和组织活动的过程中，它们利用能量和物质来对抗熵。自由能量的存在使得复杂适应系统（例如蚁群）可以远离均衡、创建秩序并且处于动态之中。如果你移除这种能量，那么熵就会占上风，系统就会衰退并最终趋于均衡状态。作为圣塔菲会议的参与者之一，密歇根大学的理论家约翰·霍兰德曾说过："事实上，系统一旦达到均衡，它并不是稳定了，而是死了。"[67]

经济的错误归类

瓦尔拉斯与杰文斯并不熟悉第二定律，因此他们并没有意识到开放系统与封闭系统之间的差别，也没有意识到复杂适应系统的存在。人们对于开放系统的细致了解在 20 世纪才真正开始，19 世纪 60 年代至 70 年代，在生于俄罗斯的化学家伊利亚·普里高津（Ilya Prigogine）的推动下，相关研究开始加速。当时，传统经济学的模型是基于一个隐含的假设建立起来的，即经济是一个热力学的封闭均衡系统，瓦尔拉斯、杰文斯及其他边际主义者甚至不知道他们将这个假设加入了理论之中。在后续的 100 年里，经济学和物理学分道而行，这个假设就埋藏在了传统经济学的数学核心里。[68]

在经济学理论方面，对于第二定律的无意识意味着边际主义者及其后辈在根本上（虽然是无意地）将经济进行了错误归类。经济并非封闭的均衡系统，它是一个开放的非均衡系统，更确切地说，是一个复杂适应系统。而证据就在你的窗外，就在你的鼻子下方。相关证据是如此明显，但它之前逃过了大部分经济学家的注意，直到近期才有所改观。[69] 如果说经济是封闭的均衡系统的话，那么它的定义特征是趋向于更少的秩序、复杂性和结构，因为熵会让任何封闭的均衡系统不可避免地走向毫无特征的静止。封闭的均衡系统不能即时自我管理，它们不能产生模式、结构和复杂性；最重要的是，它们不会随着时间的推移而创造新的东西。[70] 在你的窗外，与经济相关的所有运动、组织和活动不可能是封闭均衡系统的产物。正如我们在第 1 章看到的，从能人的 10^1 库存单位到现代社会的 10^{10} 库存单位，经济的定义特征变成了复杂性的剧增。从石器时代至今，经济活动的增长已经成了一个大张旗鼓地对抗熵的长篇故事，而这种故事仅会发生在开放的非均衡系统中。

传统经济学家或许会问，开放系统和封闭系统的物理性与经济学到底有何关系？开放系统和封闭系统是物理学概念，而经济学是一种社会现象。我是否也像我所批判的瓦尔拉斯那样，使用了不正确的比喻推理？答案是否定的。我们必须记住，社会系统不仅是存在于经济学家脑中或教科书方程式中的抽象数学模型。它们是由物质、能量和信息组成的真实的物理系统，它们是由人和窗外的一切事物组成的，并且它们跟其他现象一样，也遵循着物理学定律。每天都有大量真实的、物理的能量注入真实的、物理的经济体，这就是经济体运转的动力所在。[71] 我们的狩猎采集祖先向他们的经济领域注入的能量是他们所食用的食物和收集的柴火，现代经济体为自身注入能量的方式是巨无霸、微波炉即食餐，还有石油、天然气、煤炭、水力发电、核能源以及其他任何人类可以利用的能源。进入经济的能源为对抗熵和创建秩序提供了能量。同样，经济遵循第二定律，在排放垃圾、污染物、温室气体和热量的同时，它们也在向宇宙输出无序状态。

经济不仅与开放系统极为相似，在事实上、物理上确实也是宇宙开放系统群体的成员。如果我们切断经济的能量供应——断绝食品、石油、天然气和煤炭，那么熵就如入无人之境，经济就会趋于真正的均衡。可悲的是，我们今天仍能看到这样的情况，许多被战争蹂躏的经济体不可避免地会衰退，因为熵会占上风，这些地方的经济会趋于真正的均衡——那是充满痛苦与饥饿的均衡，而从定义上来看，不断发展的、有活力的经济从不会走向均衡。

甚至于只由“纯粹信息”组成的、仅存在于交易者电脑屏幕里的市场（例如纳斯达克股票市场）也遵循着物理世界的某些原则。几年前美国就出现了一位出乎意料的“提醒者”——一只松鼠钻进了康涅狄格州一处临近纳斯达克主机中心的变电器里。这个小东西受了电击之后切断电源，直截了当地关闭了市场。[72] 正如我们将在第 14 章讨论的那样，所有创造财富的经济活动都需要某种能量以及各种各样的物质和（或）信息（尽管反过来说不一定是对的，即并不是消耗能源、利用物质和信息的活动就一定能创造财富）。经济活动严格根植于现实的物理世界，因此经济学理论也不能脱离热力学定律。

传统经济学家或许会承认经济是真实的物理系统，甚至承认它们是开放系统，但他们依然会分辩说开放系统和封闭系统的物理性质无关紧要，因为相对于物理基础来说，经济学家对经济模型进行了高度的抽象化。也就是说，经济模型比物理科学模型更加粗粒化。就像生物学家不参考亚原子物理也能得到细胞模型，经济学家也可以在不明确参考物理热力学的基础上得出经济模型。经济学有着属于自己的概念，例如消费者偏好、价格和产品功能，它们是作为社会领域的抽象概念而存在的，这就好比生物学家有着属于本领域的高度抽象的概念（如基因）。传统经济学家或许会提出，瓦尔拉斯和杰文斯从物理教科书中借用了一些数学技巧，他们的罪过之处不过就是试图让经济学的抽象概念更加严谨。均衡分析只不过是一种数学技术，仅此而已。那么，既然物理学和经济学都可以使用代数，为何经济学使用均衡的概念就不行呢？[73]

其实，这个赞成均衡的观点中包含着两层意思。第一是“不同程度的抽象化”的观点，第二是“只不过是数学而已”的观点。当然，对于不同的现象，科学需要不同程度的抽象化。如前所述，科学理论既可以是像高速公路地图那样的大图像、粗颗粒，也可以是像区域街道地图那样的细颗粒。它们都同样有效，也必须互相兼容并符合现实。因此，经济学可以有属于自己的高度抽象、粗颗粒、不属于物理学的概念，这些概念可以不对物理定律进行详尽的参考。然而，经济学理论却不能与基本的物理定律相悖。“经济是一个封闭的均衡系统”的说法明显不符合基本的物理学定律。为了使“抽象化的程度”这个论点站得住脚，我们必须相信，即便经济实际上是一个开放的不均衡系统，由于某种原因，它也最好被当作一个封闭的均衡系统。事实上，反过来才是对的。我们将在本书第二部分看到，不现实的假设和缺乏实证的问题是这样产生的：封闭的均衡技术对开放的不均衡经济进行了错误的模型化。[74]

赞成均衡论点的第二个层面——“只不过是数学而已”，错误地理解了均衡是什么以及数学是什么。数学是一种语言，它是一个我们用来描述和解释世界的符号系统。[75]数学是一种特殊的语言，因为人们对于各种数学符号所代表的含义以及使用这些符号的规则达成了高度的一致。人们进行过各种各样的尝试，试图创造一种“纯粹”的数学——它仅仅是一种抽象的语言，其符号仅仅是纯粹的逻辑结构，与现实世界无关。[76]尽管这样的尝试对于拓展数学领域的边界大有裨益，但当前的数学家和哲学家都认为没有人可以把数学与它在物理世界中的意义剥离开来。[77]当然，数学家可以创造一个在物理现实中并不存在的虚幻世界，例如不可见、不可触摸的 43 面体。但我们用自然语言也能这么做——我们可以通过写小说或制作电影来创造现实世界中并不存在的事物。然而，人们对于这些虚幻事物的理解，无论是最新的好莱坞大片，还是 43 面的超球面体，都不可避免地会跟他们在现实世界的经验产生关联。[78]并没有什么事情“只与数学有关”。

如果“经济均衡”在现实世界中代表着某种含义，那么接下来的问题就是，它代表的含义是什么？并没有什么规定要求两个不同领域的研究者必须按照相同的含义来使用术语。因此，我们要问“均衡”这个术语在经济学和物理学中的含义是否相同。经济学家对于均衡的定义或许全然不同，那么我所提出的问题就变成了一个术语混淆的问题。如果均衡在不同领域的含义不同，那么我们应该可以由一种定义翻译出另外一种定义。然而，据我所知，经济学中的均衡的定义与物理学中的均衡的定义没有任何区别。恰恰相反，这两个领域对于该词的运用完全一致。《牛津物理学词典》对于均衡的定义是“系统的（一种）状态，在这种状态中，力、影响和反应等相互平衡，因而不会发生任何净变化”。[79]而《科林斯经济学辞典》将均衡定义为“一种没有变化趋势的平衡状态”。[80]此外，针对均衡分析，经济学家和物理学家所使用的数学方法也是一样的。

这就引出了一些令人不安的问题。传统经济学真的说过经济学和市场是均衡系统吗？这是一种合理的理论延伸吗——我们是否可以将一系列广泛的类别都称为均衡系统，包括吊在弹簧上的砝码以及猪肉市场？然而，经济学又怎能被称为封闭的均衡系统呢，是因为能量和物质从它的一端进入，熵从另一端输出吗？这种说法难道不违背物理学定律吗？还是说，经济和市场仅仅是与均衡系统类似？这会不会是由于特殊的经济学历史而导致的错用比喻呢？[81]

我认为基于传统经济学核心的新古典主义模型是建立在一个错用比喻之上的。19世纪晚期的经济学家并没有意识到这一点，他们好心好意地从物理学借用了一系列理念，从而从根本上将经济错误地归类为封闭的均衡系统。这种做法奠定了今天我们所看到的传统经济学的框架。这种错误归类就像一个紧箍咒，迫使经济学家不得不作出一些极度不现实的假设，并且限制了经济学在实证上的成功。

瓦尔拉斯的教堂之外

圣塔菲会议持续了10天，会议结束后人们感到既兴奋又疲惫。[82]尽管经历了大量激烈的辩论和少数几次冲突，但总体而言会议是在一种强烈的彼此尊重的氛围中结束的。经济学家本身对于传统经济学理论的怀疑更深了，并且对长期存在的经济学问题产生了新的思考。物理学家得以大致了解了一种在本质上令人着迷而又复杂、具有挑战性的现象。会议促成的联系和合作在会后依旧在继续，并且圣塔菲研究所还发布了一个关于经济学的多学科交叉的研究项目，最初由布莱恩·阿瑟和约翰·霍兰德担任主席，由花旗银行提供资金支持。就像从山上滚落的雪球一样，将经济看作复杂适应系统的理念愈演愈烈。圣塔菲研究所依然是其背后主要的驱动力，多年来举办了各式各样的工作坊和会议，涵盖了从金融到经济不平等的诸多主题，10年后还举行了新的会议。[83]也许更重要的是，如今研究这些问题的研究者分布极其广泛，实际上美国每一个重大的经济部门都至少有一人或两人在研究复杂经济学的某个方面。并且，跨学科合作也获得了良好的发展，如今在一些非经济学专业期刊（如《物理评论快报》《自然》以及《理论生物学杂志》）上看到经济学文章已不足为奇。

本章所呈现的批评并不是为了表达对经济学或经济学家的言语攻击，而是对构成传统经济学的某些具体理论进行批评。经济学就像一个广派教会①，

① 广派教是英国基督教圣公会的一个教派，支持对圣公会教条和仪式进行广泛、自由的解释，反对神学中的固有解释。——译者注

在经济学领域之内，传统经济学“正教”之外有许多工作要做，并且许多近期工作正在推动扩展传统经济学的边界。我们将在第二部分看到，许多经济学家本身已经离开传统经济学，带头发展复杂经济学的新理论，他们还常常会与来自其他领域的同事携手合作。我既不是在批评经济学想成为科学的愿望，也不是在批评数学在该领域的应用。许多批评家渴望回到瓦尔拉斯理论提出之前的简单时日——当时的经济学是政治和道德哲学的一个分支，人们无须具备高深的数学技能就能成为经济学家。尽管经济学拥有作为一门科学的许多独特特征，但如果缺乏数学的精准和严谨，它就无法创造出在科学上站得住脚的解释。[84]我所提出的问题是：经济学是否使用了正确的数学工具?

这种批评绝不会抹杀经济学在过去一个世纪取得的成就。如前所述，科学理论永远只是近似于它们试图描述的潜在事实。在第二部分，我将论证复杂经济学比传统经济学更接近经济事实，这就好比爱因斯坦的相对论比牛顿三大定律更接近物理事实。尽管如此，我仍然相信传统经济学在许多重要的问题上接近正确或在方向上是正确的，而且它的理念改善了数十亿人的生活。此外，传统经济学的理论对于人们来说具有一种真正的智力美，并且被最聪明的人发展出了科学的优雅。一代人在前人的基础上提出理念，偶尔进行替换，科学就是这样进步的。经济学获得进步，超越瓦尔拉斯教堂建设者所创建的范式——没有什么比这更能为他们的遗产增添荣耀。

第二部分

洞悉财富起源真相的工具：复杂时代需要复杂经济学

真正的发现之旅，
不在于寻找新的风景，
而在于拥有一双发现的眼睛。

——马塞尔·普鲁斯特

04 定义复杂经济学：审视经济的五种视角

菲律宾首都马尼拉的周边有一个堪称世界之最的垃圾场，这个垃圾场有一个与它本身极不和谐的名字：乐土。[1]玛丽亚·卢兹·奥孔德拉（Maria Luz Ochondra）就生活在这里。没有人知道乐土及周边生活着多少人，但至少有数千位成人和孩子每天都在这个垃圾堆里寻找有用的东西。神父乔尔·伯纳多（Joel Bernardo）是当地的一位天主教牧师，他说这些人似乎是世界的“垃圾”，穷人中的穷人。

另外一位居民帕斯·卡洛佩兹（Paz Calopez）则这样描述乐土：“垃圾场总在冒烟、冒火，下雨的时候也是一样。垃圾燃烧着，在夜里也不停歇，发出‘噼噼啪啪’的声响，我们觉得那是电池爆炸的声音。垃圾场的气味比厕所还要恶心，尤其是推土机作业的时候。”2000 年 7 月，这里发生了一起事故，一连数周的雨水浸湿、泡软了小山似的垃圾堆，垃圾场突发崩塌，致使 200 余人丧生，其中就包括奥孔德拉的两个儿子。

我们很难相信，在这个地球上最像地狱的地方，在这个最绝望的人群居住的地方，却萌生了一种复杂的、甚至可以说是生机勃勃的经济形态。1994年，菲律宾政府关停了另外一处大型垃圾场，导致送往乐土的垃圾数量大大增加。乐土不断被填满，此地的经济也几乎在同一时间焕发了生机。处于乐土经济底部的是拾荒者，他们以垃圾为生，每天的工作就是在垃圾堆里寻找废金属、塑料瓶、橡胶轮胎和其他有用的东西。有时他们还能找到废弃的家电、家具、衣物和儿童玩具，甚至还有食物。对于捡来的东西，拾荒者会将其中一部分留作自用，但大部分都会卖给垃圾贩子。

垃圾贩子则是经济链条的下一环节。垃圾贩子会对从拾荒者那儿收来的东西进行分类，然后将金属、塑料和橡胶转卖给回收商和制造商。有些垃圾贩子甚至会同大型公司或连锁酒店签订回收合约。在卡车将垃圾倒到普通垃圾堆之前，合约允许垃圾贩子雇用拾荒者对这些客户的垃圾先扒拉一遍，挑选出有价值的部分。拾荒者是按件收费的。由此，垃圾贩子能更有效地筛选出更有价值的东西，而他们的客户则可以少付一部分垃圾处理费。

经济链条的再下一环节则是各种针对拾荒者和垃圾贩子及其家人的服务。各色棚屋小店向他们出售各种各样的物品，例如肥皂、鞋、自行车零件、冰激凌和学习用品等。尽管拾荒者的生活非常艰难，既不健康也不安全，但垃圾堆还是为他们提供了相对稳定的收入，使得他们中的大部分人不至于饿死——在一个有7400万人口每天人均收入不足1美元的国家，被饿死是一种真真切切存在的风险。正如神父伯纳多描述的那样，“原始资本主义在这里发生着作用，它确实创造了财富，这里每天可以产生数百万比索”。

———

经济源自何处？像乐土这样的复杂经济生态是如何从一堆垃圾中产生的？这些行为、关系、组织和理念是如何支撑起一种经济形式的？随着时间的推移，它们又会如何变化？起源问题对于大多数学科而言都是至关重要的。我们很难想象，如果现代宇宙学中没有大爆炸，或者生物学上没有进化论会是什么情形。同样，如果无法回答“经济从何而来”这个问题，我们很难相信其会成为一门真正的学科。然而，经济的起源问题并未在传统经济学中占据重要的地位。[2] 如前所述，传统经济学倾向于关注经济蛋糕如何分配的问题，但不关注经济蛋糕最初是如何出现的。传统的增长理论甚至以“假设存在这样一种经济形式”作为开头。经济的形成过程是一个一流的学科问题，并且是传统经济学与我所谓的复杂经济学的一个显著区别。

欢迎来到糖域的世界

乔舒亚·爱泼斯坦（Joshua Epstein）与罗伯特·阿克斯特尔（Robert Axtell）是来自布鲁金斯学会的两位研究者，该学会是华盛顿特区领先的公共政策智库之一。1995 年，他们决定开展一个实验，以验证是否可以从零开始构建一种经济形式。就像生物学家试图在培养皿上创造出试管生命一样，爱泼斯坦和阿克斯特尔希望验证能否在电脑模拟的世界里，在硅片上创造出一种经济生命体。[3]

传统的微观经济模型通常以这样一种假设作为开始：消费者、生产者、技术和市场都是存在的；宏观经济学模型则以假设货币、劳动力市场、资本市场、政府和中央银行的存在作为开始。爱泼斯坦和阿克斯特尔没有假设这些元素，他们希望回到最初的原点，回到一种自然的状态，他们的模型里只存在拥有几项基本技能的人物，以及具备一些自然资源的环境。他们希望找到能够激发经济产生连锁反应的最小条件。那么，我们需要什么条件才能创建一个系统，并使它不断走向更高的经济秩序呢？[4]

为了描述爱泼斯坦和阿克斯特尔的模型，我们可以想象有一群人因为海难来到了一个荒岛上，但荒岛和这些遭遇海难的乘客都是电脑虚拟出来的。电脑里的荒岛是一块方方正正的场地，上面横竖各有 50 个格子，就像一个巨大的棋盘。这个虚拟的荒岛上只有一种资源——糖，每个格子里糖的数量均有差别。糖堆的高度范围在 0（没有糖）到 4 个糖单元（最高值）之间。糖被堆在两座糖山上，一座在最北端，另一座在最南端，糖山的高度分别为 3 个单元和 4 个单元（见图 4-1）。两座糖山之间有一块“贫瘠地”，那儿几乎没有糖。爱泼斯坦和阿克斯特尔将他们想象出来的糖岛称为糖域。

当然，糖域的地形是真实岛屿的极简版，但它强调了真实岛屿的三个主要特征：（1）存在物理空间的概念。也就是说，在糖域上，你可以向东、南、西、北四个方向移动。（2）存在能源资源：糖。（3）地形地势变化不一，既有高山又有峡谷，既有沃土又有荒地。

同样，虚拟人物是真实人物的极简版，但他们之间有一些关键的共同之处。每一位虚拟人物，或称“行为主体”，都是一个独立的、可以从糖域环境中获取信息的电脑程序，他们可以通过自身代码对信息进行计算，作出决策、采取行动。在最基础的模拟版本里，糖域上的每一位行为主体只能做三件事情：找糖、移动、吃糖，仅此而已。为了寻找食物，每位行为主体都拥有四处察看的视觉能力，并且拥有朝着糖堆移动的能力。每一位行为主体都可以通过新陈代谢来消化糖。

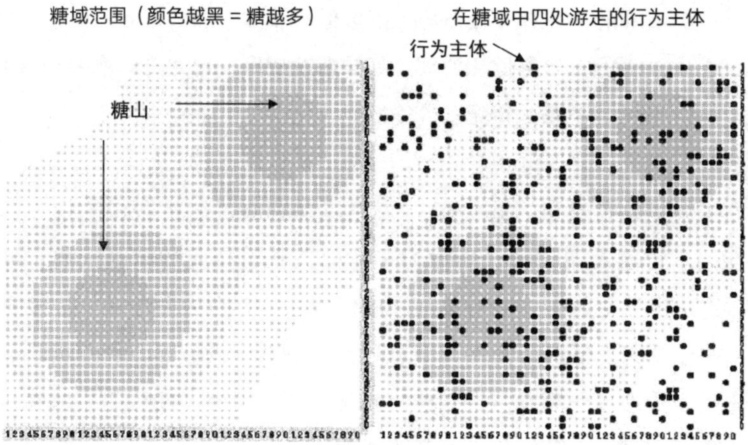

图 4-1 糖域

资料来源：爱泼斯坦与阿克斯特尔（1996）。

爱泼斯坦与阿克斯特尔希望验证简单行为主体在简单的环境中能否创造出类似于经济的东西。因此，在游戏的每一个环节，每一位行为主体都必须遵守一套基本的规则：[5]

◎ 在视野范围内，行为主体可以向坐标的四个方向张望：东、南、西、北（行为主体无法斜视）。

◎ 行为主体可以判断出在视野范围内，哪一个尚未被占领的方格拥有最多的糖。

◎ 行为主体可以移动到方格内并吃糖。

◎ 行为主体吃糖的数量计入贷方，新陈代谢所消耗的糖的数量计入借方。如果行为主体吃的糖的数量比消耗的数量多，那么它存糖账户上的数值就会增加（你可以想象一下身体脂肪的增加），并且这些储蓄会进入下一环节。如果它吃的不如消耗的多，就会花光储蓄（消耗脂肪）。

◎ 如果行为主体存糖账户上的数值小于零，那么行为主体就会被判定为饿死，被移除出游戏。如果情况相反，行为主体就会一直活到系统设定的最大年纪。

为了开展这些任务，每一位行为主体都有通过遗传获得的视力和新陈代谢能力。也就是说，每一位行为主体都关联着相应的电脑代码，即电脑DNA，这决定着行为主体能看见前面的多少个方格以及每个来回需要消耗多少糖。一位视力良好的行为主体能看见前方的六个糖方格，而视力不佳的行为主体只能看见一个糖方格。同样，新陈代谢慢（好）的行为主体在游戏的每个环节只需要 1 个糖单元，而新陈代谢快（差）的行为主体则需要 4 个糖单元。视力和新陈代谢遗传在群体中是随机分布的，因此，行为主体的群体是多种多样的。一些行为主体的视力很差、新陈代谢很好；另一些则视力好、新陈代谢差；还有的视力和新陈代谢都很好，也有倒霉透顶的——两者都很差。行为主体的最大寿命也是随机设定的，到了既定寿命后，电脑死神会将它们从游戏中移除。最终，当糖被吃掉，它会像庄稼一样又在原地长回来，生长速度是每个时间段生长一个单位。因此，如果一个高度为 4 的糖堆被吃掉了，它需要 4 个时间段来恢复到原来的高度。

在游戏一开始，250 位行为主体被随机安置在糖域里。某些行为主体恰巧被安置在多糖的山上，生来就有很多糖，而另外一些行为主体运气不佳，出生在少糖的贫穷地区。游戏开始之时，场面显得有点混乱，行为主体们四处奔波寻找糖，许多降生在少糖地区的行为主体被活活饿死。很快糖域中就出现了秩序。就像我们能够预料的那样，有行为主体发现了两座多糖的山，然后开始在山的周围集聚（见图 4-2，其中 1、2、3、4 是连续的时间点）。这样一来，出生地所决定的命运马上就开始起作用。由两座糖山所在的多糖区域所组成的岛结构使得行为主体分成了两组。[6] 如果将注意力放在糖域里某个具体的区域，我们就会发现一些其他的东西。行为主体的吞食效率十分惊人，在很长一段时间内，附近的糖几乎所剩无几，即便我们只为行为主体设定了极其简单的规则，他们也会高效地按最大量摄入。当糖堆又长到可以被收取的时候，它几乎立马就会被虎视眈眈的行为主体吞食。因此，他们几乎马上就能看到一个自我管理的基本模式。行为主体快速地组成两个集中的“部落”，分别分布在两座糖山上，然后高效地“收割庄稼”。

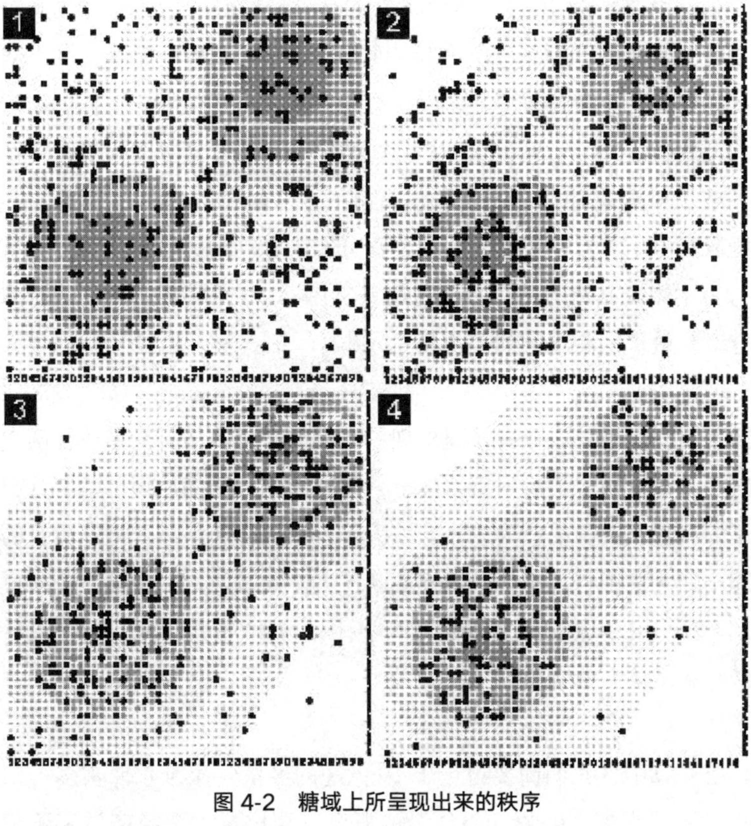

图 4-2　糖域上所呈现出来的秩序

资料来源：爱泼斯坦和阿克斯特尔（1996 年）。

富者愈富

爱泼斯坦和阿克斯特尔对模拟过程中糖域群体的各种数据进行了收集和追踪。

他们追踪的其中一个变量是行为主体的财富，即某个时间点上行为主体储蓄账户里糖的数值。在每一个阶段，研究者都会找出最富有的行为主体（比如其财富值为 100），然后将最富有与最贫困的行为主体之间的差距分为 10 个数值段，比如，0 ～ 10、11 ～ 20、21 ～ 30，等等。接下来，他们会计算在每一个数值段里有多少位行为主体（有两位行为主体的财富值为 0 ～ 10，六位为 11 ～ 20 等）。从这个直方图中，爱泼斯坦和阿克斯特尔得到了一些关于财富随着时间变化的有趣发现（见图 4-3）。在模拟实验的开始，糖域是一个非常平等的社会，财富分布十分均匀，钟形曲线上只有少数几位行为主体极其富有，少数几位极其贫困，中产阶级占了大多数。此外，最富有者与最贫困者之间的差距相对较小。

随着时间的推移，分布情况出现了极大的变化。当行为主体在两个糖山集合时，整个糖域的平均财富增加了，但财富的分配却出现了偏态分布，即出现了一些超级富裕的行为主体，一大群雅皮士行为主体，中产阶级的规模不断缩小，而贫困行为主体的规模不断扩大。如图所示，坐标轴的规模在随着时间不断变化，最初最富有的行为主体只有 30 个糖单元，但在最后，最富有的行为主体有 270 个糖单元。

在第 2 章中，我们简要讨论了 19 世纪的经济学家维尔弗雷多 · 帕累托的工作。除了发展“帕累托最优”的概念，这位意大利经济学家还对社会财富的分配有着极大的兴趣。1895 年，他收集了多个国家国民的收入数据，并将这些数据制作成了一个分布曲线图，即“帕累托分布”。帕累托分布并不是一个钟形的正常分布，其主要是指许多人位于财富分布的最底端，中产阶级十分广泛，少数人超级富有。帕累托分布也是 80/20 原则的出处，意指 80% 的财富掌握在 20% 的人手中。在过去一个世纪里，经济学家已经证实，人们的收入和财富大致符合帕累托分布，并且这个结果与不同国家不同时期情况的相符程度非常高。可以说，简单糖域模型中的财富分布如实反映了现实世界的帕累托分布。[7]

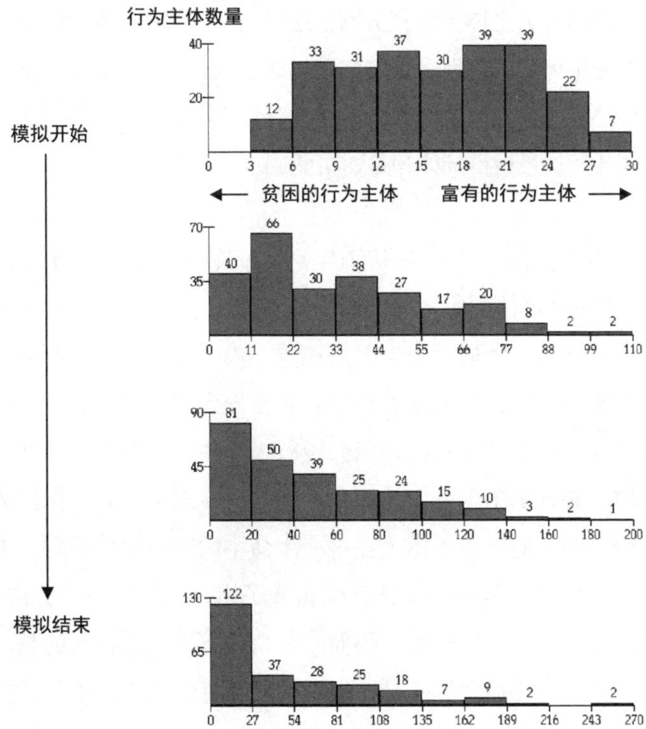

图 4-3 糖域中财富分布的进化

资料来源：爱泼斯坦和阿克斯特尔（1996 年）。

有人会问，为什么会发生这种情况呢？为何在糖域中都会富者愈富、贫者愈贫？在糖域这个可控的世界里，验证各种假设是一件非常简单的事情。首先我们可能会问，这是自然现象吗？它是否与参与者的基因遗传有关？是不是所有具有良好视力和缓慢新陈代谢的行为主体都获得了较多的财富？答案是否定的。基因遗传在设定时是均匀随机分布的。如果财富与糖域里的基因遗传有关，那么财富的分布应该十分平均才是，即富有者、中产者和贫困者的数量应该大致相同。其次，有人可能会问，这是由于行为主体的出生环境所导致的吗？换言之，是否所有出生在糖山之巅的行为主体都能够获得大部分财富，而出生在贫瘠之地的行为主体会一直贫困？这个问题的答案也是否定的。同基因遗传一样，行为主体的出生地也是均匀随机的，因此，如果这是决定行为主体最终经济阶层的原因，那么他们在各阶层的分布也应该是均匀的。但为何从最初的随机条件开始，最后得到的却是财富的偏态分布呢？

答案是，本质上说是“因为所有因素”。偏态分布体现了系统的涌现特性[①]，这是行为主体群体的集体微观行为所涌现出来的宏观行为。物理景观、行为主体的基因遗传、他们“出生”的地点、遵守的规则、彼此之间互动的动力以及最重要的运气，所有这一切联合起来导致了财富偏态分布的涌现结果。为了弄清其中的原理，我们可以假设行为主体 1 和行为主体 2 都具有中等的基因遗传，并且都出生在中等糖量的地区。在出生之时，他们成功或失败的机会是相等的。但行为主体 1 在进行生命中的第一次移动时，他向各个方向都看了看，发现其他行为主体已经占领了东、西、南三个方向的方格。于是他向着北方出发，一路吃糖。很偶然的情况下，北方指向的是一座糖山的中心地带，并且同样很偶然的是，那里的行为主体很少。于是，在接下来的几个回合中，行为主体 1 尽最大可能大饱口福，累积了大量储蓄，直到其

① 整体具有而部分不具有的特性被称为涌现性。

他行为主体发现这个区域并进入。然而，正是这个最初的黄金时间段使得行为主体 1 的财富远远高于平均值，并且让他作为最先进入糖山的行为主体之一留在那里，舒舒服服地度过余生。行为主体 2 就没有那么幸运了。第一次移动的时候，他选择了向南，那是一片贫瘠之地。当他意识到自己的错误时，其他行为主体已经占领了富饶的北方地区，这让他无法在几个回合内就回到富庶之地。在做这些动作时，他的储蓄不断减少，离平均值越来越远。当他找到去往更加富庶区域的道路时，那个区域已经人满为患，因此他很少有机会发现没被占领的牧场。

行为主体 2 存活了下来，但是随着游戏的继续，他与具有同样禀赋的行为主体 1 的差距越来越大。因此，即便行为主体具有同样的初始禀赋，早期微小的偶发事件也会随着游戏的推进被放大，最终造成两位行为主体截然不同的结局。这种结局就是经济学家所谓的横向不平等，这在传统经济学理论中是被严格禁止的。在传统经济学的均衡世界里，具有同样能力、偏好和禀赋的人们最终应该获得同等水平的财富值，如果出现了差距，那就是随机分布的噪声。但在糖域这个非均衡世界里，横向不平等是一个无法改变的事实。值得一提的，行为主体 1 和行为主体 2 之间的结果差异不仅仅是由于系统的随机性（因此不是传统经济学所谓的噪声）。随机性起到了让行为主体选择不同的道路的作用，但游戏的动态使得道路与道路之间的分歧越来越大，最终结果的偏态程度也就比随机因素单独导致的更加严重。

为了弄清动态是如何发挥作用的，我们可以假设行为主体 1 的基因相对更优，或者出生地点的情况相对更好，那么他就能走得更快、更远。同样，假设行为主体 2 的初始禀赋稍差，他每况愈下的程度更加严重，这就很有可能导致他食不果腹。这样一来，个体能力、出生环境以及个体命运的迂回曲折，所有这些加在一起，就为每一位行为主体的模拟人生创造出了独特的道路。关键之处在于，某一个时间点上的小小区别（比如在某处的幸运或倒霉际遇）就会导致道路尽头结局的重大差别。这些小小区别的加速会让一些行为主体变得富有，让另一些行为主体变得潦倒。此处可以想象一下模拟开始时我们提到的钟形曲线，现在可以将曲线两端的尾部向外拉伸。右边的尾部延伸至将一些超级富豪包含在内，而中产部分凸起的形状会收缩。当我们伸展左边（贫困）的尾部，又不能让他们的储蓄比糖值为零更低（在零的时候行为主体就会死掉），这样一来这部分的尾部就会被砍掉。延伸的、被砍掉的分布会让我们得到图 4-3 底部的结果。

所有这些意味着哪怕是在糖域中，也不存在导致贫困和不平等的简单因果关系。相反，它是一个复杂的、各种因素的集结。哪怕是在糖域这样高度简化的世界里，找到贫困问题的解决办法也非易事。爱泼斯坦和阿克斯特尔指出，糖域太过简单，以至于无法得出关于现实世界贫穷和不平等的具体结论。但模型显示，单一维度的观点——无论是左派观点（例如，贫困是由于富人剥削穷人）还是右派观点（例如，如果你很穷，那肯定是因为你愚蠢或者懒惰，或者又蠢又懒）都有可能是错误的，并且任何有效的解决方案都必须要系统地解决问题。复杂经济学家超越了糖域的简单世界，可以让我们更好地理解现实世界中的不平等，我们将在第 18 章看到他们的工作成果。

小鸟这样做，蜜蜂这样做……行为主体也这样做

爱泼斯坦和阿克斯特尔在糖域中加入了另外一个因素，他们知道，在现实世界里，这个因素能把世界搅得天翻地覆，那就是——性。经济学家已经证明，性对于经济学的影响至少是从 19 世纪初期托马斯 · 罗伯特 · 马尔萨斯写出著名的《人口论》时就已经被发现的。幸运的是，像糖域这样的电脑模型能让我们实时地观察人口增长和进化的作用，并通过各种条件和假设进行实验。

爱泼斯坦和阿克斯特尔决定为每一位行为主体贴上一个注明年龄和性别的标签。[8]当行为主体达到“生育年龄”，并且拥有最低限额的糖储蓄时，他或她就被认为是有生育能力的。在每个阶段，能够生育的行为主体会全面扫描所在方格的左邻右舍。如果发现异性的适育行为主体，他们就会配对并进行繁殖。新生儿的DNA一半来自母亲，一半来自父亲。因此，孩子的视力和新陈代谢能力是父母亲能力的混合体。此外，孩子还能够继承父母亲的财富，他们的财富值等于一半父亲的财富加上一半母亲的财富。婴儿行为主体的出生地是邻近父母亲所在方格的一个空方格，因此孩子所在区域的糖富有量与父母所在区域的类似。这对于高度简化的设置有两个重要作用：一是群体中健康状况最差的成员拥有后代的可能性最小；二是健康状况好的成员的后代在起跑线上拥有明显的生理和环境优势。

当爱泼斯坦和阿克斯特尔在新增了性因素的糖域按下“运行”按钮时，行为主体开始像往常一样匆忙奔走，收糖。适育的行为主体很快就能配对、生子，春去夏来，糖域上随之出现小小行为主体“啪嗒啪嗒”的脚步声。一段时间后，爱泼斯坦和阿克斯特尔发现了三件事。

第一，群体中最不健康的成员会消失，而最健康成员的后代越来越多。随着时间的推移，行为主体的视力和新陈代谢效率的平均值开始提升，这些因素的提升又会导致平均财富值的增加。

第二，新的出生－死亡动力将会引发人口波动。在性因素出现之前，行为主体数量与土地的承载能力大致相当。然而，丰收和饥馑的循环伴随着性出现了。健康的行为主体能够进行储蓄，拥有很多子孙，但最终，人口的增长会超过土地的承载能力，于是行为主体开始对糖储备进行过度放牧，引发饥荒，导致人口数量急剧下降。最后，土地再生，循环又从头开始往复。

第三，贫富差距越来越大。在第一部分，我们已经看到，没有性因素的简单模型里也能产生偏态财富分布。代际基因遗传和财富继承的引入进一步加速了富者愈富、贫者愈贫的趋势。

伸进糖域的“看不见的手”

至此，糖域里的行为主体已经成为纯粹的狩猎采集者，他们收集和消费从糖域里发现的糖。但爱泼斯坦和阿克斯特尔又在这个人为创造的世界里加入了更多现实主义的因素。[9]他们引入了第二件商品——香料，每个方格的价值由糖和香料的储存量共同决定。跟糖一样，香料集中在两座山上。糖山分布在东北和西南，而香料山分布在东南和西北。爱泼斯坦和阿克斯特尔还稍微调整了行为主体的新陈代谢，让所有的行为主体都需要两种商品才能存活。其中有所区别的是，部分行为主体需要大量糖和少量香料，而另一部分行为主体需要大量香料和少量糖，这些是由他们的 DNA 决定的。在传统经济学的术语中，这种需求的差异可以被认为是行为主体的偏好。[10]跟之前一样，行为主体可以储蓄他们消耗不完的糖和香料。

在最后一个步骤中，爱泼斯坦和阿克斯特尔对行为主体开放了交易权限。这里没有传统经济学模型中关于市场或拍卖师的假设，只有个体之间直截了当的以货易货。行为主体在糖域内活动时会遇到其他行为主体，在游戏的每个回合，每位行为主体都会朝东、南、西、北四个方向的方格张望，并询问邻近区域的其他行为主体是否愿意交易。如果某位行为主体拥有许多香料同时需要获得糖，而另外一位行为主体的情况正好相反，那么两位行为主体就可以通过交易来改善彼此的状况。当双方同意进行交易，他们就会进入一个议价环节，向对方出价，直到在价格上达成一致。糖域里没有钱的概念，因而价格就代表着糖相对香料的价值，或者香料相对糖的价值。

爱泼斯坦和阿克斯特尔在糖域里安排了拥有随机天赋、当下可以进行交易的行为主体，然后按下了启动按钮。行为主体开始四处活动，很快一场关于糖和香料的交易就达成了。就很多方面而言，糖域中的交易模式与传统经济学预测的非常相似。爱泼斯坦和阿克斯特尔将允许行为主体进行交易的模式与行为主体自主寻找糖和香料的模式进行了对比，结果发现，交易让糖域社会变得更加富有了。通过交易实现财富增长是经济学的基本预测之一，这可以追溯到亚当·斯密时期。爱泼斯坦和阿克斯特尔用一个极端的案例来解释这种作用：假设有一对邻近的行为主体，其中一位拥有糖，却因为没有香料而濒临死亡；另外一位拥有香料，却因为没有糖而气息奄奄。如果我们禁止交易，两位行为主体都会死；如果允许交易，两位都能活下来。交易的作用相当于提高了土地的承载能力，从而改善了所有行为主体的处境。

爱泼斯坦和阿克斯特尔还跟踪了交易网络的发展，主要是谁跟谁交易，结果发现，不出所料，交易网络中出现了一些地理区域的集群。行为主体们往往与本区域的行为主体交易最频繁，并且由于交易能够带来自我强化，所以一场交易又会引发下一场交易。集中交易网络集群的建立，几乎就像本地市场的城镇。此外，第二种商品的加入让行为主体的移动变得更加复杂。他们不能再简单地与族群一起集聚在两座糖山的顶峰。行为主体们还需要出去寻找香料和交易伙伴。行为主体们在糖山和香料山之间来回穿梭，地理和人口动态叠加在一起，创造出了交通繁忙的贸易路线，这就好比电脑版的古代丝绸之路。

爱泼斯坦和阿克斯特尔在游戏的每个阶段都能看到每位行为主体的内心活动，判断出他们在面对不同的价格时分别愿意买卖多少糖和香料。所有行为主体的这些数据加起来就形成了糖域里的糖和香料的两条供需曲线图。其中一条是像教科书般由左至右下斜的需求曲线，另一条是从左至右向上扬起的供应曲线，爱泼斯坦和阿克斯特尔在他们的模型中并没有加入任何关于供需的具体设置（见图 4-4）。这些曲线纯粹是行为主体群体在简单的互动中呈现出来的自下而上的现象。

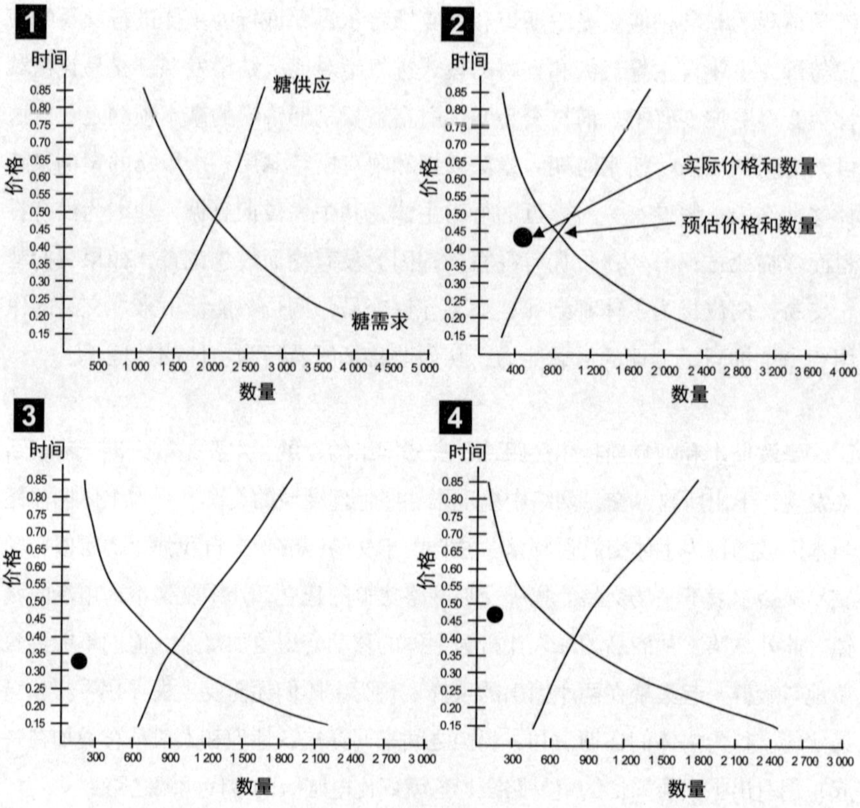

图 4-4　糖域中并无均衡

资料来源：爱波斯坦和阿克斯特尔（1996 年）。

遗失的均衡

在第 3 章中，我们曾讨论过有许多传统经济学的核心预测乍一看来很有道理，但经不住仔细推敲。糖域也存在类似的情况。糖域经济自然而然地产生了 X 形的供应曲线，实际价格和交易数量（由图 4-4 中的点表示）从未达到理论预测的均衡点（即图中供应和需求 X 形曲线中相交的点）。价格会在均衡点附近波动，在某些情况下，甚至会朝着它不断地收敛。然而，哪怕在长期的模型中，价格与均衡之间的偏差依然十分明显。传统经济学或许会回应说，这只不过是“均衡周围的噪音”，但我们应该注意到，本模型中没有任何噪音。初始状况是随机设置的，一旦模型开始运行，正如计算机所设定的那样，所有行为都是完全确定的。正确的解读应该是，糖域中的价格围绕着“吸引子”波动，但永远不会真正地停在均衡点上。因此，在糖域中，正如在现实世界中一样，供求定律仅仅是一个大致的近似状况。

爱泼斯坦和阿克斯特尔还发现，如果系统要想达到均衡，需要比预测的多得多的交易量。传统的关于均衡价格的推论认为，只需要最少数量的交易就能使供需达到平衡。传统经济学中一个重要的未解之谜在于，为何产品市场和金融市场中的交易量要远远高于理论的预测。[11] 同样的谜在糖域中也出现了——价格波动和交易量比传统理论预测的要高。传统经济学模型简单地假设，所有人口只会进行达到均衡所需的最低程度的交易。糖域中不存在协调整个群体的机制，并且由于行为主体被物理距离隔开（因而需要时间来移动），行为主体只能与同一区域的其他行为主体进行交易，永远不能达到全域的均衡。因此，随着行为主体的移动和偶然相遇，新的交易机会就会产生，从而成就了大量的交易。

正如之前讨论的那样，传统经济学的另一个主要预测是一价定律：在特定的市场中，某样商品应该只能以均衡价格进行交易。然而，在糖域中，任何一个时间点上的价格都有很大的差异——在糖域的某些区域，你很有可能被宰，而在其他区域则可以议价，这就像伦敦的番茄酱市场。这是因为，均衡模型假设所有事情是同时发生的，与此不同的是，糖域的情况在随着时间的推移而逐渐明朗，并且行为主体需要时间来寻找交易伙伴。如果在世界的某个区域存在便宜的商品，行为主体需要时间来找到这些区域并移动到那儿，这就好比经济学家在街上发现 20 美元的钞票一样。当套利的行为主体完成一笔交易，另外一笔交易就会在别处突然发生，变化太多，以至于行为主体永远不可能跟得上经济的不断变化，因此永远不能驱使价格完全达到均衡。

传统经济学的另外一个基本原则是帕累托最优——市场永远会获得资源完美分配的结果；如果重新进行资源分配，要想使部分人的利益有所提升，势必要损害另一部分人的利益。然而，糖域市场的运行并未达到帕累托最优。有些交易本可以达成，本可以让人们的利益得到提升，事实上却没有。跟前面一样，这是因为行为主体处于不同的时间和空间，因此位于西南角的行为主体 A 不知道在东北角的行为主体 B 是一个很好的交易伙伴。此外，即便他们知道了，也需要时间才能会合（到那时，价格可能已经发生了变化）。传统经济学家会立即指出，这正是市场解决的问题——市场可以让不同时间和空间的买方和卖方相遇，从而让各方的交易更加高效。我们可以轻易地提升糖域的经济效率——让所有行为主体在下午几时到某个地点集合，然后按照瓦尔拉斯模型那样进行糖和香料的拍卖。

传统经济学假设现实世界是由随时随地发生的“瓦尔拉斯拍卖”构成的，但其实在现实世界中并非如此。在金融市场和 eBay 网站之外，现实世界中的拍卖其实比较罕见。为什么呢？尽管拍卖十分有利于交易双方发现“对的价格”，但它处理交易的过程非常缓慢（在 eBay 上购买某样东西通常需要好几个小时，甚至好几天）。现实世界中的大部分交易与糖域中的情况更为接近——交易是双边的，也就是说在两方之间进行，例如你和街角的杂货店老板，或者 IBM 公司与福特公司。虽然双边交易产生了价格差异，但是时间效率更高（更确切地说是从计算的角度来说效率更高）。试想一下，如果你每次去本地的超市都要坐在那儿经历一场拍卖，哪怕你只是想买一盒牛奶，这该多么烦人。[12] 就像糖域一样，现实世界中的双边交易是在不同的空间和时间进行的，因此任何形式的全球均衡都很难实现。传统经济学假设交易以拍卖方式进行的唯一原因在于，这样就能在数学上找到一个均衡的结果。

尽管糖域里的交易能够“普渡众生”，使得整个社会更加富裕，但它也进一步加剧了贫富差距。在模型的基础版本中，我们从游戏的动态里看到了很小但很重要的贫富差距。在引入性因素和家庭因素后，行为主体的能力和财富可以遗传给下一代，从而导致了贫富差距被进一步扩大。最终，交易的引入再次扩大了差距（虽然每个人都明显变得更加富有了）。爱泼斯坦和阿克斯特尔指出，差距的扩大甚至达到了这样的程度：财富的偏态分布开始接近现代现实世界的经济状况。[13]

等级的进化

迄今为止，糖域的经济只是个体的集合——尚未出现老板和工人的等级，或是供应商、中间商和零售商。这是因为行为主体之间的互动是短暂的，并且是对称的。然而，等级是现实世界经济的标志之一。爱泼斯坦和阿克斯特尔对行为主体的行为做了一个简单的改动：允许进行借贷，这个改动导致交易关系获得了稳定的结构，导致了等级的出现。

在糖域中，成为借款者的原因只有一个——生孩子。糖域里所有行为主体都拥有生育的基本欲望，但有些行为主体太穷了，养不起后代，而另外一些行为主体的糖和香料有富余，无处消耗。因此，爱泼斯坦和阿克斯特尔引入了一条规则，即如果某位行为主体的年纪太大而不能再生育，或者除了自身的生育需求外还有富余的储蓄，那么他就能成为贷方。反过来，如果某位行为主体的储蓄不足以生育后代，但拥有持续的糖和香料收入，那么他就能成为借方。为了简化起见，爱泼斯坦和阿克斯特尔将利率和借款周期设定为固定值，并且针对借方违约设定了基本的条款。因此，任何有信誉的、需要资源来生育的行为主体都能自由地从拥有富余资源的邻居那儿借贷。

让爱泼斯坦和阿克斯特尔感到惊讶的不是借贷这件重要的事情发生了，而是一种复杂的、等级制的资本市场形成了。经过追踪借方和贷方的关系，他们发现部分行为主体同时变成了借方和贷方，实际上就是中间商。糖域里居然进化出了银行！随着模拟的进一步发展，事情变得更加复杂了。部分十分富有的行为主体成了批发商，他们开始向中间商放贷，中间商又向最终的贷方放贷。在某些模拟状况中，等级链条有五层之多。模拟不仅进化出了银行，而且还进化出了糖域版的机构投资者、投资银行、商业银行和零售银行。

与糖域中的其他新兴模式一样，这些信用网络的进化完全不是从上到下生成的。相反，这些大规模的宏观模型是自下而上、自局部地区细微假设的动态互动而生成的。

硅片上的经济体

如果科学家要对两个理论进行比较，他们会依照对应原理。根据对应原理，新理论应该复制旧理论的成功，解释旧理论的失败，并补充旧理论未能提出的洞见。无论是爱泼斯坦还是阿克斯特尔都没有声称糖域本身代表了一种成熟的经济学理论，他们也不会声称这个模型完全回答了“经济的起源”问题。然而，糖域确实遵循了对应原理，并且为我们指出了新的有趣的方向。糖域模型复制了许多传统经济学中基本的、常识性的元素，其中供求定律达到了一种近似状况（现实世界中也是如此），其中的交易也带来了明显的收益。如果模型没有获得这些成果，我们将很难相信它。爱泼斯坦和阿克斯特尔复制了这些经典的成果，但他们的模型却不包含传统经济学模型中典型的、不现实的假设。他们没有假设模型中的行为主体拥有理性这一非凡的能力，没有假设模型中预先存在社会或经济结构，也没有假设一切事情都会瞬间发生。

但或许更有趣的是，糖域还复制了传统经济学中一些主要的反常现象，包括违背一价定律，横向不平等的存在，以及高于传统经济学预测结果的价格波动和交易量。这是因为爱泼斯坦和阿克斯特尔所采取的方法在根本上不同于传统方法论。他们并未假设糖域是一个均衡系统。相反，他们为糖域设计了行为主体与地形的基本结构，但设计之后，他们让糖域自行进化，看看结果到底如何。糖域有可能会达到均衡，也有可能不会。最终，糖域自然而然地进化出了复杂的秩序、结构和多样性，包括（加上一点想象可以解读为）部落、贸易路线、资本市场，没有任何一项是事先设计好的。它们都是自下而上发展起来的，是从爱泼斯坦和阿克斯特尔为系统设置的简单初始规则发展起来的。

进一步定义复杂经济学

糖域为经济学真正的新方法提供了例证。尽管像糖域这样的模型是相对较新的发展成果（主要是因为它们依赖于快速计算机），但它们是建立在悠长而丰富的思想史之上的。其中著名的历史人物包括博弈论和元胞自动机的发明者约翰·冯·诺依曼（John von Neumann），“奥地利学派”的成员弗里德里希·哈耶克，行为经济学家赫伯特·西蒙和丹尼尔·卡尼曼，制度经济学家道格拉斯·诺斯（Douglass North），进化经济学家理查德·纳尔逊和悉尼·温特，政治经济学家罗伯特·阿克塞尔罗德（Robert Axelrod）和托马斯·谢林（Thomas Schelling），以及计算机科学家约翰·霍兰德和克里斯多弗·兰顿（Christopher Langton）。[14]

在第二部分的这些章节中，我们将讨论这些研究者和其他许多研究者的工作，看看他们是如何一起为该领域构建了一种新的范式。为了描述这项工作的各个方面，经济学家使用了许多术语，例如计算经济学、基于行为主体的建模、社会动力学、进化经济学、行为博弈论、圣塔菲研究所和交互经济学。[15]所有这些术语所指代的内容都各有特色，如果只选择其中一个，恐怕我对该领域状况的审视将会过于狭窄。因此，我选择了一个涵盖性的术语：复杂经济学。如前所述，在这个阶段，复杂经济更像一个研究项目，而非单一、综合的理论，至于这个涵盖性术语应该包含什么内容，其中尚有许多灰色区域。表 4-1 中描述了五个“重大理念”，它们能够帮助我们定义复杂经济学，并将它与之前的工作区别开来。

表 4-1　　区分复杂经济学与传统经济学的五个“重大理念”

	复杂经济学	传统经济学
动态	开放的、动态的非线性系统，远离均衡状态	封闭的、静止的线性系统，处于均衡状态
主体	单独建模，使用归纳性的经验法则来做决策，拥有不完整信息，受限于错误和偏差，随着时间的推移，能够学习和适应	集体建模，使用复杂的、演绎性的计算来做决策，拥有完整信息，不会犯错、没有偏差，没有学习和适应的需求（已然完美）
网络	清晰地模拟个体行为主体之间的互动，关系网络随着时间的变化而变化	假设行为主体只通过市场机制进行直接互动（例如拍卖）
涌现	微观经济与宏观经济没有区别，宏观模型是微观层面行为和互动的结果	微观经济和宏观经济是两个互不相干的学科
进化	变异、选择和放大的进化过程使得系统能够创新。进化过程引发了秩序和复杂程度的变化	没有内在性创新的机制，秩序和复杂程度也不会发生变化

复杂经济学方法的一个重要方面在于，这五个领域不能仅用数学定理进行分析。传统经济学依赖于数学证明，布莱恩·阿瑟认为它受限于“羽毛笔和羊皮纸技术”。传统经济学使用了更加广泛的工具包，定理、均衡分析、博弈论和其他传统方法都是工具包的组成部分，但复杂经济学的研究者还充分利用了摩尔定律，从而广泛地将计算能力应用到了工作当中。此外，研究者们还从物理学、生物学和其他领域引入了新的数学工具和统计工具，以帮助他们更好地理解经济作为一个开放动态系统的属性。最终，复杂经济学家利用实验经济学以及经济学数据分析的进步来为他们的理论构建了实验证据主体。

在接下来的 5 章中，我们将更深入地了解这些“重大理念”。在第三部分，我们将看到它们是如何共同打造基础，让我们得以用全新的视角看待财富的起源的。

05 视角一：经济是一个动态系统

20 世纪伊始，经济学从与物理学的邂逅中抽身，退回了智识上的古巴，物理科学的发展方向发生了根本性转变。在接下来的 100 年里，物理学家拆毁了瓦尔拉斯及其同伴所借用的那些理论，并以相对论、量子力学、非均衡系统热力学、混沌理论和复杂理论取而代之。科学家开始承认，宇宙既不像钟表一样确定，也不像赌场一样随机。实际上，完全确定或完全随机的系统非常罕见。宇宙中的大多数现象处于两种状况之间：它们用复杂而不可预测的方式将确定性和随机性混合在一起。20 世纪，科学开始接受这种混乱的、中间的状况。

我在第 3 章指出，经济曾被传统经济学错误地划归为均衡系统，但实际上它是一个复杂适应系统。在第 4 章，通过糖域的案例，我们开始探索复杂适应系统的本质和行为。在本章中，我们将继续完善对于经济的定义以及明确其新特征所代表的含义。自 20 世纪 80 年代以来，随着詹姆斯·格莱克（James Gleick）的作品《混沌》（*Chaos*）乃至科幻小说等畅销书以及好莱坞电影的宣传，诸如混沌、动态和非线性等概念进入了大众的认知视野。我们将了解这些术语在经济学环境中代表什么意思，并讨论从飞机制造业到房地产行业的繁荣与萧条等现象与它们之间存在什么关系。

动力学与反馈

观察经济的一个有用切入点是动态系统。也就是说，经济会随着时间的变化而变化。这是显而易见的：价格会上涨下降，工资变来变去，公司进入市场又退出。这也是传统经济学已经承认的动态性，但如前所述，它们通常被视为是由外源性资源所导致的，例如技术变革、政治事件、消费者偏好的变化。我们感兴趣的问题在于，这样的动态行为如何才能从内部产生，即作为经济结构本身的结果而产生？

如果科学家指出某个系统是动态的，他们的意思就是说系统的当前状态是前一个时刻的状态以及两个时刻之间的变化的函数。[1] 动态系统的一个简单案例就是银行账户。[2] 账户的状态或余额会随着时间变化而变化。明日的余额取决于今日的余额再加上中间一天的变化，例如存款、取款或利息支付。我们可以用一个简单的公式来描述：$B_{t+1}=Bt+$（存款 - 取款 + 利息）。当天的账户余额用 B 表示，t+1 代表明天。因此，储蓄账户会随着时间的变化而不断变化。在迭代循环中，某段时间内方程的输出数据会成为下一个阶段的输入数据。动态过程中的变化既可以是不连续的，就像银行账户在特定时间发生的变化（例如在某一天付息）；又可以是连续而平稳的，好比星球的轨道。

要想便捷地描述动态系统，可以使用存量和流量这两个术语。[3] 存量是指事物的累积，例如银行里的存款余额或浴缸里的水。存量随着时间变化而变化的速率就是流量，例如钱流入或流出银行的速率，或者水流入或流出浴缸的速率。经济是由各种各样随时变化的存量组成的，比如货币总供应量或就业人口数。其中的每一种存量都有对应的流量或变化率，例如，中央银行也许会增加或减少货币供应，公司或许会雇用或解雇员工。需要注意的是，流量总是以某个时间单位为单位的。存量和流量不一定是指有形物，例如货币和人，也可以指较难感触到但依然非常重要的因素。比如消费者的信心就可以被视为一种随着时间的推移而不断提升或下降的存量。[4]

如果将经济看作各种存量与相关流量的集合，我们很快就能明显地看到，存量和流量是通过复杂的方式相互联系的。例如，如果就业的存量跌至很低，政策制定者或许会决定降低利率以鼓励贷款，这样一来就会增加可以用来投资的货币存量，它们可以被各种公司用来投资新的产能、创造更多的岗位需求，从而提升就业的存量，这最终又会影响未来的利率政策。在动态系统中，存量与流量之间诸如此类的关系链条被称为反馈回路。

如果某个系统的输出数据是另外一个系统的输入数据，那么这两者之间就会形成反馈回路，比如A影响B，B影响C，C又会影响A。如果联系不断增强，可称其为正反馈——我推A，A用更大的力气推B，B用更大的力气推C……如此循环。我们之前也提到过一个正反馈的经典案例：麦克风距离扩音器太近就会造成刺耳的噪音。除此之外，螺旋式下降也是正反馈的一种。举例来说，消费者信心下降会导致消费缩减，从而导致生产缩减，进而导致就业率降低，最终导致消费者信心进一步下降，消费进一步缩减，螺旋下降直至经济萧条。1936年，约翰·梅纳德·凯恩斯在其著名的作品《就业、利息和货币通论》中就描述了这种动态循环。[5] 即便对于人们来说它并没有积极的意义，但这也是正反馈的一个案例。关键要记住的是，正反馈会强化、加速或放大正在发生的事情，无论是良性循环还是螺旋式下降。拥有正反馈的系统因此能够呈现出指数级增长、指数级崩溃或振幅不断扩大的震动。

与正反馈相反的则是负反馈。负反馈是一种抑制性的循环——相对于强化，它的作用是相反的。正反馈会加速变化，负反馈则会抑制变化，使事物重新回到常态。之前我们也提到过一个关于负反馈的经典案例——恒温器。拥有负反馈的系统倾向于把事物推回到某个设定的点、某种均衡或以越来越小的振幅进行震动并逐渐停息。[6]

动态系统还有一个组成部分——时间延迟。在不熟悉的地方（例如宾馆）冲澡时，你大概有过这样的经历：开了热水，发现不够热，于是多开一点，水就变得极烫，然后你就又调小一点，依然很烫，继续调小，结果又太冷了，如此反复。问题在于你对开关旋钮的调节与淋浴器的温度之间存在一个小小的时间延迟。这个延迟导致你调试的水过热或过冷。最终，当你发现问题后，偏差会变得越来越小，直到调出合适的温度。时间延迟越长，你就越难掌握淋浴器，偏差也就越大。

如果一个动态系统拥有多种存量和流量，它们既通过正反馈也通过负反馈进行互动，那么我们不难看到系统将很快变得复杂。正反馈可以驱动系统，使之加速，与此同时负反馈则会抑制系统，削弱和控制它。当加入时间延迟的因素后，驱动和削弱将会脱离平衡，脱离同步，导致系统以高度复杂的方式产生振荡。

非线性系统

我们对于经济的第二个观察结果是：它是一个非线性系统。这个术语通常会引起混淆（甚至是在经济学家中）。由于“非线性”的字面意思是“不是直线”，人们有时就会认为它意味着任何能够产生曲线的功能都是非线性的。在静态系统中，这种理解是正确的。方程 $y=mx+b$ 是线性的，如果用图形来表示，我们就会得到一条直线。另一方面，方程 $y=x^2$ 是非线性的，如果用图像表示，我们就会得到一条指数级曲线。有一个很好的经验法则是说，如果方程的右边全是加、减、乘、除，它就是线性的；如果方程里有乘方、正弦、余弦或其他奇异的东西，那它就是非线性的。

然而，在谈论动态系统时，我们需要更加谨慎一些，因为如果按照时间的发展绘制图形，线性动态系统会表现出曲线形的行为。前文中提到过银行账户是动态系统。我们可以创造一个简单的线性方程来计算账户余额是如何随着利息的增加而增加的。假设利率是 10%（并且我们不会存款或取款），那么关于余额（B）的方程则是 $B_{t+1}=B_t(1+0.10)$。如果当前的余额是 100，那么在下一个时间段就会是 110。这种关系也是线性的，因为方程的右边只有加法和乘法。但是，如果绘制余额（B）随着时间（t）的变化图，我们就能得到一条指数级曲线（见图 5-la）。即便随着时间的延伸会出现一条曲线，方程依然被认为是线性的，因为变化率是线性的——在本案例中，变化率是一个常量 10%。如果绘制下一阶段（t + 1）比当前阶段（t）的图像（见图 5-1b），就可以看清这一点，这就是所谓的蜘蛛网图（cobweb diagram）。解读蜘蛛网图的方法是：x 轴代表的是当前的余额，而 y 轴代表的是下一阶段的余额。它能帮助我们看到变化率是在加速、减缓，还是保持不变。在图 5-1b 中，我们看到的是一条笔直的线，这就意味着变化率是常量，并且系统是线性的。线性开放系统会表现出一系列随着时间的变化而产生的行为，包括静止、直线式增长或衰减以及指数级增长或衰减——在两个案例中，变化率都是线性的。

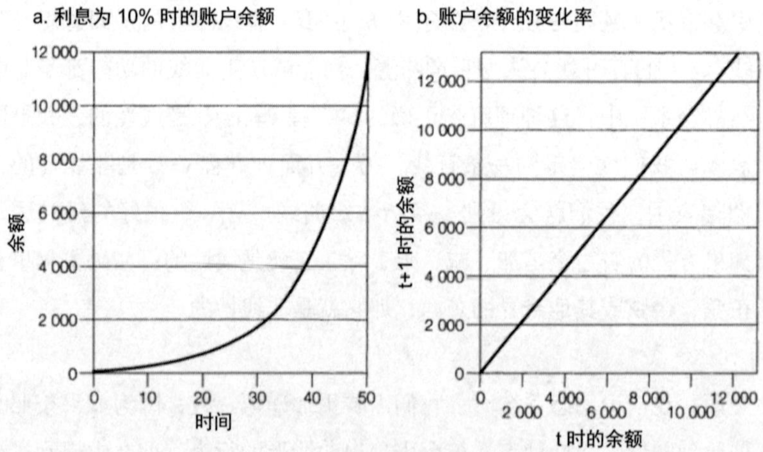

图 5-1　指数级增长的账户余额

如果我们观察非线性动态系统，情况会变得更加有趣。还是回到银行账户的案例上来，我们可以想象一个有点奇怪的账户余额是这样的：$B_{t+1} = rB_t - rB_t^2$，其中 r 是一个常量。等号右边的平方意味着这个方程式是非线性，我们也可以将这个方程改写成 $B_{t+1}=rB_t(1-B_t)$，这是大家熟知的二次映射方程。举个例子来说，如果当前的余额是 100，r 等于 0.10，那么下一阶段的余额将会是 −990。虽然这个非线性方程并没有让这个储蓄账户令人满意，但它包含着一些有趣的属性。我们可以将 r 当作油门，它可以增加或抑制变化的速度，最终，它会让方程呈现出一些与众不同的行为方式。

比如，我们将初始余额设定为 0.1，将 r 设定为 1.5，余额将增加到 0.3333，然后永远停留在那儿不动（见图 5-2a）。如果我们看一看蜘蛛网图（见图 5-2b），就能看到变化率随着平缓的曲线不断上升，直到余额达到 0.3333，它就不再变化了。这就是我们的老朋友均衡，或者按照动态系统的说法，它是一个定点吸引子——它之所以得名，是因为在蜘蛛网图中，系统会被拉到或者吸引到某个固定的点上（在本例中，这个点是 0.3333）。如果我们将 r 设置为 3.3，就会得到一个很不一样的结果。系统会进行规则的振荡，宛如一个来回摆动的钟摆（这被称为周期极限环，见图 5-3）。

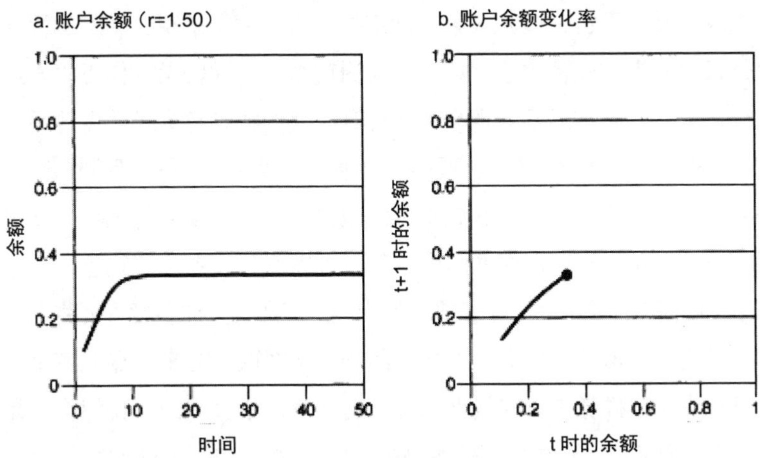

图 5-2 定点吸引子账户

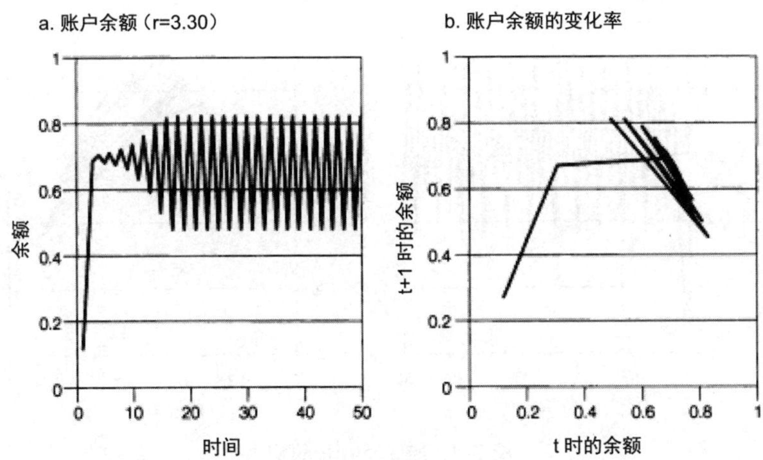

图 5-3 周期极限环账户

如果我们将 r 值稍微调高至 3.52，简单的振荡就会变成更加复杂的振荡，就好像心跳模式（准周期极限环，见图 5-4）。有一些非线性系统会表现出极其复杂的模式并持续很长一段时间，但最终还是会变成重复。如果我们将 r 值升为 4，就会得到一团混沌（见图 5-5a）。混沌系统有三个重要特征。第一，尽管它或许看似随机，但其实它是确定的。举个例子来说，我们的混沌银行账户公式中并没有随机因素。第二，与周期系统不同的是，你可以永远将公式运行下去，并且永远不会重复（尽管有时我们很难将真正的混沌系统与周期很长、很复杂的振荡系统区分开来）。第三，混沌系统是有界限的。即便系统的路线分布广泛，但总有它到不了的地方。在账户余额的案例中，这个值处于 0 ～ 1 之间，而在蜘蛛网图中，我们可以看到，系统的轨迹以一个大致三角形（中间有个洞）的形状向外延伸（见图 5-5b）。你会发现要将左边余额随时间变化的图形与右边展示变化率的蜘蛛网图联系起来有点儿棘手，其实并不只有你会这样觉得。非线性动态系统并不都是直观的，我们将会在后面看到，当人们试图在这样的系统中做决策时，这会带来一些麻烦。

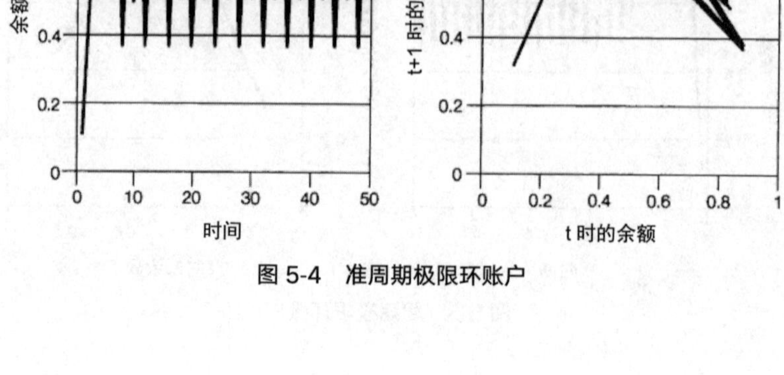

图 5-4　准周期极限环账户

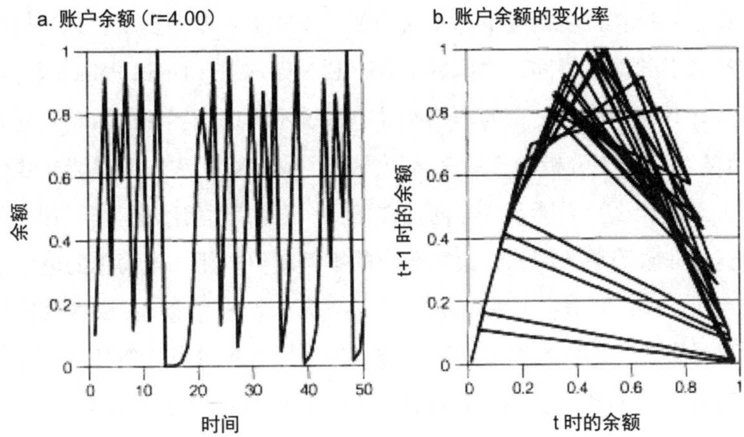

图 5-5 混沌账户

仅仅改变一个变量就能使结果大不相同，这表现了非线性动态系统的一个特性：对于初始状况的敏感性。你可以想象一位高尔夫球员在一片高低起伏的草地上击球。如果球员进行了两次轻击，但是球的起点位置或挥杆的角度和力量稍有不同，两个球的走向就会大不一样，最终在草地上的位置也相距甚远。非线性会使得初始时的一点小差别随着时间的推移而被放大，因此，除非你无限精准地了解系统的初始状态，否则就无法知道最终的状态。

相关的特性是，非线性动态系统具有路径依赖性，换言之就是其会受到历史影响。t + 1 时的银行余额取决于 t 时的余额，同样，高尔夫球手的第四杆取决于第三杆，第三杆又取决于第二杆，以此类推。在这一连串的事件中，发生任何一点变化都会使得结果大不相同，比如，第二杆如果打得不一样就会彻底影响到第四杆。

这两个特性，即对于初始状况的敏感性和路径依赖性，使得非线性系统难以掌控，并且在许多情况下都无法预测。事实上，差不多就在瓦尔拉斯思考物理教科书的那段时间，法国数学家亨利·庞加莱（Henri Poincaré）发现了混沌，并且证明许多类型的非线性动态系统不可以用当时的数学工具来说明。[7] 由于不可以用分析的方法来解决方程，我们就无法快速看清非线性动态系统可以做什么。看清系统如何运作的唯一办法就是让它运作。在电脑上让系统运作非常简单（例如，银行账户的案例就可以用一个简单的电子数据表来解决），但如果用手工来做就会变得繁重异常。因此，在庞加莱的发现之后，科学家除了选择忽视非线性系统或用线性方程进行近似替代之外别无他法。对于非线性系统的研究被冷落了 70 余年，直到 20 世纪 60 年代至 70 年代才有起色，因为当时出现了新数学工具和电脑，研究才得以重启，非线性系统如今已成为物理学家的基本话题。[8]

这种发展非常重要，因为非线性系统在自然界中十分普遍，涵盖了从飞机机翼上方的湍流到气候、激光以及大脑中的突触刺激等诸多现象。非线性系统是如此之普遍，而真正的线性系统则相对罕见，这让数学家伊恩·斯图尔特（Ian Stewart）认为，物理学家专门将一个领域定义为“非线性系统”是非常愚蠢的，这就好比动物学家专门定义了一门“非大象动物学”——关于除大象之外的所有动物的研究。[9]

经济是复杂的，但不混沌

我们已经指出经济是一个动态系统，现在，我们又能进一步认定它是一个非线性系统。自杜尔哥在 18 世纪提出收益递减法则以来，经济学家已经承认经济中存在非线性关系。我们还能在生活中直观地看到非线性现象——从技术变革的加速到我们第 5 次看到同一则广告时注意力的降低。相关统计已经证明，微观经济数据中的非线性证据涵盖了从工业产值到失业人数等的种种现象。[10] 尽管经济学早已承认非线性的存在，但曾经有一段时间，将非线性融入动态系统遇到了很大的困难。由于非线性动态系统之前并未获得充分理解，传统经济学家在历史上要么用静态系统中的非线性关系，要么用动态系统中的线性关系，这样方程才能被解开。

复杂经济学承认经济既是非线性的又是动态的，而且经济学家可以使用越来越先进的数学工具和电脑模拟对其进行分析。

关于“经济是否是混沌的”问题在20世纪80年代引起了人们的极大兴趣，尤其是股票市场是否混沌的问题（以及这个问题的答案是否能让所有人赚到许多钱）。[11] 随后，人们针对这个问题开展了大量工作，当前的共识为“或许不是”。这个问题的答案很难确定，因为要想将混沌与其他复杂而非混沌的行为以及某些类型的随机行为区别开来并非易事。对于混沌的测试也需要大量的数据，金融数据也不足以获得确凿的答案。[12] 大多数研究者认为，将经济称为混沌是一种过于简单而狭隘的归类。真正的混沌系统往往只有相对较少的变量及低程度的自由。将经济称为复杂系统更合适，正如我们之前指出的那样，经济领域拥有大量存量，并且流量在正反馈和负反馈的复杂网络中动态地连接着，这些反馈关系在不同的时间尺度里延迟和运作。这样的系统很有可能拥有惊人的自由度，能够收集非大象动物动物园里的全部行为。因此，我们可以说在某些时候，在某些维度中，经济或许会展示出混沌行为，但经济同样也会展示出增长、衰退、周期性极限环、准周期性极限环及大量其他行为。

如果我们将经济视为科学家所谓的多体问题（n-body problem），那么经济的全部动态复杂性就会变得十分清晰。庞加莱最初研究混沌的动机在于，1887年瑞典国王奥斯卡二世设立了一项奖金为2 500克朗的奖项，以寻求太阳系统是否稳定，或者说行星是否会撞向太阳或脱离太阳系飞向太空的答案。[13]这是一个极其难以解答的问题，不仅是因为太阳系跟围绕它运转的行星一样是动态的，也不仅因为重力是非线性的，而且还因为所有的相互作用是在10颗行星和太阳之间产生的。庞加莱意识到，他甚至连涉及三个主体的问题都无法解答，更遑论当时人们所知的8颗行星和太阳。奥斯卡国王提出的问题直到20世纪才得以解决（你不用担心这个问题：在地球轨道变得不稳定之前，太阳就会爆炸），而多体问题依然无从下手。经济是一种大规模的多体问题，经济里的每一个个体都拥有自己的一套存量（储蓄、负债、技能等）和流量（收入、开支、学习等），就好比在高度简化的糖域中，每一位行为主体都拥有自己的存量（糖）和流量（糖消耗和消化）。正如糖域的动态是想象出来的经济行为主体之间互动的结果，现实经济的动态是数十亿人非线性互动的结果。经济系统的复杂性使得庞加莱的分类看起来太简单了——这不仅是一个多体问题，而且是70多亿体问题。

这样一来，大家就能理解为何经济预测是一项艰巨的工作了，其口碑甚至不如天气预报。对于初始状况的敏感性、路径依赖性以及高度动态复杂性使得经济像天气一样，只能进行短期预测而无法进行长期预测。近年来，通过卫星和雷达获得的更优数据以及通过电脑模型获得的更精细分析，天气预报员的业绩记录获得了显著提高。我们有理由期待，以后的经济预测也很有可能会随着更优的数据和模型的出现而同样获得提升。然而，正如天气的长期高度精准预测永远不可能实现一样，经济的长期高度精准预测也不可能实现。

经济长期预测的不可行性并不是该领域作为一门科学的发展障碍。如前所述，科学关乎解释，而非预测，并且对经济动态特性的理解将极大地帮助发展对于经济现象的可测试解释。

看不见的手偶尔会颤抖

来自麻省理工学院斯隆管理学院的约翰·斯特曼（John Sterman）教授花费了职业生涯的大部分时间，利用非线性动态技术来发展关于经济和商业现象的解释。[14] 有一个问题引起了他的特别兴趣：为何许多商品会经历繁荣与萧条的循环？经历周期的行业类型囊括了全部范畴，用斯特曼的话说，“从飞机制造到锌处理”都包括在内（见图 5-6）。[15] 这些不同行业的共同之处在于，它们的价格和产业能力的周期震荡比基础需求或经济整体的震荡要激烈得多，因此，即使没有重大的缘由也能产生显著的效果。

这些循环同样拥有一种有趣的特性，既不是特别规律也不是特别随机。通过观察它们，我们会看到，数据显然不仅是在随机波动，它们拥有有限的周期。但这些循环又不是十分有规律，它们的周期性并不完美。我们可以肯定地说，这些循环是复杂的。从商品贸易商到行业高管，许多人都尝试过对这些循环进行预测，但鲜有成功。斯特曼决定打造一个模型来调查是什么驱动着这种既不非常规律也不特别随机的行为。

传统经济学中最重要的负反馈是供求关系中的价格。假如需求增加，价格就会上涨，从而导致供应增加，这又会导致价格下跌直至供求平衡，就像一台恒温器。然而，正如我们之前讨论的那样，传统经济学通常会假设所有事情都会同时发生，而忽略了时间延迟的作用。[16] 因此，尽管供求平衡存在于经济学教科书中，现实世界里却充满着库存、产能过剩以及缓冲不平衡的其他存量。斯特曼假设各种缓冲存量调整速度的差异或许是商品动态循环背后的终极真相。

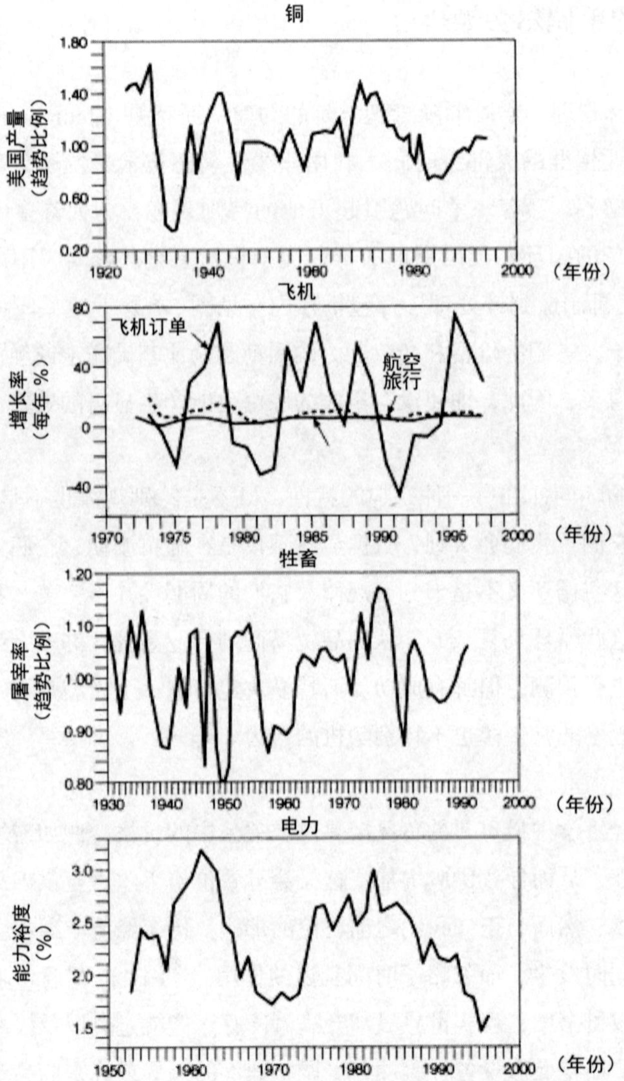

图 5-6　周期性行业案例

资料来源：斯特曼（2000 年）。铜和牲畜的数据来自美国商品研究局发布的《商品年鉴》，飞机数据来自皮尤－罗伯特联合公司、剑桥、MA，电力数据来自爱迪生电力研究所美国部分的统计摘要。

斯特曼决定建立一个简单商品市场的电脑模型，来看看是否可以复制这些循环的数据特征，从而验证自己的假设。[17]与传统经济学模型不同的是，斯特曼的模型（一种“系统动态”模拟）拥有明确的库存和产能存量、积极和负反馈循环、时间延迟和非线性关系。为了弄懂斯特曼的模型是如何工作的，我们可以假设你在一家普通制造企业负责生产小部件（存在于许多经济学入门课程里的一种神秘产品），企业的供应和需求的不平衡中存在着三种关键的缓冲库存。

首先，小部件的库存。库存充当着客户的不确定需求与工厂的生产之间的缓冲器。如果客户的订单量低于产量，你的库存就会增加；如果订单量高于产量，库存就会减少。库存几乎是实时调整的（虽然在接到订单和发货之间会有一点点延迟）。

其次，即刻可用的产能存量。如果在开始时小部件库存很少，你可以要求工厂加大生产。正常情况下，大多数工厂的产能利用率不到 100%（通常为 80%），这为工厂带来了一些短期的弹性产能。如果你打电话要求增加产能，工厂经理可以增加小部件生产线的工作时长，或增加工人的班次，或启用一条闲置的生产线，或将滞销小部件生产线转变成热销小部件生产线。提升短期产能的时间延迟可能是几小时，也可能是几个月，关键在于不能即时发生。产能回路的调整速度要慢于库存回路的调整速度。

最后，长期产能的总量。一旦所有生产线以最高速度运转，并且利用率达到了 100%，那么唯一能够增加产出的办法就是建造新的生产线或新的工厂。增加新的长期产能的速度慢于提高已有产能的利用率的速度。建造新工厂、雇用更多员工等往往需要几个月甚至几年的时间。

斯特曼的模型包含了三个调整速度各不相同的反馈环结构。要想弄清楚这个结构是如何随着时间变化而发挥作用的，你可以想象自己是小部件生产线的经理，每周都会收到一份生产报告。当你坐下开始阅读本周的报告时，你注意到小部件的需求增加了，库存下降了一点。库存会随着需求的随机波动而出现变化，所以你要考虑的第一个问题就是是否要求工厂提高产量。这时往往会出现一个自然的反应，那就是在付出昂贵代价增加产量前（有可能造成产量过剩）再等一等，看看上涨的需求是否会持续下去，或者仅是昙花一现。随后会出现第二个问题：是否应该涨价？这时你希望弄清需求的增长是否真切。涨价需要时间和工作量（新的价格需要在电脑上进行运算，客户合同需要变更，等等），并且永远伴随着客户流失的风险。因此，你会决定再多等一段时间。

在下一份报告中，你看到需求持续增加，至此你开始相信确实存在这样一个趋势。现在库存已经下降到一个危险的低点，你不得不针对部分客户采取延期交货的措施。你开始采取行动，并提出增加产量的要求。集团总部需要突破官僚制度，工厂需要一些时间来进行调整，真正提高产量要到几周之后。与此同时，需求仍在持续增加，但由于客户用掉了库存，于是发生了缺货和积压订单。考虑到旺盛的需求和隐约出现的产能不足（你还注意到竞争对手也正在经历相同的状况），你决定是时候涨价了。

价格的上涨不会立刻对需求产生影响。由于货物短缺，客户的库存已经耗尽，他们无法马上找到替代品或其他资源，因此他们愿意（至少在短期内愿意）支付更高的价格。有了不断增加的需求和更高的价格，你的损益表看起来漂亮极了，你成了首席执行官眼中的英雄。你唯一面临的挑战在于必须生产出足够的产品。工厂的运行效率接近 100%，与此同时，你的订单和市场份额流失给了拥有更高产能的竞争对手。于是，你会向管理委员会提出投资建立新厂的提议。鉴于你在业务上的英雄表现，他们会批准你的提议。新厂址破土动工，开始建厂。

在距离新厂建成投产还有半年左右的时候，你注意到一个令人担忧的趋势，需求的增长趋势开始放缓，数个月的价格上涨和产品短缺开始产生影响，客户找到了你们产品的替代品以及减少用量的办法。此外，在你加紧生产以满足需求的时候，你的竞争对手们也在这么做，此时便会出现很多库存。由于需求的放缓以及竞争对手增加了现货，你从销售队伍那里听到了降价的呼吁，再次感受到了压力。你同意了销售队伍的建议，批准打折。

到了新工厂举办开业典礼的那一天，正当首席执行官剪彩完毕，你就收到了一份让你的热血变凉的报告。需求在进一步放缓，更糟糕的是，价格正在发生自由落体式下滑。行业里的所有人都有一大堆库存，都在大幅度打折以便维持运转。尽管面临着价格下跌和越来越难看的损益表，你还得继续前进，激发新工厂的产能。毕竟，工厂已经建成——大部分都是沉没成本，也没有什么别的用途。即便产品价格很低，至少还能覆盖用工成本和材料成本。

几个月之后，你参加了一次行业展销会，与其他高管坐在吧台上，一起哀叹行业的不景气。结果发现，在景气的时候，他们的所作所为跟你一样，现在他们也有崭新的工厂即将投产。你曾怀疑过竞争对手们在建新的工厂，但由于行业保密性，当时你并不知道到底有几座工厂在筹备中，但你认为不断增加的需求可以消化这些增长，你还假定人们不会疯狂到过度投资建厂。

到了第二年，行业产能泛滥，价格崩溃，整个循环开始往反方向运转。

一段时间之后，随着亏损不断增加，行业开始关闭生产线，减少班次，从而降低产能。随着“流血事件”的进一步恶化，同行业的公司都开始采取下一步行动，即关闭整个工厂，解雇大部分员工。通常情况下，这需要数年时间才能将过剩的产能从系统中挤出去，但这已不再需要你的担忧，因为你已经在某一轮的裁员中被解雇了。

几年之后，一位年轻的经理坐到了你昔日的位子上。在上一个周期的时候，她还只是一个大学生，根本不记得有过这回事。有一天，她坐在座位上，收到了最新的小部件生产报告，她很激动地看到需求出现了良好的增长势头……

这个动态故事就是斯特曼模型的本质。在运行模型的时候，斯特曼发现模型会产生商品周期，从统计上说，这与现实世界中的周期有着许多重要的相似之处。[18] 模型表明，反馈环的不同时间尺度以及人为误差会使得这样的周期几乎不可避免。斯特曼及其同事马克·帕奇（Mark Paich）还进行了另外一项实验：让真人扮演经理的角色并尝试使周期最小化。[19] 然而，研究者发现，在处理复杂反馈和不同时长延迟的系统时，人们在心理上会经历一段难熬的时间，会遭遇一段非常困难的时间（就像反应很慢的淋浴喷头一样）。斯特曼的模型和实验给我们的一个启示在于，缩短周期的唯一办法是改变系统本身的结构。比如，我们可以减少系统的时间延迟，例如增加新产能的时间；降低产能的沉重程度，例如建造“迷你工坊”而非大型工厂；对客户订单获得更多前瞻性预见，或者增加行业实际已有的以及正在建设的产能的透明度。

斯特曼的工作有意思的一个方面是，它强调对我们的心智模型来说，要想理解和发展关于非线性动态系统的直觉非常困难。[20]问题不在于人类的愚笨，而在于我们的大脑没有被设计成按照这种方式进行思考。经理和政策制定者已经尽其所能，但他们的行为通常会产生无法预测的结果，甚至会让情况更糟。 在下一章，我们将较为一般性地讨论人类的认知缺陷。在后续章节中，我们将进一步研究协调人类行为和经济的动态结构如何有助于解释复杂现象，这些现象包括从经济系统的增长、衰退循环到股票市场的易变性。

06 视角二：行为主体是通过归纳推理进行决策的

任何经济学理论的核心中都有关于人类行为的理论。经济最终是为人服务的，有关经济行为的理论必须回答的问题包括：我们是如何进行经济决策的？我们运用的是什么类型的信息？有哪些我们更擅长或更不擅长的决策类型？

人类行为可以通过科学的办法加以理解，许多人对这一观点持有天然的排斥态度。毕竟，我们怎么可能理解人脑这种复杂、不可预测，并且还具有情绪、创造力、想象力的东西呢？我们如何能够将可以爱、恨、创作诗歌的人类放到一个数学公式里呢？在艾萨克·阿西莫夫（Isaac Asimov）的经典科幻小说里，身处遥远未来的科学家发明了一个名为心理历史学的领域，在这个领域，他们能够将个人的行为简化为数学方程，从而使得这些科学家可以对历史的未来进程进行准确的预测。心理历史学听起来像是经济学家的终极幻想。然而，我们并不需要心理历史学之类的人类行为预测理论来理解经济的运转原理。我们的标准要低得多，所需要的不过是找到人类行为的一些基本规律，然后通过理解这些微观层面的规律更好地理解宏观层面的经济行为。我们将在本章看到，人类的行为中充满着规律。

正如之前讨论的那样，所有科学理论都是现实世界的近似和简化，因此，我们创建关于人类行为的经济模型，其目标并不在于创造一个完美的复制品，它更像是一张优秀的地图，如实反映地貌的基本特征，但剔除了无关的细节。此外，模型不应该加入任何不存在于现实世界里的东西（例如，模型不应该赋予我们看透他人心思或者其他真人所不具备的能力），也不应该与我们所知的真相矛盾。

糖域就为我们展现了一个这样的简化案例。糖域中行为主体的行为比真人的行为要简单得多。这些行为主体只会进食、移动、繁殖和交易，甚至于他们做这些事情的方式几乎简单到不值一提。然而，物理移动、繁殖和交易全都是真实的人类活动，并且都有可能与理解经济现象有关。糖域中不存在任何真人不会或不能做的事情。

经济学家喜欢将他们的人类行为标准模型称为“经济人”（Homo economicus，即 economic man）。在本章中，我们将会看到，相对于传统的经济手段，经济人的复杂经济手段发生了彻底的变化。正如我们之前简要叙述的那样，人类行为的传统模型是传统经济学理论中比较具有争议性的假设之一。现在我们将进一步对此进行检视，并且我将论证传统经济学的经济人是一张“糟糕的地图”：它既忽视了真实人类行为中的重要细节，又增添了真实人类身上并不存在的关键特征。

斯波克去购物

《星际迷航》里的瓦肯星人斯波克就是一个完美的理性人形象。斯波克能够记住圆周率的小数点后 50 位，可以进行无比复杂的计算，而且这一切都是在敌人相位武器的攻击下进行的，整个过程没有丝毫的情绪波动。斯波克就是传统经济学刻画人类行为的一个很好案例。假设你走进一家当地的杂货店，看见一些西红柿，接下来这些段落描述的将是传统经济学认为你在决定是否购买西红柿的过程中将会产生的所思所想。[1]

相对于世界上其他一切你都有可能购买的东西，例如面包、牛奶和西班牙之旅，你对购买西红柿情有独钟。此外，你对于在未来某个时间点可能购买的所有东西都有着明确的偏好，由于未来是不确定的，所以你为这些潜在的购买需求赋予了概率。比如，你认为在未来两年内，厨房里的架子散掉的可能性为 23%，到时你需要花 1.2 美元购买螺丝来修好它。1.2 美元的折现值为 1 美元，再乘以 23% 的概率，相当于未来可能需要修理的预期值为 23 美分。而今天，你必须对想要购买的西红柿，以及余生中有可能要购买的其他所有东西进行权衡。在传统经济学的模型中，所有这些明确的偏好都有着非常合乎逻辑的排序。因此，如果你喜欢西红柿胜过胡萝卜，喜欢胡萝卜胜过青豆，你一定会先买西红柿、后买青豆。同样，如果你喜欢西红柿胜过胡萝卜，也不会因为看见了青豆而突然购买胡萝卜。

传统经济学还假设你对购买西红柿的花费有着明确的预算。为了得出这个预算，你必须对余生的收入有深思熟虑的预期，并且基于此对当前的预算进行最优化计算。换而言之，你有可能意识到你花在西红柿上的钱可能在退休后更有价值，从而放弃购买。当然，这假定了你未来的收入将被用来投资金融资产的绝佳对冲投资组合，并且它还考虑到了你将会在 65 岁退休的可能性，以及你对未来利息、通胀和日元兑美元汇率的预期进行了精确计算。当你站在那儿，看着那些色泽诱人的西红柿，你会将所有这些信息装进脑海里，展开一次狡猾的、无比复杂的最优化计算，来权衡所有这些因素，最终得到一个绝对最优的答案——购买还是放弃！跟斯波克有异曲同工之处的方法被称为完全理性模型，此乃传统经济学的根本假设之一。[2]

相反，新兴复杂经济学关于行为的核心观点里存在着另外一种被称为归纳理性的方法，它认为情况会是这样："嗯……今天的西红柿看起来真好，真新鲜。今晚我有点儿想吃沙拉……价格还可以。"接着你就会将西红柿装进购物车里……

认知失调

像传统经济学的许多其他理论一样，完全理性也要回溯到我们的老朋友瓦尔拉斯和杰文斯那里。他们并没有对人类行为进行实际研究就得出了这个模型。没有人见过有人会做这样的计算，或作出这样的行为。将完全理性作为一种假设是为了将经济学装进 19 世纪的均衡框架里。

正如我们之前讨论过的那样，在均衡经济学的球与碗框架中，完全理性发挥着类似于重力的作用。如果我们知道人们行为的约束条件，并且假设每个人的行为都是完全理性的，那么他们将会对这些约束条件作出一致的反应。人们的决定因此会变得可预测，然后使系统实现均衡。非常值得一提的是，并不是有人认为传统经济学的关键行为假设很好地描述了实际的人类行为，因此它们才会被开发出来，它们是被用来使均衡框架中的数学发挥作用的。瓦尔拉斯以及后来的经济学家试图在事后为假设中缺乏现实主义找到合理的解释，他们分辩称，即便完全理性的假设不能很好地描述人类的实际行为（用经济学的术语来说不是“实证模型”），它也可以被看作阐述应该如何行动的描述（即“规范”描述）。我们可以构建一个完全理性的经济学模型，然后看看现实距离这个模型有多远。

如果说完全理性描述的是人们应该如何行动，那么仍然存在两个问题。首先，如果其他所有人都按照不一样的方式行事，那么剩余的一个人就成了唯一“完全理性”的人，这样的说法未必成立。我们在讨论动力学的时候曾说过，时机就是一切。举个例子来说，如果某人在 1998 年抛售了跌价的互联网股票，但他要到 2000 年才会知道这种做法是正确的，在此之前他还要经历两年孤独的亏钱时光。其次，我们很快将会看到，完全理性不是一个好的规范模型，因为即便人们希望如此行事，事实上他们也做不到。

正如第 3 章中讨论的那样，完全理性的假设在引入之初就受到了挑战和批评，但经济学家仍在继续使用这些假设，这是因为完全理性为模型增添了数学因素，并且没有人有更好的方案。20 世纪 50 年代，赫伯特·西蒙及其在卡耐基梅隆大学的同事詹姆斯·马奇（James March）和理查德·西尔特（Richard Cyert）提出了一个更加直接的挑战。他们做了一些颇具颠覆性的事情——真实地观察和研究人们的决策过程，尤其是真实公司里真实经理的决策。这些经历，再加上心理学家对他们工作的解读，使得他们相信真实世界的行为与经济学教科书中所呈现出来的行为没有半分相似之处。西蒙提出了一个关于决策的博弈论——有限理性（bounded rationality）。[3] 大体上，这个理论认为人类在经济上是利己且聪明的，但没有聪明到完全理性的程度。西蒙的理论考虑到了人们缺乏完全的信息，人类大脑的信息处理能力虽然强大但是有限。如前所述，西蒙提出人们不会遵循完全理性，而会满足于利用已知的信息尽量做到最好。

因为这些工作，西蒙赢得了 1978 年的诺贝尔经济学奖，并且绝大部分经济学家如今提到他时仍然充满敬意。尽管如此，他的成果却对于传统经济学核心力量的影响甚小。[4] 大部分标准经济学教科书中甚至不会提到西蒙的有限理性。[5] 之所以存在这种忽略，其中一个重要的原因是，经过多年各式各样的尝试，研究者依然未能将西蒙的理念转化为数学模型。[6]

继西蒙的开创性工作之后，两代经济学家和心理学家开始收集大量经验证据和实验证据，用以对抗传统经济学的经济人模型。20 世纪 70 年代，普林斯顿大学的丹尼尔·卡尼曼（Daniel Kahneman）与斯坦福大学的阿莫斯·特沃斯基发表了一系列奠基性论文，用以证明真实的人类决策是如何与传统经济学模型中某些最基本的假设存在直接冲突的。[7] 20 世纪 80 年代和 90 年代，诸多研究者，包括保罗·斯洛维奇（Paul Slovic）、科林·卡默勒（Colin Camerer）、阿尔文·罗思（Alvin Roth）、莱因哈德·萨尔腾（Reinhard Selten）、理查德·塞勒（Richard Thaler）、乔治·洛温斯坦（George Lowenstein）、马修·拉宾（Mathew Rabin）、德拉赞·普莱克（Drazen Prelec）、赫伯特·金蒂斯（Herbert Gintis）、恩斯特·费尔（Ernst Fehr）、约翰·卡格尔（John Kagel）和弗农·史密斯，共同创建了今天大家所熟知的行为经济学。[8] 这类研究一次又一次地确认了真实人类不会像传统理论中所描述的那样形成偏好、判断风险或进行决策。新千年后，行为经济学进入主流视野。2002 年，丹尼尔·卡尼曼与弗农·史密斯获得诺贝尔经济学奖（由于诺贝尔奖不能授予已故之人，所以许多人认为卡尼曼的长期合作者、已故的阿莫斯·特沃斯基是被遗漏的“第三人”）。[9]

行为经济学的兴起使得该领域进入了一个认知失调的怪异状态：许多经济学家承认对完美理性批评的合理性，但他们还在坚持不懈地使用传统的假设，因为他们缺少替代方案，缺少一个被正式提出的模型。后来，随着行为经济学家、心理学家和计算机科学家之间的合作不断加强，另外一种模型开始浮现。在接下来的几节里，我们将会看到由行为经济学家找出的部分证据，然后梳理出一个新经济人的模样。

你这头自私的猪！

假设你乘飞机旅行，座位挨着过道，旁边是一位看上去有点古怪的女士，她坐在中间的座位上。[10] 那位女士旁边是一个靠窗的座位，上面坐着一位你不认识的商务人士。在飞到一半的时候，那位看起来古怪的女士对你们俩说，她是个有钱人，长途飞行让她感到十分无聊。接着她提出，她会给你和那位商务人士 5 000 美元，前提是你们能够达成一致的分配方案。过程可能会是这样的：由商务人士决定怎么分钱，他会分给你一部分。如果你接受他的提议，那么你们将各自得到各自的部分。如果你拒绝，那么你们都得不到钱。商务人士想了一想，继而转向你说："我的提议是我拿 4 990 美元，你拿 10 美元。"你会怎么做呢？是接受还是拒绝？

如果你跟其他大多数人一样，那么你会拒绝这个提议。为什么？因为它不公平——商务人士就是一头自私的猪！然而从经济学的角度来说，拒绝这个提议完全是非理性的。无论对方提出什么样的方案，哪怕是给你 1 美元，你都应该接受。毕竟，即便自私的商人获得了 4 999 美元，你得到 1 美元也比什么都没得到要好。

类似这样的最后通牒博弈已经在各个地区的真实人群中（例如日本、以色列、斯洛文尼亚、智利、津巴布韦、印度尼西亚和美国）发生了数千次。这种博弈还在大学生、商人以及坦桑尼亚的牧民中间发生过。结果惊人地一致，人们的实际行为与经济学教科书中的描述大相径庭，大多数人都会拒绝接受他们认为不公平的提议，哪怕这意味着他们要放弃近在咫尺的钱财（不同文化中的人对不公平的定义是有差异的，但通常是指少于 30%）。[11] 那么，这是否能说明人们是情绪化的、非理性的呢？

某些经济学家会提出，拒绝 10 美元依然是完全理性的。我们可以再来看一下一些经济学家提出的所谓的“重复博弈”。通过拒绝提议来惩罚那位商人，你或许在不知不觉地假设你们在未来还会有接触，并且既然商人知道了你不是容易受骗的傻瓜，那么他就更有可能在未来的交易中给你分配更大的份额。因此，你现在理性地拒绝 10 美元，是在为了以后获得更多的收益做打算。然而，这种解释经不起推敲。在一系列经过谨慎设计的实验中，来自苏黎世大学的恩斯特 · 费尔与西蒙 · 盖希特（Simon Gachter）证明，即便参与者知道未来双方不再有交集，并且现在的损失不会换来未来的收益，还是会出现同样的行为。[12]

人们的公平意识和互惠意识会让他们产生一种惩罚对他们不公之人的渴望。此外，我们还会自然而然地回报那些帮助我们、为我们付出的人。比如，研究就餐行为的研究者发现，如果服务生在给账单的时候留下一枚糖果，那么他获得的小费要比别人高 18%（留下两枚糖果得到的小费更高）。[13]

传统经济学模型假设人们只关心经济决策的结果，而会忽略决策的过程，而像议价、公平和胁迫这样的事情根本不存在于模型之中。此外，模型还假设人们只关心个人的得失，丝毫不理会他人。最后通牒博弈实验提供了反对这些假设的直接证据。在近期有关行为研究的一项调查中，来自马萨诸塞大学和圣塔菲研究所的赫伯特 · 金蒂斯以及一组研究者指出，亚当 · 斯密在其著作《国富论》中将人类刻画成了自私、金钱至上的生物。[14] 金蒂斯及其同事评论说，许多人忘记亚当·斯密还写过另外一本书——《道德情操论》，在此书中，斯密更加细致入微地展示了既自私又慷慨的人性。最后通牒博弈和其他实验所得到的证据表明，亚当·斯密的后一种观点是正确的。对于公平和互惠，人类具有根深蒂固的规则意识，它们远远超越了计算出来的“理性”。金蒂斯和他的同事们注意到，人类是“有条件的合作者”，只要对方慷慨，自己也会慷慨，同时人类也是“利他的惩罚者”，人们会回击那些作出不公正行为的人，甚至不惜以自己的当前利益作为代价。

我们既是有条件的合作者，又是利他的惩罚者，这不应当令人感到惊奇。原始人类在长达200万年的时间里，都生活在合作行为与生存高度相关的小群体里。如今，人类依然生活在社会互动的网络中，在这样的环境中选择互惠非常重要——如果你帮我梳毛，我也帮你梳毛。如果能够互相帮助，那么我们的处境都会变得更好，但这也会让那些光占便宜不付出的人钻了空子。少量“搭便车”的行为可以容忍，但如果泛滥开来，互相梳毛的系统就会崩溃，这会让每个人的处境都每况愈下，这也解释了为什么我们会拥有根深蒂固的奖励合作、惩罚投机的行为。[15] 部分经济学家或许会将这些行为看作非理性行为，我们将在后续的章节中看到，这些行为实际上为社会合作提供了基础，而社会合作是人类创造财富的关键。

人非圣贤，孰能无过

真实人类与传统经济学模型的另一个重要区别在于人类会犯错误。传统模型假定人类是像斯波克一样的行为主体，是完美的，从不犯错。假使他们会犯错，这些错误也不过是随机分布在正确答案周围的噪音。换言之，传统经济学模型中的人类不会犯相同的错误或偏差。

行为经济学的观点偏向于“人非圣贤，孰能无过”。哥伦比亚大学的行为研究专家乔恩·埃尔斯特（Jon Elster）甚至声称："最有可能进行无偏差认知评估的是抑郁症患者。"[16]研究者发现，正常的、非抑郁状态的人们身上所具有的普遍错误和偏差包括：[17]

◎ 框架偏差。问题的设计方式将会影响我们对问题的看法。比如，请比较以下两个问题："英国是否应该使用欧元？""英国是否应该废止英镑？"在完全理性的情况下，这种设计应该不会造成影响。

◎ 以偏概全。人类有一个坏习惯，即从很小的、具有偏差的样本里得出普遍性结论。比如，你跟办公室里的三位同事进行交谈，而他们碰巧在那一天过得都不顺心，于是你可能就会得出公司即将破产的结论。

◎ 可用性偏差。人们倾向于利用容易获取的数据来做决策，而不是寻找那些有助于作出良好决策的数据。也就是说，人们"在路灯下寻找丢失的钥匙"是因为那里的灯光最亮。

◎ 风险判断困难。大多数人在论证可能性和评估风险的时候都会遇到困难。2000 年 10 月，一列火车在英格兰哈特菲尔德失事，造成 4 人死亡、34 人受伤。作为回应，英国政府提出要在铁路安全方面额外投入 20 亿美元。然而，正如《经济学人》指出的那样，相对于其他交通方式，人们在火车事故中丧生的实际可能性极低，而这样的支出意味着在每位预期可挽救的铁路旅客身上的花费是道路安全人均花费的 150 倍。[18]

◎ 迷信的推理。我们往往只能看到最直接的原因并因此混淆随机因素与因果联系。从体育明星穿着"幸运之袜"到政府通过增加解雇的难度来降低失业率，这样的案例比比皆是。

◎ 心理账户。传统经济学对所有的钱都一视同仁。然而，人们通常会把钱放进不同的心理隔间里。比如，许多人会每月将一部分钱划拨到退休账户上，哪怕现在他们的信用卡透支已经非常严重。从经济方面来说，这种行为并不理性，因为退休账户上的投资回报（即便节省了税费）很有可能抵不上信用卡利息。尽管如此，人们还是会将他们的退休缴款视作神圣不可侵犯的，将它与眼前的开销分隔开来。对不同类型的开销进行心理区分由来已久，有位人类学家甚至在非洲的卢奥部落中也发现了这种行为。[19]

无法计算

面对人类这些意志薄弱的行为，传统经济学家有时候会回应说，诚然，大多数人都会偏离理性，但市场需要的不过是一小部分、甚至是一位超级理性的参与者，他能利用其他所有人的错误，将市场推动到完全理性均衡的状态。即便大多数投资人都是傻瓜，只有少数几位像斯波克一样的交易员会利用其他所有人的愚笨套利，赚得盆满钵满，使价格趋于完全理性所预测的程度。[20]抛开实现套利的实际性不说（是否有人拥有足够的信息和资本这么做？它是否能在不那么“完全”的市场，例如伦敦番茄酱市场中奏效？时间迟滞、调查成本等又该怎么办呢？），另外还有一个大问题：是否有人（包括斯波克先生）聪明到能实现这一点？

1985 年，数学家阿兰·刘易斯（Alain Lewis）利用计算理论中的一些复杂技巧证明，没有人（哪怕是最聪明的套利者）可以进行完全理性理论所描述的计算。[21] 刘易斯证明了经济学理论中完全理性或许可能存在，但在任何实际场景中都不可能存在，因为它是不可计算的。计算理论中有一个概念叫作图灵机，以数学家阿兰·图灵的名字命名。[22] 如果某事物可以在图灵机上进行计算，那么至少在理论上是有可能制造物理计算机对此进行计算的。然而，如果某事物不能通过图灵机进行计算，那么就没有一台计算机能够解决这个问题，无论它多强大，哪怕它的体积跟宇宙一样大。刘易斯证明了传统经济学家所定义的完全理性不能通过图灵机进行计算。

尽管认知科学家和哲学家还在辩论从技术上说我们的大脑是否是图灵机，但刘易斯的研究表明，完全理性的计算需求是巨大的（这与之前讨论中提到的经济需要经过百万兆年才能达到均衡的情况相类似）[23]，这种量级和类型的计算能力是我们的大脑不可能达到的。

阿瑟的酒吧问题

除了无法计算，许多类型的经济问题都不存在完全理性的解决方案——理论上和实际上都没有。[24] 起初，布莱恩·阿瑟也是圣塔菲研究所会议的参与者之一，他也曾担任过圣塔菲研究所经济学项目的主管。阿瑟通过以下案例解释了以上观点。[25] 圣塔菲研究所有一个很受欢迎的酒吧——爱尔法鲁尔酒吧，每周四晚上那儿都会现场演奏爱尔兰音乐。这个酒吧不大，如果酒吧里的人数不超过 60 人，那么你就能度过一个舒适而又愉快的夜晚。而如果人数超过 60 人，那里就会过于拥挤而令人感到不舒服。如果你预计人数小于等于 60 人，你会决定在周四晚上前往酒吧；如果你认为人数将超过 60 人，你会选择留在家里。你无法与其他可能前往酒吧的人取得联系，并且你也不能打电话问埃尔·法罗尔酒吧到场人数有多少。我们假设所有人都按照这个方式来决定去或不去酒吧，那么你会去酒吧还是留在家里？你会如何进行抉择呢？

结果发现，人们对于这个问题根本没有完全理性的解决方案。这其中包含着无限循环——A 的行动取决于 A 对 B 行动的预期，而 B 的行动又反过来取决于 B 对 A 行动的预期，如此循环往复。由于人们无法通过分析得到答案，针对埃尔·法罗尔酒吧问题进行决策的唯一办法就是让参与者们回顾过去去酒吧的经历，看看能否找到某种模型，然后进行判断：“过去两个周四我都去了，人不算太多，所以我会再去。”

阿瑟用计算机模拟遵循经验法则的行为主体，发现酒吧永远不会达到均衡。在某些夜晚，酒吧很满，有时是半空，但酒吧人数波动的平均值为60（见图 6-1）。传统经济学家或许会对着这个图说：“啊哈，它确实达到了完全理性的到场率，也就是达到了酒吧舒适范围内的最大容纳度 60 人，因此我们可以说它找到了一种均衡，虽然周围有一些噪音。”然而，这种说法并不正确。平均 60 人到场并不是一种均衡，并且波动也不能仅仅被视为杂音而被排除。在该系统中，除了初始条件，没有什么是随机的，因此这个系统完全是确定的、零噪音的。 正确的解读应该是：这个问题没有均衡，没有定点吸引子。[26] 参与者在利用各种各样的经验法则，这种变动创造了一个接近 60 的动态吸引子，并且到场人数的高度波动性是由行为主体之间互动这个内因产生的，这种波动性永远不会停止——到场人数将永远会大幅度振动，并且永远不会收敛到均衡。

阿瑟指出，许多经济决策都是动态、自我指涉且定义不清晰的。A 公司在考虑降价时不仅要担心自身的处境，还会顾及 B 公司和 C 公司将会如何行动，这两家公司反过来也会在某种程度上依据 A 公司的做法来制定战略。采用一种新的技术标准、在市场上为一款新产品寻找定位或者评估一只股票的价值，这些行为中都被加入了自我指涉的期待。人们勉强作出决策的唯一办法是从过去的经验中寻找模型和经验法则，这样一个由进化的、互动的、混乱的行为主体所组建起来的世界永远无法达到均衡。阿瑟的酒吧问题产生了一种有趣的可能性，即我们在现实世界的经济中看到的许多波动或许是由人们决策原则的动态性，而非外源性的随机振动引发的。[27]

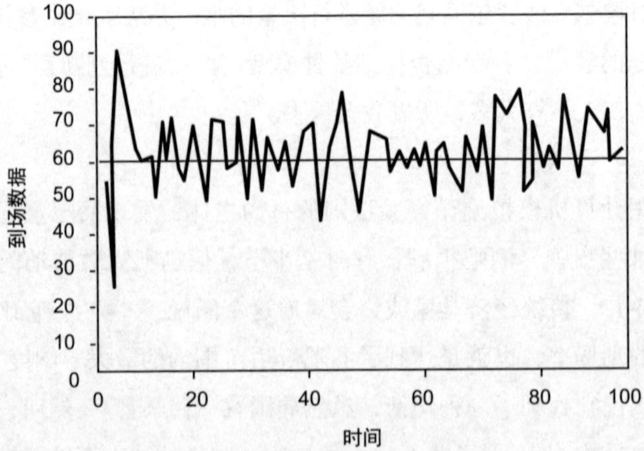

图 6-1　埃尔·法罗尔酒吧的到场人数

资料来源：数据来自布莱恩·阿瑟（1994 年）。

归纳理性

这告诉我们一个什么道理呢？完全理性的标签是一种不幸的、充满情绪的措辞，因为它隐含着另外一种非完美和非理性的可能性，而没有人希望自己是不完美和不理性的，经济学家最不希望如此。那么我们唯一的选择是不是就只剩下举起双手作投降状，念叨人类变化无常的种种行径，然后放弃理解经济人的尝试呢？幸运的是，我们还可以用另外一种方式看待人类行为——一种能够为我们的新观点提供基础的方式，那就是现代认知科学。

认知科学是贴在人类大脑“软件”（相对于大脑“硬件”而言）研究领域的标签。该领域涉及多个方面，包括神经科学、心理学、人工智能、语言学、进化理论、人类学以及哲学。[28] 21 世纪之初，这是科学界进步最快的领域。

现代认知科学是从两个角度看待人类大脑的。首先，大脑被认为是一个“信息处理器官”，一个“拥有计算能力的物体”。[29]然而，认知科学家不喜欢计算这个词，因为它拥有一种负面的隐含意义，隐约指向放在你桌上的那个笨拙的、白色（或黑色）的、有着塑料外壳的物体，而它唯一已知的情绪是幸灾乐祸的残酷——它会恰好在重要的截止日期之前死机。尽管我们的大脑也会计算，但它与人造计算机的计算方式截然不同。信息处理器官这个词隐含的意思是，为思想提供防护外壳的脑袋是生物设备的一部分，它拥有一项专门的功能：信息处理。这个词语还意味着，尽管大脑的复杂程度无与伦比，但它们并没有什么神奇的或不可知之处。事实上，人类的大脑是一个能被科学认知的实际物体，哪怕了解它需要花费很长时间。其次，现代认知科学是从进化角度理解大脑的。经济人的信息处理器官经过了自然选择力量的塑造，是人类物种的历史和环境的产物。我们的大脑不是由工程师在一张干净的白纸上设计出来的，而是由进化设计出来的——从灵长类动物数千万年的进化，再到原始人约 200 万年的进化。

认知科学研究发现，人类大脑所拥有的处理信息和学习的特长是无与伦比的，与完全理性所描绘的场景截然不同。比如，人类或许不太擅长计算长方程式，但他们是了不起的故事讲述者和聆听者。西北大学学习科学研究所主任、原耶鲁大学人工智能实验室主任罗杰·肖克（Roger Schank）开展了一系列围绕人类大脑的理解、记忆和交流过程的研究。[30]正如柏拉图所言，“会讲故事的人统治社会”。下次跟朋友共进晚餐的时候，你可以闲坐一会儿，观察一下现场的情况。大家都在做什么呢？大多数的夜晚，人们都在交换故事：有趣的故事、悲伤的故事、他人的故事、报纸上看到的故事，等等。我们为什么会这么做？为什么讲故事和听故事对于人类的思考方式来说如此重要？

故事对于人类来说至关重要，这是因为我们处理信息的主要方式是归纳。归纳的本质是通过模型认知进行推理，以及根据证据中的多数情况进行总结。比如，尽管没有人看见管家行凶，但是他的指纹留在刀上，有人看见他离开案发现场，并且他有行凶的动机，因此，凶杀案肯定是管家干的。人们无法从逻辑上证明管家行凶，从逻辑来说凶手有可能是别人，毕竟没有人亲眼看见是管家拿刀杀人，但证据模型会让我们通过归纳得出结论：就是管家干的。

我们之所以喜欢故事，是因为故事就是我们的归纳思考机器的食粮，是我们寻找模型的材料。故事是人类学习的一种方式。举个例子来说，通过阅读莎士比亚的作品，我们可以学到关于爱情和家庭关系的各种有用的经验教训。比如你的父亲突然去世，而你的母亲跟你的叔叔结婚了，那么请你务必保持怀疑之心。畅销的商业图书通常是关于成功的个人或公司的故事，比如人人都想阅读关于杰克·韦尔奇（Jack Welch）① 或比尔·盖茨如何“干了一票”的故事，希望收集一些关于成功的模式。

人类尤其擅长归纳模型认知的两个方面。首先是通过比喻和类比将新经验与旧模型联系起来。[31] 下次你参加会议的时候，可以观察一下人们利用类别进行推理是多么频繁，他们会说“这跟1987年发生的行业洗牌是一样的”、“这位顾客让我想到了 X 公司”或类似的话语。20 世纪 90 年代初，互联网第一次进入商业应用场景时，人们都在努力按照像或不像电视、收音机、杂志、软件以及电话对它进行定义。

① 通用电器董事长兼首席执行官。——译者注

其次，人类不仅是优秀的模式识别者，还是优秀的模式完善者。我们的大脑很擅长填补缺失信息所造成的裂缝。完善模式以及从高度不完整的信息中得出结论的能力使我们能在快速变化和模糊的环境中进行快速决策。

模式识别和讲故事与我们的认知密不可分，以至于人们会从完全随机的数据中寻找模式和构建故事。体育解说员和粉丝都热衷于讲述细节性的故事，如为何某人会连连取胜、进很多球，或者打出许多本垒打。在一个著名的分析案例中，托马斯·季洛维奇（Thomas Gilovich）、罗伯特·瓦罗内（Robert Vallone）与阿莫斯·特沃斯基观察了这种现象，证明绝大多数所谓的“热手效应”完全可以用随机因素来解释——如果在比赛中有足够多的运动员，其中某人在某个时间段注定会连续得分。人们是在通过编造故事来解释他们所认定的模式。[32]

为何“深蓝”系不了鞋带？

与归纳相对的是演绎。演绎是这样一个推理过程：结论必须从一系列前提出发，根据逻辑推断而来，比如，“苏格拉底是人，所有人都会死，所以苏格拉底也会死”。人类在使用归纳法的同时也在使用演绎法，但是用得不如归纳法熟练。相对于演绎法，人类在使用归纳法时往往技高一筹，计算机的情况恰恰相反。我们都能即时识别他人的面孔（这是一项归纳任务），但大部分人在进行以下演绎计算时会觉得极为困难：（239.46 × 0.48+6.03）÷ 120.9708。一个便携计算器就能够快速而准确地完成后一个任务（答案是1），然而，对于功能强大的计算机来说，准确识别面孔也是一项极其困难的编程挑战。

我们偶尔也会利用演绎作为强大归纳能力的补充，尤其在我们被难住、在模式仓库里找不到答案或者对于归纳直觉所给出的答案不够自信时。然后，我们就会低调而痛苦地（并非总是准确无误）利用逻辑推理来寻找解决问题的办法。在这个过程中，我们发明了铅笔和纸、代数、算盘、计算器、计算机，甚至是科学方法本身。一旦开始计算，经验就会进入模式仓库，这样我们就不用重复完整的过程。我们还不断地评估基于模式的判断成功与否，这样就可以从经验中学习。

象棋能够很好地展示人类的归纳与演绎思维是如何进行协作的。顶级的国际象棋棋手会利用归纳法来全局观察棋盘上的模式，同时他们还会利用演绎法来分析具体的局部方位。印第安纳大学认知科学项目主任安迪·克拉克（Andy Clark）指出，大师级的象棋棋手能在一瞥之间分辨出大约 5 万种不同的棋盘摆位，[33] 他们的归纳模式仓库非常丰富，能够自动地对许多情况作出反应，例如，“这跟 1971 年世界锦标赛上鲍比·费舍尔（Bobby Fischer）的攻击路数有点儿像”。由于象棋有无数种可能的对弈状况，因此永远都存在不符合任何一种模型的状况。 遇到这种情况，大师就会绞尽脑汁，努力为了一个具体的棋位而在先制和反制的决策树上寻找一种演绎性的解围方法。在演绎之树上，大多数顶级象棋棋手能够走到第三个层次。

人类的归纳模型认知和少量演绎逻辑混合的方法与 IBM 公司象棋棋手深蓝计算机的强攻型演绎方法形成了鲜明的对比。深蓝在一秒钟之内至多可以预估出两亿种可能的棋步，并设计出六层棋步和对抗棋步。深蓝的例子也说明了为何我们青睐归纳胜过演绎。演绎只能在定义十分明确的问题上（例如象棋）发挥作用，要想使用演绎法，问题不能存在任何信息缺失或模糊。因此，演绎法是一种强大的推理方法，但具有天然的弱点。归纳法虽然更容易出错，但它也更具灵活性，能够更好地适应世界抛给我们的不完整和模糊的信息。从进化的角度来说，我们应该按照这个方向演变。深蓝的象棋水平或许能赶上加里·卡斯帕罗夫（Gary Kasparov），但加里·卡斯帕罗夫的归纳机制让他不仅能够下象棋，还能在早晨系好鞋带，在餐馆点餐，而这些任务则会让深蓝完全不知所措。[34]

现代认知科学关于人类行为的观点几乎与传统经济学的完全理性观点完全相反。[35]完全理性假设人类具有100%的演绎性能，跟深蓝一样，永远都在处理非模糊的、定义明确的问题。它还假设我们不会学习，毕竟，如果我们已经是完美的了，又有什么学习的必要呢。

认知科学的观点还为实验经济学家遇到的异常结果提供了一种解释。框架问题、可用性偏差、锚定以及其他效应都符合人类作为反应快速的模型识别者和模型完善者的形象。有时候，我们会在匆忙的归纳中犯错误，逻辑遗漏接连发生。进化在让我们变得快速、灵活、大多数时候正确，而不是缓慢、脆弱、在逻辑上保持完美。但这也让我们陷入了一种困境。完全理性的主要益处在于它很具体，我们可以围绕它写出一系列方程、构建模型。经济学要想成为科学，就需要这样的精准，那么我们用模式识别、归纳、学习以及类比等含糊不清的理念怎么能够完成这个目标呢？

行为主体的大脑

当前尚未出现标准的、广泛认可的归纳推理模式，但许多研究者已经证明，建立准确表述、数学化的归纳模式至少是有可能实现的。与模式识别以及学习相关的模式已经成为计算机科学研究的主要任务，许多这样的模式都已得到实际应用，从在机场识别恐怖分子的面孔到识别信用卡欺诈都包含在内。

来自密歇根大学的计算机科学家约翰·霍兰德，来自加州大学洛杉矶分校的心理学家基思·霍利约克（Keith Holyoak），来自密歇根大学的心理学家理查德·尼斯贝特（Richard Nisbett）以及来自普林斯顿大学认知科学实验室的保罗·萨加德（Paul Thagard）已经设计出了一个通用的认知模型，它展示了新经济人的可能面貌。[36] 霍兰德及其同事所构建的模型的基本结构包含以下构成：

- ◎ 行为主体。有一位行为主体与其他行为主体及所处的环境进行互动。
- ◎ 目标。行为主体拥有一个或多个试图达成的目标，这样行为主体就能感知到他的当前状态与目标状态之间的差距，例如，“我很饿”或“我遇到危险了”。行为主体的工作就是作出更加接近目标的决策。
- ◎ 经验法则。行为主体拥有一些经验法则，能够根据世界的当前状态制定行动计划。这些法则被称为“条件-行动规则”，或者说更广为人知的“如果-那么规则”。举个例子，“如果火炉很热，那么不要触摸”。行为主体在任何时候的经验法则集合被称为行为主体的心智模型。
- ◎ 反馈与学习。行为主体的心智模型记录了哪些规则曾帮助他实现目标，而哪些规则曾让他远离目标。 曾经取得过成功的规则的使用频率通常高于失败的规则，从环境中获得的反馈能够让行为主体不断学习。

归纳本质上是一个解决问题的工具，行为主体通过这个工具来接近目标。规则的集合会受到行为主体所处环境的反馈影响，为行为主体的外部世界创造出一个内在模型。随后，行为主体会利用这个内在模型来预测应该采取何种措施以便更好地应对在追求目标过程中所遇到的各种形势。

这种归纳式地解决问题、学习以及通过类比进行推理的过程看起来相当复杂。然而，正如霍兰德所言，这种机制在生物界普遍存在，只不过其复杂程度各有不同。低级的细菌也会使用归纳式的问题解决办法——在遇到不同浓度的食物时，细菌会朝着浓度更高的方向前进，这种行为中隐含了一个预测，即那个方向会有更多它所喜爱的微粒。细菌的 DNA 提供了一个细菌世界的心智模型：如果食物的浓度正在增加，那么很有可能会继续增加（如果食物分子是完全随机分布的，那么这个结论不正确）。细菌拥有目标（食物）、识别模型（化学梯度），会进行预测（食物在哪个方向），并且采取行动（摆动鞭毛）。随后，细菌会从环境中得到非常直接的反馈：如果规则好使，那么它就能存活和繁衍，否则就会死掉。

青蛙的学习

假设有一只青蛙名叫克米特，它幸福地坐在池塘中的睡莲叶子上。[37] 它的蛙生目标非常简单：远离危险，吃到苍蝇。克米特的心智模型里拥有各式各样的探测器，能够通过感官来检测环境中的状况，比如移动的、有条纹的、大型的、近处的、嗡嗡作响的。克米特还有一套描述它所能进行的各种行为的感受器，例如逃跑、求偶、伸舌头、无动于衷。克米特的心智模型所要做的工作就是将探测器和感受器一起放进“如果 - 那么”规则里，以便更好地实现它的目标。举例来说，克米特的大脑中或许有这样一条规则：如果遇到小型的、飞行的、位于视野中心的物体，那么就要伸出舌头。

克米特在最开始的时候是如何获得这些规则的，它又是如何不断学习的呢？有一套基本标准是通过 DNA 嵌在克米特体内的，因此在蝌蚪时期，它就拥有能够进食和躲避危险的初始设置。然而，一旦进入广阔世界，克米特的规则设置就会马上开始扩展。比如，克米特身上与生俱来的规则是“如果遇到是小型的、飞行的、位于视野中心的物体，那么伸长舌头”。但在经过几次与蜜蜂和马蜂的不愉快接触后，它或许会将规则修改为“如果遇到小型的、飞行的、蓝色的、位于视野中心的物体，那么伸出舌头”，以便更准确地捕捉到苍蝇。同样，由于蜜蜂和马蜂带来的糟糕经验，它或许会增加一条规则，“如果遇到小型的、飞行的、有条纹的物体，那么不做动作”。

随着规则根据环境所提供的反馈不断修改和扩展，它不可避免地会遇到矛盾。我们可以想象有一天，克米特看见了一个小型的、飞行的蓝色物体，与此同时，一片阴影掠过头顶，那么它的探测器会激活两条规则“如果小型的、飞行的、蓝色的物体位于视野中心，那么伸出舌头”；另外，“如果阴影在头顶，那么逃跑”。这两条规则都在争夺克米特的注意力。我们将会假设，为了解决这个矛盾，克米特的心智模型进行了一个可信度赋值的过程，它会根据过去这两条规则在实现目标过程中的表现来给它们打分。成功的规则能够得到高分，失败的规则则会得到低分。“如果阴影在头顶，那么逃跑”这条规则对于帮助克米特避免成为猛禽的午餐发挥了重要作用，在克米特的心智模型的打分系统里，这条规则会被赋予 100 分。与此同时，捕捉苍蝇的规则也很重要，但是不如前面那条规则重要，因此它会获得 90 分。这样一来，两条规则就都被激活了，但克米特的心智模型将会选择得分更高的规则，然后逃跑。接下来，它的心智模型还会记下规则是如何为目标服务的，并且更新每条规则的得分。

这个过程自然而然地导向了学习。比如，克米特有一条这样的规则，“如果听见‘嗡嗡’声在左边，那么向左转头”。但偶然有一次，克米特把头转向右边并碰巧捉到了一只苍蝇，于是它又有了一条规则，“如果听见‘嗡嗡’声在左边，那么向右转头”。这两条规则是矛盾的，且都在过去让它获得了午餐，所以这两条规则各得 10 分打平。现在，我们可以将这两条规则比较一下，在青蛙的世界里究竟哪条规则可以带来午餐。只要分数相等，克米特就都会试一试。我们会清楚地看到，一段时间过后，向左转头规则的效果好过向右转头，它的分数也会不断变高。

然而，这其中存在两个问题。首先，我们不希望这个系统变得过于死板——一旦某条规则的分数从 10 变成了 11，克米特就永远不会再尝试其他的规则。毕竟，如果克米特尝试向右转头，然后偶然间捕捉到了一只苍蝇，让该规则的分数变成了 11，死板会导致它永远不会尝试向左转头规则，然后被饿死。因此，更高的分数可以增加规则被激活的可能性，但不确保一定会激活。我们还希望用一些分数非常接近的规则进行实验，甚至会希望偶尔尝试不受待见的规则，看看世界是否发生了变化。其次，我们还会遇到一个问题——行动和反馈有时候是分离的。这样的系统如何能够学会依照战略行动呢？也就是说，在短期内会有成本而在长期有回报的时候，克米特会怎么做？

霍兰德及其同事的答案温暖了经济学家的心——我们拥有市场。他们的假设是，存在于你心智模型里的规则会互相竞争，利用各自的信用分数竞标你的注意力。[38] 信用分数越高，一条规则胜出的可能性就越大，但并不一定胜出。比如，竞标规则之间的 5 分差距或许意味着它们被选择的概率是 50∶50，而 10 分的差距意味着 60∶40 的概率，以此类推。此外，竞标通常不是由规则本身，而是由复杂的规则链决定的。举个例子来说，克米特或许有这样一条策略——寻找苍蝇很多的地方并接近（暂时会吓走苍蝇），静坐一会儿直到又有苍蝇飞回来，然后用舌头击中它们。这个过程中所涉及的复杂规则链说明，获得回报的规则（如果出现苍蝇，那么伸出舌头）与规则最初被设立时的情况（如果有有气味的东西吸引苍蝇，那么靠近）存在一些差别。

在规则市场中，我们能将链条上的这些规则想象为供应商和消费者之间的相互作用。比如，“伸出舌头”规则购自“静坐不动”规则，“静坐不动”又购自“靠近有气味的物体”规则。因此，当伸出舌头获得回报时，它必须向供应商规则支付，供应商又会向上一层供应商支付，等等。这样一来，创造利润的规则（它们增强了规则链获得回报的能力）会不断增强，被使用的频次也会增加。然而，随着规则不断向链条的远处回溯，支付的涓滴效应也会不断减小，这可以归因于中间商的存在。由此产生的更低支付为原因和结果之间的距离设定了自然而然的限制。这样的结构与实验假设相符，即在某种程度上我们能够依照策略行动，但在很长、很复杂的因果链中就很难进行推理。

青蛙的诗？

由此，我们可以看到由竞争性规则、分数和环境反馈所组成的相对简单的系统是如何形成灵活的、能够不断学习的模式识别系统的。我们将再次进行假设，看看系统是如何大幅度提高性能的。假设随着时间的推移，系统中的规则将通过自组织形成不同的阶层。由于克米特的世界存在规律性，在克米特的心智模型规则里，最先被激活的模型也具有规律性。比如，与小型的、飞行的蓝色物体相关的规则往往会同时被激活。如果某些规则经常同时被激活，那么它们就会相互关联，我们可以认为它们被分到了一个类别。克米特遇到小型的、飞行的物体时所激活的各种规则可以被归到苍蝇类别里；同样，激活大型的、飞行的、扑翼规则的物体可以被归到鸟这个类别里。克米特的心智模型里存储了许多经验，会相互关联着对苍蝇和鸟作出反应。

这种层级结构赋予了归纳性系统两个重要的优势。第一个优势是结构让系统能够对新事物作出反应。任何心智模型都不可避免地会比它所在的世界简单。因此，克米特永远都会遇到它从未经历过的状况，需要作出一些反应（哪怕是无动于衷）。因此，我们假设克米特大脑中的规则是按照默认层级设置的。当克米特遇到一种情况，它的心智模型就会进行扫描，看看有无针对这一情况的具体反应；如果没有，它就会求助于默认反应。[39]举个例子来说，克米特或许拥有如下默认反应：如果物体移动且没有其他信息，那么就要逃跑。这是一个通用、保守的规则，其目的是让克米特摆脱困境。然而，在这种通用的默认规则之下，克米特或许会遇到多种情境，拥有更多信息以及针对特定情境的反应，比如，如果附近的小型物体在移动，那么缓慢地靠近。因此，克米特在遇到新事物的时候会比较谨慎，会求助于靠得住的规则，但一段时间之后，它将针对新情况形成一套调整后的技能。

规则层级的第二个优势在于它可以通过类比进行推理。[40]青蛙或许无法想出字面意义上的隐喻（因此不存在青蛙诗歌），但使用归纳系统的青蛙或其他行为主体可以通过类比进行推理，它们可以说某事物与其他事物相似。层级中的规则集合自然而然地将它们引向了这类推理。比如，克米特拥有的与鸟相关的大部分经验都是跟海鸥打交道，它拥有一个分类叫作鸟，在探测到大型的、飞行的、扑翼的东西时能被激活。有一天，克米特看见了某种大型的、飞行的但并非扑翼的物体，而这种相遇会激发它部分而非全部的探测器。对于克米特来说，这种新物体“跟鸟类似”，但并不完全符合与鸟相关的经验。克米特的心智模型会扫描其他类别以寻求匹配，结果发现它与鸟类的相似性胜过苍蝇与狗。因此，克米特会利用自己的默认层级，搜寻最通用的相关反应，也就是逃跑。通过类比进行推理的能力让处于模糊世界的、不断遇到新事物的克米特拥有了一个很大的优势。相对于将新的不明物体归类于“我不知道它为何物”，当看见某物体跟鸟类似时，克米特更有可能产生正确的反应。举个例子来说，如果克米特看见的非扑翼物体是一只翱翔的、正在寻找青蛙当点心的鹰又会怎样？这个物体还有可能是飞机或其他无害物体，但将它看作与鸟类相似的物体依然是合理的，可以激活保守的反应。关键在于，即便反应并不完美，它作出合适举动的概率也会提高。随着时间的推移，如果鹰或飞机的概念进入克米特的世界，那么它的“跟鸟类似”的定义就会进化，从而在默认层级里发展出更加合适的反应。

股票机器人

我们可以看到个人如何创建青蛙捕捉苍蝇的模型，那霍兰德及其同伴的归纳模型应该如何应用到人们的经济决策过程中呢？在 1987 年圣塔菲研究所的经济会议后不久，霍兰德开始与布莱恩·阿瑟合作。尽管阿瑟是一位学者，但他在职业生涯的早期就投入了商业领域，攻读硕士学位期间在麦肯锡公司待过一段时间。他亲身见识过现实世界里的决策过程，它与经济模型里冷冰冰、干巴巴的完全理性截然不同，因此他对于寻找一种更好的表达方式产生了持久的兴趣。霍兰德与阿瑟决定组成团队，将霍兰德的理念应用到股票市场行为的模型构建中去。他们同布莱克·勒巴伦（Blake LeBaron）、理查德·帕尔默（Richard Palmer）、保罗·泰勒（Paul Tayler）共同构建的“圣塔菲研究所人工股票市场”模型已经成为复杂经济学文献里的一个经典。[41]

跟通常的归纳模型一样，圣塔菲研究所模型里的行为主体被视作信息处理的实体，它们本质上是小型的电脑程序。这些行为主体会从周围的环境中收集信息、处理信息、产生决策，然后接受环境对这些决策的反馈。

与糖域中的行为主体一样，人工股票市场模型里的行为主体也会受到进化力量的影响。就像大多数取得经济成就的糖域行为主体能够生存和繁衍一样，在圣塔菲研究所的股票市场模型中，最成功的股票交易行为主体会得到回报，而最落魄的行为主体则会破产和出局。阿瑟、霍兰德及其同事在他们的模型中增加了第二层次的进化。在人工股票市场模型中，行为主体的大脑也在发生进化，使得它们能够学习。

为了弄清其中的过程，我们可以假设你买彩票中了一笔不大不小的奖金，然后希望将它用在投资上。你给股票经纪人打电话，寻求一些关于投资策略的一般性建议。经纪人为你提供了一些经验法则，例如“买入并持有是最佳的长期投资策略”，“永远要确保你的投资组合是多样化的”以及“注意市盈率远高于同领域其他股票的股票”。不过，你决定多找几位经纪人问问。你又给其他几位经纪人打了电话，还有你的叔叔以及几位你觉得应该问一问的朋友。很快，你得到了一堆关于投资的建议，其中有一些是相互矛盾的。你的下一步工作是要将浮在脑海中的这些潜在策略整理一下，看看下一步该如何行动。

在这个场景中，市场上存在两个级别的竞争。首先是投资策略的一般性竞争：成长型投资者和价值型投资者、牛市和熊市，究竟谁的表现更佳？其次是你脑海中相互矛盾的潜在投资策略对于你注意力的争夺：在经纪人和叔叔赫比之间，你应该听从谁的建议？阿瑟和霍兰德推测，这两种竞争将会遵循进化式的学习过程。

为了探究这一观点，阿瑟、霍兰德及其同事在电脑上搭建了一个模拟交易环境，里面只有一只股票，而且分红是随机的。随后，他们又创造了 100 位进行交易的行为主体，行为主体可以买进和抛售股票。股票的价格由市场上的行为主体的买卖决定。每一位行为主体都有一个简单的目标，那就是尽可能多地赚钱，为了实现这个目标，每一位行为主体都要决定何时买入以及何时抛售。行为主体们可以获得三类信息以便进行决策：股票的历史价格模型、股票的历史分红以及无风险利率。接下来，阿瑟、霍兰德及其同事就要决定如何让行为主体处理信息并作出决策。

跟青蛙的案例一样，研究者们使用条件 - 行为规则将市场中的模型映射到行为主体对股票价值的预期上。比如，有的规则可能是“如果价格在上一周期上升 5%，那么预计下一周期的价格将在本周期的基础上再涨 5%”。遵守这一规则的行为主体仅仅通过比较预测价格与当前价格就能决定是买还是卖；如果预测价格上涨，行为主体将买入；如果预测价格下跌，行为主体将抛售。这样结构的规则也有可能被设置得非常复杂：“如果价格在过去三个周期中都在上涨，并且价格不高于股息与无风险利率之商的 16 倍，那么预测下一周期的价格加上股息等于当前价格加上股息的 106%。”行为主体所使用的经验法则可以基于基本原理（例如在某个市盈率范围内买入股票），或基于市场趋势（例如在价格上涨时买入股票），抑或是基于两者的综合。在模型中，规则的复杂程度不受限制。

就像我们假设中彩票的人要对相互矛盾的股票建议进行整理，模型中的每一位行为主体都不只拥有一条经验法则——阿瑟和霍兰德为每一位行为主体配备了 100 条经验法则。在对比哪条假设能够带来股市上的成功时，行为主体的软件“脑袋”里会出现 100 条规则。也就是说，每一条规则都是一种潜在的投资策略，而行为主体的工作是要厘清属于他的一套潜在策略，然后找到哪些策略能够帮助他赚钱。接下来的问题是，行为主体是如何对他的 100 条相互抵触的投资策略进行分类的呢？答案相当简单：跟青蛙克米特一样，行为主体利用的是在过去起作用的那些规则。

阿瑟和霍兰德设置了一套在行为主体大脑内发挥作用的进化流程。每一条条件 - 行为规则都被编码为一连串的 1 和 0，我们可以把这些字符串当作电脑的 DNA，它们代表着各不相同的投资策略。因此，011000100101 有可能代表着“如果在过去 5 个周期中，股息平均下降了 10%，那么预测价格将在下一周期下降 2%”，而 100011010101 有可能代表着“如果无风险利息高于股息 3 倍，那么预测价格将在下一周期上涨 5%”。如此一来，每一位行为主体在其软件大脑里都有一堆投资策略 DNA。每一个策略 DNA 都被赋予了一个适合度评分。如果某个策略让行为主体赚到了钱，它的适合度评分就会增长；如果某个策略导致行为主体亏了钱，它的适合度评分就会降低。

在每个回合的游戏中，各个行为主体都会经历以下流程。行为主体被告知关于历史股价、股息和无风险利息的信息，随后，行为主体将这些信息与潜在策略和模型仓库进行对比，寻求匹配。如果可匹配的规则不止一条，行为主体将会查看分数并选择分数更高的那条。因此，在过去行之有效的规则的利用率往往更高。在应用规则后，行为主体将会观察它是如何发挥作用的——是赚钱还是赔钱？如果行为主体能够赚到钱，就会进一步强化规则；反之，规则将被削弱。

至此，我们就拥有了一个可以通过固定数量的规则进行学习的系统。假设每位行为主体起初都拥有 100 条随机构建的规则。行为主体使用上述系统，经过试验和犯错，最终会学习到哪些规则能帮他赚钱，哪些不能。但在现实的股票市场中，人们一直在不断创造新的投资策略，那么我们该如何让模型行为主体进行创新并创造新的规则呢？

阿瑟、霍兰德及其同事在模型中构建了以下流程。在并不一致的时间周期中，每位行为主体的 100 条规则将会经历一个进化流程：表现较差的 20 条规则会被消除，新的规则会被创造出来以填补空位。表现更好的另外 80 条规则的电脑 DNA 的单个元素会发生基因突变。比如，某个 1 会随机变成

0，或者反过来。其余的某些策略则会以“电脑婚配”中进行重新组合。某个 DNA 字符串会在某个随机的时间点分裂成两份，并与其他分裂成两份的字符串结合，从而产生新的字符串。基因突变和重新组合的作用在于为行为主体的 100 条规则池创造出新的策略。许多新规则是无厘头的，甚至是有害的，有些则是成功的创新，甚至比其他在市场上发挥作用的策略还要成功。

随着归纳式股市准备就绪，阿瑟、霍兰德及其同事启动开关，进行了一系列实验。在运行完全模型（每位行为主体拥有 100 条规则）之前，他们进行了一次实验——每位行为主体都只有唯一一条相同的规则（即完全理性），并且学习能力为 0。[42] 这轮实验的结果与传统经济学的预测十分相似。模型很快就在一个接近于理论均衡价格的数值上稳定下来，这个价格与股票的基础价值相当。此时只有很少的交易量或波动，没有人能比其他人赚到更多的钱。这个实验表明，如果每个人都按照（或接近于）传统理性模型行事，结果就会与传统理论所预测的相差无几。

随后，他们又进行了第二轮实验——激活每位行为主体“脑中”的 100 条规则，在初始化时为这些规则赋予少量随机的策略，并且将学习能力提高到 0 以上。这些设置对模型的行为产生了巨大影响。随着时间的推进，交易量上升，波动幅度增大，股价的动态变得更加复杂，其中还包括泡沫和崩盘。市场状况也变成了一段时间静止与一段时间风雨满楼相交织的模式。此外，行为主体的相对表现也出现了巨大差异，部分沃伦·巴菲特式的、表现超级优异的行为主体开始展露光芒，而另一些则陷入了破产的泥潭。正如我们将在第 17 章看到的那样，真实的金融市场与这种景象更为接近，而不是像传统经济学所预测的那样静止。

结果变得更加动态、更加接近现实市场的原因如下。如果每一位行为主体在开始时拥有同样的完全理性，并且由于不会学习一直保持着这种状况，那么市场就会缓慢向前，价格大致维持在均衡状态。一旦引入了规则的多样性以及学习，情况就会变得更加复杂。假设因为某些原因，股票价格开始上涨。行为主体中的部分成员拥有积极的规则，他们寻求股票价格的上涨然后买入。当价格上涨，就会有越来越多这样的参与者涌入，造成价格越来越高。而另外一些参与者会关注基本价值，到某个点就会抛售，因为他们认为股票估值已经过高。如果有足够多这类行为主体瞬间涌入，就会导致股票价格低迷，从而激发那些遵循在股票价格下跌时抛售规则的参与者涌入。随着越来越多的参与者想逃离出场，股价就会快速下跌。新的规则甚至有可能进化到寻求这种起起伏伏的模型，以便从中获利。价格变动是由不同规则的动态互动而驱动的，与股票潜在经济价值的关系甚小，甚至毫无关系。复杂模型也不是仅仅由于随机噪音而导致的。行为主体的脑中时刻进行着一场关于信念的复杂斗争，这才是导致市场波动和复杂模型形成的根源。在第 17 章，我们将进一步探索不同类型的行为主体之间如何竞争，研究他们的策略或许会对市场行为的某些重要方面产生影响。

在经济的复杂适应系统中，理解个体的微观行为对于理解系统的整体行为非常关键。在过去 100 多年的时间里，经济学家都在用他们的人类行为模型勉强对付——这在今天的大多数经济学家看来都是过于简单、在根本上存在矛盾的，仅仅是为了在数学上容易处理。如今，物理学家、计算机科学家和认知科学家的合作产生了一种新的经济人模型。这种新模型将人类描绘成归纳式的理性模式识别者，他们能在模糊和快速变化的环境中作出决策，并且能够不断学习。同样，真实的人既不是纯粹的利己主义者，也不是纯粹的利他主义者。他们的行为是为了激发社交网络中的合作行为，奖励合作者并

惩罚“搭便车”的人。我们当中没有人是完美的，任何人都有着缺点和偏差。

然而，还有人对完全理性进行着最后的辩护。有人或许会说，只有一条道路可以通往完全理性，至少经济学家有着一个标准的、广受认可的方法来为行为构建模型，哪怕它是有缺陷的、简化的。归纳式理性甚至还做不到这一点。认知科学仍然处于婴儿期，尚未找到一个广受认可的方法。尽管如此，我仍然认为，使用一个与我们所知的事实相符的模型胜过于使用已知是错误的模型。此外，世界上也许永远不会存在一个能够满足所有目的的经济人。股票市场所需的简化版行为假设也许同微观经济学模型所需的不一样。在这里，我想重申的一点是，如果有人认为理论好比地图，那么抵达经济人的不同道路至少应该是互不矛盾的，并且与我们所知的真实人类行为一致。与此同时，认知科学将会继续按照其自身的节奏快速发展，建模技术将继续提升，而经济学永远不会成为“心理历史学”，我们将对行为如何驱动经济这一问题获得比如今更深刻的理解。

07
视角三：经济是一个复杂互动网络

对于任何复杂适应系统而言，网络都是一个关键因素。若行为主体之间没有互动，就不存在复杂。比如，生物世界是由一个庞大的网络层级组成的：分子在细胞之中互动，细胞在生物体之中互动，而生物体在生态系统之中互动。人体是由互动系统组成的高度复杂的网络集合体，这些系统包括大脑、神经系统、循环系统和免疫系统。如果将人体的网络系统去除，那么每个人都不过是一小箱化学物质再加半浴缸水。

经济世界同样依赖于网络。地球被道路、下水道、供水系统、电网、火车轨道、输气管道、无线电波、电视信号以及光缆环绕着。这些东西提供了物质、能源和信息的高速通道和偏僻小径，它们在经济的开放系统中川流不息。此外，经济还包含着大规模的、复杂的虚拟网络：人们在公司之中互动，公司在市场之中互动，而市场在全球经济之中互动。跟生物界一样，经济世界的网络是由网络之中包含网络的层级构成的。

尽管网络对于经济活动来说极其重要，但它们一直没有成为经济学家关注的重点，而社会学家在近年来对网络做了许多研究，但通常来说，他们是在社会政治关系的背景下而非经济学的背景下进行研究的。[1] 传统经济学不愿意把网络考虑进来，这是因为网络无法很好地融入均衡的范式。传统经济学模型通常会假设行为主体只在拍卖活动（或者其他一些定价机制）或一对一的议价中进行互动。这种假设之所以产生，是因为拍卖和一对一议价可以被描述成均衡系统，而一大群人进行复杂互动很难用数学进行建模，往往需要借助计算机模拟。

多年来，网络已经成为物理科学家最感兴趣的话题之一。20 世纪 50 年代到 60 年代，匈牙利数学家保罗·厄尔多斯（Paul Erdôs）与阿尔弗雷德·瑞利（Alfred Rényi）做了许多开创性工作。[2] 近年来，新的数学工具和计算机极大地加速了物理科学和社会科学对于网络的研究。研究表明，网络具有许多通用的特性，这些特性无论是在粒子互动的网络、大脑的神经网络，还是组织之间的人际网络中都是适用的。[3] 在本章，我们将会看到最新发现的一些“网络法则”在经济学系统中意味着什么。

在探索网络的特性之前，我们应该先对一些术语进行定义。拿一张纸，在上面画几个点，然后将这些点用线连接起来——这样你就能画出一个网络。数学家将这些点称为节点，称连接它们的线条为边。网络本身的概貌被称为图形。如果在连接这些点的时候，你是随机地画出线条，那么你所画出的网络就被称为随机图（见图 7-1）。如果你所画出的连接线条是规律性的模型，比如每一个点与它相邻的最近的四个点相连，从而形成棋盘状图案，这样的图案被称为栅格图。随机图和栅格图在经济领域都有体现，某些最有趣的网络就是两者的综合体。

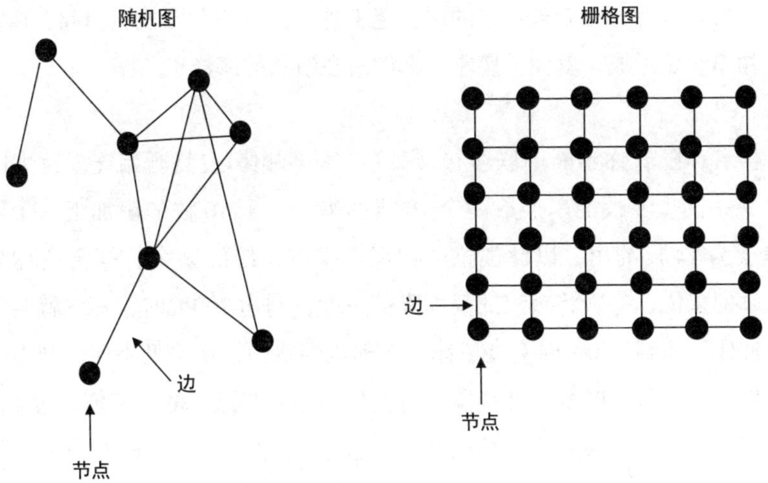

图 7-1 随机图和栅格图

网络是如何变得火爆的

经济学家已经意识到，某些产品，例如电子邮件、传真和电话，拥有一个共同的特征，那就是使用这些产品的人越多，它们的用处也就越大，这被称为网络效应。然而，传统经济学在历史上并没有过多地阐述为何这类产品会在人群中突然火爆并流行开来。

数学生物学家斯图尔特·考夫曼认为厄尔多斯与瑞利所开发的随机图理论中蕴含着上述问题的答案。[4]请想象 1 000 枚纽扣散落在硬木地板上。假设你的手里有一些线，你随机拾起两枚纽扣，用线把它们连起来，然后又把它们放回去。在最开始的时候，你拾起的每一枚纽扣大概率都是没有跟别的纽扣连在一起的，就这样，你能让许多纽扣两两相连。随着工作的不断进行，在某个时刻你就会拾到一枚已经与其他纽扣相连的纽扣，然后你会再加上第三枚。最终，没有被连接的纽扣越来越少，一些有四枚纽扣或五枚纽扣的纽扣串开始形成，就像一座座小岛散落在纽扣的海洋里。

接着，随着你不断串联纽扣，孤零零的纽扣串突然开始连成巨大的超级串——两个 5 枚的串连成一个 10 枚的串，一个 10 枚的串加上一个 4 枚的串成为 14 枚的串，以此类推。物理学家将系统的某个特征突变称为相变。举例来说，每次将蒸汽的温度降低一度，到达 100℃时，蒸汽就会突然变成液体，而到达 0℃时会变成冰。在随机网络中，从小型串到巨型串的相变发生在某一具体时刻，即线段（边）与纽扣（节点）的比率值超过 1，也就是说平均一条线段对应一枚纽扣。[5] 我们可以认为一条线段对应一个节点的比率是一个“引爆点”，此时，随机的网络突然从稀疏连接变成了密集连接。[6]

考夫曼认为，网络形成过程中的这个“引爆点”有助于解释生命所需的化学反应网络最初是如何形成的。我们也在经济和科技环境中发现了这种效应，互联网或许就是一个最新案例。互联网是在 20 世纪 60 年代由美国发起的一个国防项目中被发明的。它坐了 20 年的“冷板凳”，当时主要用于学术领域。后来，到了 20 世纪 90 年代，互联网的应用突然之间爆发了。有一种合理的解释是这样的：更快、更便宜的调制解调器以及更优的用户界面将人们的社交网络的节点比率值提升至了神奇的 1，从而带来了互联网用户的爆发式增长。

随机图理论是一种能让我们用模型表达此类现象的方法，从中还可以看到网络效应并不是平滑和渐进的，而是高度非线性的。通过分析此类网络，我们或许能够更好地理解为何有些时尚能够风靡，某些政治运动是如何在突然之间爆发的，以及是什么导致了股市的波动。[7]

世界很小

1967 年，心理学家斯坦利·米尔格拉姆（Stanley Milgram）决定开展一项实验。[8]他向居住在堪萨斯州和内布拉斯加州的一群人写信，并说明须将这些信转发给居住在波士顿的两位收信人中的其中一位，但他只指明了收信人的姓名、职业、人口统计资料和大致位置。米尔格拉姆指示堪萨斯州和内布拉斯加州的参与者将他们收到的信转发给一位熟人，这人又将信转给自己的一位熟人，直到信到达计划中的收信人手里。如果你是参与者之一，你或许在波士顿不认识什么人，但你将信转给了在美国东海岸上大学的俄亥俄州的表亲，他又将信转给了一位住在波士顿的大学同学，同学又将信转给了一位医生——因为计划中的收件人是一名医生，等等。米尔格拉姆惊讶地发现，大部分信件最终都顺利抵达，并且发信链上涉及人数的中位数是 6。这个结果成为“六度分割理论”的基础，该理论的主要内容是指地球上的每个人都可以通过 6 个人（或更少）联系到任何人。

来自哥伦比亚大学的邓肯·瓦茨（Duncan Watts）①与来自康奈尔大学的斯蒂芬·斯托加茨（Steven Strogatz）②通过“凯文·贝肯游戏”，提出了更新的、异想天开的“六度原则”。[9]据瓦茨介绍，这个游戏是由威廉与玛丽学院的一群兄弟会成员发明的，他们都是资深影迷，于是决定让凯文·贝肯成为游戏世界的主角。③在游戏中，每个人都可以想象一个随机的演员，然后决定他/她与贝肯电影之间联系最少需要几个步骤。比如，凯文·科斯特纳（Kevin Costner）的贝肯数为 1，因为他跟贝肯一起出演了《刺杀肯尼迪》；布鲁斯·

① “小世界网络之父”，网络科学奠基人之一，其颠覆式新作《反常识》中文简体字版已由湛庐文化策划，四川科学技术出版社出版。——编者注

② 康奈尔大学应用数学教授，在混沌理论和复杂性理论方面的开创性研究工作获得了广泛认可。其最新力作《同步》中文简体字版已由湛庐文化策划、四川人民出版社出版。——编者注

③ 美国知名演员，代表作有《我爱迪克》《杀手信徒》等。——编者注

威利斯（Bruce Willis）从未与贝肯一起演过电影，但他的贝肯数是 2，因为他与帕特里克·麦科马克（J. Patrick McCormack）一起出演了《世界末日》，而麦科马克与贝肯一起出演了《透明人》。通过使用弗吉尼亚大学布雷特·查登（Brett Tjaden）的数据，瓦茨及其同事发现，美国演员的最高贝肯数是 4。随后，他们又对互联网电影数据进行了彻底的研究，发现世界上大约 57 万演员中 90% 的人与贝肯或多或少都有关系，世界上最大的贝肯数是 10，其中 85% 的人的贝肯数小于等于 3。[10] 瓦茨与斯托加茨在其他社交网络中也进行了类似的研究，包括科学家和企业董事会成员，也得到了类似的结果。归根结底，我们只能说这个世界很小。[11]

地球上有 70 多亿人口，我们怎么可能与其他人之间只隔着 6 个人呢？数学家或许会指出，如果世界上的每个人平均拥有 100 位朋友，那么每个人的朋友的朋友的数量就是 10 000（100×100）个，朋友的朋友的朋友数量为 100 万个，以此类推，在第五层，我们就可以连接到 10 亿人。[12] 但这其中存在两个问题。首先，地球上每人平均的朋友数量为 100 位，这个估值恐怕是过高的。其次，人们的朋友圈会有相当程度上的重合。也就是说，我的 100 位朋友与我朋友的朋友并不是完全不同的，因此，所谓的小世界效应必然是由其他原因造成的。

瓦茨和他来自密歇根大学的同事马克·纽曼（Mark Newman，他们都是圣塔菲研究所的成员）给出了一个有趣的答案：小世界效应是由网络本身的结构造成的。瓦茨和纽曼发现，社交网络已经进化成为规律性与随机性的高效混合体。[13] 假设有一张美国地图，我们用小圆点来标记所有人口数量大于 10 万的城市，用线条把一座城市与距离它最近的四座城市连接起来。比如，波士顿可以跟伍斯特、坎布里奇、普罗维登斯和曼彻斯特连接起来。这样一来，我们就创造了一个栅格网。这样的栅格网或许看起来不如图 7-1 那样整齐，但“四座距离最近的城市”规则意味着该网络具有规律性和结构。我们可以观察与波士顿相连的城市，并将它们看作一个区域，比如，新英格兰东南区。这种规律性的缺点在于穿越整个网络需要许多跳点。如果我们想把波士顿与圣地亚哥连接起来，就必须将波士顿连到普罗维登斯，再把普罗维登斯连到哈特福德、哈特福德连到纽约市，等等，每次连接都需要穿过整个国家。由于栅格图的分散性很高，所以从一个海岸到另一个海岸或许需要连接多达 20 或 30 个点。

现在，将最近城市原则放在一边，我们说每座城市与其他四座城市是随机地连接在一起的，从波士顿开始的跳点或许会经过纽约州的奥尔巴尼、堪萨斯州的托皮卡、佛罗里达州的萨拉索塔以及华盛顿州的斯波坎。有些随机线条肯定很短，例如华盛顿特区与费城之间的线条；有些是中等长度，例如从丹佛到克利夫兰；而其他的则相当长，例如从圣地亚哥到夏洛特。由于连接是随机的，短线、中等线和长线的数量将会相同，这就意味着连接任意两座城市之间的站点会少得多，因为对于任何两座城市而言，我们都可以根据跨度和距离选择较短、中等和较长的站点连接旅途。从栅格图换到随机图，分割度的数量变得屈指可数。

随机朋友的价值

社交网络就像栅格网，因为它们包含着秩序和结构。你的朋友中极大概率包含了你的发小、校友、同事、同行和现在的邻居。这就意味着，由于我们倾向于从社交池里找朋友，所以你的朋友们相互认识的可能性高于平均水平。所有社交网络都有着明显的同类人群或派系，比如圣路易斯的牙医往往都相互认识，斯图加特的飞机爱好者也一样。这些同类人群的存在证明网络并不是随机的，而是包含着秩序与结构。

尽管人们的社交网络是有结构的，但其中也会有一些随机的朋友——那些不在我们正常社交圈之内或在社交圈之外的人，那些我们在偶然情况下遇到并成为朋友的人，他们或许是你在度假时或在医生候诊室认识的。这些不在正常交往人群中的人是我们社交网络的桥梁，能够将我们连接到其他社交网络。如果你有一个结构良好的栅格图，然后再在其周围放置几个随机的联系，你就能在拥有明显的同类人群的同时拥有很短的分割度，比如，“我的朋友大部分都是圣路易斯的牙医，但我在健身房认识的这位朋友在好莱坞工作”。这样的话，你很快就能跟麦当娜对话了。随机认识的朋友就像从夏洛特飞往圣地亚哥的特快航班。

纽曼和瓦茨的研究量化了这种效应。假设有 1 000 人，他们每人各有 10 位朋友以及 0 位“随机”朋友，也就是说每个人的朋友都是在严格定义的社交圈里结交的，那么我们就说平均的分割度值为 50，即一个随机挑选的人连接到另外一人平均需要 50 个跳点。但如果现在改成每人的朋友中有 25% 是随机认识的，也就是说，有 25% 的朋友是假定的人在正常的社交圈之外结交的，那么平均分割度值就会降为 3.6。[14] 随机朋友这一理念与我们所认为的优秀网络建造者的概念在直觉上有些冲突，我们认定一个人拥有优越社会关系的前提往往是他对某一圈子有深入的了解。然而，瓦茨与纽曼的研究表明，社会关系最好的人实际上是那些与多样化群体有接触的人。我们都认识一些似乎能与任何人交谈，或在各种情境下与各行各业的人交朋友的人——他们才是真正的连接力最强的人。

社交网络的结构不仅对于个人而言十分重要，它还对大型机构的运行有着重大影响。如果机构为人们设定了严格的职业梯度，并且设有筒仓式的业务单元和部门，那么社交网络就会变得过于结构化而缺少足够的随机性，这也意味着信息需要经过长跳点链条进行传送，结果是沟通不畅、决策速度较慢。相反，有些机构会刻意地让人们不断在各种职能和业务部门之间转换，以此来创建公司内部的社交网络，以便拥有更加多样性的连接。人员的频繁变动可能会将社交网络变成随机噪声，但适度的人员变动则可以极大地改善社交网络的功能。比如，通用电气公司会让员工穿越不同的组织边界，并通过对不同地区的职员开展培训来锻造持久的社交联系。

“网络就是计算机”

多年来，太阳微系统公司（Sun Microsystems）一直在用“网络就是计算机”的口号为自己打广告。[15] 这是一则非同寻常的、充满洞见的标语，因为它直指关于网络和计算机的基本真理。事实上，计算机就是网络，网络就是计算机。如果你拆解计算机，就会看到一堆用线连在一起的芯片形成了一个网络。你拆开其中一个芯片，就会看到数千万个晶体管通过线连在一起形成了网络。这些晶体管唯一要做的事情就是在两种状态之间跳转：0 和 1。计算机不是从单个晶体管中获得动力的，而是从它们所组成的网络中获取。同样，单台电脑之间也可以串联成网络，从而创造出更强大的电脑。现代的超级计算机其实就是由单台电脑所组成的网络。

可以处于 0 或 1 状态的节点网络被称为布尔网络（Boolean networks），它是根据其发明者数学家乔治·布尔（George Boole）的名字命名的。[16] 在布尔网络中，节点的 0 或 1 状态是由一套规则决定的。对此，斯图尔特·考夫曼用圣诞树上或开或关的闪烁串灯进行了解释。[17] 假设只有三个灯串成一圈，它们分别是 A、B、C。每一个灯泡可以是打开的也可以是关闭的，我们可以用 0 或 1 来分别指代这两种状态。每一个灯泡都可以收到两侧的灯泡信号，知道它们是开是关。假设每个灯泡基于从其他两个灯泡处得到的信号并遵循同一条规则来决定下一阶段的动作，灯泡 A 的规则是，如果灯泡 B 和 C 都是

1，那么它也为1，否则为0（这就是所谓的布尔“与”规则，它是计算的基本构建模块之一）。如果A和B都是0，那么C也为0，否则C为1（这是布尔“或”规则）。我们为灯泡设定的规则决定了灯光随着时间的推移而闪烁的模式。网络在两种状态之间跳转，每个灯泡根据两个输入信号及规则，判断在下一个时间段是开还是关。由此，规则映射出两个时间段之间的网络状态。

从计算机芯片上的晶体管到化学反应网络（研究者甚至已经可以创建“化学计算机”），都存在着布尔网络。虽然我们的大脑使用的不是0和1的电脑逻辑，但个人的神经元可以通过类似的数学方式进行描述，因此，大多数研究者相信，大量的神经元就是某种形式的布尔网络。如果我们将经济视作一个庞大的大脑网络，那么实际上经济也是一个布尔网络（其复杂程度更加惊人）。无可否认，这有一点概念跳跃的意味，但如果是真的，我们可以推测这对于经济来说可能意味着什么。[18]

经过对布尔网络30多年的研究，人们已经充分地了解了它们的特性。尽管利用布尔网络可以做一些了不起的事情，比如组成万维网，组成你的身体和大脑，但它们实际上还是简单的创造物。此类网络的行为基本上是由三个变量引导的，第一个是网络中节点的数量；第二个是事物之间相互连接的程度；第三个是引导节点行为的规则中的“偏差”。

大即是美：信息规模

关于布尔网络的第一个重要事实是：网络所能拥有的状态数量是节点数量的指数倍。拥有两个节点的网络可以有4种或者说2^2种状态：00、10、01和11。同样，拥有3个节点的网络可以有8种或者说2^3种状态。这一简单的事实导向了惊人的结果。如果一个网络拥有100个节点，那么我们用世界上速度最快的超级计算机将该网络的每一种状态都浏览一遍，需要 5.68 亿年才能完成。[19] 如果再加 5 个节点（105 个），那就超过了宇宙的寿命。如果我们无法探索这些小型网络，那么探索英特尔奔腾处理器或人类大脑的所有可能状态就毫无希望。[20] 在所有这些可能的状态中，只有极小部分被探索过。这个问题的积极一面在于，随着网络不断扩大，它所能捕捉的信息量或者所能做的事情也会呈指数级增长。摩尔定律不仅使原始处理能力呈指数级增长，也使能力所能处理的事情呈指数级增长。

生物学能够很好地展示网络增长所具备的能力。基因组可以被认为是大规模复杂化学网络，它可以实现基因的开关状态转换。在启动“人类基因组计划”之前，科学家曾估计人类基因组大约包含 10 万个基因。但在基因网谱绘制完成后，他们惊讶地发现人类只有 3 万个基因。[21] 相对而言，不起眼的蛔虫尚且有 1.9 万个基因，相当于人类基因数量的 2/3。人类的复杂程度比蛔虫远远高出 33% 以上，但无比复杂的智人怎么会比简单的线虫只多出 33% 的基因呢？答案或许是，人类的基因是利用布尔网络来管理身体生长的，因此，虽然只多了 1 万多个基因，但人类基因网络所能产生的结果比蛔虫网络要复杂得多。

在任何一种信息处理实体的网络中，潜在的指数级增长创造了一种十分有力的规模经济。传统经济学常常认为，规模经济是一种与成本和数量相关的函数：如果部件的产量增加，那么生产每个部件所需的成本就会下降。布尔网络定律促使我们想到另外一种规模经济。随着布尔网络的不断扩展，创新的可能性也会呈指数级增长。由 10 个节点组成的布尔网络拥有 2^{10} 种可能的状态，而拥有 100 个节点的布尔网络则可以有 2^{100} 种状态。100 个节点网络的可能状态不只是 10 个节点网络的 10 倍，而是比后者大了 30 个数量级（10^{30}）。从在当地的咖啡馆工作的 10 个人，到在波音公司工作的 18 万人，发生变化的不仅是员工人数扩大了 4 个数量级，而且复杂程度从制作拿铁变成了制造大型喷气式客机，其中的复杂程度提升了许多个数量级，就像人类的复杂程度比蛔虫高了许多个数量级一样。像波音公司这样大型的组织也内含着许多创新的空间——波音公司组织网络的大量状态意味着其赖以生存的可能方式要比街角咖啡店多得多。

如果说传统规模经济就是经济增长的全部，那么相对于 200 万年前，现在人类只不过是可以以更低的价格生产石器。但如果将人类组织视作一种布尔网络（我们承认其状态远不止开或关），我们就能看到，随着组织的规模不断扩大，创新的潜在空间就会呈指数级扩展。事实上，人类经济组织一直以来都在不断扩大。特别是，组织规模的跳跃式发展与技术的变革相吻合。定居农业的发展导致了村庄的出现，而村庄的规模远大于它的前一种组织形式——狩猎采集者部落。同样，工业革命催生了大规模工厂和工业城市，而 20 世纪晚期的信息革命催生了大量全球化企业。这些变化中存在一个良性的循环：技术变革催生更大规模的经济合作单位，这又将撬动更大的经济规模，最终创造出更多的未来创新的可能性。我们将在第三部分对此进行进一步研究。

然而，布尔网络却让我们在数学问题上陷入了困惑。如果说大型组织的创新空间大于小型组织，那么为何在商业历史上，小型组织的创新力往往比大型组织强呢？为何硅谷的小公司总是能打败那些巨人集团？

大即是糟：复杂灾难

网络理论向我们展示了关于规模的不同寻常且更加黑暗的一面。关于规模，还有一种重要的不经济性，它是由布尔网络的第二控制变量所驱动的：

连接指数。你可以假设有一个网络，其中的连接非常稀疏，比如每个节点只与自己两边的单个节点相连，就像之前所说的圣诞树灯串。或者，你也可以假设一个连接非常密集的网络，其中有 1 000 个节点，每个节点都与其他所有节点相连，每个节点的连接数对于网络的特性有着重要影响。考夫曼及其在圣塔非研究所的同事对这种关系进行了深入研究。[22] 他们通过简单的观察得出了一个关键的结论：如果网络中每个节点的平均连接数大于 1，那么随着节点数量的增加，连接的数量将会随着节点数量的增加而呈指数级增长。这就意味着网络中相依性的增长速度大于网络本身，而这正是问题产生的根源所在。随着相依性的增长，网络某个部分的变化更有可能对其他部分产生涟漪效应。由于涟漪效应的可能性不断增加，网络某个部分的积极变化将导致其他部分出现消极变化的可能性增加。

为了说明这一点，我们可以假设你是一个小型创业公司的联合创始人，公司只有两个部门：产品开发部和市场部。你负责产品开发部，在有了一个关于新产品的点子后，你召开会议来讨论相关计划，市场部也没有意见，你准备开始大展身手——就是这么简单。你的新产品大获成功，公司初具规模，你决定是时候设立财务部和客户服务部了。然而，跟所有的创业公司一样，你们公司有一点混乱无章，新建部门之间都互不沟通，员工都选择来找你。现在，你又有了一个新产品的设想，于是你跟市场部开会、跟财务部开会、跟客户服务部开会，以确保他们都会支持这项计划。这比之前要复杂一些，但还不算太糟糕。开会的总次数跟部门的数量一样，也就是说，开发第一个产品需要开一次会，开发第二个产品需要开三次会。

但你厌倦了当沟通枢纽，于是你告诉所有的部门负责人，他们应该直接沟通、分享信息、进行协调。很快，电子邮件开始漫天飞舞，会议室的日程应接不暇——你的促进交流的提议成功了。现在，你又有了一个关于第三代产品的设想，但是某些奇怪的事情发生了。你跟市场部进行日常会议，但在获得他们的同意之前，市场部经理告诉你，他们必须核对计划对预算的影响，而这需要财务部的批准。财务部那帮人说，在获得客户服务部提供的额外支持成本预估数据之前，他们不能批准你的项目。客户服务部需要跟市场部确认，以确保计划符合公司品牌和定价策略。突然之间，虽然公司的规模并没有发生变化，你需要参加的会议数量却从 3 场变成了 10 场（倘若所有的排列组合都会发生）。导致这个结果的唯一原因在于沟通连接点的密度增加了。如果公司继续扩张并且保持同样的流程——每个人跟每个人沟通，那将会是什么情况？如果再增加一个部门，比如法务部，会议的数量将增至 25 次。你怀着美好的心愿—— 只想让公司继续扩张、交流更加顺畅，最后却创造了一个官僚主义的泥潭。

你发现了一些关于会议爆发的有趣结论：在各个会议上作出的决策彼此之间都有关联，因而，组织某个部分发生的小小变化就会导致遍及整个网络的大规模变化。你的计划导致市场部需要更多的预算，这个预算结果是财务部从客户服务部得来的，客户服务部会说你得让产品的支持难度降低，你将此建议纳入计划，然后循环又回到了市场部需要作出更多调整，循环往复。同样，网络中某个部分的延迟将会导致大规模的堵塞。比如，法务部因审查而暂停了你的产品开发计划，这就意味着市场部无法做财务预算，财务部因此无法将他们的预算告诉客户服务部，然后客户服务部就不知道他们应该聘请多少员工，等等。

此类网络中的相依性造成了考夫曼所谓的复杂性灾难。这种效应的产生是因为随着网络的不断扩展，相依性的数量也会增加，网络某个部分的积极变化导致其他部分出现消极变化，从而导致发生灾难的可能性也会随着节点数量的增加呈现指数级增长，这又使得发展中的密集连接网络的适应性变得越来越低。

复杂性灾难可以解释为何官僚主义像蒲草一般坚韧。许多公司都开展过消除官僚主义的运动，结果发现几年后春风吹又生。没有谁会故意设计官僚作风，相反，官僚主义是在人们试图实现网络局部最优化时滋生的：财务部是为了确保账务清晰，法务部是为了确保合法有效，而市场部的初衷是推广品牌。问题不在于有人蠢钝或存有坏心，而是网络的发展催生了相依性，相依性导致了冲突约束，而冲突约束使得决策速度变慢，并最终导致了官僚僵局。

可能性 VS. 自由

如此一来，组织中就存在两股相互矛盾的力量：由节点增加而产生的信息化规模经济以及由冲突限制的逐步发展而导致的规模不经济。这些相互对抗的力量合在一起，有助于我们理解为何大即是美，又为何大即是糟：随着组织规模的增长，其可能性呈指数级增长，与此同时，其自由度呈指数级坍塌。

简而言之，大型组织天然地比其小的时候拥有更多宝贵的机会。理论上来说，大型组织可以做小型组织所能做的一切，有时甚至更多。但想要抓住这些未来的机会必然有得有失，并且这些机会与组织网络结合得越紧密，所要作出的取舍就越痛苦。一些组织的政治理念是这样的：部分群体或部门的局部痛苦足以妨碍组织进入新的状态，哪怕这种状态是更适合全球化的。

IBM 公司曾在数十年里利用其体量和规模来主导计算机产业，在整个 20 世纪 80 年代，它拥有世界上个人电脑业务的最大份额。[23] 然而，1984 年，

19 岁的迈克尔·戴尔（Michael Dell）利用从青少年邮票交易中节省出来的 1 000 美元创办了一家公司，这家公司在 13 年后夺走了 IBM 公司作为全球最大个人电脑销售商的光环，并最终导致 IBM 公司退出个人电脑市场，将其业务卖给了联想公司。

这样一家世界上最伟大的、拥有数十亿美元资产、在全球拥有数十万优秀雇员、拥有获得诺贝尔奖技术的公司，怎么会输给一个通过集邮换取零花钱的青年呢？我们可以断言，20 世纪 90 年代初，当戴尔公司开始吞食 IBM 公司的个人电脑市场份额时，IBM 公司的一些聪明人肯定会说："客户似乎喜欢通过直邮的方式购买电脑，戴尔发展很快——为何我们不通过直邮销售电脑呢？"通过直邮销售电脑一定没有超出 IBM 公司的能力范围，他们完全可以像别人一样，购买一些箱子和气泡包装膜，然后将电脑送去邮寄。为何 IBM 公司要等到几年后，在戴尔已经超过其市场份额、开始直接向客户销售电脑的时候才行动？原因在于 IBM 公司陷入了复杂性灾难的陷阱里。

在戴尔公司的起步阶段，IBM 公司通过零售渠道向消费者、通过市场人员向企业客户销售了大量个人电脑。如果 IBM 公司开始通过直邮进行销售，它将招致零售商和销售人员的反对，而这或许会导致销售量即刻下降。此外，毫无疑问的是，有人会质疑这种廉价而新潮的直邮方式是否适合 IBM 公司这样的一流品牌。事实上，这样的变化将会导致 IBM 公司的整个业务系统产生连锁反应，从制造工厂到客户服务都会受影响。尽管 IBM 公司的高管们或许在某些时刻意识到了戴尔是一个威胁，并且他们肯定希望夺回戴尔侵占的市场份额，但 IBM 公司业务系统的相依性意味着人们在很多时候不得不说不。如果完成一些事情所需要的互动越多，那么出现冲突或限制的可能性就越大。大多数机构中的现实情况是，如果有足够多的人说不，那么事情就不会发生。在 IBM 公司与戴尔竞争的早期，IBM 公司拥有的可能性远远高于戴尔。比如，IBM 公司利用直购模式打入企业市场的速度要比戴尔快得多，但公司年龄越大，利用这些机会的自由度就越低。[24]

相依性与适应性之间的张力是网络的一道浓重色彩，深刻地影响着各种类型的系统。软件设计师见它是在程序变得非常复杂，以至于任何升级或漏洞修复都会招致新的漏洞之时；建筑师见它是在客户要将墙移动不过 30 厘米，但会导致连锁反应，使得项目的成本剧增之时。某些生物学家相信这种张力为有机体的复杂性设置了上限，例如斯图尔特 · 考夫曼。[25] 在经济组织中，规模所带来的益处与复杂性所导致的协调成本和限制之间存在着一种清晰的得失关系。下一个问题是，对此我们能做些什么？

层级的好处

网络理论表明，组织可以采取两种行动，其一是降低连接关系的密度，其二是提高决策的可预见性。我们将分别简要地进行说明。

我们已经讨论了每个节点的连接模式完全相同的网络，比如每个节点有三个连接点。但如果我们建个层级网络又会怎样呢？对此可以想象有三个员工节点要向一个经理节点汇报，三个经理节点向一个高管节点汇报，以此类推。你想会出现什么情况呢？可以肯定的是，网络的样式会与之前不同，成为密集局部和分散局部的混合体（见图 7-2）。考夫曼提出，增加适应性、避免冲突限制的一个有效方式在于将一切打碎。[26] 将层级网络会降低连接关系的密度，从而减弱网络中的相依性。在规模不经济的概念出现之前，层级是扩展网络覆盖面的关键因素，这就是在自然世界和计算机世界里许多网络被嵌在许多网络中的原因。

在组织环境中，传统观点认为层级是官僚的特征，是适应性降低的原因。经理们被告知，他们应该去除层级，实现组织的扁平化。但与人们的直觉恰恰相反的是，在僵局形成之前，层级可以降低相依性、使得组织覆盖更大范围，从而提高适应性。[27]我们可以用一个简单的案例加以说明。图 7-2 中的层级结构有 40 个节点，假设每个节点代表一个人，而组织必须进行一次"让所有人都参与进来"的决策。这个组织中没有层级，那么每个人都必须与其他所有人会面，也就是说总计会发生 1 600 次会面。但在图中的层级结构中，我们可以假定，每个团队都会与他们的领导会面，获得统一意见，然后将决策推进到下一级别，下一级别的人们又通过会面将决策推进到再下一个级别，以此类推。

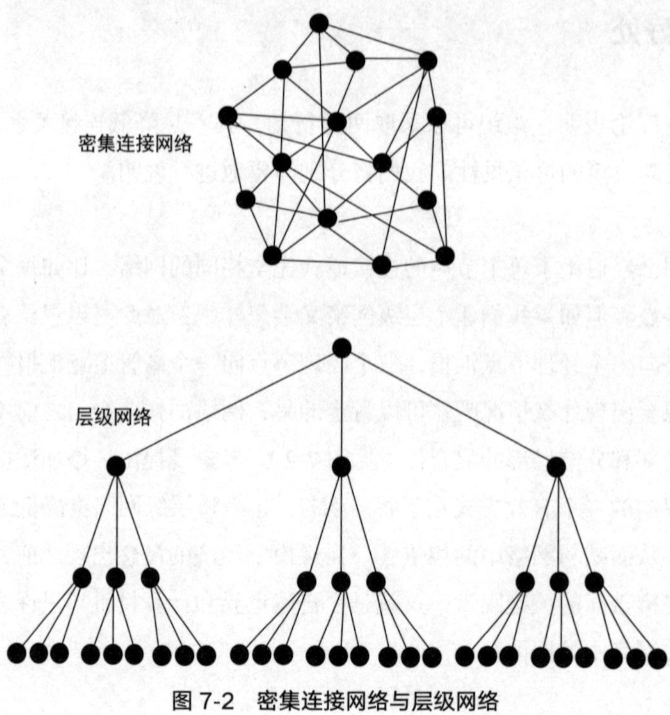

图 7-2 密集连接网络与层级网络

如此一来，在底层进行 9 次会面，在中间层进行 3 次会面，最后与首席执行官进行 1 次会面，总共需要 13 次会面就可以解决问题，而不是 1 600 次。谁能想到层级其实能节省会面次数呢？当然，层级有其本身的弊端。比如，信息在沿着链条传递的过程中会有损耗，顶层的人可能会远离一线，糟糕的执行者则会造成很大的破坏。但是，假定层级一无是处确实是一种过分简单化的做法，并且这种做法忽视了层次作为相依性的破除器这一关键定位。

有一种做法是赋予层级结构中的各单元以更多自主性。这是艾尔弗雷德·斯隆（Alfred P. Sloan）的伟大洞见之一，他发明了自治区的概念，使得通用汽车获得发展并成了当时世界上规模最大的公司。斯隆在一家汽车公司内部创建了 5 家汽车公司，每一家都有自己的品牌并拥有较高的自主性。20 世纪 80 年代和 90 年代，许多公司开展了为业务单元赋予更多自主性且自负盈亏的举措，这在很大程度上是为了应对组织规模扩大所带来的复杂性。

拆分部门或拆散公司，赋予了这些单元最大限度的自主权。当私募股权公司买下大公司的分部，其业务表现往往会实现巨大的提升。其中大部分原因要归结为给予管理层激励和股权，但在某种程度上可能是因为限制的消除以及自由度的提升。但我们也经常看到相反的案例，即高绩效的小公司被大公司收购后，被大公司的限制压抑到窒息。

无聊更好

考夫曼及其同事在开展原创性工作时发现，平均每个节点拥有一个或两个连接关系的非层级网络展现了自发秩序，但每个节点拥有 4 个或更多连接关系时就会出现混乱（导致出现大量变化以及复杂性灾难）。[28] 随后，来自巴黎高等师范学院的物理学家伯纳德·德里达（Bernard Derrida）与杰拉德·韦斯布奇（Gerard Weisbuch）发现了一个可以改变相变时间点的参数，[29] 他们将此参数称为偏差。

在布尔圣诞树串灯案例里的规则是：从周围灯泡得到的输入信号将会转化成输出信号。例如，如果 A 与 B 都关闭，那么 C 也将关闭。现在，假设我们不知道任何灯泡变化的规则——每一个灯泡都是一个黑匣子，那么我们可以通过向单个灯泡输入信号并观察其输出来研究其行为。选择一个灯泡，然后随机输入多个 1 和多个 0，我们的输入流就会有将近 50% 的多个 1 和接近 50% 的多个 0。如果输出流也是 50% 的 1 和 50% 的 0，那么我们可以说输出是无偏差的；如果输出有 90% 的 1，那么我们可以说输出偏向 1；如果 90% 的输出都是 0，则输出偏向 0。我们知道，灯泡的输出是通过对输入应用一种确定性规则计算出来的，因此低偏差并不意味着灯泡的行为是随机的，这只不过意味着其中的神秘决策规则是同样输出 1 或 0。在一位不知道规则的旁观者看来，低偏差节点的行为很难预测，而高偏差的节点更容易预测。

德里达与韦斯布奇发现，在转变成混乱状态之前，偏差越高，网络的连接越密集。如果平均偏差是 50∶50，那么每个节点的连接数量为 2 ～ 4 个时就会向混乱转变，这跟考夫曼的研究是一致的。如果平均偏差接近 75%，那么每个节点的连接数量超过 4 个才会发生转变。在偏差更高的情况中，网络中节点的连接数量多达 6 个时才会发生转变。关键在于，节点的行为越有规律，网络所能容纳的连接密度就越大。

在组织中，我们可以将偏差视作可预测性的衡量手段。如果组织的决策是具有可预测性的，就好比灯泡的规则，那么拥有密集连接网络的组织就可以高效运转。然而，如果决策的可预测性相对较低，则需要较少的密集连接、更多的层级结构和较小的控制范围。举个例子来说，在部队中，规律的、可预测的行为是受到高度重视的，但在更大的部门中，比如广告创意机构，这种行为就是要避免的。这同样意味着导致行为可预测性降低的因素（例如办公室政治和情绪）会限制组织规模的发展，以至于组织无法被复杂性主导。我们甚至可以据此开出一张创建一个功能失调的组织的配方：将不可预测的行为、扁平的层级以及大量密集的连接混合在一起，这样能够做成事情的可能性就几乎等于零。

秩序的边缘

考夫曼以及其他人的工作得出了一些违反直觉的洞见。IBM 公司在应对戴尔公司时出现的问题并不在于一流的公司对变化不敏感，而在于它对变化过于敏感。IBM 公司业务系统中密集的相依性以及纠缠不清的互动意味着小小的变动（“我们通过直邮卖电脑吧”）会升级为大问题（“我们有 1 000 个不能通过直邮卖电脑的理由”）。

这展示了仅在隐喻的层面对复杂性理论进行解读所具有的危险性。许多畅销的管理类书籍和文章都写过关于“混乱的边缘”的内容。这是秩序与混乱之间的边界，有人说大自然的适应性是最强的，对于这种观念存在一种普遍解读——公司之所以不能适应，是因为它们在秩序化的管理体制中陷得太深，因此需要允许组织有更多的混乱，这样才能进一步激发创新。尽管这种观点听起来很有吸引力，然而，对科学的正确解读实际上应该更细致，并且将会得出不同的结论。

为了理解以上内容，我们可以回到考夫曼设计的闪烁灯泡网络。在考夫曼的研究中，如果平均每只灯泡只与其他两只灯泡相连，那么该网络的行为是十分有序的——小变化不会引起灯泡闪烁模式的大变动。但当他把每只灯泡与其他四只灯泡相连时，行为就会变得很不一样。网络中某个部分的一个小变化（比如稍微改变控制灯泡行为的其中一条开关规则）就会引起重大变化，使得预测灯泡变化的模式变得不可能。在组织中，正是这些重大的变化在后来进化成了冲突约束。[30] 每只灯泡从 2 个连接变成 4 个连接，就会出现突然的相变，网络面对变化时的精准和不敏感就会变成面对变化时的混乱和过度敏感。如果进化系统对变化的敏感程度处于中等水平，那么系统就能达到最佳的工作状态，其中的原因我们将在后续进行说明。如果进化系统对变化不够敏感，那么这个系统就无法跟上环境变化的步伐。如果系统对于变化过于敏感，那么小变化就会产生大影响。过度敏感的问题在于，如果系统在过去已经取得了成功，那么很少能有重大改变再次提升它成功的可能性，绝大多数的重大变化反而会损害其原本的成功。

考夫曼发现，如果布尔网络中平均每只灯泡拥有 2 ～ 4 个连接，那么系统就会变得具有极强的适应性，进入中间状态。在此状态中，系统通常是有序的，它拥有大型的岛状结构，但在结构边缘也有充满活力的、缓慢渗透的无序状态。系统开关控制规则的微小改变一般会导致结果的小变化，但偶尔，小变化也会产生大影响，有时候这会拖累系统的表现，但有时候也会带来改善。尽管这种特定的网络适应性很强，但考夫曼依然对此很困惑，因为根据大部分自然界或人类组织网络的标准来看，每个节点拥有 2 ～ 4 个连接依然太稀疏了。

如果我们将考夫曼的原始结果与后来的层级和偏差结果相结合，相变的范围就变成了 6 ～ 9 个节点。对布尔网络进行分析所得出的数值与我们通常所见的高效率的人类组织的规模十分接近。[31] 比如，在主席或首席执行官领导下的公司董事会或高管委员会通常有 5 ～ 8 位成员。美国最高法院有 8 位大法官和 1 位首席大法官，而欧盟的执行委员会有 5 位副主席和 1 位主席。一些人类学家推测，这些典型的群体结构和规模源自人类作为狩猎采集者的长期进化传统，而且这样的群体规模是为了组成高效的狩猎群组。久而久之，进化往往非常有效，可以在权衡中找到平衡点。这些典型的工作群组规模的进化很可能是因为它代表着规模效益（狩猎小组每消耗 1 卡路里所能获得的食物多于个人每消耗 1 卡路里所能获得的食物）与复杂性不经济之间的平衡。如果 30 人的狩猎小组要花几个小时的时间来争论当天是打野牛还是打羚羊，我们的祖先就不可能存活下来。

08
视角四：经济是一种涌现现象

大约在1315年，英国的经济进入了自由落体状态。[1]由于气候条件不好导致连续两季歉收，一蒲式耳[①]小麦的价格猛涨了8倍，从5先令涨到了40先令。小麦价格的上涨意味着磨坊主买不起谷物，面包师买不起面粉。农民无法养活他们的牲畜，牲畜随后渐渐患病死亡。牲畜的减少意味着田地无法被耕种，这反过来造成了粮食的进一步短缺。随着粮食供应的崩溃，农民们开始变得绝望，开始吃猫、老鼠、昆虫、树木以及任何能找到的东西。当农民们挨饿时，经济崩溃蔓延到商业领域，木匠和裁缝也陷入了困境。贵族阶层也未能幸免，就连爱德华二世（King Edward II）的宫廷也难以获得食物。英国经济的下滑很快开始蔓延到欧洲大陆，从巴黎到乌得勒支都开始出现萧条。

① 计量单位，一蒲式耳约为36升。——编者注

萧条、衰退和通货膨胀并不仅仅是现代独有的现象，自有历史记录以来它们就在反复出现。[2]经济学中还有其他同样古老的模式，包括第 1 章讨论的人均财富的长期增长，以及第 4 章讨论的财富分配。这些模式之所以如此古老，是因为它们必然是经济运作深层原因的结果，而且这些原因是独立于特定时代的技术、政府政策或商业实践的。

在查看经济时序数据的图表时，无论是产出、失业率，还是通货膨胀，人们都会注意到数据非常嘈杂——这些数据曲线始终在晃动。不过，尽管存在波动，数据中还是有规律可循的。例如，图 8-1 显示了由布兰迪斯大学的大卫·哈克特·费舍尔（David Hackett Fisher）创建的一个指数，该指数提供了从 1201 年到 1993 年英格兰近 800 年的物价通胀情况，我们可以清楚地看到数据中的多个模式。第一是长期的增长趋势；第二是这一增长的顶部是三个驼峰，每一个都持续了几百年，然后是许多较短的起落周期，每一个只持续了短短几年。图中的数据既不是完全规律性的，也不是完全随机的。

其他的时序数据也具有类似的不太规则、不太随机的特征。例如，美国商业周期的起起落落表现出明显的振荡模式，但振荡的频率从 18 个月到 9 年不等，振幅也从轻微的减速到深度衰退不等。[3]经济学家试图利用经济数据中的非规律性历史模式来预测未来的经济行为，但是他们几乎没有成功过。因此，我们有两个问题需要用经济学来解释。首先，为什么经济数据中的模式对经济学家来说不是很有规律，也不是很随机？其次，经济的深层结构特征究竟是什么？

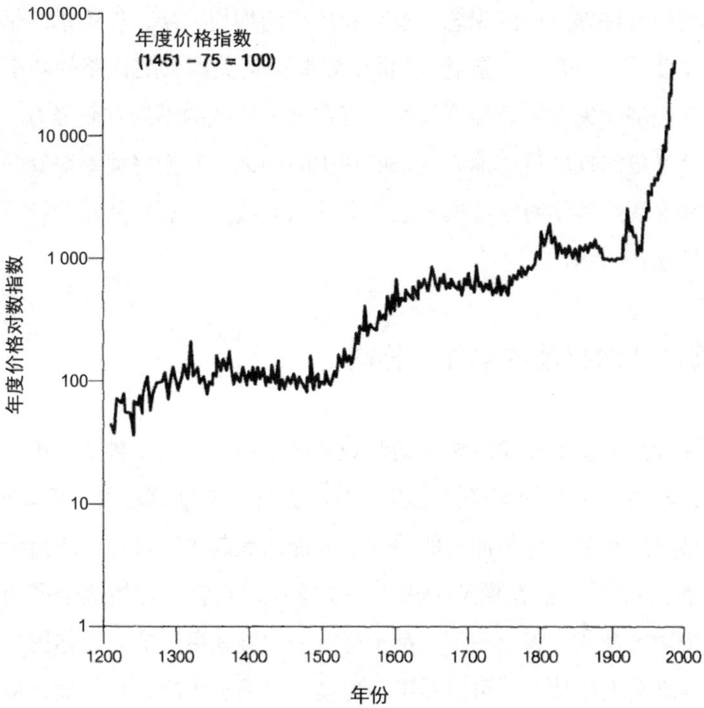

图 8-1 1201—1993 年英国消费品价格

资料来源：费舍尔（1996 年）。

传统经济学历来都难以回答这些问题。如前所述，经济学分为两个部分：微观经济学和宏观经济学。微观经济学是一种自下而上的经济观，它从个体决策者开始，然后逐步建立起市场和经济；宏观经济学是一种自上而下的经济观，它从诸如为什么会出现失业等问题开始，然后深入研究以找到答案。到目前为止，我们主要关注的是微观经济问题，但在这一章中，我们将上升到宏观层面。大多数经济学家都认为，理想情况下不应该有单独的微观经济学或宏观经济学。一个人应该能够从微观行为开始向上归纳，或者从宏观模式开始向下深入，并且能够在一个理论中灵活使用这两种方法。虽然这两种类型中有许多共同的观念、技巧和传统的均衡框架，但不幸的是，我们目前尚未实现这一愿望。就像 19 世纪建造横贯美国大陆铁路的两个团队一样，微观经济学家和宏观经济学家一直在这一领域的不同方面努力。但在铺设了一个世纪的铁轨后，他们也未能在中间相遇。我们将简要地看一下微观经济学和宏观经济学对经济模式之谜有什么看法，然后再从复杂经济学的角度来分析这些问题。

商业周期就像抖动的果冻一样吗

商业周期振荡等现象对传统的微观经济学理论提出了挑战。正如前面所讨论的，新古典主义均衡经济学模型并不会自动地翩翩起舞、摆动或振荡。这个模型必须在受到外力冲击的情况下才能活跃起来。这样，均衡模型就充当了传播机制。[4] 我们在模型中输入一个震动，它就会传播这个震动，然后产生一个输出模式。想象一下，盘子里有一大堆葡萄果冻，而你用勺子随意敲击果冻堆会发生什么？可以看出，振动可以通过果冻进行传播，从另一边出来，导致果冻发生抖动。我们可以把这些敲击看作外源性的输入，把另一边的抖动看作输出。在传统的经济学文献中，以这种方式工作的模型被称为真实的商业周期模型。这些模型是由芬恩·基德兰德（Fynn Kydland）和爱德华·普雷斯科特（Edward Prescott）在 20 世纪 80 年代首创的。[5]

然而，传统的抖动果冻模型存在一个问题。传统的理论通常会将外源性输入描述为随机的，或者说至少是没有可以预测的模式的。但是，如果果冻的输入是随机的，那么输出也将是随机的。信号可以通过传播机制以某种方式进行转换，但输出仍然是随机的。想象一下，你画出了勺击输入和果冻的抖动输出的图形。输出的抖动与输入的敲击不完全匹配，因为果冻会增加敲击的延时，也可能会增加振荡，即一次轻击可产生三到四次抖动。然而，尽管抖动输出看起来与敲击输入不同，但它仍然是随机的。果冻本身是不能接受一个随机的、无序的输入流，并添加复杂的顺序的。[6]果冻是一个均衡系统，如果你停止敲击，它最终会停止抖动。要想让果冻产生真正有序的摆动，唯一的方法就是有序地敲击输入。如果你在果冻上按照莫尔斯电码中的"SOS"（三次快速点击，三次长点击，三次快速点击）敲击，输出的波形将不再是随机的，而是具有 SOS 信号的结构特点。

微观经济学的真实商业周期模型也存在着一个问题。人们可以输入随机数据，在这种情况下，输出看起来不太符合真实的状况。或者，我们也可以输入具有结构的数据，然后添加一些效果，使输出具有真实数据不太规则、不太随机的特性。但在后一种情况下，人们并没有真正解释商业周期出现的原因，只是把解释转向了外在因素。[7]

现在我们都是（新）凯恩斯主义者

而从宏观经济学家一直在努力的另一边，我们会看到一些不同的方法。他们必须从数据入手，然后给出一个可能解释。纵观宏观经济学理论的发展历史，宏观经济学家能够令人信服地解释经济的非规则性、非随机性的唯一方法就是背离传统微观经济学的正统理论。因此，他们不得不在不同的方向上铺设铁轨。

当凯恩斯 1936 年写出《就业、利息和货币通论》时，这种偏离理性均衡的趋势或许发生了一个重要的转变。20 世纪 30 年代，凯恩斯目睹了现代历史上最悲惨的失衡事件之一——经济大萧条。[8]由于新古典主义微观经济学理论认为处于均衡状态的经济是充分就业的经济，因此，这显然必须有一个说法来解释经济为何会如此显著地脱离均衡，以及如何才能加速它的回归。凯恩斯提出的说法，即他的《就业、利息和货币通论》，就是一个动态的理论。[9]

经济世界中的人们会由于某种原因感到焦虑，例如政治不确定性、自然灾害或战争。这种情况下，消费者和商人会变得更加保守，减少开支，同时持有更多的现金。由于经济中任何一个时间点都有一个固定的现金流，所以这些行为会使得货币退出流通循环。这意味着农民、制造商、店主和其他生产者的收入会减少，然后他们会变得紧张起来，进而减少自己的支出和投资，这将导致别人那里的现金也进一步减少。最终，消费和投资的下降导致人们失去了工作，消费支出减少，最终造成了消费和投资下降、失业率上升以及消费者和商人产生焦虑情绪的加速螺旋式下降。

均衡经济学认为，货币供应的这种收缩最终应该是能够自我修正的——价格和工资下降并反映出流通的货币量减少，最终一切都应该回归到正常的充分就业均衡。在大萧条时期，物价和工资确实会下降，但是这种通货紧缩将导致人们花得更少（在通货紧缩的环境下，你的钱在未来会更值钱，所以最好还是持有它），从而进一步加剧恶性循环。凯恩斯认为，这些动态发展可能会导致经济在很长一段时间内陷入失衡状态。因此，为了恢复充分就业，凯恩斯主张政府通过向金融体系注入资金来发挥作用。这种资金的注入会导致支出停止下降，失业率停止上升，消费者和企业家信心回升，从而将恶性的下降循环逆转为良性的上升循环。

凯恩斯的观点在第二次世界大战后数年内被西方政府广泛接受，同时也在经济学领域引发了长达几十年的纷争。这场辩论在 20 世纪 60 年代和 70 年代达到了高潮，当时米尔顿·弗里德曼辩称，凯恩斯提倡的那种模式的政府支出不会带来长期增长，而只会导致更严重的通货膨胀。在 20 世纪

70 年代的高通胀、低增长时期，弗里德曼的观点显得尤其尖锐。弗里德曼在芝加哥大学的同事罗伯特·卢卡斯提出，如果人是完全理性的，那么他们就会明白发生了什么，人们发现经济处于恶性的循环中时就会相应地调整自己的行为，从而使经济回到充分就业的均衡状态。此外，完全理性的消费者和生产者会识破政府的任何干预企图，预见到政府的行动，并以否定政策效果的方式来采取行动。政府干预不仅无法阻止衰退，而且可能会让事情变得更糟糕。卢卡斯的理论在数学角度是非常出色的，他还在 1995 年获得了诺贝尔奖，但他对理性的超强诠释超出了许多传统经济学家的信任范围。

在卢卡斯之后，加州大学伯克利分校教授、2001 年诺贝尔奖的共同获得者乔治·阿克洛夫基于赫伯特·西蒙的观点表明，当人们在超市里购买西红柿的时候，他们是没有理性去估计未来的政府预算赤字的。收集和处理这些信息是不值得的，因为成本太高，太费时间。尽管阿克洛夫没有构建出我们早先看到的归纳理性模型，但他明确表明，消费者和生产者并不完全理性，而这足以引发凯恩斯动力学，使经济陷入衰退。[10] 阿克洛夫还承认，时间延迟对经济的动态发展、价格和工资的“黏性”以及它们无法立即自我调整方面发挥着重要的作用。他的模型显示出，在对抗这种恶性循环方面政府可以通过增加市场流动性来发挥建设性的作用。阿克洛夫与埃德蒙·菲尔普斯（Edmund Phelps）、奥利维尔·布兰查德（Olivier Blanchard）和格雷戈里·曼昆等人的作品综合起来，形成了人们现在所说的新凯恩斯主义经济学。[11] 虽然新凯恩斯主义经济学在经济学理论家中仍存在一些争议，但是在政府和华尔街的现实世界中，人们普遍认为，政府对利率和预算赤字等因素的调控确实会对经济的表现产生影响。

---

21 世纪初，传统经济学为我们提供了两个相互竞争的假设来解释我们在经济中看到的振荡模式。[12] 一方面，我们有基于微观经济提出的真实商业周期理论，该理论坚持理性均衡观点，认为经济只是在传播外部的冲击影响。这一理论认为，经济振荡的主要原因有外部的政治事件、技术变化等。但是，这些模型不能告诉我们，尽管作为原因的外源性因素发生了巨大变化，但商业周期何以在历史上持续如此之久。另一方面，我们有基于宏观经济的新凯恩斯主义。为了找到内源性的解释，新凯恩斯主义已经背离了传统的经济学正统观点，融入了不完美的理性、动力学和时间延迟性。新凯恩斯主义在很多方面都是向复杂经济学方向迈出的一步，但是，新凯恩斯主义者还没有准备好放弃均衡论，因此我们可以说，该理论的经验成功受到了限制。[13]

“多即不同”

我们之前讨论过复杂适应系统中个体的微观交互如何创建宏观结构和模式。例如，即使是非常简单的糖域因素之间的相互作用，也可能会导致经济增长和收入不平等等结果。复杂经济学的最终成就是发展出一种理论，将我们从个体理论、网络理论和进化理论带到在现实世界看到的宏观模式中。这样一个全面的理论还不存在，但是，我们可以看到它可能是什么样子的曙光。

这一理论将宏观经济模式视为涌现现象，即系统作为一个整体的特征是内生于个体及环境的相互作用中的。[14] 我们在前几章已经简要地提到了涌现，但这个概念对你而言可能仍然是神秘的。有什么东西的功能比它各部分功能的总和还要大呢？或者就像物理学家菲利普·安德森说的那样："为什么'多即不同'呢？"[15]

涌现可能看起来很神秘，但实际上是我们每天都在经历的事情。假设你能感觉到一个单一的分子，一个由两个氢原子和一个氧原子组成的水分子不会让你感到潮湿，但是杯子里的几十亿个水分子却会让你感觉杯子是湿的。这是因为湿度是水分子在特定温度范围内相互作用的一种集体属性。如果我们降低水的温度，这些分子就会以不同的方式相互作用形成冰，失去其湿润的特性，呈现坚硬的特性。同样，交响曲是一种声音模式，它是从多个乐器的演奏中涌现出来的，而肾脏是一种细胞共同工作的模式，它们一起提供了一种更高层次的功能，这是任何细胞都无法单独完成的。[16]

复杂经济学同样将商业周期、增长和通货膨胀等经济模式视为系统内相互作用产生的涌现现象。复杂适应系统往往具有许多类型系统中常见的典型涌现模式，这些模式可以帮助我们更好地理解这些系统的工作方式，接下来，我们将研究三种这样的典型模式：振荡、间断均衡和幂律。

振荡：啤酒世界的繁荣与萧条

钟摆左右摆动、吉他弦的振动和心跳都是振荡系统的例子。正如我们已经讨论过的，经济也会随着整个经济的商业周期，以及在第 5 章中讨论过的行业层次的商品周期的起起落落而振荡，或许还会伴随着更长期的变化浪潮发生振荡。[17] 那么，为什么这些振荡会存在，为什么它们在历史上如此持久呢？

振荡是复杂适应系统的一个共同特征。例如，生物生态系统中的族群就会经历振荡。20世纪初，乌克兰化学家阿尔弗雷德·洛特卡（Alfred Lotka）和意大利数学家维托·沃尔泰拉（Vito Volterra）建立了一个著名的模型，用来描述捕食者和猎物之间相互作用所产生的振荡。[18] 假设有一群狐狸和兔子，洛特卡－沃尔泰拉模型显示了随着兔子数量的增长，狐狸会吃掉更多的兔子，导致狐狸数量上升、兔子数量下降。兔子数量的减少反过来又导致每只狐狸所能获得的食物减少，最终狐狸的数量也会下降，从而使兔子的数量再次上升，造成狐狸和兔子数量的波动。这个动态系统从不会达到稳定，而是处于无限振荡中。洛特卡和沃尔泰拉的模型中不存在任何外部的冲击驱动着振荡。起伏来自系统本身的结构，而不是任何外部的因素。

那么，经济体系的结构如何产生内生的振荡呢？事实上，让经济系统产生内生振荡并不是很困难：需要的仅仅是一些本科生和几箱想象中的啤酒。20世纪50年代，麻省理工学院的杰伊·福里斯特（Jay Forrester）发明了一款名为“啤酒分销”的游戏，该游戏演示了人类行为与动态结构的结合如何在一个简单的经济系统中相互作用，从而产生振荡。[19]

4个学生志愿者被要求玩一个模拟商品生产和销售的游戏，为了让学生更感兴趣，福里斯特选择了啤酒。4个人中，一个人扮演啤酒酿造者的角色，一个是啤酒经销商，另一个是批发商，还有一个是零售商。酿造者、经销商、批发商和零售商的供应链在许多行业中都是很常见的。在这个游戏中，没有人扮演啤酒消费者，相反，消费者的需求是由一堆面朝下放在零售商旁边的卡片提供的。

在每个回合开始时，零售商从牌堆中翻出一张牌，表示从消费者那里得到了订单（例如4箱），他会向批发商提交订单。批发商查看来自零售商的订单，然后向经销商提交订单，经销商再向啤酒酿造者提交订单。一旦每个人都收到了订单，玩家就通过运送啤酒箱来完成订单。酿酒者把啤酒箱运送给经销商，经销商再运送给批发商，批发商再运送给零售商，零售商再把啤酒卖给消费者。因此，订单在供应链上从消费者流向啤酒酿造者，而啤酒则反向回流。一旦订单提交以后啤酒被运出，下一轮就开始了。

玩家需要为持有啤酒库存支付每箱 0.5 美元的成本（例如储存啤酒的成本），以及为啤酒耗尽没货可卖支付每箱 1 美元的成本（例如愤怒的客户和丢失的销售额）。因此，玩家需要保持足够的库存以完成客户的订单而不是耗尽啤酒没货可卖。考虑到成本的不对称，玩家往往更倾向于拥有一些额外的啤酒库存。游戏的赢家是付出代价最少的人。这听起来很简单，但在现实生活中，点啤酒和实际收到啤酒之间存在一定的时间延迟。可以想象，生产啤酒和用卡车装运啤酒都需要一些时间。同样，在提交订单和处理订单之间也有一个小的延迟，你可以将此想象为某人接收订单、在计算机系统中录入订单、进行信用检查等所需的时间。在游戏中，除了啤酒订单，玩家之间不允许有任何沟通和交流。因此，啤酒酿造者不知道零售商那头的客户需求是什么，他们看到的只是来自经销商的订单。

这些时间上的延迟让事情变得有点棘手。假设你是经销商，你从批发商那里接到一大笔订单，这会导致你的库存突然下降，然后你向制造商下了一个大订单来扩充库存，但是这需要几个回合才能收到啤酒，如果同时还有一个大订单呢？你是否应该把订单做得更大些，以期待下一回的持续高需求呢？但如果这只是昙花一现呢？你也可能会在两个回合之后被多余的啤酒淹没。当行动和对这些行动的反应之间存在延迟时，人类就无法表现得很好——当你试图在一个不熟悉的淋浴间调节水温时，你会体会到什么叫“冰火两重天”。

游戏开始时是均衡的，每个玩家都会得到 4 箱啤酒的订单，交货渠道开始也是满的，所以每个玩家在第一个回合中都会正好收到 4 箱啤酒，从而保持整个供应链的库存水平不变。从那以后，玩家们要自己来决定下多少订单。玩家不知道的是，代表消费者需求的那套牌的前几张仍然是 4 箱，但 4 位参与者的订单却可能比 4 箱多一点或少一点，这取决于他们愿不愿意冒险。然后，突然间，在某一个回合中，消费者订单牌从 4 跳到了 8。玩家并不知道这一点，在接下来的游戏时间里，客户订单水平将保持在 8。这种订单的增加会给供应链带来干扰。按照传统经济学的观点，这种外部需求带来的冲击只会导致参与者在经过几轮调整后转向新的均衡状态，比如，每个人都下出 8 箱啤酒的订单，一旦达到新的均衡状态，每个人的库存就会保持不变。

然而，在真人实验中，玩家不可避免地会在库存下降时对需求的激增反应过度，从而过量订购啤酒。随着这波订单过剩的浪潮在供应链上蔓延，它就被放大了。或许这家零售商对需求从 4 箱增加到 8 箱感到意外，从而需要补充库存并订购 12 箱啤酒。然后批发商看到零售商的订单增加到了 12 箱，就把自己的订单增加到 16 箱，以此类推。除了反应过度之外，参与者并没有正确地解释下订单和接收啤酒之间的延迟，所以零售商前一个阶段可能订购了 12 箱，但是还没等到到货库存已经用完了，所以他又订购了 12 箱。这样造成的结果是，大量啤酒最终开始回流到供应链上，每个人都被啤酒库存淹没了。反应过度的循环会反过来产生以下影响，玩家会大幅削减订单，有些甚至会降至零。因此，订单过剩和订单不足的振荡波会在供应链上下波动，然后我们想象中的啤酒行业就会陷入代价高昂的盛衰周期（见图 8-2）。

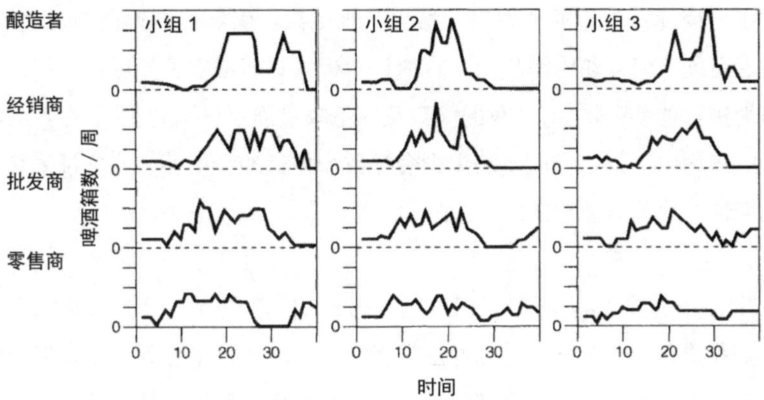

图 8-2 啤酒游戏的典型结果

资料来源：斯特曼（2000 年）。

麻省理工学院教授约翰·斯特曼和其他人已经在来自世界各地的人中进行了数百次啤酒分销游戏，其中包括工商管理专业的硕士研究生、商人和一些随机挑选的人。[20] 他们甚至在专业库存经理和高度理性的经济学家群体中尝试过。然而，结果总是一样，都引发了剧烈的振荡。[21] 传统的经济学理论认为，如果参与者是完全理性的（在游戏中，他们拥有完全理性所需要的所有信息），就不应该出现剧烈的振荡，游戏应该整齐地从一个均衡过渡到另一个均衡。如果将实验产生的成本与完全理性的情况下产生的成本进行比较，那么真人产生的成本平均是完全理性成本的 10 倍。

究竟是什么样的行为会导致在一个相对简单的环境中出现如此剧烈的振荡呢？斯特曼从统计学上推导出了参与者使用的决策规则。[22] 这个规则主要基于心理学文献中被称为锚定和调整的一种行为。参与者不会通过观察游戏板上的筹码库存（他们可以看到的）并结合时间延迟的影响，来演绎计算未来的需要，相反，他们只是查看订单和库存，并归纳性地锚定在看似正常的模式上。因此，他们的“如果 - 那么”规则试图引导他们遵循正常的模式，参与者可能会将 4 箱啤酒作为正常的订单模式进行锚定，然后在事情不正常时努力进行调整，例如，“我的库存正在下降，需要订购更多”。在具有时间延迟的环境中，锚定和调整的规则会导致个体过冲和下冲，这反过来又催生了周期性行为的紧急模式。

啤酒分销游戏不仅仅是一种摇摆果冻的传播机制。两者的共同之处在于，游戏受到一个单一的外部冲击的影响——从 4 箱增加到 8 箱。但与单一击打中的果冻不同的是，在啤酒游戏中，一旦振动开始，系统就永远不会回到均衡状态。[23] 这是因为，啤酒游戏中振荡的最终来源不是外部冲击，而是参与者的行为和系统的反馈结构。系统不传播外部的动力，它是从内部创造了这些驱动力。

这个例子的关键不是简单地把箭头指向完全理性（尽管它做得很好），而是展示变幻莫测的个人行为如何在微观层面上导致宏观层面巨大、紧急的后果，即锚定和调整的规则如何导致了振荡。讲到这里，你可能会问，宏观经济的波动是否是一个比啤酒分销游戏复杂得多的版本的结果。毕竟，经济世界到处都是供应链、库存和时间延迟。宏观经济波动的实际原因无疑是多方面的，但啤酒分销游戏带给我们的启示则是，周期性振荡的原因最终可能在于人们在决策中使用的归纳规则与经济系统的动态结构相互作用的方式。

如果说经济就像一场巨大的啤酒分销游戏，那么其中一个暗示就是，降息和增加政府支出的标准解决方案是无法消除经济周期性振荡的根本原因的：它们只能缓解表象。我们可能永远无法完全消除商业周期性（事实上我们可能也不想完全消除商业周期性，因为周期性收缩不仅清除掉了对资源的低效使用，而且刺激了创新），但是，如果政府想用一种更根本的方式来减弱周期性振荡的影响，那么就需要考虑经济体系本身的结构。

有证据表明，即使没有政府的明确干预，经济的动态结构也总是在发生变化的。有两种方法可以抑制啤酒分销游戏中的周期性：一种是缩短时间延迟，另一种是给参与者提供更多的信息，例如让啤酒酿造者直接看到在零售层面发生了什么。[24] 始于 20 世纪 60 年代的信息技术革命直接影响了这两个因素。有数据显示，自 1959 年以来，美国商业周期的波动性一直在减弱。尤其是随着价格低廉、运算速度快的电脑的广泛使用，自 20 世纪 80 年代以来，其波动性开始大幅下降。[25] 计算机能够使公司加快订单处理速度，采用准时制库存方法，并通过电子手段把生产者与其供应链联系起来。关于波动性的降低有多少可归因于技术和商业惯例的变化，经济学领域也存在一些争论。[26] 但是，很明显，宏观经济的啤酒分销游戏正在发生变化。[27]

间断均衡：有“关键物种”技术吗

在达尔文的《物种起源》出版后的一个世纪里，生物学家都认为进化是以一种庄严而相对线性的方式进行的，从而导致了物种形成和灭绝的平稳模式。后来，古生物学家奈尔斯·埃尔德雷奇（Niles Eldredge）和斯蒂芬·杰伊·古尔德（Stephen Jay Gould）在 1972 年发表的一篇具有里程碑意义的论文中推翻了这种传统观点，他们认为化石记录表明，生物进化的道路并不是平坦的。[28] 相反，它经历了长时间的相对停滞，其间穿插着爆炸性创新时期和大规模灭绝时期。例如，在大约 5.5 亿年前的寒武纪时期，一场进化创新的爆发见证了多细胞生命接管地球，并创造了今天地球上大部分的生物门类。然后，大约在 2.45 亿年前的二叠纪晚期，古尔德称之为“所有物种灭绝的始祖”，当时地球上 96% 的海洋物种都消失了。[29] 古尔德创造了“间断均衡”这个术语来描述平静和风暴交替出现的模式（这个术语在技术上并不完全正确，因为从数学意义上讲，生物进化从未真正处于均衡状态），古尔德指出，他想用这个词来表达的是平静或停滞的时期，其间穿插着变化的时期，但“间断均衡”这个短语一直存在，我们也将在本书中使用它。[30]

间断均衡模式不仅出现在生物进化过程中，也出现在从雪崩到股市崩盘的其他复杂系统中。[31] 复杂系统研究人员从 20 世纪 80 年代就在研究这些模式及其起源，得出的结论之一是，这种模式产生的一个重要因素是系统中相互作用的网络结构。正如我们在第 7 章中所讨论的，由圣塔菲研究所的邓肯·瓦茨和马克·纽曼所做的研究表明，许多类型的网络自发组织成一种结构，其中混合了非常密集的连接和非常稀疏的连接。[32] 印度科学研究所的研究员桑贾伊·贾因（Sanjay Jain）和他在尼赫鲁中心的同事桑迪普·克里希纳（Sandeep Krishna）认为，正是这种网络结构构成了生物生态系统中间断均衡出现的基础。[33]

贾因和克里希纳创建了一个不断进化的计算机生物生态系统模型。研究人员发现，如果他们随机从模拟的生态系统中移除掉一些“物种”，通常都不会发生什么。然而，移除一个随机的物种偶尔也会引发一连串事件，最后导致大规模物种灭绝。某些物种在食物关系和生态位竞争的网络中与其他物种紧密相连，生物学家称这些物种为关键物种。例如，我们可以想象一种阿米巴变形虫，它是各种昆虫和滤食性蠕虫的食物来源，而这些昆虫和滤食性蠕虫又是各种鸟类和哺乳动物的食物，而这些鸟类和哺乳动物又反过来对各种植物物种产生影响。这样一来，位于食物链底部的阿米巴变形虫数量的突然下降，就可能会在整个生态系统中造成广泛的影响。

在他们的生态系统模型中，贾因和克里希纳指出了间断均衡模式的三个不同阶段。首先，在一个随机的阶段，网络没有太多结构渗透，随机变化也没有太多的效果——这是间断均衡模式中的一个“均衡”时期。其次，一项创新使网络突然进入了增长阶段。触发这些阶段的创新往往会在正反馈循环中催化其他的创新，从而带来进一步的创新。最后，当新物种出现并在生态系统中占据一席之地时，它们就创造了一个食物和生态位网络的秩序。增长阶段最终趋于平缓，随后出现的是一个有组织的阶段。在这一阶段，变化得到巩固，网络高度结构化，关键物种出现在交互网络的关键点上，就像航空公司路线图中的枢纽城市。在有组织的阶段（另一个“均衡”时期），网络会持续泡沫化一段时间，但随后一项创新或随机变化会击中某一个关键物种。影响到某一个关键物种的变化辐射到结构中，然后网络会在一波灭绝中崩溃。随后，该过程再次以新的随机阶段开始，从而带来另一段增长。

包括马克思和约瑟夫·熊彼特在内的许多观察家都注意到，技术创新会以类似的平静和风暴模式进行。[34] 大多数技术创新的影响是有限的。例如，在 1957 年，通用电气公司发明了石英卤素灯。这项技术最终在 20 世纪 80 年代变得足够便宜，卤素灯成为一种流行的消费品。卤素灯是对标准白炽灯泡的一个重要改进，尽管如此，人们也不能说它们对社会产生了巨大的影响。

与此形成对比的是另一项发明，它最初也是对前一种技术的渐进式改进。1901 年 12 月，伽利尔摩·马可尼（Guglielmo Marconi）通过无线电波从英国的康沃尔横跨大西洋向纽芬兰发送了三次莫尔斯电码。马可尼的目的本来就是要找到比有线电报更便宜、更方便的替代品，而当时并没有多少人对他的发明印象深刻。英国《金融时报》援引英美电缆公司的说法对这项新技术表示不屑一顾：“无线电报在商业应用上的可能性是如此遥远，以至于我们对未来毫无预警。”[35] 剩下的，就像他们说的，就是历史了。无线电报的出现产生了巨大的影响，反过来又催生了电视、微波通信、雷达、移动电话以及现在的无线互联网接入的发明。可以说，马可尼的发明带来了翻天覆地的变化，极大地改变了大众文化、娱乐、政治，甚至是军事战略。

多年来，人们对技术发展作为一个进化过程进行了大量的研究，[36] 这也是我们将在第 11 章中讨论的话题。我们在这里想要说明的是，这项工作的两个关键观察结果都与对间断均衡的讨论有关。首先，任何技术的发展都不是孤立的。所有技术都依赖于与其他技术组成的关系网络，例如移动电话的发明不仅涉及无线电技术，而且涉及许多其他领域，如计算机技术和编码技术。[37] 这些相互关系不仅是技术上的，也是经济上的。例如，围绕汽车发展起来的经济网络就包括了钢铁制造、石油、酒店和快餐等行业。[38]

正如哈佛大学商学院的金 · 克拉克（Kim Clark）所指出的，技术本质上是模块化的，例如汽车由发动机、变速器、车身等组成。[39] 人们可以将模块组装成"架构"，在本例中是汽车本身的设计。模块的创新可以形成新的架构，但是架构的创新往往会对创新产生巨大的催化涟漪效应。因此，有两个关键的特征导致了贾因和克里希纳模型中的间断均衡模式——稀疏、密集的相互作用网络，以及来自单个节点的催化效应。我们将在第 11 章中对此进行更详细的探讨，从中可以看到技术网络如何受到级联变化的影响，从而催生了间断均衡的新兴模式，而某些技术在这些网络中发挥着关键作用。

幂律 : 地震和股市

在前文中，我曾简要地指出传统经济学的一个预测是，股价应该遵循随机游走模式。这就好比你将笔放在一张纸上，然后从左向右拉笔，在这样做的同时，你还要以随机增量向上或向下移动笔。你也可以想象一个喝醉酒的人在大街上蹒跚而行的情形。图 8-3 引自耶鲁大学数学家贝努瓦·曼德尔布罗特（Benoit Mandelbrot）的著作。其中一个是 IBM 公司股票在 1959 年到 1996 年间的价格（以对数标度绘制），另一个是随机游走数据的样本（这个随机游走有增长的趋势）。这些图看起来非常相似，如果没有标记，你很难猜出哪个图是 IBM 公司的股票价格，哪个是随机游走的数据样本。从中不难看出为什么随机游走在 100 多年来一直是金融理论的核心部分。

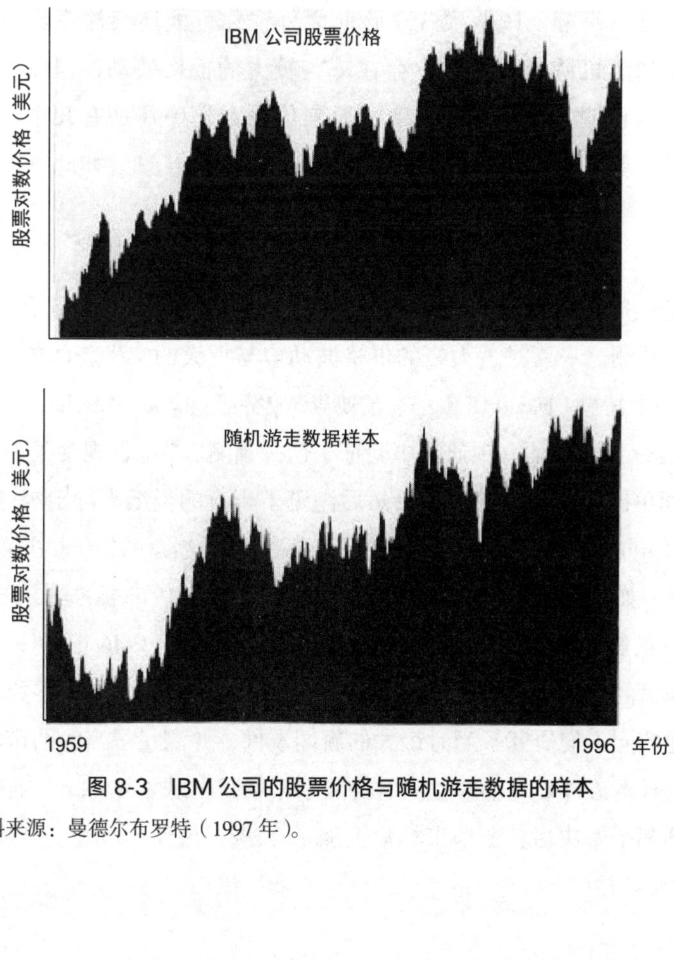

图 8-3 IBM 公司的股票价格与随机游走数据的样本

资料来源：曼德尔布罗特（1997 年）。

在不考虑绝对价格水平的情况下，让我们先来看看股票价格在每一天的涨跌幅度，如图 8-4 所示。这两个图看起来差别很明显，上面的图非常尖锐，价格波动较大的时期和价格波动较小的时期在时间上是重合的。而下面的图形比较模糊，随着时间的推移，大的移动和小的移动随机混合在一起。从这个角度来看，IBM 公司的数据显然不太像模糊的随机游走的数据。正如在第 3 章中提到的，几位研究人员已经在统计上证明股票并不遵循随机游走规则。IBM 公司股票价格变动的块状模式表明，价格的波动性与时间是相关的，这也是我们在上一节讨论的间断均衡的风暴－平静－风暴模式。除此之外，你可能还会注意到一些别的东西，比如随机游走数据图中存在一些较大的价格波动，但没有一次价格波动是真正明显突出的。真实的股票价格数据中往往有几个点要么在上面飙升，要么远远低于其他样本，那么是什么导致了如此剧烈的价格波动呢？

传统经济学告诉我们，每当有重大消息冲击市场时，股价就会波动。传统理论的预测之一就是，大幅的价格波动应与重大的突发新闻或消息相对应。大卫·卡特勒（David Cutler）、詹姆斯·波特巴（James Poterba）和拉里·萨默斯在 1989 年进行的一项研究中验证了这一预测。[40] 他们观察了 1941 年至 1987 年间美国股市的大幅波动，然后浏览了当时的报纸来确定与这些波动相对应的新闻。结果表明，通常情况下，发生严重崩盘的日子里并没什么大新闻可说。如前所述，《纽约时报》对 1987 年 10 月 19 日标准普尔 500 指数下跌 20% 的解释是"对美元下跌和贸易赤字的担忧"。1946 年 9 月 3 日是另一次大崩盘的日子，当时媒体的头条新闻是"价格攻击没有根本原因"。卡特勒和他的同事们研究了当时最大的新闻事件，并测量了当时的市场走势。例如，当日本轰炸珍珠港时，当时的股票市场只下跌了 4.4%；当古巴导弹危机得到和平解决后，股票市场只上涨了 2.2%。为什么市场上有这么多与新闻无关的剧烈波动？这个谜题的答案存在于一项有趣的观察中：股价走势看上去不太像随机游走，而像另一种现象：地震。

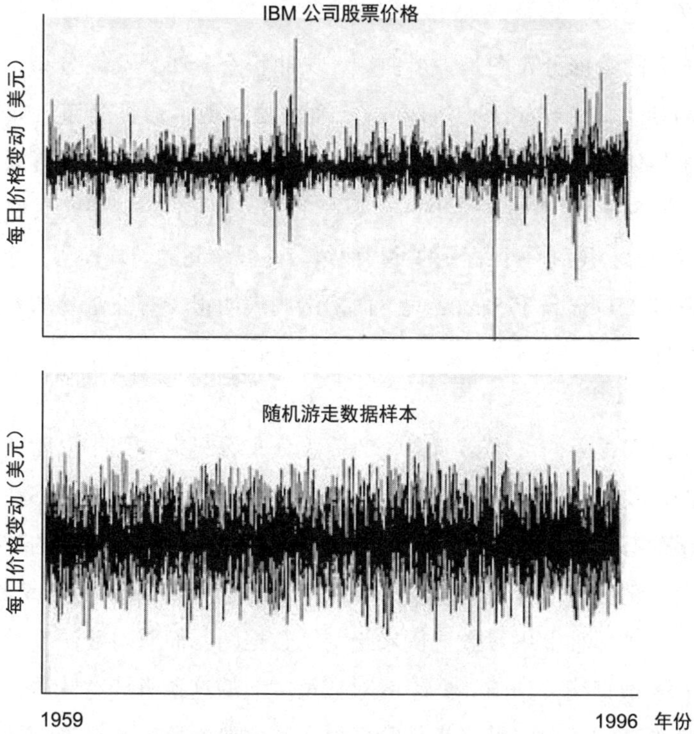

图 8-4 股票价格变化图

资料来源：曼德尔布罗特（1997 年）。

20 世纪 50 年代，来自加州理工学院的两名地球物理学家贝诺·谷登堡（Beno Gutenberg）和查尔斯·克里特（Charles Richter）走进加州理工学院的图书馆，发掘描述地震的资料。[41] 他们感兴趣的是每种不同强度的地震发生了多少次。例如，强烈地震是常见的还是罕见的？ 2 级地震发生的可能性是

4 级地震的两倍吗？他们将数据分成若干个等级，一个等级为 2.0 ～ 2.5，下一个等级为 2.5 ～ 3.0，以此类推。然后他们绘制了数据的分布曲线，类似于糖域模型中的收入数据图。

最著名的数据分布图是钟形曲线，又叫正态分布或高斯分布，弗里德里克·高斯（Karl Friedrich Gauss）在 19 世纪发现了这种分布。如果我们收集一个群体中女性的身高数据，为每一个身高范围创建一个等级（例如 130cm ～ 135cm，135cm ～ 140cm，等等），并计算不同身高的女性出现的次数，我们就会得到一个平滑的钟形曲线。曲线中间的驼峰表明一个典型的女性身高在 150cm ～ 175cm 之间，而两端则表明很少有非常矮的女性或非常高的女性。

对于地震，人们可能会期望它的等级分布看起来类似于上面的女性身高分布图。我们可以假设地震有一个典型的级别，大多数地震都在这个范围内，很少有小地震或大地震。但是当谷登堡和克里特把找到的数据绘制成图表时，他们发现了一些完全不同的东西。为了使结果更容易看清楚，他们在两个坐标轴上用对数比例尺绘制了数据图，而双对数图上的数据结果几乎是一条直线（见图 8-5）。双对数尺度上的这条直线意味着，对于地震分布来说，它的中间没有类似身高分布的“典型”大小。确切地说，地震的震级多有不同，但是震级越高，就越罕见。具体来说，地震能量每增加一倍，相应震级的地震发生的概率就会降低 3/4 倍，最终人们得到了一个从小规模地震到大规模地震分布的滑坡曲线。物理学家称这种关系为幂律，因为这种分布是用指数方程或幂来描述的。[42]

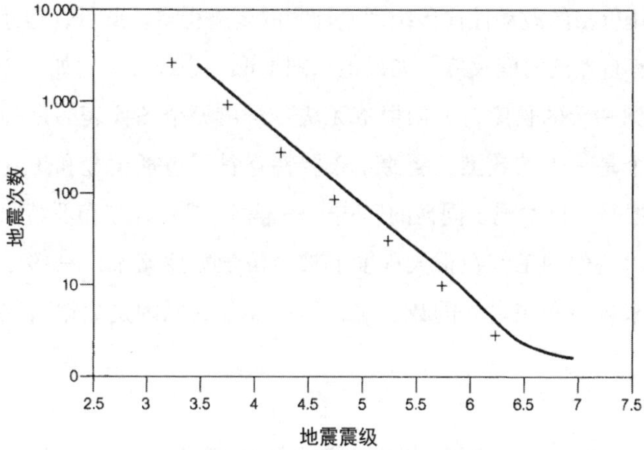

图 8-5 地震震级的幂律分布

资料来源：数据来自南加州地震中心，图来自布坎南（Buchanan，2000 年）。

人们在各种各样的现象中发现了幂律，包括生物灭绝事件的规模、太阳耀斑的强度、城市规模的排序、交通堵塞、棉花价格、战争死亡人数，甚至社交网络中性伴侣的分布。[43] 幂律和振荡、间断均衡一样，是复杂适应系统的另一个特征。

地震并不是第一个被发现的幂律现象，第一个幂律现象是在 1895 年由帕累托在经济学中发现的，尽管当时它还没有被认为是幂律。[44] 帕累托经过对人们收入的研究发现，很多人都是穷人，中产阶级的范围很广，而只有极少数人是超级富豪。人们的收入每增加 1%，相应的家庭数量就会减少 1.5%—— 在双对数图上表现出来是一条直线，即幂律。帕累托没有数学工具来充分理解其发现的重要性。[45] 20 世纪 60 年代，当贝努瓦 · 曼德尔布罗特对芝加哥商品交易所棉花价格的波动感兴趣时，幂律在经济学中重新出现了。曼德尔布罗特在绘制数据图表时很快注意到，就像 IBM 公司股票价格一样，棉花价格的波动性比传统理论预测的要大得多。此外，他还注意到波动似乎没有自然的时间尺度。如果他从图上取一小部分，比如一个小时，再把它拉长到一天的长度，人们根本无法分辨出哪个图代表的是一个小时的数据，哪个是一天的数据。曼德尔布罗特查看了包括黄金和小麦在内的其他商品的数据，也发现了同样的模式——幂律。[46]曼德尔布罗特第一次发现这个理论时，他的工作在很大程度上被经济学家忽略了，一部分的原因是他是一位来自该领域之外的数学家，另一部分的原因是数据与传统理论不相符。

在 20 世纪 80 年代和 90 年代之前，幂律基本上没有得到人们的重视，直到有关经济是一种复杂适应系统的观点被重视才引发了人们对幂律的兴趣。物理学家在分析自然系统的幂律方面经验丰富，一些“经济物理学家”开始研究股市的数据。其中，波士顿大学的吉恩·斯坦利（Gene Stanley）计算出，如果股市像传统经济学假设的那样遵循随机游走规则，那么 1987 年的黑色星期一发生崩盘的概率是 10^{-148}%。宇宙中已知最小的测量单位是普朗克长度，是 10^{-33} 厘米，在我们的想象中，市场不太可能只是随机地陷入如此严重的崩盘状态。高斯分布、随机游走的波动几乎从来没有超过 5 个标准差，然而，在真实的经济数据中，比如股市崩盘，5 个甚至更大的标准差事件确实会发生。[47]

为了弄清楚究竟发生了什么，在 1994 到 1995 年中，斯坦利和他的团队针对美国最大的 1 000 家公司每隔 5 分钟进行一次股票市场交易数据的取样，共获取了 4 000 万个数据点。经过分析发现，股票价格的波动在分布的尾部遵循明显的幂律。为了确认这一点，他们还研究了 1961 年至 1996 年 35 年间 6 000 只美国股票的 3 000 万份日交易记录，这些记录再次形成了幂律。在传统的经济学家看来，或许斯坦利研究的 5 分钟内的数据是非高斯分布的，但在更长的时间内，数据仍应该是呈高斯分布的。斯坦利还将他的时间周期改变了三个数量级，从 5 分钟到 6 240 分钟（16 天——除此之外，很难有足够的数据得出有力的结论）。这些数据看起来确实比短周期的数据更接近高斯分布，但是它仍然遵循幂律。[48]

这一结论的后果之一就是，金融市场的波动性远高于传统经济学让我们相信的水平。如果市场遵循幂律，那么黑色星期一事件发生的概率更接近 10^{-5}（这意味着在每 100 年里都有可能发生一次），而不是 10^{-148}，这是一个巨大的差异，显然对投资者如何思考和管理风险有重大影响。其他的经济数据也显示出让人吃惊的、清晰的幂律规则。罗伯特·阿克斯特尔利用 1997 年的美国人口普查数据，对所有拥有一名或多名员工的 550 万家公司进行了分析，结果显示，以员工数量来衡量的公司规模也符合幂律分布。[49] 斯坦利和他的团队发现，公司的销售业绩增长以及国家的 GDP 增长同样遵循幂律。[50] 我们将在后面的章节中探讨这些发现的含义。

为什么股票市场如此不稳定

为什么股票市场比传统理论预测的更不稳定？为什么其波动性会遵循幂律分布呢？多因·法默是一位物理学家，曾参加过圣塔菲研究所最初举办的经济学会议，他和他的团队相信自己已经找到了这些问题的答案。[51] 关键在于，大多数的证券交易所可以进行两种类型的交易，一种是市价单，其中交易员会以现在最优惠的价格购买（或出售）股票；一种是限价单，如果价格下跌到 100 美元，交易员就会购买股票（或者相反，如果价格上涨到 100 美元则卖出股票）。在本例中，100 美元是交易员准备交易的上限。市场中的每一只股票都有一个限价单簿，用于跟踪限价单。过去的账簿是一个分类账，一边是买入指令，另一边是卖出指令，而今天这本账簿是电子版的。

实际上，限价单簿是未成交订单的库存或存储设备。如果交易者将股票的买入限价单定为100美元，而当前价格是110美元，那么该限价单将被存储在账簿中，直到该股票跌至100美元或被取消。在任何时间点上，人们都可以查看限价单簿，查看最佳买入和最佳卖出的报价。例如，最佳买入报价可能是100美元，最佳卖出报价可能是102美元，最佳买入和卖出报价之间的差距被称为买卖差价。

现在让我们看看当一个新的市价单到达限价单簿时会发生什么。股票交易所关于订单如何完成的具体细节略有不同，纽约交易所还保留着人工交易，而伦敦交易所则完全是电子化的，但大多数交易所都有两条共同的规则：价格优先和时间优先。假设市价单要求以你目前能得到的最优价格供货，价格优先意味着我们要从账簿中的最优价格开始，尽可能多地供应订单，然后转移到下一个最优价格，以此类推。时间优先意味着如果账簿中有两个限价单，且价格相同，则先供应较早的订单。

为了说明这一点，请想象以下场景。你打电话给股票经纪人，要求购买1 000股X股票，他会把你的要求传达给交易所。账簿中目前的最佳销售报价是102美元的限价单，此时在这个价格下有200股股票存在。系统按这个价格供应你的订单中的200股，另有800股待供应。然后系统进一步查找限价单簿，寻找下一个最佳价格，即300股限价卖出订单，价格为105美元。你买了这些股票，订单上还有500股待供应。再往上追溯，下一个最佳价格是200股的限价卖出订单和600股限价卖出订单，价格都是107美元。假设200股在账簿中出现的时间更长，利用时间优先法则，系统会自动分配这些股票，加上从第二部分分配给你的300股，总共是500股。现在你的订单已经完成了，成交均价为105.40美元。考虑到账簿的当前状态，这是买入1 000股的最佳价格。在你的1 000股交易完成后，仍有300股以107美元的价格剩余下来了，所以这是现在新的最佳要价。你的 1 000 股市价单的影响是将要价从 102 美元提高到了 107 美元。正如法默所说，可以想象，随着时间的推移，限价单像雪花一样不断涌入账簿中，并以不同的价格水平累积在账簿中。然后每隔一段时间，市价单（或买卖差价内的限价单）会触及账簿并触发一堆限价单，从而上调或下调股票价格。

法默和他的团队想要了解这个订单履行的过程以及限价单的结构是如何影响股票价格的。他们分析了伦敦证券交易所的一组数据，该数据显示了 16 种最大的和交易量最高的股票的交易，并且每笔交易的数据都能完整地看到。总的来说，研究人员分析了 4 000 多万个“事件”（下订单和取消订单）。法默和他的团队发现，造成价格大幅波动的原因是订单簿本身的结构——当订单价格之间存在较大差距时，就会出现较大的波动。以全球制药公司阿斯利康的股票交易为例，在某些特定的时刻，阿斯利康的限价单有一个小的限价卖单——31.84 英镑，然后是一个大缺口，之后下一个限价卖单为 32.30 英镑。随后出现了一个非常小的市场买单，要价在一次交易中从 31.84 英镑跃升至 32.30 英镑，涨幅为 46 便士（1.4%，见图 8-6）。这个价值仅为 16 000 英镑（28 000 美元）的微小交易，将股价提高了 23 便士（以买卖差价的中点计算，因此就是要价中的 46 便士涨幅的一半），并让阿斯利康公司的总市值增加了 3.74 亿英镑（6.58 亿美元）。

然而，那天报纸上并没有什么大新闻，阿斯利康也没有采取任何措施来改变公司的市场价值。市场价值的这种巨大变化仅仅是一种订单模式的人为因素，它随着时间的推移存储在账簿中。在进一步的分析中，法默和团队发现这样的事件相当普遍。即使是规模最大、流动性最强的股票，通常也只有 30 个左右的价格水平，其中充斥着限价单以及大量不受欢迎的价格，因此也存在缺口。你可能会认为大多数限价单都会集中在最好的出价和要价附近，这在某种程度上是正确的。但是法默他们也发现，订单分散在整个账簿中。例如，某一个人可能只坚持一个高于当前价格的卖单方式，然后让它留在那里，并希望价格最终会上涨，从而在账簿中创建一个零碎的订单和缺口的模式。

专业的交易员知道，即使是大股票，其流动性也比人们想象得要小，而且订单簿也相当零碎。这就是为什么他们必须在一段时间内进行大量的交易——大宗交易同时冲击市场会使价格波动过大。但直到法默和其同事进行研究后，人们才意识到，这种订单簿上的零散事件会造成多大的股市波动。该团队建立了一个有关订单簿的数学模型并表明，订单簿本身的结构就是波动性的一个重要来源。正如人们可能预期的那样，这些数据还显示，规模较小、交易不太频繁的股票比流动性更强的大股票波动性更大。

在随后的一项研究中，法默和他的同事迈克·斯扎布斯（Mike Szabolcs）进一步研究了限价单簿上的订单放置模式。[52] 他们关注的变量是从当前最佳买卖差价到新限价单之间的距离。例如当前的买卖差价是 100 美元到 102 美元，那么卖出限价单到达 101 美元、102 美元、103 美元等价格的概率是多少？或者买进限价单到达 101 美元、100 美元、99 美元等价格的概率是多少？他们发现，订单遵循着一种非常规则的模式，即学生氏分布，固定在买卖价差的中心位置。法默和斯扎布斯指出，订单模式的规律性意味着，下订单的交易员的行为也有一定的规律性——这个结果与传统的所有交易都是由不可预测的新闻事件驱动的理论是不一致的。当法默和斯扎布斯将这个研究结果与之前对限价单的研究结合起来之后，他们非常接近地再现了研究的股票表现出的幂律波动。

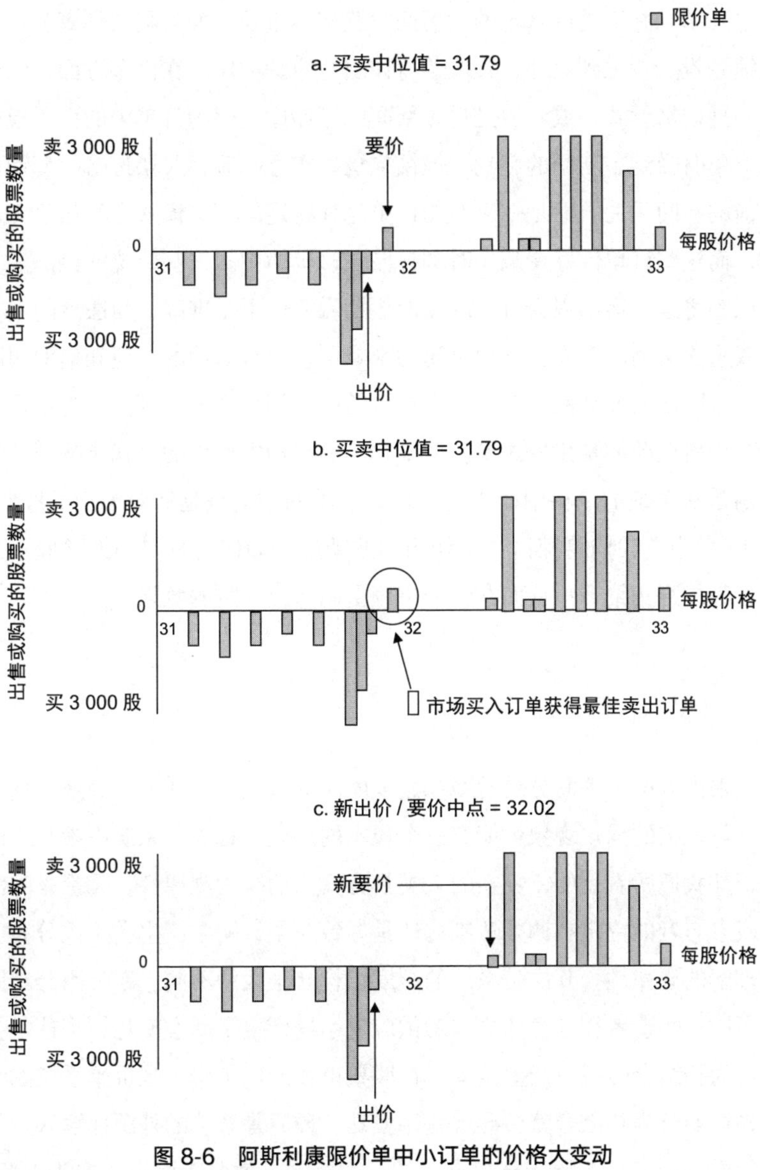

图 8-6　阿斯利康限价单中小订单的价格大变动

资料来源：法默等人（2004 年）。

这一结果并不是说真正的大新闻对股市不重要。如果阿斯利康公司公布的业绩令投资者感到意外，其股票将作出相应的回应。在许多方面，限价单簿是一种记忆形式，或者说是过去新闻的存储库，因为订单中的订单模式可能在下单时受到了新闻的影响。但结果也确实意味着，股票价格的变动可能与当前的新闻无关，而是一个新的订单流和特定的订单模式之间相互作用的产物，而这些订单恰好在某个时刻存储在订单簿中。一些传统的经济学家可能会试图将这一运动视为可以忽略的短期噪音而不予理睬，而法默的回答是具有双重含义的。首先，限价单簿的影响不仅仅是短期的。他和他的团队成员表明，同样的波动性分布也出现在更长的时间尺度上。其次，它不是随机噪声。价格运动的幂律模式是从系统本身的结构中产生的，就像啤酒游戏中的振荡是从系统的结构中产生的一样。法默的结论只是针对个别的股票的。在第 17 章中，我们将探讨“无新闻的波动性”如何与真实的人类股票交易员的行为规则相结合，从而在整个市场上制造出地震的效果。

在很多方面，啤酒分销游戏和法默团队的模式是一样的。商业周期和股价波动等复杂的涌现现象可能有三个根本的原因，首先是系统中参与者的行为。正如我们所看到的，真实的人类具有真实的行为规律性，无论是啤酒分销游戏参与者的锚定和调整法则，还是导致股票订购中产生学生氏分布的尚未被理解的规律性。其次是系统的制度结构有很大的不同。在啤酒分销游戏的例子中，酿造者和零售商之间的供应链结构产生了动态变化，当这与参与者的行为相结合时就会产生波动。在股票市场的例子中，限价单系统的结构与交易员的行为相结合就会导致幂律波动。最后是系统的外源性输入。就啤酒分销游戏而言，主要指客户订单的一次剧增；就股市而言，主要指新闻。这些外源性冲击无疑会引发并推动系统的动态变化。在外生因素发挥作用的

同时，传统经济学的均衡论的局限性导致了对这一因素的过分强调，而牺牲了其他两个因素。

复杂经济学并不是经济模式之谜的答案，但它为我们提供了理解这些不同的因素如何结合在一起并导致了我们观察到的行为结果的新工具。现实世界的经济是一个比传统经济学想象的均衡世界有趣得多的地方。不稳定的振荡、间断均衡和幂律，这些都是复杂的适应性经济在起作用时的标志性行为。

09
视角五：经济是一个进化系统

你有多少次听到过“这是一片丛林”或者“适者生存”这样的话？在谈论经济时，商人、记者和学者都很自然地倾向于使用生态系统和进化这样的词。复杂经济学最有力的主张之一就是，这种语言不仅仅是隐喻——组织、市场和经济不仅仅是像进化系统，它们确实就是进化系统。

在这一章中，我们将看到进化不仅仅是生物学的内容。相反，进化是一种为复杂问题寻找新颖的解决方案的通用而强大的方法，它是一种学习算法，不仅能够适应不断变化的环境，而且随着时间的推移能够积累知识。它是负责自然界所有秩序、复杂性和多样性的准则。正如我们将在第三部分中看到的，进化同样也是经济世界所有秩序、复杂性、多样性以及财富的准则。

没有设计师的设计

丹尼尔·丹尼特是塔夫茨大学认知研究中心的进化理论家和主任，他说进化是一种“无须设计师的创造设计”方法。[1] 当我们认为某些东西具有设计时，这说明它适合于一项任务。锤子是用来钉钉子的，细菌是被设计出来在特定环境中生存和繁殖的。我们还认为被设计的事物具有一定的复杂性、顺序和结构。我们不会认为海滩上的沙粒是被设计出来的，但会认为喷气式发动机的复杂结构、鹦鹉螺壳的螺旋室或者一段音乐中复杂的音符排列都是被设计出来的。正是这种适用于目的性和复杂性的结合，将设计的东西与非设计的东西区分开来。露出地面的条状岩石在人们看来可能是很美的，甚至可能看起来像一件艺术品。但它没有功能，不适合于任何特定的目的，是随机地质力量的偶然创造品。设计出来的东西熵比较低，它们绝不是随机产生的。

我们只在两个领域看到了设计：生物和由生物创造的人工产品。在生物学里，袋鼠的腿是用来跳跃的，蝙蝠的声呐接收器是用来在黑暗中寻找东西的，花的雄蕊巧妙地伪装成蜜蜂的性器官是为了促进授粉。在人类世界里，螺丝刀被用来拧螺丝，抹刀被用来烤薄饼，大型喷气式飞机被用来运送人。但人类并不是唯一可以创造并展示设计物品的生物，白蚁可以精心建构巢穴，而海狸可以建造复杂的水坝。

威廉·佩利（William Paley）是英国圣公会的神父和哲学家，他在 1802 年出版的著作《自然神学》(*Natural Theology*) 中指出，像手表这样复杂和被设计出来的东西都是以钟表匠为前提的。因此他认为，自然界的复杂性和设计性表明一定存在一个神圣的钟表匠。高度设计的东西不会凭空冒出来，毕竟，设计表现出了目的、智慧和解决问题的能力（这与两个世纪后所谓

“智慧设计理论”的支持者提出的论点是相同的）。[2]

然而，这正是进化所做的——它自己创造设计。牛津大学进化论学者理查德·道金斯（Riehard Dawkins）的著作也为这一章提供了很多信息，他把进化称为“盲眼钟表匠”。[3] 进化是一个无意识的、机械的、简单的准则，同时，它在创造巧妙的设计方面也非常高效。

人工生命

1994 年，麻省理工学院媒体实验室前成员、现供职于基因艺术公司（GenArts）的卡尔·西姆斯（Karl Sims）想要研究行为的进化。他想以一种更快的方式来完成这项工作，这样就能得到比在实验室里用细菌和果蝇做实验更多的控制。因此，卡尔·西姆斯在一台超级计算机上创建了一个模拟的进化世界（没有超级计算机和卡尔·西姆斯的编程天赋的人可以通过各种商业电脑游戏来体验、模拟进化，如 Maxis 的 SimLife 游戏和微软的 Impossible Creatures 游戏）。[4] 模拟世界中，每个生物的身体都由一系列相互连接的矩形积木组成。生物可以拥有任意数量的躯干积木，躯干积木还可以是任意尺寸的（例如立方体、短粗矩形、细长矩形）。这些积木以铰链的方式相互连接，并且可以弯曲（见图 9-1）。通过一个简单的计算机“大脑”协调运动，积木生物可以控制其铰链积木躯干部分的运动。西姆斯给每一个积木生物设定一个目标，然后该生物会用身体上的传感器来评估它所处的位置与目标之间的关系。然后，积木生物会试图采取行动，通过以某种方式移动其铰接块体部件来实现目标。在西姆斯的第一个实验中，这些生物的目标是模拟在水中以最快的速度游泳。

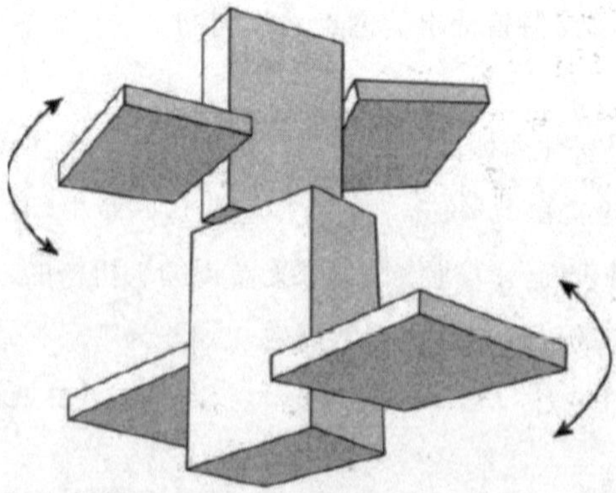

图 9-1　卡尔·西姆斯的积木生物

每个生物都由可以移动的积木块组成。

资料来源：西姆斯（1994 年）。

西姆斯通过赋予每个积木生物一种计算机 DNA，为他的积木世界带来了一个生物学上的转折，这种 DNA 描述了该生物躯干的布局，铰链积木躯干部分如何移动，以及其模拟大脑的初始状态。西姆斯接着进行了一系列实验。他以 300 个具有完全随机的计算机 DNA 的积木生物作为实验的开始，然后，他把这些积木生物松散地放在模拟游泳池里。大多数的积木生物都是随机设计的，它们会拍打、翻滚或下沉。然而，由于偶然的机会，一些积木生物拥有了一些潜力——一些推动他们前进的动作，或一些能够驾驭自己的能力。后来，西姆斯对他的第一代随机积木生物应用了一个简单的进化准则：表现优秀的游泳者被保留，表现差劲的游泳者被去除。接下来，表现优秀的游泳生物之间发生了“电脑性爱”，相互交换部分计算机 DNA，以创造出继承父母双方特征的后代生物。此外，一些后代生物还发生了随机突变——DNA 发生改变。

积木生物群体中表现出了变异，任何时间点上都存在一些拥有特殊游泳能力的积木生物。模拟过程中选择最适合的积木生物并复制，从而传播推广他们的设计。这个简单的变异、选择和复制准则在大约 100 代的时间里不断重复。通常情况下，在 20 代到 30 代之后，笨拙、随意、摇摆、会翻滚的积木生物就开始进化成能够游泳的生物（见图 9-2）。有些积木生物长出了巨大的核心躯干，背部有一条摆动的尾巴；一些积木生物的尾巴像海豚一样上下摆动，而另一些则像鲨鱼一样左右摆动。好几种积木生物长出了像鱼一样的鳍；另一些则长着又长又细的体节，像蛇一样嗖嗖作响；还有一些积木生物长出了许多小胳膊，它们可以像千足虫一样旋转，还有一些则进化成了非常优雅的海马形状。

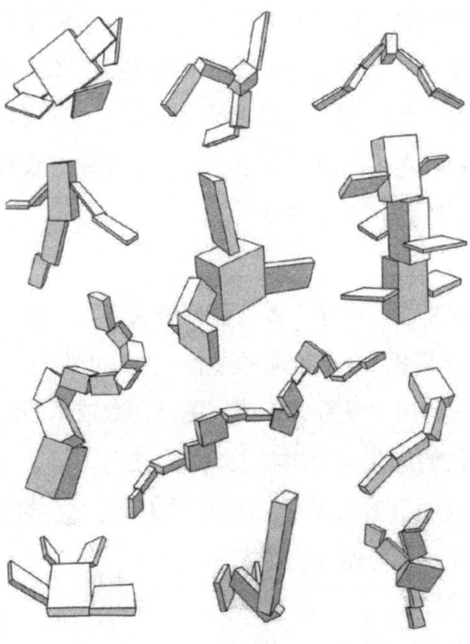

图 9-2 进化后的积木生物

为游泳而进化的生物例子。

资料来源：西姆斯（1994 年）。

进化算法并没有找到最佳的游泳方式，但用丹尼尔·丹尼特的话来说，进化准则发现了各种各样的“生存把戏”。[5]水的基本物理特性允许生物可以采用大量但又不是无限多的运动方式。在水中游动还需要一些能够用诸如鳍状物或流体动力学体形来稳定自己的能力，因此，水的物理特性限制了可以实现成功游动的生物的外观。这就是为什么所有真实的水生生物都包含某些目的性的变化，就像人造水上机器一样，这也是为什么西姆斯的积木生物会在进化过程中迅速“发现”这些成功的设计。

西姆斯的计算机进化模拟成功地在一个复杂又有约束条件的世界中找到了好的技巧，这还不仅仅局限于游泳问题。西姆斯还进行了一组类似的实验，在实验中，他给这些生物设定了在一个模拟重力的平坦表面上行走的目标。再一次，在经过二三十轮的进化后，随意摇摆的积木生物进化成了可以快速移动的蟹类生物、可以滑行的蛇类生物，以及能够爬行、跳跃、翻滚，甚至用腿行走的生物。在另一组实验中，为了争夺模拟食物而相互竞争的积木生物甚至进化出了胳膊、爪子和嘴巴。

西姆斯事先没有在他的程序中置入任何解决方案。虽然他创造了进化起作用的条件（例如计算机 DNA 和选择过程），但并没有“设计”任何关于生物自身的东西——程序中没有关于鳍、尾巴、腿或爪子的东西。所有这些设计都是在历经数代的进化过程中被发现的、自下而上产生的。[6]在数百万年的时间里，这些过程给生物带来了令人难以置信的创新设计，比如眼球、装甲电镀、有毒喷雾、翅膀和对生拇指。

然而，进化究竟是如何创造出如此多新颖的生存把戏的呢？

一种创新算法

我多次提到进化是一种算法，但这究竟意味着什么呢？你可以将算法视为采用一些输入的食谱，例如面粉、鸡蛋、糖和黄油。通过某些过程对其进行机械加工，例如将其搅拌均匀，在 175℃下烘烤 15 分钟，它将产生一些可靠输出，例如饼干。丹尼特以网球锦标赛的四分之一决赛、半决赛和决赛为例进行了说明——某个人或某个组织输入球员，比赛过程根据一组规则进行，然后可靠地输出结果。锦标赛赛制是一种相当通用的算法，并不局限于网球。它可以用于高尔夫球、足球、电脑游戏、弹塑料片游戏或其他任何的基质。基质可以看作算法产生作用的材料或信息。

有些算法是基质中立的，也就是说，只要有一些基本的设置条件，它们就可以被剥离成一个可以在各种基质上运作的基本核心。例如，你可以想象一个从大到小排序的算法，这样的算法可能对排序苹果桶的重量或列表中的姓氏长度有用。定义算法的不是特定的基质，而是算法用于处理信息的逻辑。排序算法实际上并不会对苹果桶或名字进行排序，相反，这个算法是根据苹果桶的重量或者名字的拼写来计算的。算法是处理信息的准则，本质上是计算机程序。[7]

进化是一种基质中立的算法，它需要获取关于事物设计的信息，并通过一个过程盲目地研究这些信息。进化也是递归的：它在一个循环中的输出会成为下一轮的输入。这种循环性意味着它会无限地运行，直到有什么东西阻止它。丹尼特举的网球锦标赛的例子也是递归的，如四分之一决赛的输出是半决赛的输入，这个过程会一直持续到确定获胜者为止。然而，生物进化并没有预先设定的停止点，它会不断地重复运转，直到太阳爆炸或者地球变得无法居住。

乐高积木图书馆 [8]

在一次圣诞节的聚会上，斯图尔特·考夫曼在比赛中赢得了一套乐高积木。[9] 这对考夫曼来说是一份特别合适的礼物，因为他的研究课题之一就是观察进化是如何从简单的积木块构建出极其复杂的设计的。每个孩子都知道，乐高的巨大吸引力在于，它简单而多彩的塑料积木可以通过无数种方式拼装在一起，从而产生有趣而复杂的结构。

即使是最简单的积木块也可以附加大量的排列，例如，两个小矩形块上包括一个凹坑宽和两个凹坑长（我们将其称为 1×2 块），可以在 14 个不同的连接位置上排列在一起（假设两个积木块的颜色相同），而两个 2×2 块能够以 33 种方式连接在一起。随着积木块的数量、大小和附加块选项的数量增长，可能的排列数量会激增。即使是中等大小的乐高积木套装，也能构建出各种可能的结构，其总量之大令人难以置信。

尽管如此，乐高积木块可能的排列方式还是有限的。进化理论家把这样一组可能的排列称为设计空间。假如有 500 块不同形状和颜色的积木套装，它被恰当地命名为“创造者”，我们可以说，这一套乐高套装可以创造出约 10^{120} 种独特的乐高积木块设计。借用一些丹尼尔·丹尼特的措辞，我们称之为“所有可能的乐高设计的图书馆”。[10] 我们可以想象这个比宇宙本身还要大得多的图书馆（宇宙中只有大约 10^{80} 个原子）里面有一排又一排的书架，上面堆满了纸质记录卡，每一张上面都有一个独特的乐高设计说明。如果我们在乐高图书馆中闲逛，随意翻看记录卡，就会发现绝大多数的设计都很无聊。会有 33 个设计只是由一个蓝色 2×2 块以不同的方式连接到一个红色 2×2 块，另一组 33 个设计是关于一个蓝色的 2×2 块连接到一个黄色的 2×2 块，数以百万计的其他方式被用于连接两个积木块，数以万亿计的方式被用于连接 3 个积木块，等等。

除此之外，图书馆深处的某个地方还埋藏着一件神奇的由 384 块积木构成的乐高宇宙飞船，它将会让任何一个 7 岁的孩子心跳加速。同样，这里还有一个迷人的由 220 块积木构成的乐高积木马，以及由 405 块积木构成的乐高城堡。图书馆中还有一个由 406 块积木构成的城堡，它与由 405 块积木构成的乐高城堡的设计相同，只是增加了一个积木块。事实上，所有的设计都有一个变体块。不过，尽管城堡设计有数万亿种变体，但是如此“有趣”的设计在乐高积木图书馆中极其罕见。图书馆中还有很多无聊的、随意的、莫名其妙的设计。也有很多设计根本行不通，在面对现实世界的重力时，它们会被自己的重量打翻、折断或压塌。套用丹尼特的话说，你在全世界的海洋中找到一滴水的机会，要比在乐高图书馆的所有垃圾中找到一个特定的有趣设计的机会大得多。

假设我们被赋予了一项费力不讨好的任务：在乐高图书馆中搜索有趣的设计，那么该怎么做呢？要如何在比宇宙还要大得多的乐高图书馆中找到城堡、宇宙飞船和马呢？如果我们随便在图书馆里闲逛，偷看书架上的设计记录卡，也许要经过几百万年我们才会发现一种勉强称得上有趣的设计。我们需要一种能够在巨大的设计空间中可靠、快速地找到好的设计的算法。进化就是这样一种算法，事实上，进化本身就是伟大的胜利者。

进化设置

所有的算法都需要一些设置来完成它们的工作。因为算法是处理信息的，所以我们首先需要一些方法来将潜在的乐高设计转化为“信息”。我们可以通过多种方式来对乐高设计进行编码，比如用句子进行描述：“一个

2×2 的蓝色积木上附加着一个 2×6 的红色积木。”我们可以用建筑师创建草图的方式绘制设计图，或者也可以创建一个描述乐高设计的特殊代码，例如 RED26TOPBLUE22AT56TO12，又或者在计算机上将乐高设计表示为一串 1 和 0，例如 101011100100101。具体如何编码并不重要，重要的是，它可以通过可靠的编码和解码来准确地描述这些设计，这样的设计编码被称为模式。[11] 一旦我们建立了模式，就可以用这个模式来表示设计空间中的任何可能设计。

我们需要一些设备来存储模式所代表的信息。在乐高图书馆的例子中，我们可以假设其设计是写在纸质记录卡上来存储的。例如，一张卡可能记录的是 RED26TOPBLUE22AT56T012，另一张卡可能记录的是 YELLOW26TOPBLUE22AT56T012。

接下来，我们需要一种机制，将模式所代表的理论设计转换为现实世界中具体的塑料乐高建造物，这时候就需要一个模式解读器。在生物世界中，模式解读器就是一种将 DNA 转化为生物的机制。例如，在鸟类中，受精卵能够将小鸡的 DNA 设计转换成一只活生生的小鸡。对于人类和其他哺乳动物来说，模式解读器就是一枚植入雌性子宫的受精卵。正如丹尼特所指出的，这也是小说和电影《侏罗纪公园》情节的致命缺陷。在《侏罗纪公园》中，科学家们用恐龙的 DNA 再造恐龙——他们真正需要的是一个恐龙模式解读器，换句话说，就是雌性恐龙和恐龙蛋。

生物系统的一个重要特征是模式对自身的模式解读器的设计进行编码。在人类中，当女性胎儿只有 20 周大的时候，她就已经发育出了卵巢和上百万个卵子。因此，在一个母亲生产之前，在她的子宫里不仅有自己的女儿，而且在她的女儿身体里面也有能生育未来的孙子、孙女们的卵子。

然而，乐高玩具还没有发展到可以自我复制的地步。因此，假设乐高模式解读器是一个 7 岁的孩子，这个孩子知道模式代码，我们在孩子面前倒出一大盒乐高积木，然后递给他一张卡片，上面写着设计的代码。这个孩子会尽职尽责地捡起必要的塑料部件，将它们组装成纸条上的代码所描述的设计，我们称这个孩子为“解读者”。

我们还需要一个词来描述解读者在构建什么，需要一个术语来区分设计空间中理论的、潜在的设计和实际已经完成的设计。我们将使用进化哲学家戴维·赫尔（David Hull）提出的一个术语：互动者[12]。互动者是指从可能的设计空间中呈现出来的，并且在一个环境中实现了的“真实”设计（尽管“真实”也可以指存在于计算机上）。在一个进化系统中，一旦设计被呈现并“真实”存在，它在某种程度上就会与所处的环境产生相互作用，然后承担该环境的选择压力。

进化设置的一个必要部分是适合度函数。到目前为止，我对在乐高图书馆中寻找什么是相当模糊的。我只是说我们在寻找“有趣的设计”，但谁会对什么感兴趣呢？在卡尔·西姆斯的模型中，适合度函数是由游泳速度定义的。如上所述，设计展示了目的，由于乐高玩具的生产目的是娱乐儿童，我将假设有第二个 7 岁的孩子，他将担任乐高设计适合度的仲裁者。解读者将按照各种模式指定的方式组装乐高玩具，并将其交给仲裁者。仲裁者会检验各种玩具，并在 0（“讨厌、无聊”）到 100（“酷毙了”）的范围内打分。

进化过程：孩子的游戏

有了进化完成其工作所需的所有信息处理机制之后，我们还需要初始化系统。假设乐高套装的各个部分散落在担任解读者的孩子面前的地板上，我们从乐高图书馆随机抽取 100 张上面有乐高设计编码的卡片交给这个孩子。这个孩子会尽职尽责地把卡片上指定的每个玩具都组装起来，放在担任乐高设计适合度仲裁者的孩子面前。仲裁者会对每个玩具进行评分，由于这些玩具完全是随机构造的，大多数玩具的评级都为零或接近零，但也有些玩具比其他玩具有趣一点，评级略高一些。我们把仲裁者使用适合度函数标准来给玩具打分的过程称为选择。

解读者之后会拿出排名在前两位的玩具进行改造：将这两个玩具的模式卡随机切成两半并交换这两部分。改造后的新玩具具有了两款获得高评分的玩具的设计特色。在进化术语中，这种交换被称为杂交。进化算法的一个重要特点是设计越合适，其平均变量就越多，这有助于使设计适合的特征在群体中得到放大。然而，对乐高玩具的数量也是有限制的，因为解读者可以用来构建乐高玩具的积木块是有限的。为了扩大群体中合适的玩具的特性并减少不太合适的玩具的特性，我们将实施以下规则：前 20 个合适的设计将通过杂交来使每对模式卡拥有 4 个变体，接下来的 20 个设计的每对模式卡将有 3 个变体，再接下来的 20 个设计的每对模式卡将有 2 个变体，接下来的 20 个设计的每对模式卡只有 1 个变体，而最不合适的 20 个设计将没有变体。我们将通过抛硬币来打破适合度的束缚。因此，我们将从原来的 100 个设计中制作出 100 个变体（40 + 30 + 20 + 10 + 0）。一旦制作好变体，我们将拆掉原来的 100 个设计，并将零件放回箱子里。如果一个高评级的设计需要比盒子里保有得更多的部件，我们会将最低评级的设计拆分以提供必要的部件——即使在乐高世界里也存在对有限资源的竞争。

此外，我们还假设解读者这个孩子并不完美。有时候，积木搭建过程中会出现错误。例如，他可能会错误地将模式从一张卡转录到另一张卡，并意外地更改、删除或添加之前不存在的符号。这些错误大多数时候都不会被注意到，可能只是改变了某一个部件的颜色，或者稍微改变了一个特定积木块的方向。但是，这样一个随机的错误可能会对后续玩具的适合度产生重大影响，这种随机误差就是突变。

现在，让我们想象一下这两个孩子（解读者和仲裁者）经历几十次循环过程后会发生什么。就像卡尔·西姆斯的电脑模拟一样，最初我们会看到一群随机的低适合度的玩具。解读者可能会在相当长的一段时间里费力地完成许多无趣的设计。但总有一两个设计会引起仲裁者的注意，于是，这些设计就会衍生出不同的版本。我们很快就会看到一些更适合、更有趣（至少在仲裁者眼中是这样）的设计。玩具群体的适合度水平将开始上升。我们也看到在玩具中会出现共同的特点，它们都体现出对仲裁者的口味的迎合。例如，如果仲裁者喜欢有人和动物形象的玩具，我们就会看到有四肢和脸的玩具。如果仲裁者喜欢黄色，我们会看到很多黄色的玩具。在某种程度上，我们会开始看到有复杂结构出现，也就是任何能吸引决定适合度的仲裁者的东西，比如乐高人、乐高马、乐高狗。相对而言，与在乐高图书馆中随机搜索相比，将会很快出现符合这种适合度设计的发现。

在互动者群体中出现的共同特征和花招将把我们引向另一个重要的观点。复杂设计本质上是模块化的。[13] 人类身体中有一系列令人眼花缭乱的系统、子系统和其他组件，从心血管系统到心脏，再到红细胞，而红细胞又有自己的系统和子系统。复杂的人工设计具有相同的特点，例如汽车的刹车系统、刹车本身和一个单独的刹车片。复杂设计可以被看作模块和子模块的分层集合。在进化系统中，这些系统、子系统和组件在模式中都有对应的代码片段。因此，进化构建的模式中充满了这样的模块，这些模块组合成更高级别的模块，而更高级别的模块会组合成更更高级别的模块。在生物学中，构建人类 DNA 图谱的是单个基因，这些基因编码了从眼睛颜色到将有毒氨转化为危险性较低的尿素的化学循环等各种事物。在乐高的案例中，我们将看到编码肢体和颜色等事物的模块。如果某个模块有助于提高互动者的适合度，那么随着时间的推移，我们将看到该模块在玩具中变得更加普遍。如果仲裁者真的喜欢黄色，我们就会看到黄色的模块出现在许多模式图中。

事实上，正如道金斯指出的那样，选择实际上并不对互动者本身起作用，它作用的是模块。[14] 我们可以把每个乐高玩具看作由积木编码的特性集合。通过在仲裁者面前展示不同的组合，进化过程会测试哪些特征会吸引裁判的眼球，然后用这些特征构建更多的东西。随着时间的推移，这些特性以及为它们编写代码的模块在玩具群体中变得越来越常见。因此，进化过程并不是选择单个玩具，而是在表达“仲裁者喜欢有四肢的、黄色的东西”。

如果将第一个仲裁者撤换为仲裁者 2，突然之间，适合和不适合的东西就会发生变化。之前符合前任仲裁者口味的玩具现在被仲裁者 2 判定为“恶心”，我们很快就会看到适合度的崩溃。但在这次崩溃之后的某个时刻，进化算法将再次站稳脚跟，并开始提出一些更好的设计。一旦这种情况发生，它将开始产生越来越多更好的设计变体，最终乐高玩具的适合度将再次攀升。如果仲裁者 2 喜欢飞机、汽车和绿色，我们很快就会看到玩具设计中出现翅膀、轮子和许多绿色的元素。[15]

进化是一个在巨大的可能性空间中筛选的过程。它会尝试一系列设计，然后增加可行的设计并减少那些不可行的设计，如此循环往复。没有远见，没有计划，没有理性，也没有有意识的设计，有的只是针对算法进行的盲目又机械的反复折磨。

复制因子只想复制

“但是坚持住！”你可能会哭，“这真的是没有设计师的设计吗？”算法本身可能会在没有任何帮助的情况下缓慢运行，但是所有这些设置呢？卡尔·西姆斯做所有编程怎么样呢？在乐高思想实验中安插人类解读者和人类裁判怎么样呢？

要理解内生进化的逻辑，或者说是没有外部设计者或程序员帮助的进化，最好的方法是研究一个已知的例子：地球生命的发展史。[16] 地球大约有46亿年的历史，在最初的10亿年里，地球上没有任何生命，只有丰富的化学物质在冷却的海洋中徘徊，在形成的陆地中被搅动，并被火山喷射到大气中，大量分子在加热、冷却、晃动和放电时相互作用和反应着。随着所有这些相互作用和反应，一些更为复杂的分子开始出现。

最终，在大约30亿到35亿年前的某个时间点，发生了一场引人注目的意外——能够复制自身的分子被创造出来。第一个可以自我复制的分子无疑是相当简单的。一个自我复制的分子可能会从周围的化学物质海洋中吸引一些“相反的”分子，这些分子反过来又会吸引与它们“相反”的分子，从而制作出一份分子的原件。即使是一个简单的自我复制分子也不太可能是随机产生的。但是，万万亿分之一的机会也意味着是有可能的，有可能在几十亿年的时间里，有几万万亿个分子发生了几百万万亿次的相互作用。一些科学家还认为，热力学定律可能大大提高了这种可能性。早期地球上有来自火山和其他地热活动的巨大自由能量，反应网络和复杂的有机分子是新陈代谢和自我复制的基础，它们还是所有能量通过地球海洋化学渗透的可能方式。[17]

科学家还不知道第一个自我复制分子（或者说分子们）的确切组成，这是一个重要的研究领域。然而，我们确实知道，至少有一种分子看起来像是 RNA 的前体（地球上所有生命在核糖体的 RNA 上都有共同的基因——DNA 是最近的进化发明）。但是，一旦第一批可以自我复制的分子从早期地球的随机化学晃动中产生了，一种奇特的逻辑就占据了主导地位。正如理查德·道金斯在《自私的基因》一书中指出的，没有复制过程是完美的。复制中出现一个错误，这里或那里发生了一些改变，就会导致自我复制的分子产生一些与自身存在细微差别的东西，但这个错误又没有大到足以损害自我复制的过程。一段时间以后，化学汤中会充满各种略有不同的自我复制分子。汤中的各种可以自我复制的分子的数量是否相同？正如道金斯所言，肯定不同。有些分子在化学上比其他分子更稳定，因此会“活”得更久，或者复制的速度更快。如此一来，寿命更长、质量更好、复制速度更快的分子将在分子群中更为普遍。此外，在这些可以自我复制的分子所处的邻近区域里，复制所需的原料供应是有限的。如果随机突变使得一种分子在化学的应用原料方面比另一种更好，那么这种分子就能够拥有更多的自身拷贝。争夺有限资源从一开始就是进化的一个主题。

最终，一些分子可能会偶然发现一些化学结构，它们会让其他自我复制因子的结构不稳定和破裂并破坏其自我复制过程，然后使具有攻击性的分子能够将被攻击的分子释放出来的分子结合起来供自己使用。这种偶然的创新会立即带来巨大的优势，因为从同类的自我复制者那里获得预先组装好的原材料要比自己找寻并组装它们容易得多。易受干扰和化学物质被盗用的分子数量将迅速下降，而厉害的、发动干扰的分子将迅速复制自己。但一些复制分子也可能碰巧含有一些化学物质外壳，例如脂质，这些化学物质在它们的自我复制机制和外部世界之间提供了一个缓冲地带。有了对干扰物的防御，受保护的分子将更频繁地进行自我复制，并在分子群中变得更普遍。一旦达到了能够复制出对外界产生屏蔽作用的干扰分子的阶段，我们就拥有了现代人眼所能识别的某种东西——病毒。病毒可能会或可能不会被视为活着，但它肯定正在形成。

这些分子战争背后的逻辑非常简单：好的复制因子被复制。[18] 这听起来像是赘述，但这正是进化最微妙和强大的驱动力之一。如果随机突变导致了复制能力的差异，那么任何促进复制的差异都会随着时间的推移在群体中变得更加普遍。进化最终会选择支持复制的模块。这也是道金斯著名的“自私的基因”理论的精髓。[19] 道金斯所说的自私，并不是指人类或其他生物的基因使我们在寻求生存的过程中天生自私。事实上，合作对包括人类在内的许多物种来说是一种至关重要的生存技巧。“自私的基因”所指的是复制的逻辑，即擅长支持自己的复制的基因将被复制。任何其他策略都无法在竞争的世界存续下来。

“好的复制因子被复制”的逻辑有时会在困扰我们的电脑病毒中发挥作用。一种“成功的”计算机病毒（从黑客或病毒的角度来看）是一种可以大量复制其自身的病毒。大多数病毒会通过使用收件人的电子邮件地址簿复制。因此，病毒要被复制，就必须欺骗接收者打开电子邮件。病毒在电子邮件中出现的主题经常是“我爱你”“裸照”。我最近收到的一封特别棘手的邮件来自“管理员”，标题是“您的电子邮件账户将被关闭”。所有这些都是黑客社区为帮助他们的创造物复制而开发的花招。由于好的复制因子会被复制，如果对全世界的计算机病毒进行调查，我们将会看到这些有效的花招在计算机病毒传播中不成比例地出现。

最终，在大约 38 亿年前，自我复制分子的战争发展到一个点，好的复制分子拥有了看起来像现代 RNA 的自我复制过程，以及它们与外界之间的屏蔽膜，但是没有在高等生物的细胞中发现的线粒体、叶绿体、细胞核或其他细胞器。更确切地说，这些最初的生命形式并不比麻袋中的自我复制分子多，就像简单的蓝绿藻漂浮在海水的浮沫上。然而，一旦这些自我复制分子达到这一阶段，进化就开始了，先是出现了种类繁多的单细胞生物，这些单细胞生物又发展出了更为复杂的内部组织，可以做诸如移动、光合作用和吃掉彼此之类的事情。最终，在大约 18 亿年前，进化发现了多细胞生命形式的设计，导致了多样性的爆发，创造了植物、动物以及人类。

这个故事中还有许多重要的细节有待商榷，但它的逻辑中并不需要任何外生因素。只要有了模式、模式阅读器和适合度函数，我们就可以建立进化算法的逻辑。在生命的故事中，模式和模式阅读器是相同的，因为自我复制分子既是代码又是阅读器。甚至复制技术也在随着时间的推移而不断发展，最终发展出了 DNA、保护 DNA 的核膜和有性繁殖，当然，还有无数吸引异性的策略。

在乐高实验中，适合度函数值是由外在的仲裁者决定的。在生物学中，适合度函数是内源性的。有一些决定适合度的约束因素是固定不变的，例如物理和化学定律。但是适合度的其他重要方面与系统是共同进化的。生物环境的关键部分是其他的生物，每个生物体的进化运动和反运动都会影响其他生物体的适合度。掠食性生物可能进化出更快的奔跑速度（良好的奔跑基因会增加复制的概率），但随后它的猎物可能会发展出伪装，掠食性生物的视力可能因此得到改善，它们的军备竞赛在一场无止境的共同进化竞赛中循环往复。但是随着每一个动作的产生，适合度函数值都会发生变化。作为适合度的另一个组成部分——地球的气候也在随着生命的进化而改变。例如，植物生命的发展增加了大气中的氧气含量，为需要氧气的生命铺平了道路。当然，人类的进化正在进一步改变地球上所有生命的生存环境和适合度函数值。

综上所述，进化的过程可以归结为信息处理。为了让进化站稳脚跟，进化算法需要一种信息处理媒介：用于存储、修改和复制的物质。进化在生物世界中是无法自然开始的，直到热力学和随机机会的结合创造了第一个可以自我复制的分子来存储、修改和复制分子设计。在第三部分中，我们将看到使进化在经济中站稳脚跟的信息处理媒介是口语，后来是写作。一旦建立了信息处理媒介，就可以开始分化、选择和复制的过程。好的复制因子可以进行复制，什么是适合的既取决于环境，也取决于与其他复制者的竞争。然后，进化开始在设计空间中行进，寻找更好的复制者。

我们已经看到了进化是如何工作的，下一个大问题是，它为何如此有效？

适合度景观的探索

想象一下所有可能用 DNA 编码的生物的设计空间。DNA 由四种碱基构成，分别为 C、G、A、T，代表胞嘧啶、鸟嘌呤、腺嘌呤和胸腺嘧啶，这些碱基成对依次排列在 DNA 双螺旋结构中。人类基因组中大约有 60 亿个 DNA 碱基对。为了研究 DNA 链比人类更长的生物的进化，我们可以想象一个设计空间，它可以容纳 100 亿个碱基对上所有可能的 DNA 排列。如果我们把每个排列都写在一本厚厚的书里，把所有的书都放在一张桌子上，桌子上的某个地方有一本 3 000 页的书，里面有你自己的全部 DNA 序列，还有 10^{900} 本不同的书，里面有各种大肠杆菌序列，还有 $10^{12\,000}$ 本典型植物物种序列的书等。[20] 丹尼尔·丹尼特将这个囊括所有可能生物的 DNA 的设计空间称为孟德尔图书馆①。[21] 就像乐高图书馆一样，孟德尔图书馆里的大部分内

① 以第一个发现基因的 19 世纪僧侣的名字命名。

容都是垃圾，如果它曾经建成的话，也必定会毁于突变。虽然有大量的设计可以成功地在地球环境中生存，但相对于难以想象的设计空间的大小，它们是非常罕见的。

就像乐高图书馆一样，孟德尔图书馆是有限的，但它只在某个时间点上有限。[22]随着时间的推移，地球上生命的历史已经见证了DNA串长度的扩展，从简单的细菌到复杂的哺乳动物，因此DNA设计空间的大小也在扩展。你可以把设计空间想象成气球的表面——它在某一时刻是有限的，但它可以扩展，就像气球会在充气时膨胀一样。虽然像孟德尔图书馆这样的设计空间的有限性具有一些重要的数学含义，但对于所有实际用途来说，它也可能是无限的。在宇宙的生命周期中，人类或任何其他生物的所有可能设计都不可能得到充分的探索。

这里我想借用丹尼特的另一张图片，让我们想象孟德尔图书馆里的每一本DNA书上都有一根金属杆，[23]每根杆子的高度代表下面特定DNA序列的适合度——杆子越高，代表设计越适合。当然，所谓的适合，主要是指在特定的时间点适应特定的环境。我们将进一步假设，孟德尔图书馆中的DNA书籍是按照某种顺序排列的，它们之间只有一个“位”的距离。例如，序列A-G-C-C-T紧挨着序列C-G-C-C-T，序列C-G-C-C-T紧挨着序列G-G-C-C-T，以此类推。因此，就在你的DNA书旁边的是你的360亿个变体，它们只差一个基因字母。[24]我们可以“一次依据一个字母”在这片地形上移动，从一本书到另一本书，通过每一个DNA序列杆的高度，我们可以看到相应的适应度变化。

在建造物测量中，我们有了一个拥有不同高度杆的巨大山地景观（见图9-3）。这种描述方式有助于我们比较哪个设计比其他的更好，生物学家称之为适合度景观，这一概念最初由进化理论学家休厄尔·赖特（Sewall Wright）在 1931 年提出。[25] 适合度景观以可视化的方式向我们展示了设计空间中优秀设计的位置。我们可以将良好的设计视为高适合度峰值，而在设计空间的近无限处寻找优秀设计的问题可以被重新认识为在适合度景观中找到高峰。

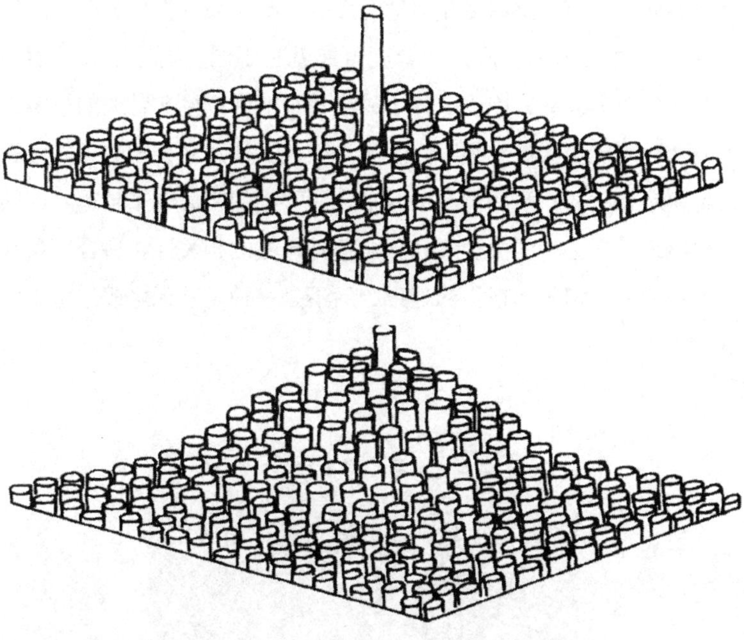

图 9-3 适合度景观示意图

资料来源：丹尼特（1995 年）。

这个巨大的、多山的适合度景观会是什么样子呢？斯图尔特·考夫曼指出，人们可以想象两个极端。首先，人们可能会认为每根杆子都有不同的高度，因此这个景观看起来就是完全随机的、杂乱的（见图 9-4）。在另一个极端，我们可以想象一个完美有序的景观，其中的地形起伏绵延，从低适合度到高适合度，最终形成一个富士山一样的山峰高耸在景观之上（见图 9-5）。考夫曼声称，实际情况介于两者之间（见图 9-6）。[26] 一本只有一个字母和你的 DNA 书不同的书，很可能和你拥有一样的适合度，除非它是一个特别幸运或不幸的突变体。两个字母不同的 DNA 书还是可能和你一样具有相同的适合度。随着我们越来越远离你的 DNA 书，从而产生有着数十、数百或数千个字母不同的书籍，这些变化对适合度的影响会表现得更为明显。离你的 DNA 书越远，相应的书对应的适合度可能就越不同。随着距离的增加，变化幅度会产生较大波动，因为一些小的变化可能会产生非常大的影响，而一些较大的变化可能只会产生很小的影响。因此，任意两个相邻点之间的适合度仅仅是粗略相关的。当我们在书与书之间移动的距离越来越远时，整个景观就变得崎岖不平了。考夫曼注意到，这种粗糙的相关性在适合度景观中会创造一个更像瑞士阿尔卑斯山的地形，而不是一种杂乱无序或像富士山一样的地形。

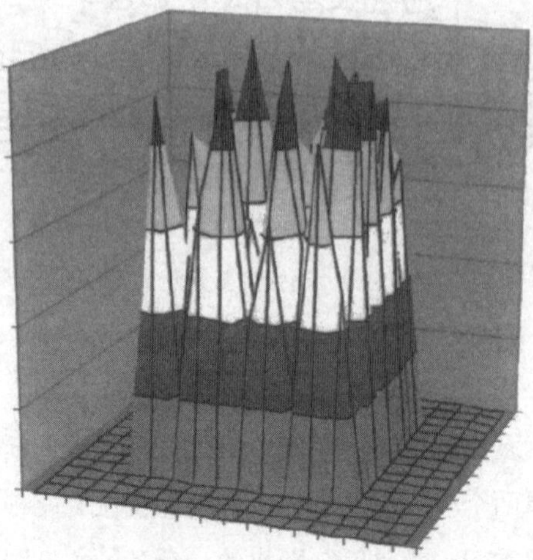

图 9-4　随机的适合度景观

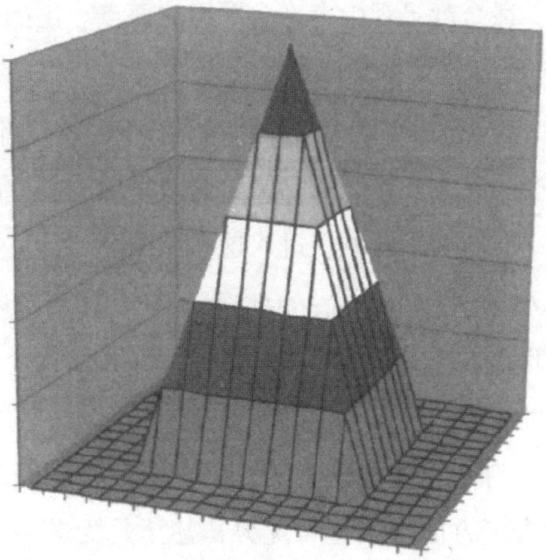

图 9-5 富士山样的适合度景观

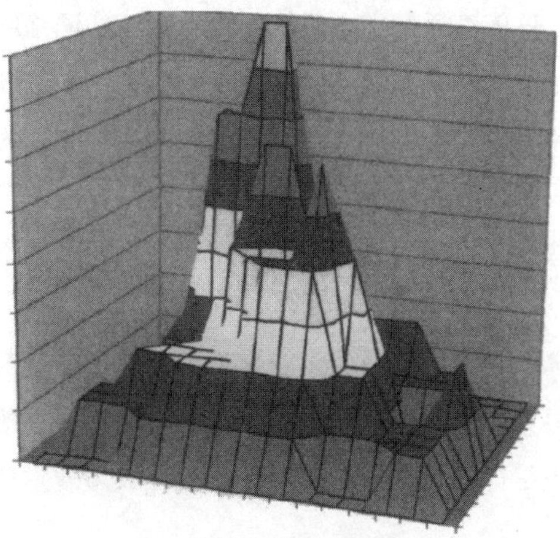

图 9-6 粗相关的适合度景观

包括圣塔菲研究所的吉姆·克拉奇菲尔德（Jim Crutchfield）在内的其他研究人员，已经研究了适合度景观的数学形状，并注意到一些其他特征。[27] 与普通的山地景观不同，适合度景观中有许多平坦的斑点。正如前面所提到的，生物体 DNA 密码的绝大多数微小变化对适合度没有任何积极或消极的影响。因此，你的 DNA 书中大约有 360 亿个单字母变体，以及数万亿的几个字母的变体，景观周围将会有一些大而平坦的高原。这些平坦的高原内部存在裂隙，看上去就像瑞士奶酪一样布满了孔洞。进入这些洞中会导致适合度急剧下降，因为尽管绝大多数的小突变作用不大，但也有一些是相当危险的。如果从你的 DNA 中删除大脑中负责制作关键蛋白质的指令，那么你就会遇到大麻烦。

尽管一些小突变有很大的负面影响，但也存在带来好结果的小突变。这些小突变可以在适合度方面带来显著优势，甚至是为进一步增强适合度的突变开辟道路。克拉奇菲尔德将这些地点称为景观门户，它们是上山的快速通道，就像从山上的一个高原到达另一个高原的陆地桥梁。在前一章中，我们研究了一个模型，该模型通过生态系统中物种关系的网络结构来解释间断均衡。克拉奇菲尔德认为，平坦的高原、瑞士奶酪孔洞和景观的门户路线特征也通过在遗传变化的影响中创造非线性来促进间断均衡。大多数变化都不会产生太大影响，只有少数变化会对适合度（无论是好的或者是坏的）产生较大影响，因此这些变化可能对物种关系网络产生不相称的影响。

任何一个设计空间中大部分的小变化都不会对适合度产生大影响，只有小部分变异具有很大的影响，从而形成生物适合度景观中的相关起伏。这一点很重要，因为正是这种粗相关的特性使得进化成为搜索适合度景观中的高峰的理想算法。

大冠军搜索算法

假设我们被要求在孟德尔图书馆的适合度景观中搜寻高峰，这里需要注意的是，我们的任务并不是找到最高的山峰。整个景观中可能并不一定存在一个明确的最高峰，而是可能有多个高度相同的山峰却彼此相距甚远。更重要的是，即使有一根适合度杆比其他的杆子都略高，我们找到它的机会也非常小。而且，山峰的高度会在景观中不断变化，当我们发现最高的一根杆子时，它可能会变矮，或者另一根杆子会变高。因此，我们无法寻找某个全局最优值，只能简单地寻找在任何给定的时刻的最高峰值。

在开始徒步旅行之前，我们需要引入三个额外的挑战。第一，我们必须想象这是一个漆黑无月的夜晚。你可以感觉到你是走到了高处还是低处，但仅此而已。这代表着进化在任何意义上都无法“向前看”，它所能做的就是尝试一些东西，看看它是否有效。

第二，这个景观中毒雾附着在低适合度的山谷和缝隙中。如果你在漫游中到达的高度太低，就会掉入毒雾因窒息而死。毒雾代表了自然选择——在某些时候，如果你的适合度太低，你就会被淘汰。

第三，这个景观不是静止的，而是不断变化的。随着环境的变化，适合度函数也会发生变化，因此今天的适合度高峰可能到明天就不再是高峰了。随着环境的变化，低适合度的山谷形成新的山脉，而以前的高峰在毒雾之下塌陷为低地。在任何一个时间点上，一些地区的景观可能是稳定的，而另一些地区可能会像板块运动一样逐渐移动，还有一些地区可能是高度活跃的，就像地震带和火山爆发形成的断裂带。

一些景观的变化，比如小行星撞击地球并改变气候，代表了环境的随机变化。而大部分的起伏变化都是物种自身进化的结果。之前，我们注意到所有物种都存在于与其他物种的复杂关系网络中：掠食者、猎物、共生关系、寄生关系等。随着物种在进攻与防御、合作与竞争之间展开军备竞赛，一个物种的进化改变会引发其他物种适合度的连锁反应。

为了搜索景观，我们可能会先选择一个随机的起点，然后运用以下规则：向任意方向迈出一步；如果这一步让你向上走了，就以那里为起点再随意走一步。如果没有让你向上走，则回到之前的位置再试一次。可以想象，如果你的起始点在一个山谷里，你最初可能会在谷底随意地移动。但你最终还是会找到一条向上的路径，爬上最近的山峰。这个规则被称为适应性步行（adaptive walk，见图 9-7）。[28] 虽然适应性步行在攀登单个山峰方面是有效的，但它有一个重要的局限性，即一旦你到达山顶就会停下来，被困在一个局部的最大值上。也许在离山谷不远的地方有一个更高的山峰，但是你永远也找不到，因为你必须先下山才能到达那里。这种适应性步行甚至可能使你困在场地中间的一个小山丘上。

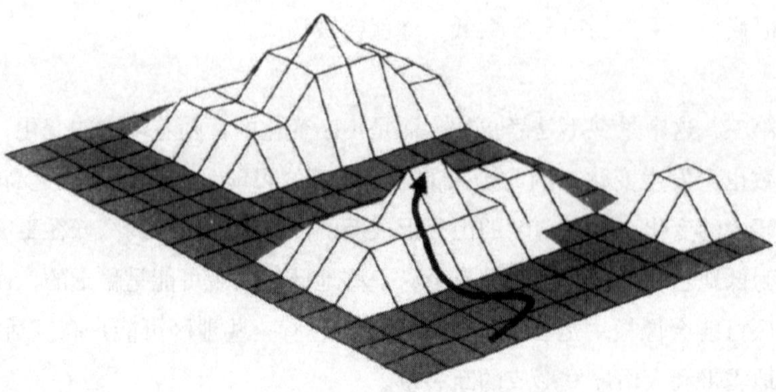

图 9-7 适应性步行

另一种策略是想象你有一个非常强大的弹簧跳板。当你按下弹簧跳板上的一个按钮时，它会在一个随机的距离内向一个随机的方向把你发射出去。因此，你会连续按下按钮，希望降落在一个较高的位置，这种策略被称为随机跳跃（见图 9-8）。与适应性步行相比，随机跳跃的优势在于，你可以跳过中间的山谷，从低谷跳到高峰。然而，它也有一个缺点，那就是你可能会发现自己掉进了一个死亡谷。因此，随机跳跃是一种比适应性步行风险更高的策略，因为适应性步行至少可以让你远离最低的低地并躲开毒雾。此外，随机跳跃也面临着要花很长的时间才能找到真正的高峰的问题。我们都知道，山体大致呈锥形。如果把圆锥体水平切成两半，圆锥体下半部分的表面积总是大于上半部分的表面积。因此，更多的景观表面区域都将是低适合度区域，而非高适合度区域，平均而言，随机跳跃将使你进入低适合度点，偶有幸运的例外情况。对于任何一个正在寻找适合度景观的人来说，即使是找到一个适合度高的点，总有更多的方法让你变得更糟，而不是更好。用丹尼特的话来说，在一个设计空间中，好的设计的数量总是“少得可怜”。

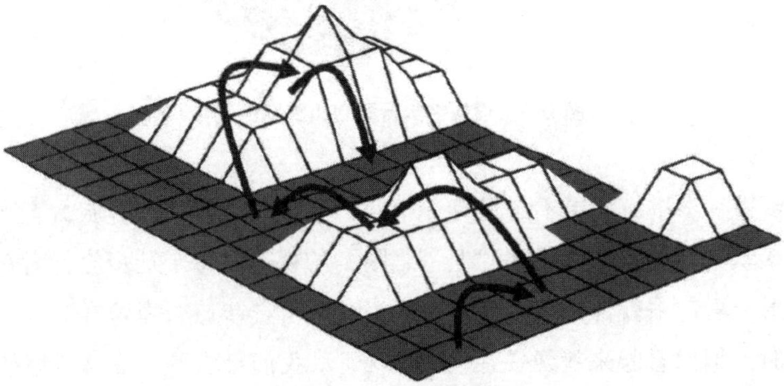

图 9-8 随机跳跃

到目前为止，我们似乎面临着霍布森（Hobson）的选择。我们必须选择一种低风险，但不太可能让我们达到非常高的峰值的策略，或是一种高风险，有可能把我们带到一个高峰，但更有可能把我们带到毒雾之中的策略。

接下来，让我们尝试一下将这两种选择混合在一起的算法，这种算法采用适应性步行，以使我们在景观中爬得越来越高，同时也提供一些随机跳跃，以防止我们被困在局部的高峰上（见图 9-9）。[29] 我们还将权衡随机跳跃与较短距离的跳跃（跳跃距离越长，发生的概率越低），这仍然会帮助我们避免陷入局部的高峰，但降低了落入一个非常低的山谷的可能。

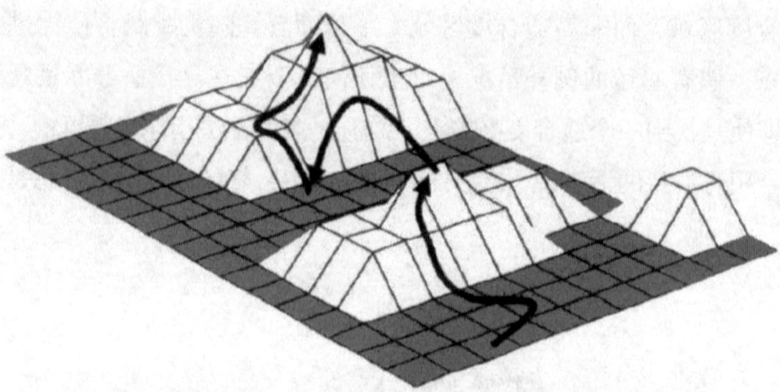

图 9-9　适应性步行和随机跳跃的混合

更进一步讲，如果不是只有一个旅行者，而是有一大群旅行者来帮助我们探索景观呢？如果站在"上帝之眼"的视角，每个徒步旅行者在巨大的地形上看起来就像一个小黑点，而当一大群徒步旅行者都在寻找更高的山峰时，他们看起来就像一片乌黑的云。[30] 我们会看到一片乌云缓缓爬上山坡，每个人都在进行适应性步行。最终，随着这一大群徒步旅行者展开探索，这片云将会出现在局部的高原上并随机扩散到周围。当他们继续适应性步行时，一些徒步旅行者将从"瑞士奶酪孔洞"中消失，但大多数会在局部的高原周围散布开来。我们偶尔也会看到这群人中出现了几个跳跃者，他们降落在远离这群人主体的地方。像高级侦察兵一样，这些跳跃者将在景观中寻找新的路线。一些跳跃者会从高原边缘跳跃到下面的毒雾中，一些人可能会偶然发现一条新路线，也有一些人会发现克拉奇菲尔德所说的那个门户陆桥，带他们穿过低适合度的山谷，进入一个新的高适合度的高原。

截至这里，我们就得到了一个两全其美的结果。大部分徒步旅行者采用了相对风险较低的、在景观中行进的适应性步行。也有一些徒步旅行者分散在离中心更远的地方，还有一些侦察兵拿着真正的传单，在远离人群的地方搜索。这种策略不可避免地会淘汰一些徒步旅行者，但也更有可能找到景观的高适合度区域，而不会陷入局部的高原。

这种在群体中分散赌注的行为正是进化所做的，每个生物都可以被认为是一个徒步旅行者。复制过程为适应性步行提供了动力。如果高适合度的徒步旅行者倾向于将他们的模式与其他高适合度徒步旅行者重新组合，并拥有更多的后代，那么低适合度的徒步旅行者往往会在更高的海拔地区增多，而在低海拔地区减少。但是，变异（生物学中是通过杂交和突变）确保了徒步旅行者遍布整个景观。大多数的徒步旅行者将在同一地区聚集在一起——这是一件好事，因为如果徒步旅行者还活着，他们至少知道自己是在毒雾之上。并且如前所述，下山的路总是比上山的路多，至少也会有一些离群者提供一些寻找更高的高地的新方法。

如果外围的侦察兵确实找到了一条新的上升路径，比如说通过一个门户陆桥到达一个新的高适合度区域，那么高适合度将意味着它们将更快地繁殖，在新的高适合度区域创造一片新的种群云。从上帝的视角看，我们会看到高原上嗡嗡作响的种群云——换句话说，是一个新物种。[31]

这种由变异带来的赌注分散，不仅对发现提高适合度的新方法至关重要，而且对于提高某些徒步旅行者在环境发生变化时存活下来的概率也至关重要。大多数徒步旅行者可能正生活在一个不错的高适合度的高原上，突然景观发生了急剧变化，他们所在的高原坍塌了，唯一剩下的就是那些在更远处的侦察兵了，他们必须重建队伍。同样，一些之前在低适合度地区的侦察兵可能会突然发现，随着景观的变化，他们会到达一个新的、更高的海拔。这是遗传多样性在种群中所起的重要作用：如果你不把赌注分散到整个景观范围内，当环境突然发生变化时，你就有可能失去一切。

通过创建跳跃长度的扩展，进化解决了约翰·霍兰德所说的探索与开发之间的紧张关系。[32] 如果进化发现了一个高适合度的高原，大多数种群就会聚集在该地区繁殖和生长，从而利用其好运及它已经发现的成功适应。但也总会有一些徒步旅行者在更远处的黑暗中跌跌撞撞，寻找上山的新方法，以防范“过度适应”。

有趣的是，霍兰德已经证明，进化会自动在探索与开发之间取得正确的平衡。当情况良好时，也就是在找到一个高原时，进化将按比例投入更多的人口或族群资源用于开发。但是，当情况变得糟糕时，也就是当山谷中的人口或个体减少时，进化就会将更多的资源用于探索。每当进化占据了适合度景观的一个新部分，它就会押注于对未知事物的采样。就像任何下注者一样，随着进化得到更多的信息，它也想对看起来最有希望的赌注加码。霍兰德研究出了平衡开发与探索的最佳方法，并证明了进化非常接近于达到最优均衡。[33] 进化是一个赌徒，一个胜算很大的赌徒。

妙把戏、强迫移动和路径依赖

我在前文中提到过丹尼特的把戏的概念。[34]把戏是在适合度景观上的移动，这些移动并不需要经历族群灭绝的痛苦，而是非常吸引人的，它们很有可能会在景观的进化搜索中被反复又独立地发现。假设景观中有一个叫做“有眼睛的生物”的巨大高山区域，所有的DNA书中都有关于制造能探测光的传感器的指令。这种通过眼睛检测和解释光信号的能力对适合度有着重大的贡献，几乎与环境无关（除非世界变黑）。就适合度景观而言，具有“有眼睛的生物”的DNA书籍构成了一片非常大的、稳定的高适合度区域。该区域的大小、高度和稳定性使得任何进化搜索过程最终都能找到它。大而高的山区也可能有多条通向它们的进化路径，因此，把戏可能独立地出现在多个物种中，而且每个物种的设计都有所不同，例如哺乳动物的眼睛设计和昆虫的眼睛设计就是不同的。

丹尼特还提到另一个因素——受迫移动。[35]在国际象棋比赛中，棋手有时会发现自己处于一种别无选择的境地，他们被限制在每一步移动都等同于自杀的位置。同样，在一个适合度景观中，进化搜索的移动也受到特定环境的适合度的限制。也就是说，一个人可以沿着低适合度的毒雾上方的山脊跑，但如果偏离了山脊线，他就会死。一些受迫移动是由物理和化学定律的约束造成的。例如，热力学定律规定，所有生物的身体和环境之间必须有某种边界，以便在它们低熵的内部世界和高熵的外部世界之间提供一种屏障。因此，所有生物都有某种皮肤、膜、外骨骼、蛋白质外壳或其他容器。其他的强制移动可能是也可能不是永久性的，这取决于环境的当前状态或物种间的共同进化。

适合度景观造成的一个结果是路径依赖，这是我们之前在书中简要讨论过的一个概念。在进化系统中，历史很重要，你将来能去哪里取决于你过去的位置。变异可以使生物种群分散到景观的附近，但你不能随意从景观的一个部分立即转移到另一个部分（上文中讲到的随机跳跃发生的起始位置是随机的，并且短距离跳跃发生的概率较大）。假设有一个代表某种鱼类设计的山峰，鱼的生存环境正在发生变化，它的生态位正在消失，它的顶峰正陷入毒雾之中。从上帝视角来看，我们可以看到附近有另一种目前还不存在的鱼类设计的顶峰，它高于毒雾并且看起来很稳定。然而，这两种景观之间没有可通行的道路，也没有位于毒雾之上的陆地桥梁。这些设计相距太远，以至于无法通过随机跳跃来抵达彼此。在第一种鱼类的设计与第二种鱼类的设计之间没有可持续的中间生态位，鱼类是其历史的囚徒。它的特殊道路导致了其特定高峰的局限性，其未来的选择受到了过去的限制。

数学家和进化理论家已经探索了各种不同景观的替代搜索算法。有些更适合搜索完全随机的景观，有些更适合搜索高度有序的和规则化的景观。但是对于介于两者之间的景观来说，由于它们是粗略相关的，并具有高原、洞穴和门户等复杂特征，进化是最好的算法。当景观不断发生变化，当搜索问题成为一个动态的难题，当一个人必须平衡探索与开发之间的紧张关系时，我们只能说，进化确实是伟大的冠军。[36]

剥离进化，回归基础

为了回顾我们一直在建立的基质中性的进化版本，这里列出了进化工作的必要条件：

◎ 有一个可能的设计空间。

◎ 可以将这些设计可靠地编码到模式中。

◎ 有某种模式阅读器可以可靠地解码模式并将其呈现给互动者，在内生进化中，模式为自身阅读器的编码。

◎ 互动者是由模块和模块系统组成的，这些模块是通过模式中的构建块进行编码的。

◎ 将互动者呈现在一个环境中。环境对互动者施加了约束（例如物理定律、气候或仲裁者），任何一个制约因素都可能随时间而改变。一个特别重要的制约因素就是互动者之间对有限资源的竞争。

◎ 总的来说，环境中的制约因素创造了适合度函数，其中一些互动者比其他互动者更适应。

进化的过程可以被认为是这样的一种算法，在给定环境的适合度限制下，该算法可以搜索设计空间以找到适合的设计，算法对设计空间的搜索如下：

◎ 随着时间的推移，模式会发生变化。模式可以被任意数量的因子改变，例如杂交和突变。

◎ 模式被呈现为创建族群的互动。

◎ 对互动者的作用是一个选择的过程，其中一些设计被适合度景观认为比其他设计更适合。不适合的互动者更有可能从群体中被移除。

◎ 存在一个复制的过程。适合的互动者平均具有更大的被复制概率，并且比不太适合的设计拥有更多的变体。

◎ 随着时间的推移，有助于提升互动者适合度的构建块会被更频繁地复制，在群体中也更常见。

◎ 变异、选择和复制的算法过程在种群上递归地进行，一轮的输出会成为下一轮的输入。

当算法运行在具有正确参数的适当设置的信息处理基质上时，我们可以期望看到以下结果：[37]

◎ 从随机性中创建秩序。从简单的随机起点出发，算法将创建出从适合度函数的角度被“排序”的、复杂“有序”的设计。所有的进化过程都是在开放的系统中进行的，因此该算法实际上是在利用能量来降低局部熵并将随机性转化为有序性。
◎ 发现适合的设计。该算法提供了一种快速有效的方法来搜索包含了适应的设计的巨大设计空间。在内生进化中，如果设计在环境的约束下能够生存和复制，那么这种设计就是适合的。
◎ 不断地适应。算法会“学习”适合度函数想要什么，并找出符合这些标准的设计。如果适合度函数发生了变化，进化就会产生反映出新的选择压力的设计。
◎ 知识的积累。进化过程会随着时间不断积累知识。如果我们冻结乐高的进化过程，在特定的时间点分析所有玩具的图式卡，就可以说这些卡片中的信息反映了有关玩具历史演变的适合度环境的学习或知识。同样，DNA 包含了大量的信息，这些信息与过去的生物设计有关。如果你是来自另一个星球的外星人，从来没有见过地球，却从一个地球生物身上获取了一段 DNA，你就可以从这段代码中了解到很多关于地球环境的信息（假设你有一个 DNA 阅读器）。模式就像进化过程中的硬盘，随着时间的推移，它们会存满信息。
◎ 创新的出现。在进化过程中，算法会不断地创造出新的设计变体。从理论上讲，所有可能的设计都已经存在于设计空间中，但通过发现和呈现它们，进化将“新的”设计引入了现实世界。在乐高的例子中，进化算法毫无疑问会产生一些孩子没有预先想到的设计，并且，通过使用计算机模拟进化来设计从喷气式发动机风扇的叶片到计算机芯片的实验也催生了新颖的设计。[38]

◎ 专注于成功设计的资源会不断增长。随着成功设计在资源竞争中获胜，成功设计的数量会增长，而失败设计的数量会减少。更大的群体意味着成功的模式在物质、能量和信息方面比不成功的模式“控制着”更多的资源。然而，由于来自共同进化的网络效应与适合度景观本身的形状相结合的效果影响，增长可能不会遵循一个平稳的模式，而是遵循一个间断均衡的模式。

在具有粗相关的适合度景观中，进化能非常有效地在大型设计空间中找到适合的设计，这是因为：

◎ 进化采用的是并列搜索。实际上，每一个群体的成员都是一个单独的设计实验，所以同一时间内有很多徒步旅行者外出寻找高峰。

◎ 进化在景观上创造了一系列的跳跃。它并不只是追求那些短跳跃，因为这样可能会被困在局部最优处；它也不追求太多疯狂的长跳跃，因为这种跳跃失败的概率大于成功的概率。

◎ 进化是一个不断创新的过程。算法的递归特性从来没有停止过。考虑到景观不断变化的特性，这一点至关重要。随着进化在探索与开发之间取得平衡，可能会出现或多或少的主动搜索阶段，但是这种搜索永远不会结束。这个系统没有均衡——在进化系统中，停滞是导致种群灭绝的关键。

———

实际上，进化会说，“我将尝试很多事情，看看哪些可行，然后多做一些可行的，少做一些不可行的”。筛选的过程中会发生一些不寻常的事情。

进化算法不仅会学习适合度函数“想要的”，还会学习在总体模式中通过学习积累的知识，因此在不断寻找越来越适合的设计时，进化过程产生了新颖性。

进化就像一场戏。演员阵容和情节都是固定的，但演员、场景和许多细节都不是固定的。进化过程可以设定在生物学、计算机模拟、乐高玩具游戏中，也可以设定在人类文化、技术和经济中。无论基质是什么，只要条件存在，所有的进化过程就会产生普遍性的结果。

从进化论到经济现实

正如前文中提到的，进化论和经济学是相互交织、相互影响的，这大概可以追溯到大约 160 年前达尔文的时代。尽管阿尔弗雷德·马歇尔、弗里德里希·哈耶克等许多伟大的经济学家都在努力将进化论纳入经济学，但是，他们最终还是受到两件事的限制。他们努力将对生物进化的理解映射到经济进化上，并提出了一些问题，比如，基因在经济上的对等物是什么？一组公司是一个群体吗？在经济体系中，什么构成了父母和子女？[39] 通常，这些早期的努力就像瓦尔拉斯、杰文斯和其他边缘主义者一样，在隐喻推理上犯了同样的错误。在第三部分中，我们的出发点将不再是生物学，而是我们刚刚讨论过的通用算法图。现代的进化算法主张进化系统是一个具有普遍规律的通用类别，我们需要搞清楚的是经济是否属于那个类别，或者是否受这些规律的约束。如果答案是肯定的，那么我们就可以说经济世界和生物世界都是这一通用类别的成员。它们可能在算法的实现上会有很大的不同，因此询问父母和后代在经济学中的含义可能是毫无意义的。尽管如此，这两个世界仍然遵循着相同的进化系统的一般规律，因此这也解释了强烈的家族相似性（请原谅这个比喻）。

或许，这条道路上的首批开拓者是理查德 · 纳尔逊和悉尼 · 温特，他们创作出了影响深远的《经济变革的进化理论》。但从他们在 20 世纪 70 年代末和 80 年代初的优势来看，基质中立的进化算法理论才刚刚形成。约翰·霍兰德具有里程碑意义的《自然和人工系统中的适应》（*Adaptation in Natural and Artificial Systems*）出版于 1975 年，理查德 · 道金斯的《自私的基因》出版于 1976 年，约翰 · 梅纳德 · 史密斯（John Maynard Smith）的《进化与博弈论》（*Evolution and the Theory of Games*）出版于 1982 年，斯图尔特·考夫曼的《秩序的起源》（*Origins of Order*）直到 1993 年才出版。这些作品中的观念为 20 世纪 80 年代中期以来蓬勃发展的研究项目提供了种子，这些重要的工作直至今天仍在继续进行。[40]

但是纳尔逊、温特以及他们的前辈的理论中也缺少了另一个重要的组成部分——大量廉价的计算能力。正如我们所看到的，进化是一个在大群体中被数千次、数百万次甚至数十亿次无情地反复验证的算法。这样一个过程几乎不可能采用大多数传统经济学家使用的分析风格来建模，直到 20 世纪 90 年代，计算机的出现使一切成为可能。

———

我们现在已经有了进化这出戏的角色和情节，并且已经准备好开始挑选戏剧角色了，还建立了组织、市场和国家经济的戏剧环境。这出戏的剧本就是创造财富的故事，用莎士比亚笔下的福斯塔夫（Falstaff）的话来说，现在是“演完这出戏”的时候了。[41]

第三部分

财富起源于进化：复杂经济学中的三种进化力量

THE ORIGIN OF WEALTH

这样的生命观无比壮阔……从如此简单的起源，就能进化出最美丽、最奇妙的事物。

——达尔文《物种起源》

10 力量一：商业设计

两人因犯罪被捕，但警方缺乏充分的证据证明哪个人是有罪的。审问者将两个嫌疑人分别关在不同的牢房里，这样他们就无法相互交流。审问者告诉每个嫌疑人，如果他能指认自己的同伴，他就会因提供线索获得奖励并被释放，但前提是同伴没有指认他。如果嫌疑人和同伴相互指认，他将会被关进监狱，不过他会因提供线索获得减刑。如果嫌疑人保持沉默，他就面临着两种可能：一是他的同伴也保持沉默，他们都会因证据不足而被释放。二是嫌疑人保持沉默，而同伴指认了他，那么他将被监禁很长一段时间。

你可能意识到了，这就是囚徒困境博弈——一个无处不在的经济问题，复杂经济学的先驱之一、密歇根大学的罗伯特·阿克塞尔罗德曾经称之为“社会科学研究的大肠杆菌”。[1]正如生物学家通常从细菌、果蝇和其他简单的有机体入手，然后才转向复杂的人类，我们将从一个简单的模型开始，逐步建立起对经济运行方式的直觉。在本章中，我们将使用囚徒困境博弈作为大肠杆菌模型，并了解如何使用进化算法来进化简单游戏中策略的设计。第三部分结束后，我们将从游戏过渡到经济整体的进化。

囚徒困境博弈

囚徒困境博弈中的选择可以用一个给出不同决定组合结果的回报矩阵来描述（见图 10-1）。结果显示，两名嫌疑人都有强烈的指证动机。如果你不知道同伴会做什么，并且没办法与他协调，最好的选择是去指证。具体来说，如果你的同伴保持沉默，那么你去指证更有利（你获得的回报是 1：0），而如果你的同伴指证了，指证仍对你更有利（你得到的回报是 -2：-5）。因为两名玩家都面临着相同的选择条件，游戏中会出现一个均衡的解决方案，两名嫌疑人都像小鸟唱歌那样指证对方，然后都进入监狱。从嫌疑人的角度来看，这当然不是最佳结果，因为如果他们能以某种方式协调行动，那么他们都能获得自由。

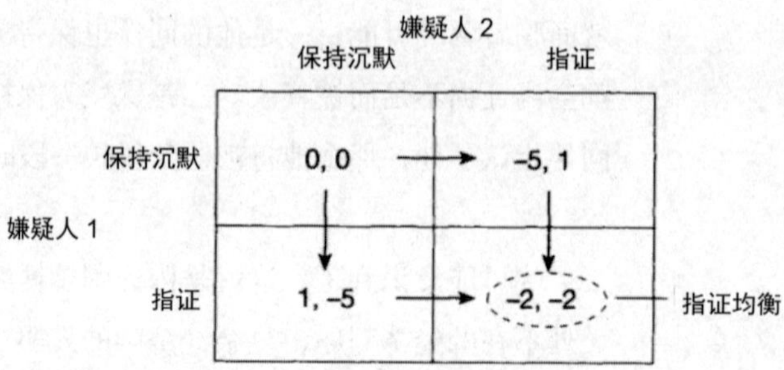

图 10-1 囚徒困境博弈中的回报

囚徒困境博弈代表着一种典型的均衡：是追求狭隘的个人利益，还是尽量和他人合作获取更大的利益？这种权衡经常出现在核武器控制、商业战略和婚姻关系等多种情况下。囚徒困境是博弈论问题的一个例子。顾名思义，博弈论适用于研究这样的情况：一个人可以定义一组玩家（例如两个嫌疑人）、一个目标（获得奖励或避免坐牢）、一个决定（指证或不指证）以及一组能将决定反映到玩家回报中的规则。[2]

囚徒困境特别有趣，因为它是一个非零和博弈的例子。在一个非零和博弈中，两个或两个以上的人合作会给群体带来更大的收益。在囚徒困境中，两个玩家总回报的最大化要通过彼此的合作来实现。也就是说，如果两个玩家都保持沉默，他们的总回报是 0，而不是另一种选择中的 -4。“如果你帮我梳毛，那么我也帮你梳毛”这句话就展示了一个非零和博弈的例子，因为合作能使我们获得自己无法获得的收益。相反，在一个零和博弈中，对于每一个赢家而言，一定有一个输家，一个人的收益就是另一个人的损失。例如，两个人对足球比赛的结果打赌，一个赢了，另一个就会输，不可能两个人都是赢家。我们将看到，非零和博弈的存在以及由此产生的利己与合作之间的矛盾在复杂经济学中起着核心作用。

囚徒困境给我们带来了一个难题。经济依赖于合作活动，人们需要一起工作来生产东西，进行贸易。然而，当人们只能看到狭隘的自身利益时，他们会产生一种在工作中懈怠、在贸易中欺骗的动机。即使人们并没有真正的欺骗，在不知道别人会做什么的情况下，率先为更大的利益伸出合作之手仍有可能面临风险。在《微观经济学》（*Microeconomics*）一书中，圣塔菲研究所的经济学家塞缪尔·鲍尔斯（Samuel Bowles）用他与印度小村庄帕兰普尔（Palanpur）的农民进行过的一次讨论说明了这个问题：

帕兰普尔的农民会在预计能达到最高产量的播种日期之后几周再播种冬季作物。农民并不怀疑早些播种会有更好的收成，但没有人愿意成为第一个播种的，因为种在空荡荡的土地上的种子会被鸟吃掉。我询问是否有一大群农民或亲戚同意早些播种，然后都在同一天播种来减小损失。“如果我们知道如何做的话，”他抬头看着我说，“我们就不会这么穷了。”[3]

这种困境被称为协调问题。当人们不合作时，博弈论者称之为背叛者。那么我们应该如何在经济学中实现协调，如何避免背叛陷阱呢？

如果嫌疑人作出了决定，看到了他们的结局，然后又有了重新做决定的机会，结果会不会改变呢？你可能会认为，两名嫌疑人在监狱里待了几次之后，最终会发现他们可以通过相互合作并保持沉默来做得更好。同样，如果帕兰普尔的农民尽量协调他们的种植，而一些农民没有守信，那么这些背叛者将在下个种植季受到惩罚或制裁。

事实上，这个逻辑是有问题的。如果游戏是重复的，并且有固定的回合数，那么两名参与者就又会回到背叛的状态。在囚徒困境中，如果两名玩家都知道，第五轮是最后一个回合，逻辑就会迫使他们把这当成一个单轮游戏去玩。第五轮之后就没有了，所以在第五轮，两名玩家都会自动背叛。同理，他们在第四轮也面临着同样的困境。既然知道无法在第五轮中获得合作的奖赏，那为什么不在第四轮也背叛呢？如此一来，第一轮也会发生同样的情况。

但在现实世界，我们通常无法准确地提前得知一场游戏会进行多少回合。要是游戏的回合数有限但未知该怎么办呢？一个帕兰普尔的农民知道他一生中的种植季有限，但又不知道会有多少季。在这种情况下，游戏就会失去均衡，传统经济学分析也没有告诉我们最佳策略是什么，我们必须要用不同的方式来思考这个游戏。[4]

冠军的锦标赛

20世纪70年代末，罗伯特·阿克塞尔罗德尝试用一种不寻常的方法来回答如何重复地玩未知次数的囚徒困境游戏。他决定进行一个实验，这个实验自那之后变得十分出名。[5]阿克塞尔罗德没有用数学分析来解决这个问题，相反，他举行了一场比赛。阿克塞尔罗德让来自世界各地的14名社会科学研究者提交一个拥有最佳策略的候选人，然后在一场循环锦标赛中让不同的参赛者相互对决。其中一些策略非常精细，采用了复杂的数学公式。但是赢得比赛的策略非常简单。它是由多伦多大学心理学和数学教授阿纳托尔·拉波波特（Anatol Rapoport）提交的。拉波波特的战略被叫做“以牙还牙”，它的第一步是合作，从那之后，参赛者只是简单地观察对手的最后一步，然后重复对手的动作。如果对手合作，那他也合作；如果对手背叛，那他就背叛。阿克塞尔罗德对这一简单策略的成功感到惊讶，并举办了第二次更大的比赛来进一步测试它。这一次有来自经济学、数学、物理学、计算机科学和进化生物学领域的62名参赛者，“以牙还牙”又赢了。

阿克塞尔罗德十分好奇：这样一个简单的策略怎么能接连打败那些更为复杂的设计呢？“以牙还牙”真的是最好的，还是有其他更好的策略等着被发现呢？此外，虽然“以牙还牙”的策略总体上是成功的，但它在应对某些策略上的性能也存在不如其他策略的情况。从某种意义上讲，它相当脆弱。想象两个采取“以牙还牙”策略的玩家相互对抗，事情进展得非常顺利，突然一名玩家犯了一个随机错误，展现了背叛行为，他们就会陷入恶性循环，永远相互背叛。这个灾难性的结果仅仅是因为一个简单的错误，它给阿克塞尔罗德感兴趣的领域——核武器控制，带来了令人担忧的影响。

阿克塞尔罗德还想探索其他策略，但又不想举办另一场更大的锦标赛。

随后，阿克塞尔罗德在密歇根大学的同事约翰·霍兰德向他介绍了 20 世纪 70 年代中期霍兰德发明的在计算机上模拟进化的技术。阿克塞尔罗德决定尝试霍兰德的模拟进化算法，看看他是否可以简单地在计算机上模拟进化策略，而不必让人类为囚徒困境博弈提建议，然后让大自然主导最适者生存的战争。

计算机模拟策略

阿克塞尔罗德于 1987 年发表了他的研究成果，他结合进化模拟和博弈论开展了一系列富有成果的研究。[6] 克里斯蒂安·林格伦（Kristian Lindgren）建立的模型对这项研究作出了贡献，他是来自瑞典查尔姆斯理工大学和哥德堡大学的一名物理学家。[7] 林格伦的模型特别有趣，他没有让成对的参与者在锦标赛中相互对抗，上演囚徒困境，相反，他让多个参与者同时进行游戏，如同糖域中相互作用的参与者那样。

林格伦对不断演变的囚徒困境的模拟为我们提供了一个相对简单的大肠杆菌模型，该模型捕捉了进化如何在经济的复杂适应系统中展开的几个关键方面。第一，合作与竞争之间的内在权衡产生了一种中心矛盾，使系统持续处于不平衡状态。这种矛盾导致了合作结构的转变，这种结构会随着时间的推移自我组织、成长和解体，就像在现实经济中一样。第二，与我们在第 6 章的讨论一致，林格伦的模型中面对囚徒困境的参与者没有办法全局优化他们的行为。他们所能做的就是审视自己的情况和历史，然后尽力而为。第三，正如前面所讨论的，参与者的动态交互通常会导致复杂的紧急行为模式，其中许多行为模式是不可预测的，林格伦的模型也不例外。第四，也是最有趣的一点，这是一个创新的模型。就像卡尔·西姆斯探索能游泳的生物的进化一样，林格伦利用进化来寻找囚徒困境中的成功策略。实际上，我们可以把林格伦模型看作利用进化探寻所有可能的囚徒困境策略的巨大设计空间。

林格伦模型的整体结构实际上结合了两个游戏：囚徒困境和生命游戏。生命游戏是由数学家约翰·霍顿·康威（John Horton Conway）开发的，这个游戏在一个像是大棋盘的二维网格上进行（见图 10-2）。网格上的每个方块都代表一个小细胞，每个细胞在游戏中的任何一点都可以打开或关闭。如果一个细胞处于打开状态，它将变为黑色；如果处于关闭状态，它将变为白色。每个细胞有 8 个相邻的细胞，4 个紧邻的细胞和 4 个位于对角线上的细胞。一个细胞是打开还是关闭取决于其相邻细胞的状态，每个细胞都遵循一个简单的规则：计算有多少相邻的细胞处于打开状态。如果数字是 2，那么中心的细胞将在下一轮保持它现在的状态。如果数字是 3，那么中心的细胞将在下一轮中打开，不管它现在的状态如何。在其他情况下，细胞将会在下一轮关闭。

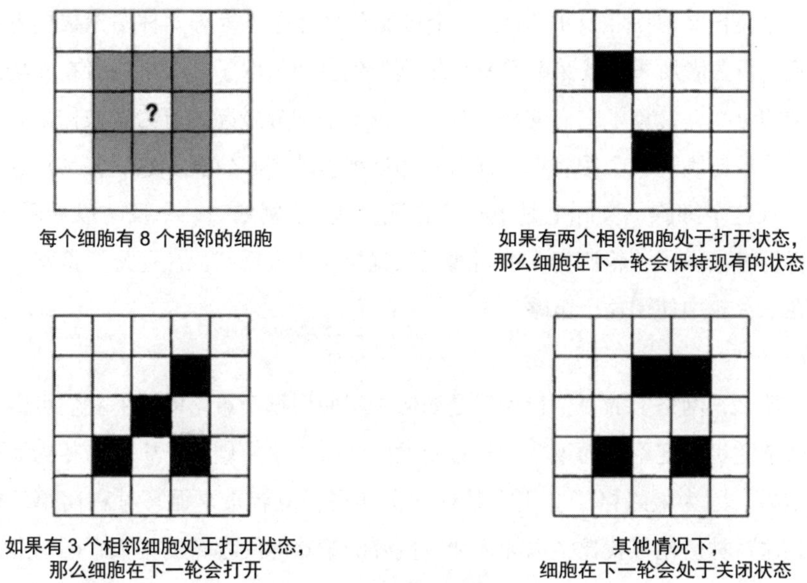

图 10-2　生命游戏

生命游戏之所以得名，是因为它用简单的规则建立了细胞网格，人们能看到细胞组成的图案，有时一闪一闪就好像细胞是活的。有时网格看起来像是一团乱闪的光，有时细胞在复杂的图案中自我组织，看起来像是在培养皿中生长的细菌。你可能会注意到生命游戏和考夫曼的布尔网络之间存在相似性，两者都属于细胞自动操作，这是约翰·冯·诺依曼在 20 世纪 60 年代开发的一类高度通用的计算系统。[8]

林格伦在他的模型中创建了一个生命游戏，但是他没有按照生命游戏的正常规则让格子上的细胞闪烁，而是让它们根据细胞之间进行囚徒困境博弈的情况打开或者关闭。我们把网格上的细胞称为行为者，每个行为者都会与最近的 4 个邻居玩囚徒困境的游戏（见图 10-3）。每个行为者都有可能采取不同的游戏策略。例如，一个可能采取“以牙还牙”策略，另一个可能正相反（总是做与对手相反的事），一个可能总是合作，等等。林格伦根据占领细胞的行为者所采用的策略给每个细胞染色，他获取了每个行为者在 4 场游戏中的分数，计算了它们的平均分。一轮中平均分最高的行为者被称为胜利者。然后，胜利者会像病毒一样占领邻近细胞的中心位置，然后将其获胜策略注入这个细胞，实际上是进行了自我复制。[9] 例如，一个反“以牙还牙”的行为者赢得了一轮比赛，中间的玩家就会被注入反“以牙还牙”策略，然后在下一轮中使用这个策略。

那么，网格上的每个行为者是如何决定使用哪个策略的呢？我们可以在网格中随机设定不同的策略，看看会发生什么。这样做会产生一个相当无聊的结果，因为最终格子会进入某种均衡状态，或者重复循环某种简单的模式。这对林格伦寻找比“以牙还牙”更好的策略的问题帮助不大，因为通过测试随机产生策略找到好东西的概率很低。

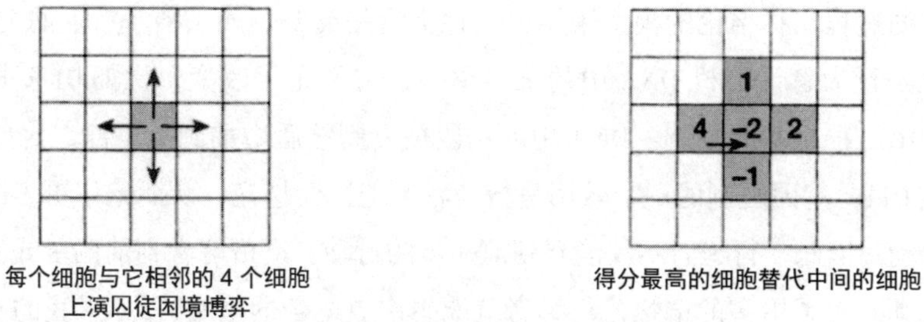

图 10-3 将生命游戏和囚徒困境博弈结合在一起

林格伦转而决定让进化搜索所有可能的囚徒困境博弈的设计空间，寻找高分策略。网格上的每个行为者都被赋予一个概要，一个由 1 和 0 组成的计算机 DNA 字符串，用来编码策略。林格伦认为行为者会通过归纳作出战略决策，也就是说，他们回顾了游戏历史中的行动和反抗行动，并利用这一历史模式预测在下一轮中获得成功的策略是什么。因此，输入每个行为者的计算机 DNA 都是历史中的行动和反抗行动，输出的是是否合作或背叛的决定。

林格伦初始化游戏时设置的是只能记得前一行动的行为者。对于一个只记得前一行动的行为者来说，可能采取的策略只有四种：

1. 永远背叛，永远背叛，不管对手做了什么。
2. 永远合作，永远合作，不管对手做了什么。
3. 以牙还牙，总是做对手做过的事情。
4. 反以牙还牙，总是做和对手相反的事情。

在游戏开始的时候，林格伦给每个行为者随机赋予了这四种可能策略中的一种。然后，他借助随机突变周期性地破坏它们的 DNA，使其经历进化变异的过程。林格伦的模型采用了三种类型的突变。第一种，点上的突变，仅仅是行为者计算机 DNA 中的某一单一位置发生了改变，比如 01 变成了 00。第二种是基因复制，DNA 中的一段被复制然后增加到了尾部，比如 01 变成 011。基因复制的一个效用是行为者的记忆会扩充，从而记住更多的历史行动。因此，行为者不仅能看到前一步的行动，还可能看到前两步或三步的行动。有了更多的记忆，行为者就能想出更复杂的策略，“如果我的对手背叛了，那么我也背叛，然后我的对手会再次背叛，我就会合作”。第三种，分开的突变，DNA 的一段或另一段被砍掉了，比如 011101000110001 变成了 011011。这将缩小内存大小，从而降低策略的复杂性。

除突变外，林格伦还会让行为者犯错来制造随机的改变。一个行为者的策略可能表明要合作，事实上它却会“意外地”背叛。

一片比特雨林

为了开始这个游戏，林格伦制作了一个游戏板，板子中有 16 384（128×128）个方格，每个方格里都有一个行为者，每个行为者在初始化时都会采用四种基本策略中的一种。林格伦按下开关，游戏开始，进化过程随即发生。在游戏过程中，策略会发生突变，最适合的策略得到最高分数，并开始注入相邻的方块中。

一个生态系统诞生了。起初，随着四种策略相互作用，由随机分散的行为者构成的风景开始相互渗透——“以牙还牙”和总是合作的行为者爱上了合作，共同取得了高分。同时，总是背叛的行为者无情地利用了可怜无助的反以牙还牙者，总是合作的行为者一直合作，总是背叛的行为者持续背叛。很快，大量不合作而总是背叛的行为者集合被赶出了板子，而合作之岛出现了。这些岛屿通常会有一群总是合作的行为者处在中间位置，它们疯狂地合作，提高分数，把邪恶的总是背叛者留在海湾里。然而，这些合作的殖民地并不稳定。有时，入侵的背叛者会打破合作之岛，把每个人都拖垮。另一些时候，一个合作之岛会像细菌群一样迅速扩张，把它的边界推向充满敌意的背叛之海。最开始混乱不堪的板子，随着不同的策略在合作与背叛间的大战中重新占领不同的位置，出现了方块、之字形、螺旋形以及其他形状的图案。

很快，动荡的策略困境中又发生了其他的事情——创新出现了。基因上的突变使行为者的记忆容量扩增，从而使行为者能够回溯更多的历史，想出更为复杂的策略。很多突变体是很快就消失的无意义策略，但是总的来说，更多的记忆是一个巨大的优势，成功的新策略开始出现并复制。林格伦将一种策略命名为傻瓜策略，即如果行为者与对手在上一轮中采取了同样的行动（不管是合作还是背叛），那么行为者在下一轮就合作；如果行为者与对手采取了不同策略，那么行为者在下一轮就背叛。另一个是复仇策略，一开始双方都会选择合作，但是之后如果对手背叛了，行为者就会接连背叛，目的是在再次合作之前让对方明白它的想法。就像之前提到的，“以牙还牙”的一个问题就是如果两个玩家相互以牙还牙，其中一个不小心犯错背叛，两个行为者就会永远相互背叛下去。还有一个是公平策略，一开始双方是合作的，但如果其中一方背叛了，采取公平策略的另一方就会“生气”，然后用背叛惩罚对手，直到对手重新开始合作。然而，如果采取公平策略的行为者犯了错，它就会通过合作“道歉”，直到被对手原谅，双方再次开始合作。因此，公平策略往往在嘈杂、容易出错的环境中表现很好。

森林之王

那么谁是赢家呢？最好的策略是什么呢？林格伦发现这是一个荒谬的问

题。在像林格伦模型这样的进化系统中，事实上并没有单一的赢家，没有最优的、最佳的策略。相反，任何在特定时间点活着的玩家都是赢家，因为其他玩家都死了。要想生存下去，一个行为者必须有一个策略并为之奋斗，以某种方式谋生，抵御竞争对手，应对变幻莫测的环境。“每个人都是赢家”听起来像是逃避，但生存并不是什么了不起的壮举。正如斯图尔特·考夫曼指出的，地球上曾经生活过的绝大多数物种现在都灭绝了。在任何一个时间点上，只有适合的风景中极其微小的一部分能够成为现实。

“谁赢了”是一个无意义的问题，一片森林就是一个由植物、昆虫、鸟类和动物组成的高度复杂的生态系统。这些生物都是使用不同生存策略的行为者，有的相互合作，有的相互竞争，那么谁是森林之王呢？谁有生存繁殖的最佳策略呢？是现代人吗？人类似乎认为自己在主导这场演出，但我们只是进化历程中的一个瞬间，从长期来看，人类的未来也是不确定的。那小田鼠呢？这种生物比人类存在的时间长，数量也比我们多。在地上疾行的蟑螂呢？蟑螂存在的时间甚至比老鼠都要长，并且似乎能在一切情况下存活，从杀虫剂到核爆炸。那些我们努力消除却不受影响的杂草呢？或者那些快乐地在森林中所有哺乳动物肚子里搭便车的大肠杆菌呢？另一个更为复杂的问题是，如果你做了一项调查，研究所在地的森林，用某种方法给前 100 种成功的生存繁衍策略排名，然后再看看 100 年后的清单（在生物学的历史中仅仅是一瞬间），它看起来会完全不同。在今天成功的策略可能在 100 年后非常失败，百年后最成功的策略现在可能只是一般成功，甚至都不存在。

同样，我们也不能说囚徒困境生态系统中的哪种策略是赢家。林格伦的模型表明，偶尔可能会有一个特定的策略出现，在游戏中主导一段时间，在阳光下度日，但最终还是会被创新竞争者打败。有时会有几个策略共同崭露头角，争夺游戏板的“市场份额”控制权，然后一个外来者会进来把它们全部打败。在其他时候，两种策略会作为一对共生体同时出现，但如果其中一种陷入困境，两种策略就都会崩溃。游戏中也有蟑螂，它们会采取一些简单的策略，比如“以牙还牙”，这些策略从未占据主导地位，但似乎无论如何都能存活下来。

游戏也以间断均衡的模式进行着。时间久了，一个确定的策略秩序就会出现，游戏就会进入几个策略主导的相对稳定的阶段。在这些阶段中，每个参与者都单独行动，行为者的策略相对稳定，没有一方有特别的动机去改变，从而确立了约翰·梅纳德·史密斯所说的进化稳定策略。[10] 然而，小的创新迟早会出现，积聚动力，突然间整个板子都会进入火热的变革期，旧的秩序被摧毁，新的秩序建立起来。有时，这种模式的繁荣时期有利于合作战略，在这期间，每个人都能获得巨大的利润。然后，在原因不明的情况下，经济的乌云聚集起来，一个充斥着背叛者的时代将会到来（见图 10-4）。

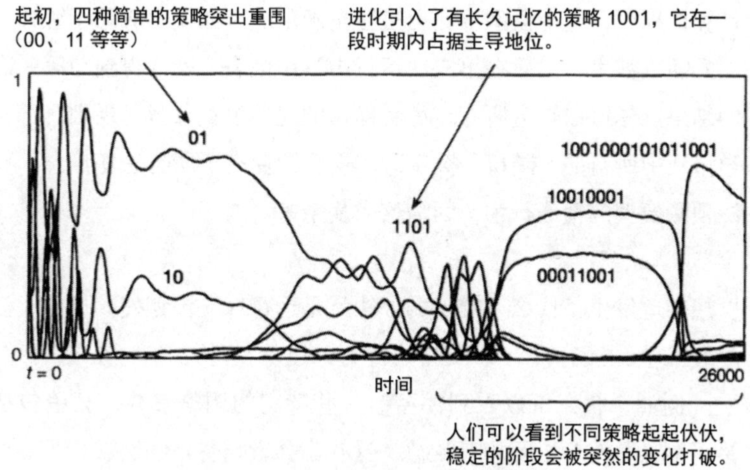

图 10-4 随着时间变化的策略总数

资料来源：林格伦（1997 年）。

无法预测但能够理解

所有这些动荡的出现，都是因为任何一个策略的成功或失败都高度依赖于特定时间点环境中的其他策略。人们可以把这个板子想成一个巨大的生态网络，就像第 8 章中贾因和克里希纳的生态系统模型，系统某部分的小变化能够激起涟漪，在别的地方产生巨大的变化。例如，如果一个总是合作策略的岛屿被“以牙还牙”策略的保护层包围着，而总是背叛的参与者只能待在外面，无法破坏总是合作策略。然后，一些小突变使“以牙还牙”策略进入了一个向下的漩涡，为总是背叛策略创造了一个侵袭入口，合作之岛很快就倒塌消失了。

这种对微小变化的敏感性意味着人们不能用方程来预测模型的结果。它和实体经济一样“不可预测”。人们可能会认为，这种无法预测性是由模型中的随机因素造成的，即行为者行动中的随机突变和随机错误。然而，作为一个计算机程序，这个模型实际上是完全确定的。如果生成用于统计突变率和错误的随机数表，然后在第二次运行中重用该表，就会得到与第一次运行相同的结果。你可以知道所有行为者确切的起始位置、行为规则，甚至能提前知道游戏中所有的“随机”数字。然而，即使有了所有这些信息，我们也没办法预测模型的精确行为，因为这太复杂了。

要想知道发生了什么，唯一的办法就是运行这一模型使其进化，没有捷径。尽管无法预测这样一个模型的行为，但从科学的角度来说，我们可以理解它。例如，我们可以看到模型有一些特定的调整参数，其中包括变异率、错误率以及游戏中的相对收益，这些都会影响游戏的宏观行为。对于这些参数的某些值，我们可能会得到高度合作、高分的结果。其他值可能会使模型进入一个很难摆脱的沮丧、不合作的状态。我们还可以看到，与其他值相比，一些值可能会在新策略中产生更多的创新。因此，即使我们无法作出具体的预测，也可以作出“0.001 或以下的突变率导致低创新和低合作”或“突变率在 0.001 至 0.01 之间，环境充满活力和创新，具有高度合作和高利润的特征”等陈述。同样，一些参数值可能比其他变量提供对某些策略更有利或不利的环境。因此，我们可以作出一些可能的陈述，比如“在有很多干扰的情况下，友好但强硬策略在高度合作的环境中表现更出色，而铁拳策略在低度合作的环境中表现更出色”。我们也可以用相同的参数数千次地运行模型，但是使用不同的随机冲击来观察结果的稳定性。然后我们可能会说：“对于 x 的参数设置，高利润环境出现的概率为 60%，低利润环境崩溃的概率为 40%。”因此，我们虽然无法预测模型的具体结果，但通过探索参数空间和收集统计数据，仍然可以很好地了解模型的行为。在许多方面，深入了解系统的工作原理最终可能比能够作出预测更有价值。

在前一章中，我们看到了卡尔·西姆斯如何利用进化来找到解决游泳问题的好方法。在林格伦的模型中，我们看到了如何利用进化来寻找经济问题中的有效策略。结果表明，没有最好的战略。相反，进化过程创造了一个策略生态系统，一个在创造性破坏中随时间变化的生态系统。我们现在可以问，如果进化可以搜寻简单经济游戏的设计空间，它也可以搜寻更复杂的游戏的设计空间吗？它能搜寻超大型游戏——36.5 万亿美元的全球经济的设计空间吗？

巴别图书馆

全球经济的设计空间听起来像是一个荒谬的想法，而我们还要简单地考虑另一个荒谬的想法——所有可能的文学的设计空间。丹尼尔·丹尼特在他的《达尔文的危险思想》(*Darwin's Dangerous Idea*)一书中要求我们想象一个无限大的图书馆，里面包含着用英语写的所有 500 页的书。[11] 他根据豪尔赫·路易斯·博尔赫斯(Jorge Luis Borges)的一本小说，把这个想象的图书馆称为巴别图书馆。一页可以容纳大约 2 000 个字符，所以一本 500 页的书可以容纳 100 万个字符。英语中大概有 100 个字符，包括小写字母、大写字母、数字和标点符号，这意味着巴别图书馆里大约有 $100^{1\,000\,000}$ 本可能的书。就像孟德尔图书馆和乐高图书馆一样，巴别图书馆比宇宙还要大很多，因此只能是一个理论建构。

想象一下，我们可能在巴别图书馆中找到什么？有一本书中全部是空白页；有一本书中只有一个字母 a，剩下的都是空白页；还有一本书 500 页里全都是问号。图书馆里的大部分书都是无意义的字符的集合。正如丹尼特所指出的，找到一本含有一个语法正确的句子的书“可能性微乎其微”。然而，这个图书馆还保存着一本完美的《白鲸》副本，以及威廉·莎士比亚的完整作品。它还包含一本除了鲸鱼被称为“波比·迪克”外，在所有方面都与《白鲸》一模一样的书。还有一本鲸鱼被称为“科比·迪克”和一本鲸鱼被称为“多比·迪克”的书。一个奇怪的地方是，图书馆里的某个地方还有一本 500 页的关于你的生活的完美传记，包括还没有发生在你身上的所有事情，例如你的死亡。

如果一本书不足 500 页，比如说阿尔贝·加缪(Albert Camus)的《西绪弗斯神话》(*The Myth of Sisyphus*)只有 192 页，那么将会有一本 500 页的书，前 192 页是《西绪弗斯神话》的精确副本，其余 308 页是空白的。同样，图书馆里超过 500 页的书会通过多册来呈现，例如詹姆斯·乔伊斯(James Joyce)的《尤利西斯》(*Ulysses*)有 933 页，可以分成第一册和第二册，第一册 500 页，第二册 433 页，后面有 67 页空白页。人们甚至可以说所有语言的书都在书架上的某个地方，因为图书馆里有用各种语言写作的书的英文译本。同样，尽管还没有写完，但 2042 年最畅销的书也放在图书馆里。

有些读者可能会接受“能够创造出特定乐高组合的乐高设计是有限的”，而回避“能写出来的书的数量是有限的”这种说法，即使它是一个穷尽几个宇宙都探索不完的超越天文数字的量级。然而，这种设计空间确实是有限的，这是一个数学事实。我们的直觉是，随着新作品的诞生，这个设计空间会随着时间的推移而扩大。设计空间的概念包含一个悖论：一方面，它们是有限的，另一方面，它们是无限的，可以像前面提到的气球表面一样扩大。唯一能使巴别图书馆的图书数量确定的是丹尼特限制每本书都是 500 页，但这是一个随机的限制。理论上，一本书的页数并没有固定的限制。[12] 然而，总有一本书是特定的时间点上最厚的书，从而定义那个时刻书的厚度上限。现在，根据《吉尼斯世界纪录大全》记载，有史以来字数最多的书是马塞尔·普鲁斯特（Marcel Proust）的《追忆似水年华》（*Remembrance of Things Past*），它共有 13 卷，总计 9 609 000 个字符。然而，在普鲁斯特写这本书之前，书的字符上限是比这个低的，将来很可能有人会写一本拥有超过 1 000 万个字符的书。但没有人会写或读一本无限长的书，因为物理定律不允许概要阅读器读取无限长的代码。[13] 现实世界中呈现的任何设计都必须具有有限的概要，而有限的概要意味着有限的设计空间。

设计空间是有限的，但是可以随着最长可表达概要外层的增大或减小而扩大或缩小。正如上一章提到的，地球生物的设计空间会随着 DNA 不断变长以及物种表达能力的增长而扩大。同样，我们也能想象图书馆的设计空间随着时间发生改变。当人们将象形文字刻在石板上时，书籍无疑变得更短了，也许在未来，当书籍可以直接下载到我们的大脑中时，普鲁斯特的书也会显得很简洁。

巴别图书馆说明了有关设计空间的另一个要点：我们可以为能用一系列符号表示的任何东西构建一个设计空间，这些符号可能是字母表中的字母、数字、图片，也可能是 DNA 的化学代码。换句话说，任何可以数字化并能存储在计算机上的东西都可以成为设计空间。因此，我们可以想象所有音乐、艺术、烹饪食谱和建筑设计的图书馆，它们既是有限的，又是没有边界的。

假设我们偶然找到了一个商业人士丢失的笔记本电脑，它可能不小心被落在了机场的 X 光机上，在那台电脑上我们能找到什么？我们可能会找到一些 MP3 格式的音乐文件，他或她家人的照片，诸如销售演示、预算提案以及描述各种项目的邮件，甚至是一些被叫做商业计划的东西。

斯密图书馆

你会如何描述一个企业的设计？你可以写下一份有关企业目标的描述，包括它的竞争策略、产品和服务的组织架构、营销和销售计划、生产计划、所需的技术和技能以及经济模式，等等。简而言之，你要写一份商业计划书。[14]

即使是先进的大公司也很少会有单个的、全方位的商业计划。相反，这样一个计划的内容可能分散在组织的各个业务部门的计划、战略陈述、组织结构图、预算案、年度报告、监管文件、注释以及人们的头脑中。同时，许多小企业根本没有正式的商业计划，信息也存在于人们的头脑中。关键是，即使这样一个文档不存在，原则上也有人可以创建它。

继丹尼特的巴别图书馆之后，我们可以设想一个更大的图书馆，它包含了每一个可能的商业计划，这些计划可以被写进500页的书中，或是由几册书构成的一套书中。因此，我们将拥有一层层的商业计划书架，而不是文学书架，这些书架会延伸到宇宙的边缘。事实上，这个包含所有可能的商业计划的图书馆将是巴别图书馆的一个特殊部分。我将这个商业计划子库称为斯密图书馆，这个名字源自亚当·斯密。

如果我们在斯密图书馆的书架上搜寻，就会发现时代广场上一家个人擦鞋店的商业计划，一份完美描述IBM公司现有战略的商业计划，1952年通用电气公司的商业计划，公元前8 500年黎巴嫩一个小麦农场主的商业计划，以及一份亚诺玛米人狩猎队伍的商业计划。斯密图书馆还包含一份生产并销售超纳米神经囊胚管的公司的商业计划书，尽管超纳米神经囊胚管到2023年才能被发明。斯密图书馆描述了人类为谋生所创造或将创造的所有方式。当然，像所有的设计空间一样，图书馆里绝大多数的书都是完全没有意义的商业计划，只有极少数会变成现实。

但这些想象的计划得多具体呢？我们如何能将一份商业计划书和《白鲸》的副本区分开来呢？

我们将使用的测试与用在其他任何概要上的测试相同。斯密图书馆中的一本书是否是有效的商业计划，关键在于商业计划书阅读器是否能依照这个计划组织并创造经济活动。什么是商业计划书阅读器？它是一个管理团队。

假设现在是2006年，我们从斯密图书馆的书架上拿下一本叫做《思科系统2007年商业计划》的文件，把它交给思科系统现有的管理团队。如果团队能够获取该计划中的信息，执行并实现该设计，那么它将是一个有效的商业计划。如果我们为思科管理团队提供许多500页的、文本乱七八糟的书，那么什么都不会发生。如果文本是《白鲸》，他们将可以顺利理解其中的内容，但思科的业务不会发生改变。但是，如果我们给管理层一份文档，它可以转换为思科系统的新设计，那么它就有资格成为思科系统的商业计划和候选设计。当然，图书馆中会有大量潜在的有效商业计划。一个计划可能主张积极的国际扩张，另一个计划可能主张推动新产品开发，还有一个计划可能建议缩减投资，而其他计划可能是这些策略的组合。一些计划是有利可图的，但大多数不会。还有一些其他的计划提议对思科系统现有的业务逐步进行改造，进而实现荒谬的彻底改变，比如一份建议公司退出计算机通信领域并进入快餐业的计划。

一个反对意见可能是，任何想象中的思科商业计划，即使写了几千页纸，都无法涉及构建思科系统的每个细节。然而，反对意见适用于将概要呈现到设计中的任何过程。通常说来，概要是一种速记形式，是人们试图描述的设计的浓缩。因此，并非运行思科系统所需的每个细节都要在有效的计划中描述。商业计划依赖于读者已有的隐含知识、背景和技能，正如我们的乐高概要假设儿童阅读器在挑选和组合塑料积木上有特定的技能，或者DNA假设有具备必要能力的卵细胞或子宫的存在。因此，一个计划需要有足够的信息才能保证效力，让2006年的思科系统管理团队知道如何处理它。

如同生态系统，商业计划的概要是和它们的阅读器共同进化的。例如，2005年的思科公司商业计划（无论是书面的还是仅仅存在于人们的头脑中的）影响着2006年的管理团队类型，成员需要具备的技能、知识以及经历。反过来，这将定义团队能够阅读并执行的2007年的计划，2007年的计划将影响管理团队的未来发展，进入一个共同进化的循环中。[15] 如果我们把一份亚诺玛米人狩猎队伍的商业计划交给思科公司的管理团队，它对雨林部落成员而言是一个完美的计划，但思科团队也能按照它行动。同样，如果把思科的商业计划交给一群亚诺玛米人，他们也无法突然建立起一家互联网路由器公司。

一个经济进化模型

随着进化在斯密图书馆中寻找适合的设计，无论是亚诺玛米人狩猎队伍的设计，IBM 公司的设计，还是 2023 年超纳米神经囊胚管公司的设计，经济都在不断发展。正如进化算法通过干扰囚徒困境图书馆而创造出创新、增长和创造性破坏的模式一样，进化的干扰也能通过斯密图书馆在实体经济中创造这些模式。

如果我们回到第 9 章所讲的一般进化模型，接下来可以询问变异、选择和复制过程是如何在商业计划的基层运作的。在接下来的 4 章中，我们将研究经济中对适合设计的进化搜索过程。我们将看到，当人们不断尝试、探寻和发明新的商业策略和组织设计时，变化就会发生。选择会在经济的多个层面起作用，导致一些商业计划成功，而另一些失败。同样，成功的设计会获得更多的资源并得到广泛的复制。

经济进化并不是单一设计空间进化的结果，而是横跨三个设计空间共同进化的结果。在第 1 章中，我简要介绍了哥伦比亚大学的理查德 · 纳尔逊提出的两个概念：物理技术和社会技术。[16] 当想到“技术”这个词时，我们通常会想到物理技术。物理技术是将物质、能量和信息转换成对人类有用的设计和过程，例如，将沙子变成玻璃或硅片。社会技术也很重要，但往往不在我们思想的最前沿，人类用它们来组织自己的设计、过程和规则。村庄、军队、矩阵组织、纸币、法治和“准时制”库存管理等都是社会技术。

商业计划至关重要，它能将物理计划和社会计划融合在一个策略中，然后在经济世界表达最终的设计。我们需要将商业计划、物理技术和社会技术视为三个不同的设计空间，每个空间在工作中都有其独特的功能。商业计划的选择往往是基于经济原因作出的，但物理技术和社会技术可能会基于其他目的而进化。许多重要的物理技术被发明出来满足军事、医疗或其他社会需求，或者仅仅是由于科学家和发明家的好奇而发展起来的。同样，许多社会技术，如法治或普及教育，具有重要的经济功能，但最初可能是为其他目的而开发的。进化系统的一个共同特点是，为一个目的发展出的创新可能会被另一个目的所取代，这一过程被称为预适应。[17]

我将要概述的模型将经济进化看作物理技术空间、社会技术空间和商业计划空间共同进化的产物。我们可以把它们看作三个不同的，但又相互关联且共同协作的设计空间。在每一个空间中，进化都在起作用，干预可能的设计，发现并放大有效的设计，摒弃无效的设计，从而创造出了我们在技术、社会和经济世界中看到的秩序。

11 力量二：物理技术

斯坦利·库布里克（Stanley Kubrick）的电影杰作《2001：太空漫游》，以一个名为“人类黎明”的场景开场：太阳从东非稀树草原永恒的美景中升起，一群类猿生物和清晨一起苏醒。这些生物是早期的原始人，不是猿，也不是人类。原始人进入了一个水坑，这是干旱地区的稀缺资源，在那里，他们碰到了另一群原始人。第一群原始人规模稍大，攻击性更强，在进攻中的组织更有序。这是一场势均力敌的战斗，最终，第一群原始人设法赶走了其他人，得到了水资源。规模、侵略性和社会组织带来了优势，这一结果并不是进化上的意外，同样的故事主角也可以换用其他许多物种来讲述。

在另一个场景中，几十万年后，一个稍大的、更擅长直立行走的原始人在一头野猪的骨头堆中搜寻食物。为了便于抓住树枝，他的手进化得十分灵巧。他紧紧握住猪的大腿骨，然后开始慢慢地摆动。随着那位原始人越来越兴奋地破坏猪骨头，他的大脑中建立了一个关键的联系：他可以用大腿骨作为棍子，砸碎活猪的头骨，就像对待死去的猪的头骨那样——这是一个非常有用的联系。这种发展在进化上有点不寻常，但并非完全独一无二。其他物种，特别是灵长类，可以把发现的物体用作工具。例如卷尾猴可以用石头砸开坚果，黑猩猩可以用木棍把昆虫从树洞里掏出来。

几十万年后，一群原始人围坐在一起，他们把骨头和树枝做成了可辨认的棍棒。一旦我们的祖先真正开始制造工具，而不是简单地找到它们——或者像人类学家说的那样创造人工制品，而不是简单地捡起自然物品，人类就在进化上迈出了远离其他物种的重要一步。

这个场景还展示了一个成年原始人如何教孩子制作一根棍棒，从而通过文化将制作工具的知识传递给后代。教授年青一代和传播文化知识都不是人类独有的，比如母狮子就会教它们的幼崽打猎。根据进化论理论家理查德·道金斯的观点，一旦山雀学会用嘴撬开奶瓶，这种技能就会通过模仿在整个种群中传播开来。[1]但只有人类才能把制造工具和向同龄人及幼儿传播知识结合起来。正是在这一点上，进化才真正地从我们的身体中跃出，进入我们的社会文化，那也是物理技术诞生的时刻。

库布里克镜头下的原始人将他们新发现的技能运用得很好：狂热地将野猪棒打致死，然后享受由此而来的热量和蛋白质盛宴。但随后，他们又陷入了与一个欠发达的原始部落的另一场对峙中。这一次，挥舞着棍棒的手工品创造者们连续击打着他们的对手。在庆祝活动中，胜利一方的男性领头人抛出他的棍子，那棍子在空中旋转，然后诗意地变成了一个围绕地球旋转的宇宙飞船。库布里克的观点是正确的。一旦工具制造和文化知识的传播发生了最初的突破，它就成了一个进化的跳板，使人类跃入拥有宇宙飞船的现代世界。

经济人的黎明

在这个故事的非好莱坞版本中，这种制造工具的突破可能发生在250万年前。证据显示，人类历史上第一个工具是由能人制造的粗糙的片状石质手斧，它是在坦桑尼亚的奥杜威峡谷中被发现的。大约100万年前，人类进入了直立人时代，开始制造一些复杂的工具——手斧两侧都有细微的敲击痕迹和剥落，还有各种各样的设计。此外，直立人还发现了另一种非常有用的工具——火。在距今260万～100万年前，我们的祖先开始用他们的大脑让物质和能量屈服于他们的意志，并开始与他们的孩子和同龄人分享这些知识。

当然，没有人确切地知道人类的经济活动最初是在哪里、何时以及如何产生的。但在这期间，可能有两个原始人哈利和拉里坐在一起，哈利咕哝着问他的同伴："你想用那把斧头交换一块肉吗？"[2]哈利这天很幸运，获得了一些额外的肉，而他不是很擅长做斧头，也可能只是不喜欢做。拉里觉得做斧头容易又有趣，但他今天的打猎不顺利，于是拉里回答说："是的，当然。"最终，他们决定进行物物交换，于是经济诞生了。[3]

经济依赖于两个因素的存在：使人们创造值得交易的产品和服务的物理技术，以及使非亲属在创造和交易这些产品和服务时顺利合作的社会技术。证据表明，这两个因素都存在于能人和直立人的社会中。因此，我们可以说，在那一点上，经济诞生了（尽管长途贸易直到很晚才开始）。[4]

早期原始人制造工具无疑是一个有限但富有逻辑的演绎过程，例如“如果我用一块更硬的石头敲击，较软的石头就会更容易脱落”，这就导致了实验，例如尝试用不同硬度的石头相互敲击。成功的实验催生了制作工具的经验法则，例如“这种类型的岩石有利于削手斧”。然后，这些归纳出来的技术秘诀就可以传给儿童和同龄人，从而避免每个人都必须“重新发明斧头”。有了这些广泛传播的技术秘诀，人类开始了一个步步为营的物理技术进化过程，因为每一代工具都建立在过去工具的制作基础之上，这使得工具随着时间的推移变得越来越多功能，越来越复杂。我们在考古记录中可以找到这些证据，从这些记录中可以看出，一代代工具随着时间的推移进化得越来越快。

物理技术空间

我们可以在一代又一代的现代技术中看到同样的进化模式，例如汽车从T型车发展到充满微处理器的现代汽车，或者手机从手提箱大小发展到口袋大小。[5]人们还可以看到不同技术之间的关系，它们看起来就像是物种形成——飞机与热气球、飞艇和悬挂式滑翔机有关，它们属于同一种人工飞行制品。我们也可以看着技术走向“灭绝”。例如，在华盛顿特区的中部，人们可以发现19世纪旧运河系统的遗迹，在其全盛时期，这条运河上布满了装载着煤、食物和其他货物的驳船。如今，运河被人们用作慢跑的小径，仍然有几艘古老的驳船被拴在岸边，就像一个物种博物馆里的乳齿象标本。

但是技术进化仅仅是一个我承诺要避免的那种比喻吗？我们通过展示技术进化能够用第9章描述的一般进化模型表示来避开比喻陷阱。一个好的起点是给物理技术下一个更精确的定义：[6]

> 物理技术是为实现一个或多个目标而将物质、能量和信息从一种状态转换为另一种状态的方法和设计。

例如，原始人拉里拿了几块石头（物质），燃烧了一些卡路里（能量）互相敲击它们，创造了一个手斧（设计），从而有了一个能用来砍动物骨头的工具（目标）。或者，一个程序员利用自动售货机中的食物来给他的大脑提供能量，然后电能进入到计算机中（能量），将代码（信息）从一种状态转换为另一种状态，从而创造出人们可以用来娱乐的（目标）视频游戏（设计）。一些物理技术生产了人工制品（例如一个手持斧头或计算机程序），而另一些则提供了服务。例如，人们可以想象一组物理技术用于发放银行贷款或提供指压按摩。服务中包含有目的的物质、能量和信息转换，例如指压按摩包含将能量（按摩人的卡路里）转换为特定的运动（设计），目的是使接受按摩者的肌肉放松。

一项物理技术并不是事物本身（手斧、软件或按摩），相反，它既是事物的设计，又是制作它的说明和技术。设想一项物理技术的一种方法是思考一个手工品的说明手册或者一项服务是什么样子的。例如，制作石质手斧的手册可能包括成型斧头的图解、所需石头类型的描述以及将它们组合在一起创建预期设计的方法。就像斯密图书馆一样，我们可以为物理技术定义一个模式——一个由自然语言、数学符号、图片、实物演示视频等组成的概要。任何在理论上可以数字化的东西都可以成为概要的一部分。原则上，即使是语言指示和隐性知识也可以被编码到概要中，例如人类学家可以观看拉里用手斧干活，然后将他所见详细转录为文字。

我对物理技术的定义在很多方面与技术的传统经济学概念相似。传统经济学理论包含了将原材料、资本和劳动力转换为产品和服务的“生产功能”，而技术被定义为使转换发生的方法。在传统理论中，技术通常是一个外生的黑箱，而现在我们将把它的结构看作一个进化系统，并试图理解黑箱是如何运作的。

我们接下来可以想象一个比宇宙更广阔的设计空间，这次是所有可能的物理技术图书馆。[7] 就像其他图书馆一样，它在任何时间点上都是有限的，它的大小由最长、最复杂的可阅读概要的长度决定，但这个图书馆是没有边界的，可以随着时间的推移扩大或缩小。我们可以想象有近乎无限的蓝图、设计、说明以及秘诀书架，它们能以多种方式对物质、能量和信息进行转换。

就像其他设计空间一样，图书馆中绝大多数可能的物理技术设计都是垃圾。尽管设计在物理上是可以实现的，但大多数都是无意义或者荒谬的。图书馆里到处都是方轮的自行车、底部有洞的水壶和用奶酪做成的锤子，这些都是最清楚易懂的设计。经济上可行的产品和服务设计是整个图书馆中一个无穷小的子集。几乎所有功能清晰的设计都没有任何经济价值，因此，技术进化的任务就是在一大堆无用的草垛中找到可行的物理技术这个针，然后由经济进化寻找具有经济价值的更小的物理技术子集。

物理技术阅读器

和我们讨论过的其他设计空间一样，要使概要合格，一项物理技术必须可以被概要阅读器阅读。因此，我们需要人或者事物从物理技术中提取信息，把它转换成现实世界中的物质、能量和信息模式。也就是说，我们需要有人接受建造房屋的指示，然后把材料变成一座房子。我们的标准并不是说概要含有足够多的信息以至于每个人都能做，而是一个能够阅读计划、制作物品或提供服务的合格阅读器。因此，我们期待有一个合格的房屋建设者团队可以利用物理技术进行房屋建筑设计，或者是一个科学家和技术人员团队可以使用一套药物物理技术来制造雷洛昔芬药片。和以前一样，物理技术的指令不必存在于一个文档中，而是可以分散在各种文档和人们头脑里的知识中。关键原则是，理论上的指示可以以某种形式被记住，并传达给其他阅读器。就像孟德尔图书馆和斯密图书馆一样，概要和阅读器是共同进化的。例如，随着房屋建设者的技能和方法的改变，房屋设计也随之改变；随着房屋设计的改变，建造房屋所需的建设者类型也会改变。

有人可能会反驳说，概要无法传播隐性知识的某些方面。如果知识不能以任何方式被获取，那么它也不能被传播。我们会将这种知识称为艺术，然后把它排除在图书馆之外。为了让进化起作用，知识必须是可传播的，因此它能以某种形式被编码。如果拉里有一些如何制作特别漂亮的手斧的隐性知识，但他不能用任何方式编码或传播这些知识，那么，这些知识将与拉里一起死去，而不会成为未来制作手斧的物理技术进化的一部分。

在人类历史的早期，物理技术只是描述如何制造工具的经验法则，并且最初是通过模仿、嘟哝和身体语言传播的。非语言信号是一种低带宽的编码和传输概要的方式，显然会限制物理技术设计空间的大小和复杂性。此外，嘟哝等方式并不是一种非常可靠的通信方式。错误会不可避免地进入早期的物理技术传输中，但为了使进化正常运作，信息传输必须有一个最低准确性。[8] 因此，语言在编码和传输更大、更复杂的物理技术以及更准确地进行编码和传输的能力上是一个巨大的突破。考古记录显示，在旧石器时代晚期，工具制作的创新和多样性发生了戏剧性的突破。那个时代出现了各种各样的材料，鱼钩和缝纫针等新设计开始出现。尽管对语言能力到底形成于什么时候仍有许多争论，但一些研究者认为，工具设计的突然辐射是语言发展的有力证据。[9]

物理技术促进自身发展

人类物理技术最卓越的地方是每一项发明都创造了更多发明的可能性和需求。斯图尔特·考夫曼指出，内燃机的发明促进了汽车的发明，这又促进了充气橡胶轮胎、挡风玻璃雨刷、沥青路面、汽车旅馆、快餐店、收费站和拉斯维加斯的婚礼小教堂的发明。[10] 每一项发明都为未来的发明开辟了新的天地。一项发明的成分经常会以新形式被重新使用。正如本书之前讨论过的，一些发明引发了巨大的变化，比如说汽车，而一些发明带来的变化很小（考夫曼认为其规模遵循幂定律）。它们的共同之处在于，所有的发明都有涟漪效应。[11] 为什么技术会有这种指数级的自助品质呢？技术如何促进自身的发展呢？

物理技术和其他概要一样，有着模块化的区块构建特征。任何物理技术都可以看作组件和整体结构的编码。[12] 一座房子的组件包括房间、管道系统和窗户，其整体设计可以是模拟都铎式建筑。同样，指压按摩也有一些单独的组成以及一个结合它们的设计。

即使是像手斧这样原始的东西也可以用这种方式来思考。手斧基本上是一种两边被另一块石头削出锋利边缘的石头。人们可以把手斧的部件看作使用者握住的石头的一部分，也可以把它看作做成刃口的石头的一部分。建筑本身就是整体设计，在这种情况下，它就相当于有把手的刃口。组件和结构的各种组合定义了设计可能的变化数量。举个例子，有两种不同的把手，一种是圆形把手，另一种是管状把手。刃口的设计可能有两种变化，一种是一边开刃，另一种是两边开刃。我们也可以在结构层面上做一些变化，例如，大一点的或小一点的，花岗岩的或燧石的。定义了这些方面后，我们就可以列出手斧可能的变化形式，例如，“大 / 花岗石 / 圆形 / 双面”“大 / 燧石 / 圆

形 / 单面”“大 / 花岗石 / 管状 / 双面”等 16 种手斧的变体。我们还可以用这种方式描述更复杂的人工制品的变体。例如汽车“V6/1.8 升 /200 匹马力 / 四门 / 真皮座椅”或个人计算机“2 GHz 奔腾 4/128MB 内存 /80 GB 硬盘驱动器 /4x CD 刻录机”等。[13]

正是这种组件和结构结合的特性使得物理技术比宇宙更广阔，这也意味着创新会使物理设计空间呈指数级展开。我们假设制作手斧有两种方法，一种是单面开刃，一种是两面开刃。后来有一天，原始人哈利偶然发现了一种更好的开刃方法——他使用越来越小的岩石去开刃，使手斧的边缘更锋利。现在我们有三种刀刃类型：单面、双面和细边。有了这个单一的创新，手斧的可能变体数量就从 16 个增加到了 24 个。或者，从产品多样性的角度来看，我们可以说，在物理技术空间中发现的潜在库存单位数量增加了 8 个，或者说增加了 50%。同样，每次英特尔在其微处理器系列中添加新的变体，计算机市场上潜在的库存单位数量也会大幅增加。

结构中的创新也能使库存单位的数量大幅增加。比如，有一天，哈利拿着一把大的管状柄手斧，他没有把它削成一个锋利的刀刃，而是把它做成了稍钝一点的形状。[14] 尽管这开始看起来像是一个小组件的改变，最后却成了一种全新的结构——一种可以用来研磨坚果、捣碎谷物及其他有用的东西的石臼。在没有进一步创新的情况下，哈利立刻为石器市场增加了 4 个新的潜在库存单位：“大 / 花岗岩石臼”、“小 / 花岗岩石臼”、“大 / 燧石石臼”和“小 / 燧石石臼”。创新增加的库存单位数量随着工件的复杂性呈指数级增长。一个只有两个组件，每个组件有两个变体的结构有 4 个可能的库存单位；一个有着 3 个组件，每个组件有 3 个变体的可能结构有 27 个；一个有着 4 个组件，每个组件有 4 个变体的可能结构有 256 个。结构的创新还可以带来组件的创新。例如，个人计算机结构的发展促进了组件设计的广泛创新。因此，每一项创新都会通过物理技术空间发送或大或小的冲击波，并且可能的库存单位数量会随着每一项发明的出现呈指数级增长。

然而，物理技术空间中可能的库存单位只有无限小的一部分会被考虑到，更不用说被用到产品和服务当中。尽管目前市场上可能有数千种，甚至数万种个人电脑变体，但在全部可能的电脑变体中，只有很小的一部分被制造出来销售。苹果设计生产了一台电脑，它的 Power 个人电脑处理器是令人惊讶的半透明橙色。戴尔设计生产了一台电脑，它的奔腾处理器是基础的黑色。目前还没有人找到一个很好的理由为计算机设计一个半透明橙色的奔腾处理器，因此，这种变体仍然是一种潜在的、尚未在物理技术空间实现的库存单位。新发明的关键作用不仅在于它们为经济体增加了实际的新库存单位，而且它们还打开了潜在的库存单位空间。每项发明都为更多的发明创造了更大的空间，就像从手斧到库布里克环绕地球的宇宙飞船的跨越。

技术进化中的演绎 - 探寻法

在第 9 章，我们讨论过与进化系统相结合的适合度景观是如何大体上联系在一起的，也就是说，既不是完全随机的混乱，又不是一个单峰的完全有序的景观。进化景观通常介于两者之间，比如阿尔卑斯山。有关物理技术空间的一个重要问题是，它的适合度景观也是大致相关的，因为这将决定进化是否是搜寻它的最佳方式。

一个大致相关的物理技术空间是有直观意义的，这意味着空间中密切相关的设计通常具有相似的适合度。例如，我们预计两台设计相同但火花塞参数略有不同的发动机，可能会有相似但不相同的性能。然而，这种普遍的相关性并不完美，火花塞设计中大多数的微小变化可能不是很重要，但某些差异可能会非常重要，并导致发动机无法工作。因此，尽管与高峰相连的景观倾向于靠近其他高峰，但其本质仍然是崎岖而混杂的，有高原也有瑞士奶酪孔洞。[15]

支持大致相关的物理技术空间的另一条证据实际上是一个存在证明。如前所述，进化是寻找大致相关的空间的高度有效的算法，并且进化过程也倾向于创造大致相关的空间。[16] 如果我们能表明人们参与物理技术创新的过程遵循进化搜寻过程，那么物理技术空间很可能是大致相关的。

人们在考虑物理技术创新是一个进化过程时可能会问："进化是一个盲目、随机的过程，而技术创新是由人的理性和意图所引导的。我们怎么使那个圆圈变成正方形呢？"答案是，在进化算法的本质中，没有任何基础可以说明意向性及合理性不能发挥作用，也没有任何基础可以说明这个过程必须是完全随机的。进化论的核心是一个反复实验、选择、放大有效性状的过程。生物进化过程中随机的部分是通过创造选择的多样性来实现的。[17] 但即便如此，它也不是完全随机的。突变可能是随机的，有性生物的重组却不是。对配偶的竞争可以确保适合的有机体与其他适合的有机体有更高的配对概率。

唯一的要求是要给算法提供足够多的实验来进行选择。实验必须覆盖足够宽的适合度景观，使算法有微小但值得一搏的机会找到高峰。从算法的角度来看，过程如何实现多样性并不重要。在人类搜索物理技术空间的案例中，进化算法通过"演绎－探寻法"来获得实验的多样性。"演绎－探寻"一词融合了心理学家唐纳德·坎贝尔（Donald Campbell）的理念和赫伯特·西蒙的"有目的的适应"这一概念。[18] 基本上，人类在发明行为中会经历两个认知过程，其中之一是他们的演绎能力。简单说来，演绎是《2001：太空漫游》那个场景中展示的原始人建立起棍棒可以用作捕杀武器的思想联结。从复杂的角度来看，演绎是英特尔的工程师使用量子力学理论来计算将电路封装到芯片上的极限。

这个模型的另一个部分——探寻，就是我们展开尝试的地方。正如现代工程使用科学一样，仍然有很多“让我们试试看会发生什么”。[19] 历史上有许多人们意外发明新事物的著名故事。例如，20 世纪 80 年代，3M 公司的化学家斯宾斯·西尔弗（Spence Silver）试图制造出更强的黏合剂，却意外地制造出了一种较弱的黏合剂。他的同事阿瑟·富莱（Arthur Fry）随后用这种黏性较弱的胶制作了一个黏性书签，最终变成了现在普遍存在的便利贴。[20] 便利贴不仅是借由演绎逻辑发现的，探寻也起了主要作用。正如杜克大学的工程学教授亨利·彼得斯基（Henry Petroski）所说，“常规与失败如影随形”。[21] 探寻的本能感觉之下，毫无疑问存在无意识的归纳认知过程、联想思维和类比推理，因此探寻也不是一个真正的随机过程。尽管如此，探寻还是超越了我们仅用演绎法所能想到的，从而扩大了实验的范围。

除了演绎逻辑和归纳探寻外，一种随机的疯狂元素也可以告诉我们人类要尝试什么。1982 年的一天，一个 33 岁的加州卡车司机拉里·沃尔特斯（Larry Walters）去了西尔斯，买了一把草坪椅，在上面绑了 45 个充氦气的气象气球，带着一个啤酒冷却器和一把气枪，升到了 4876.8 米的高空中，使整个南加州的空中交通都中断了。[22] 他原本打算通过气枪射击气球来着陆，但由于过于紧张，他射击了几个气球后气枪就掉下去了。几个小时后，他缓缓飘回地球表面，随后被电线缠住，使长滩的大部分地区陷入了黑暗。最终，沃尔特斯设法爬到了安全地带。沃尔特斯显然对任何航空理论的演绎试验都不感兴趣，他也没有研究飞行草坪椅的商业潜力——他只是想飞。即使有了所有的科学知识，还是会有一些人尝试去做疯狂的事情。尽管飞行草坪椅还没有成为一项重要的新技术，但这种疯狂的东西有助于保持实验在物理技术空间中的广泛传播，每隔一段时间，某些东西就会起作用。

为了描绘演绎－探寻模型的效果，我们可以想象一个阿尔卑斯山式的适合度景观上的一个点。这个点代表特定物理技术的设计，例如微芯片设计。然后，我们在这一点周围的景观上画出一系列的实验，你的绘图可能类似于图 11-1。我们会看到许多触手般的探索之手从当前的设计中发散出来，这些发散物是与演绎探索高度相关的分支。这些分支会进入到理论、科学和过去的经验显示富有成果的景观领域，并避开那些不大有希望取得成果的领域。在微芯片的例子中，这些分支代表的是芯片工程师为改进其设计所做的精心排布和努力。接下来，我们将看到一块探寻实验区从手指一样的树枝周围渗出，这代表的是芯片设计者更大胆、更具实验性及面临更大风险的想法。我们会在景观图中看到一些随机的点，这些代表的是人们的一些“不靠谱”的尝试。如果实验是由随机的变化和杂交驱动的，那么实验在景观上的分布将会呈现不同的形状（见图 11-2）。但关键是，这种扩散足以让进化发挥作用。

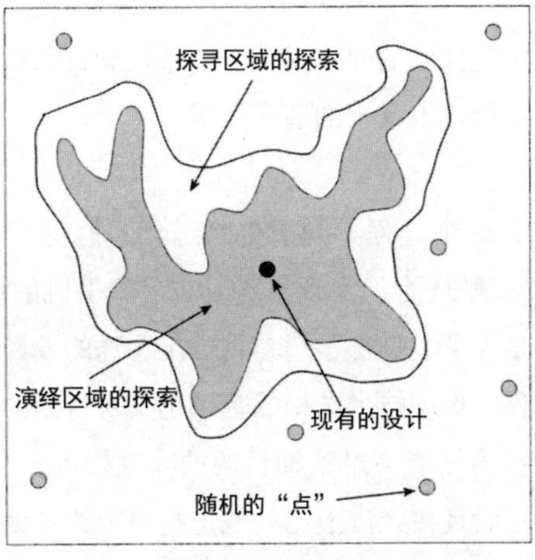

图 11-1　景观上的演绎－探寻模型

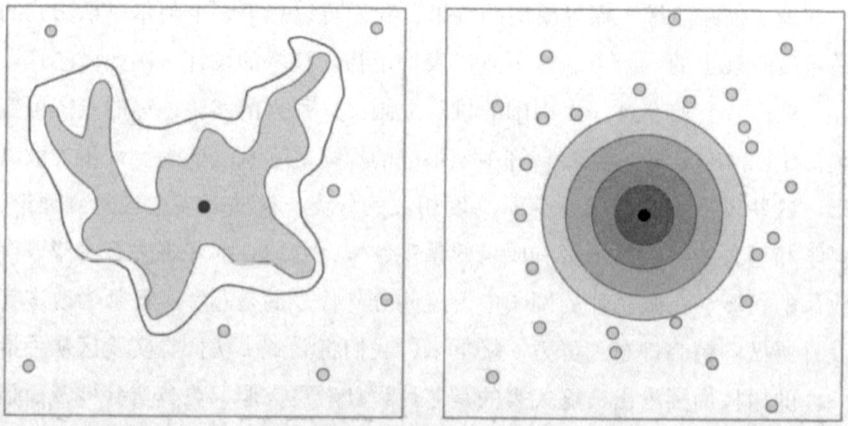

尽管演绎-探寻创造出的模式（左）与随机的交异和杂交（右）不同，但两者都可以在景观上传播实验，为进化提供差异的来源。

图 11-2 演绎-探寻 VS. 随机的变异和杂交

物理技术景观选择

演绎-探寻为物理技术的变革提供了一个机制，那么，选择是如何进行的呢？什么决定了物理技术景观的适合度呢？

因为有了变化，这个过程不同于生物进化，但仍与一般算法的运行一致。所有的物理技术都是为了实现某种功能，[23] 手机的设计是为了促进交流，咖啡杯的设计是为了装咖啡，塑料雪球纪念物的设计是为了提醒我们在蒙特利尔的美好旅程。物理技术选择的基础是其对目的的适用性，我们会寻找那些比其他物理技术更能满足某种目的的物理技术。“更”意味着它们能更高效地满足目的，而且在经济上比其他选择更节约。因此，物理技术在制作雪球领域的产生和广泛使用，初步证明了许多人发现雪球既能提供娱乐又具有纪念意义。塑料雪球在全球的存在证明，相对而言，它们在竞争环境中比那些纪念咖啡杯、劣质的茶巾和印有“我朋友去了蒙特利尔，而我得到的只有这件糟糕的T恤衫”的T恤衫更有优势。

要想让选择在进化系统中发生，系统就需要有西北大学的乔尔·莫基尔（Joel Mokyr）所说的超凡创造力——比环境所能支持的设计更多的设计，这样才能创造竞争。[24] 在生物学中，潜在的有机体设计比任何生态系统所能支持的都要多。技术层面上，可能的物理技术比人们使用的要多，例如，比世界各地的游客所想要的更多的小饰品设计。进化能在物理技术空间中运作，因为物理技术的超凡创造力能使这些技术相互竞争，而且随着时间的推移，人们倾向于选择能有效且高效实现目标的物理技术。

模仿是最真挚的恭维

进化清单上的最后一站是复制。测试进化是否成功的关键是成功的设计在总设计中的频率有所增加。在生物学中，这个过程相当简单。有助于增加适合度的基因比不能增加适合度的基因更有可能传给下一代。因此，适合的基因频率就增加了，但它是怎么服务于技术的呢？不同的物理技术是如何在全部物理技术中复制并增长的呢？

很简单，对人类有益的物理技术就能得以复制。例如，公元前5000年，第一种可以用来制作模型砖的物理技术被发明了。[25] 这项非常有用的发明被广泛复制，通过演绎-探寻，用于制砖的各种物理技术变体不断进化。制作砖块的信息被储存在人们的大脑中，被嵌入到人工制品中，并记录在书面描述中。人们观看复制过程，大师教导学徒，人们自己看着砖块寻找线索，最终写下描述，砖块制作的技术迅速传播到世界的每个地方。

当物理技术从一个人的大脑传播到另一个人的大脑，当体现着物理技术的人工制品被复制，当物理技术被刻在石板上、印在书上，并放到网页上时，物理技术得以复制。我们可以认为物理技术具有随着时间变化的"市场份额"，它随着成功物理技术的传播和失败物理技术的消亡而波动。例如，在维多利亚时代，与砖块有关的物理技术在伦敦达到了鼎盛时期，但在20世纪，它却输给了使用玻璃和钢的物理技术。因此，我们可以说，砖块制作的物理技术在一段时间内享有复制优势，但随着其他竞争物理技术的普及，这一优势就减弱了。

有了物理技术进化的轮廓，我们现在可以简单地看一下它带来的启示。首先，我们将看到大致相关的景观几何形状如何能够帮助解释技术的S形曲线现象；其次，可以研究不同物理技术之间的模块化和相互关系如何解释颠覆性技术的影响；最后，可以研究科学如何改变物理技术的进化过程。

解释技术S形曲线

20世纪80年代，我在麦肯锡公司的同事理查德·福斯特（Richard Foster）提出了技术的自然生命周期理论，并在他的《创新：攻击者的优势》（*Innovation: The Attacker's Advantage*）一书中对其进行了描述。[26]福斯特的理论基于他的观察以及从帆船到微处理器的案例史。他在所研究的案例和数据中发现了一个惊人的一致模式：在一项新技术发展的早期，其性能较差，进展较缓慢。然而，经过一段时间的投资研发以及各种设计的探寻，该技术的性能会突然呈指数级提升。在此期间，从投资到研发的每一美元都会从这项技术的性能中获得巨大的收益。但随着技术的成熟，性能提升曲线开始逐渐放缓，投资回报率开始下降。福斯特将这种模式称为S形曲线，因为投资于改进技术的努力与其性能的关系图呈现出了一个S形（见图11-3）。

福斯特理论的另一个部分是，一旦一项技术的投资回报开始减少，企业家就有了寻找新技术的动机。最初的进展趋于平缓，然后达到起飞点，最终，新技术取代了旧技术。福斯特向公司传达的信息是，两条S形曲线之间的非连续期是现任者易受伤害的节点。已获利的参与者倾向于尽可能多地从旧技术中榨取价值。通常，他们会预计过去的性能提升将继续。这些参与者低估了在旧技术的性能不再提升之时，新技术带来的威胁。这就让现任者非常容易受到小型创新者的攻击，而这些创新者都专注于新技术的研发。

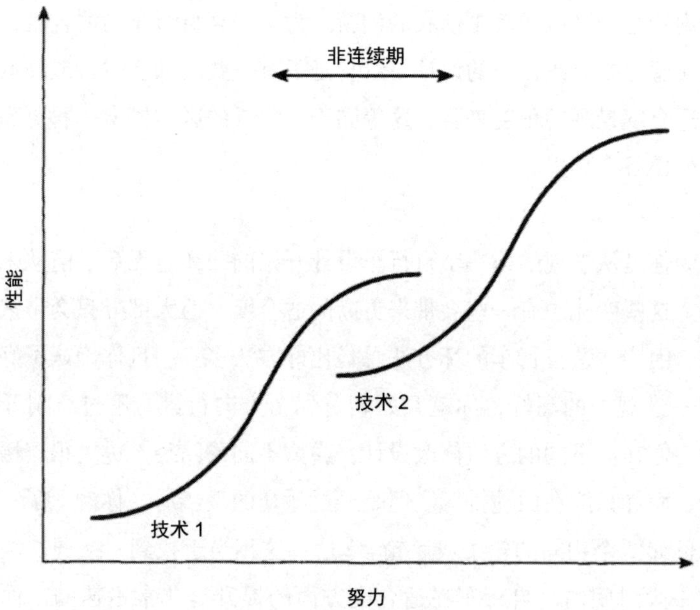

图11-3 技术S形曲线

如果物理技术空间的适合度景观确实是大致相关的，那么我们将有望看到福斯特观察到的S形曲线。斯图尔特·考夫曼指出，自行车出现早期有大量的实验性设计——大前轮、小后轮以及各种转向装置等。[27]但是，在我们现在熟悉的两个大小相等的车轮结构被设计出来后，基本设计的改进迅速出现，自行车的性能得到了快速提高。然后，随着S形曲线达到顶点，进一步的提升将局限于不同组件的改良，比如更好的齿轮和更轻的框架材料。随着时间的推移，新的结构，如赛车和山地车被发明出来，自行车生产技术的改进随着新S形曲线的出现继续进行。

为了从适合度景观的角度来看这个故事，我们假设有一个特定的点代表第一个自行车设计，以及与它相对应的适合度水平（见图 11-4）。这一点周围都是等着被发现的潜在设计，靠近原始点的区域代表自行车设计的微小变化，距离较远的区域代表更彻底的创新。为了提高自行车的适合度，你开始做一些实验，并修改目前的设计，看看是否有一些改动会改善或降低它的性能。从适合度景观的角度来看，这等同于在附近的区域探索，看更高的山峰和更低的山谷在哪里。

因为你是从发现的第一个自行车设计开始的，还有无数之前从未尝试过的变化。这些变化中有一些会带来更高的适合度，但大部分只会带来更低的适合度，因为建造自行车的坏方法总是比好方法多。一旦你确认了好的设计方向——景观中的高峰，你就开始朝着那个方向行进。不过，刚开始的时候，因为你在用不同的方法修改设计，尝试不同的路径，进展很缓慢。高峰在远处，而你只能在山麓徘徊。但是经过最初的漫步后，你碰上了一个优秀设计（例如两个相同的轮子或后轮驱动），这相当于找到一条通往高地的路线。在一段时间内，自行车在适合度方面的提升是非常迅速的，你每走一步，都会在高度上有显著的提升。最终，你开始接近顶峰，你向上攀爬的速度会减慢。当爬得越来越高时，你会注意到一些重要的事情：每走一步，可能的向上路径数量会减少。在开始的时候，你面前会有许多潜在的方向和未经试验的设计。但是，一旦你踏上自己的道路，接近顶峰，潜在的向上路径数量就开始减少，变成越来越多的渐进式改进。

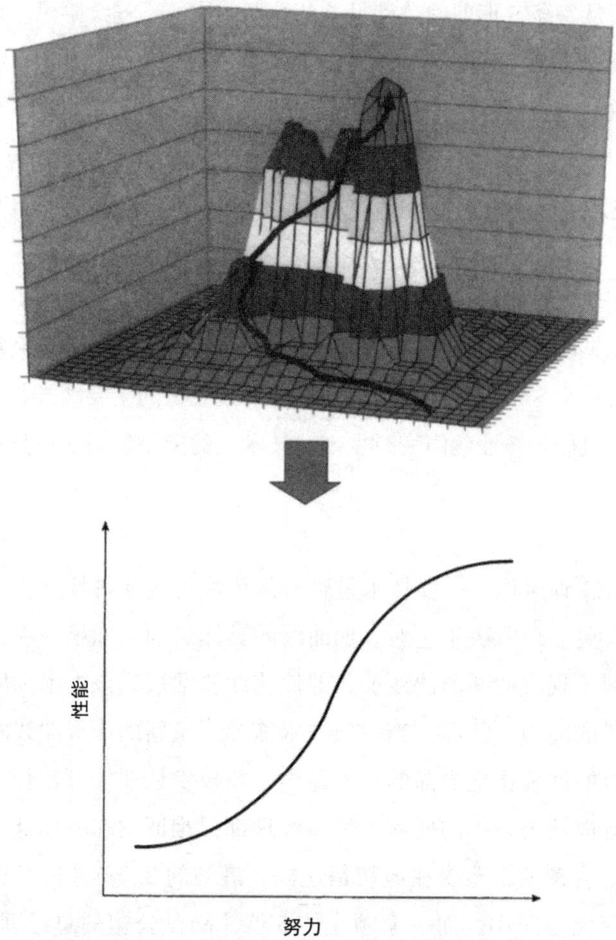

图 11-4 大致相关的技术景观与 S 形曲线

如果物理技术空间的适合度景观完全是随机的，我们就不会看到S形曲线了。投资某项特定技术的回报也将是随机的，因为景观上的任何一步探索都会导致适合度的随机变化。如果在另一个极端，物理技术空间的适合度景观是光滑并且完全相关的（像富士山一样），那么将只有一个最好的自行车设计。我们不会争论闪电04型自行车是否会比戴尔R500的齿轮头更好，也不会经历从一条S形曲线跳到另一条S形曲线的不连续阶段。在一个完全相关的空间里，一旦设计达到顶峰，就没有别的地方可去了。相反，S形曲线是粗相关的适合度景观的几何学自然结果。

颠覆性技术

在《创新者的窘境》（*The Innovater's Dilemma*）一书中，哈佛大学商学院的教授克莱顿·克里斯滕森（Clayton Christensen）问，为什么从一个S形曲线跳到另一个S形曲线往往会成为成功的大公司的主要绊脚石。克里斯滕森研究计算机硬盘产业的演变时发现，技术上的微小创新往往具有较大的颠覆性。

克里斯滕森声称，一项技术是否有颠覆性与这项科技进步本身的价值关系不大，更多地取决于它对S形曲线的具体影响。如果一项技术将产品性能提升到了现有的S形曲线上，即使速度非常快，该技术都倾向于保持现有参与者的能力。然而，当一项技术需要一条新的S形曲线时，特别是当它开始时的性价比比当前的技术差时，新技术往往能颠覆行业结构。这是因为现有成功公司中的任何一位总经理都很难证明在一项低性价比的技术上投资是合理的，至少在最初是这样。最初的3.5英寸磁盘速度慢，价格昂贵，存储空间小，而一家领先的5英寸磁盘公司的总经理会问："我们的客户为什么想要那种磁盘？"当一项新技术开始向新的S形曲线爬升时，旧技术的掌握者们就陷入了一场奋勇直追的保卫战中，而他们通常会输掉这场战争。

这就是克里斯滕森所说的“创新者的困境”，它赋予了大致相关的景观下的物理技术空间以合理性。随着时间的推移，硬盘设计从 14 英寸缩小到 8.5 英寸，它的挑战不仅在于使同一个产品变小。相反，它需要许多组件的重大改变，新的制造技术以及用电子部件替换许多机械部件。虽然表面上看这些变化可能是渐进的，但从适合度景观的角度来看，这是一个巨大的飞跃。为了方便起见，我们一直在三维可视化适合度景观，但设计的模块化意味着它们实际上是多维的。如果有人改变了设计中的 5 个组件，那么它就跨越了景观的 5 个维度。适合度景观中的“距离”既指改变的维度数，又指每个维度上的变化量。在许多维度上发生的变化，如硬盘大小，可以算作景观上的一个巨大变化。

从定义上讲，结构创新需要一下子改变很多东西，无论是从帆船到轮船，还是从赛车到山地自行车。在对半导体设备行业的详细研究中，麻省理工学院的丽贝卡·亨德森（Rebecca Henderson）和哈佛大学商学院的金·克拉克（Kim Clark）表示，结构创新往往比单个组件的创新更能颠覆行业结构。[28]通过将创新视为对适合度景观的搜索，我们可以看到福斯特、克里斯滕森、亨德森和克拉克的作品都贯穿着一条主线：现有的成功公司很难在物理技术景观中跳得很远。当你身处周围山峰的最高峰时，导致适合度降低的路线比适合度提升的路线多很多，并且选择一个新的结构看起来将面临很大的风险。从一个站在低谷的创业者或者新进入者的角度出发，整个景观中有很多向上的路，也有很多新的无人涉足的山峰可以探索。创业谷中大多数向上的尝试都会终结在没有出路的峡谷或者令人失望的低矮山丘上。但随着有足够多的探索者不断探索，最终还是会有人找到一条有吸引力的上升路线。[29]

科学革命：重新编程进化

物理技术进化的一个关键特征是，与实验性的探寻或随机搜索相比，演绎探索更有可能将人们引向高适合度的山峰。虽然远不完美，但人类的演绎对于预见行为的可能后果，以及进行思想模拟，都是非常有帮助的。在人类99.9% 的历史中，我们的演绎能力起作用的范围相对有限，演绎－探寻模型中探寻比演绎的成分要多得多。人类拥有许多能起作用的物理技术，但不知道它们为什么起作用，也不知道它们是如何起作用的。尽管有着种种限制，但人类及其祖先在 250 万年的时间里还是创造了一系列缓慢增长的发明。

正如我们在第 1 章中讨论的，在 1750 年，人类历史上发生了一些不同寻常的事情：物理技术空间以及它带来的库存单位数在经济领域所占的比重迅速增加。科学革命始于 1500 年左右，意大利文艺复兴时期古典知识的复兴重新点燃了人们对自然现象的兴趣。16 世纪，达·芬奇和哥白尼等人推动了这种复兴。然而，在许多方面看来，达·芬奇和哥白尼更像是探寻者，而不是科学家。17 世纪，弗朗西斯·培根阐述了科学的方法，伽利略确立了实验的作用，他们为艾萨克·牛顿、罗伯特·博伊尔以及 17 世纪后期其他人的巨大进步奠定了基础。自那以后，科学就走上了指数级发展曲线，到今天仍在继续。[30]

科学的作用本质上是大幅地提升演绎洞察力的命中率，因此，演绎突然开始在演绎－探寻中发挥更大的作用。演绎科学理论并不能完全取代探寻，任何一个工程师都会告诉你，理论上有效的东西在实践中并不总是有效的。但平衡倾向可以使二者有效结合，从而使进化发现物理技术景观中的高峰的速度大幅提升。

———

技术进化不仅仅是一个比喻，它是人类在无限的物理技术空间中进行演绎-探寻的结果。在这种基础上，我们说分化、选择和复制等过程的性质不同于生物学，但它仍然是一个进化过程。这意味着物理技术进化遵循着同样适用于其他进化系统的一般规律，物理技术进化表现出与其他进化系统相同的行为，例如，创新推动进一步创新的趋势，以及技术变化的间断均衡性质。但物理技术的进化有一个人类系统独有的特点——我们可以重新编程进化搜索算法。科学使人类能够快速探索物理技术空间，随之而来的工业革命和信息革命改变了社会和地球。从“人类的黎明”到绕着轨道飞行的宇宙飞船，而我们现在需要回到原始人朋友们的身边，因为物理技术只是故事的一半。

12 力量三：社会技术

2002 年，国际经济研究所的威廉·伊斯特利（William Easterly）和明尼苏达大学的罗斯·莱文（Ross Levine）对 72 个富裕国家和贫穷国家进行了详细的研究，试图找到使一个国家比另一个国家富有的原因。[1]他们假设，国家财富的主要决定因素包括自然资源、政府政策以及一个国家的物理技术的发展程度等。伊斯特利和莱文发现，虽然这些因素在某种程度上都很重要，但最重要的因素是一个国家的社会技术状况。法治、产权、运行良好的银行体系、经济透明度、清廉程度以及其他社会和制度因素比其他因素对国家经济的发展水平的影响更大。即使是资源很少、政府能力较弱的国家，如果拥有强大、发达的社会技术，也能取得相当好的成绩。而没有一个社会技术落后的国家能有好的表现，不管他们有多么丰富的资源，也不管他们的宏观经济政策多么有序。

社会技术不仅会影响一个国家的表现，而且也能解释行业和公司在细微层次上的表现差异。20 世纪 90 年代末，经济学家开始注意到美国经济的快速增长。起初，研究人员试图通过物理技术寻找解释。在过去的 20 多年里，美国在提升计算能力方面的投资巨大，一个主要的假设是经济终于见证了这份投资的回报。

然而，麦肯锡公司全球研究所的同事们对此持怀疑态度，他们深入探究了标题下的生产力数据。[2] 结果表明，生产力的真正驱动力是企业如何进行自我组织与管理，即社会技术中的创新。

麦肯锡公司深入研究的行业之一是零售业，尤其是沃尔玛公司对整体行业生产力的影响。20 世纪 80 年代和 90 年代初，沃尔玛公司在大型商店和高效物流系统方面的创新使其生产能力比竞争对手高了 40%。这一挑战反过来迫使其竞争对手模仿沃尔玛的组织创新，并在 20 世纪 90 年代末将生产力提高了 28%。与此同时，沃尔玛公司继续将自身的生产力提高了 22%。仅零售业这一社会技术创新竞赛就占美国这段时期整体生产力提升的近 1/4。其他 5 个领域中类似的社会技术创新竞赛构成了其余的增长。计算机在这个过程中扮演着至关重要的角色，没有计算机，沃尔玛公司复杂的物流工序将不可能实现。但是计算机技术起到的是促进作用，而不是主要作用，是组织和过程中的创新带来了生产力的巨大提升。

让我们变得有组织

在前一章中，我把物理技术定义为为实现一个或多个目标而将物质、能量和信息从一种状态转换为另一种状态的方法和设计，[3] 而社会技术是为实现一个或多个目标把人们组织在一起的方法和设计。

一群人可能聚到一起开创一家公司，创立一个宗教，或者创建一个周五晚上的保龄球联盟。这种组织行为总是在追求一个目标，无论是利润、精神启迪，还是乐趣。正如物理技术是为满足人类需求而在物理领域创造秩序的方法一样，社会技术也是为满足人类需求而在社会领域创造秩序的方法。

社会技术这个词与经济学家使用的一个术语十分相近：机构。诺贝尔奖得主道格拉斯·诺斯将机构定义为“社会中的游戏规则”。[4] 机构是组织的一个组成部分，但我对社会技术的定义更广泛一些，囊括其他组成部分，如结构、角色、过程以及文化规范。社会技术包括组织所需的所有要素。一支足球队的社会技术不仅包括比赛规则，还包括守门员的职责、球队的文化，以及球队的战术安排，比如是在前面派出三名前锋，还是在后面派出两名前锋和一名中场球员。虽然足球队的社会技术包括对该队组织方法的完整描述，但不包括该队使用的战略。因此，诸如“左路进攻”或“专注于短传”之类的陈述将不包括在内。在经济背景下，这种战略是商业计划的一部分。

社会技术如何进化

基于社会技术的定义，我们可以为它们构建一个理论设计空间，一个所有可能出现的社会技术的图书馆。建构将遵循和构想物理设计空间时相同的路径。存在于社会技术图书馆里的是为特定的设计和指令创建社会结构的概要，比如为组织一个亚诺玛米狩猎队写一份指示，描述通用电气公司的组织结构，阐述欧洲银行的规章制度。这些指示集可能包括自然语言文本、图表以及描述组织结构、角色、决策过程、规章制度、激励机制、行为准则等的表格。像之前一样，我们可以想象这些社会技术被收录在500页的多册套装书中——一个比宇宙广阔得多的所有可能社会技术的图书馆。

就像物理技术和商业计划那样，在现实世界中，一些社会技术是以书面形式存在的，但许多社会技术只存在于人们的头脑中。社会技术并不一定要写下来，但是原则上它们要能够被充分地记录下来，进而让一个合格的阅读器能够遵循它们完成设计。一个亚诺玛米狩猎者能够理解为狩猎团队写的概要，一个通用电气公司的总经理能够理解通用电气的组织描述，一个经验丰富的欧盟官员可以理解银行监管结构。

与我们讨论过的其他设计空间一样，社会技术图书馆具有三个重要属性。第一，如同它的表亲物理技术一样，社会技术的设计空间是自我供给并以指数级展开的。[5]每个社会技术突破都可以为接下来的一系列突破创造出更多的空间：货币的发明催生了会计职位，从而带来了股份制公司的发明，以及股票市场的出现等。

第二，社会技术有着模块化的区块构建能力。例如，一家大型跨国公司的组织设计是一系列模块的集合，其中包括组织其业务部门的设计、会计和控制系统的设计、董事会结构的设计以及行为规范的设计。[6]

第三，与社会技术设计空间相结合的适合度景观很可能是大致相关的。社会技术设计上的微小变化会带来相对适合度的微小变化，有时微小变化也可能导致社会技术不可行或者更好。因此，社会技术适合度景观有着与阿尔卑斯山相似的大致形状，带着平滑的点、瑞士奶酪孔洞和通往高地的入口。从这一假设可以得出的预测是，就像我们在物理空间观察到的S形曲线和颠覆性技术那样，我们期待在社会技术空间中看到它们的对应物。历史似乎证明了这一点，[7]例如，从狩猎采集到定居农业的跨越可以被视为人类经济组织在S形曲线上的一个重大转变。[8]同样，亨利·福特于1914年发明了一种组织制造的全新方法——生产线，它是改变早期汽车行业结构的极具颠覆性的社会技术，同时也改变了其他许多行业。[9]

社会技术空间中的演绎－探寻

如果社会技术的适合度景观确实是大致相关的，那么更进一步的启示是，搜索它的高效方法就是我们的冠军搜索算法——进化。就像用演绎－探寻搜索物理技术空间那样，人们也用演绎－探寻搜索着社会技术空间中合适的社会技术。例如，当亨利·福特和他的团队发展生产线时，他们不仅仅是在纸上对其进行了演绎推理，[10] 也不是仅仅尝试了随机试验。相反，他们两样都做了一些。福特被"生产一辆大众能承担得起的汽车"这一愿望所激发，要做到这一点，他需要在制造过程中减少熟练工匠的数量，将更多的工作交给不熟练、工资低廉的工人。福特熟悉美国斯普林菲尔德军械库在制造过程中使用标准化零件方面的进展，尽管他和他的团队没有读过太多的理论经济学，但他们都熟悉专业化分工能带来好处的观点。借助一系列演绎假设，福特在 1908 年至 1912 年间开始在工厂中进行实验。经过 4 年的改进和完善，他在 1913 年发现了一个关键点，那就是汽车本身应该沿着生产线移动，而不是让工人移动，到了 1914 年，福特建立了一条移动装配线。

社会技术中探寻所占的比重也相对较高。相比于建造喷气式飞机或研发一种新的心脏病药物，重新设计一家公司的组织架构或者建立中央银行系统等活动中的艺术成分远远超过科学成分。因此，社会技术空间的适合度景观探索模式中，较少有直接的演绎，更多的是试验和试错。复杂经济学的一个承诺是，随着时间的推移，它将把社会技术中的艺术科学边界进一步推向科学。尽管演绎在社会技术空间中的作用较小，但使用演绎－探寻来寻找适合的社会技术仍然是一个进化过程。人们会用不同的社会技术进行实验，然后随着时间的推移，成功的设计往往会持续下去，而不太成功的设计会逐渐消失。成功的设计往往会被复制，因为可以吸引更多资源和传播更广而被放大。例如，福特对移动装配线的创新在制造业中迅速传播，取代了其他社会技术，直至今天仍然是标准做法。[11]

物理技术与社会技术之间是紧密联系的。当人们穿越物理技术的适合度景观时，他们在社会技术的景观上会引起地震和其他巨变，反之亦然。诸如牛拉犁这样的物理技术进步只能发生在农业的社会技术创新之后。同样，现代的许多管理创新在很大程度上都依赖于计算机和通信技术的进步。农业革命、工业革命和信息革命都可以被看作共同进化的旋转木马，物理技术的进步会带来社会技术的新形式，而社会技术的进步反过来又促进了物理技术的进一步发展，如此循环往复。

竞合

是什么驱使着人类在社会技术空间中进行演绎 - 探寻搜索的？是什么在促使我们不断地寻找新的更好的组织方式？答案在于非零和博弈的魔力。

在第 10 章中，我解释了零和博弈，即一个人的收益是另一个人的损失，而非零和博弈是指两个人可以通过合作获得更大的收益。非零和博弈的合作有一个 1+1=3 的逻辑，如果你帮我一把，我就帮你一把，我们可以一起做一些自己无法单独完成，但对两个人都有益的事情。非零和博弈是生物进化中广泛应用的生存技巧之一，比如狗会成群结队地捕猎，白蚁会共同筑巢，鱼儿成群游动，而大多数灵长类动物都过着群居生活。

尽管非零和博弈中的合作能带来实质性的好处，但就像囚徒困境向我们展示的那样，为了更大的利益进行合作以及追求狭隘的自我利益之间往往存在着紧张关系。[12] 在发人深省的《非零》(*Non Zero*) 一书中，记者兼科学作家罗伯特·赖特（Robert Wright）说，人类历史上的许多事都可以看作合作与个人利益这一核心冲突的结果。[13] 赖特称，社会逐步走向复杂的过程，从简单的狩猎采集部落到有组织的村庄，再到民族国家和全球合作，都是人类开创新方法，不断扩展合作规模，改进方法参与更加复杂有利的非零和博弈的结果。他指出，在资源有限的世界中，合作面临着竞争压力。随着时间的推移，能够更好地进行组织的社会将在社会、经济和军事上主导那些在创造合作结构方面不太成功的社会，因此，推动社会创新的是竞合。

用我们的语言改写赖特的观点，我们可以将对社会技术适合度景观的演绎 - 探寻搜索看作能够使人们捕捉非零和博弈利益的社会技术的追求。社会技术的适合度依赖于三个因素：第一，社会技术必须有提供非零和博弈的潜力；第二，它必须提供使人们有参与博弈的动机的收益分配方法；第三，社会技术必须有应对缺陷的机制。

非零和的魔力

在非零和博弈中，1+1=3 的魔力有 4 个基本根源。这 4 个根源长期以来在传统经济学理论中都非常有名。第一个是分工，亚当·斯密在两个多世纪以前就指出了分工的好处。如果两个人的技能略有不同，那么每个人都可以通过专注于自己最擅长的事情，并进行交易来获得共同利益。如果拉里是一个杰出的猎人，而哈利是一个优秀的斧头制造者，那么拉里最好去参加围猎，而不是徒劳地敲打石头，哈利也最好去制作斧头。

第二个是人的异质性。人们的不同需求和品位创造了互惠贸易的机会。查尔斯·达尔文在乘坐贝格尔号航行时，在与火地岛印第安人交流的过程中观察到了这种贸易的好处："双方都感到惊讶，目瞪口呆地看着对方。我们同情他们，因为他们用鱼和螃蟹交换破布；他们则在嘲笑用如此绚丽的装饰品交换一顿晚餐的愚蠢人类。"[14]

第三个是扩大回报规模的好处。例如，一个猎人可能会在几个小时的狩猎中投入 500 千卡的能量，并有 20% 的机会杀死一只有 2 500 千卡热量的动物。因此，他的预期回报等于 500 千卡，刚刚够本。如果他和另外两个人组成了一个狩猎队。三人仍然每人投入 500 千卡，但他们捕获一只动物的概率上升到了 90%。因此，预期值变成了每人 750 千卡（$2500 \times 90\% \div 3$）。仅仅是加入这个团队，猎人就额外获得了 250 千卡的"利润"，并且大大降低了自身的风险。

第四个是合作有助于削减不确定性。如果一支狩猎队有一天打猎很成功，另一支不成功，成功的队伍可以把猎物和失败的队伍分享，前提是当情况逆转时，另一支队伍也会这么做。因此，合作是降低风险的一个好方法。如果你只能靠自己并且运气不好，你就会挨饿。但是如果你在一个合作的团队里，你的同伴就可以帮助你渡过难关，直到你有能力偿还他们。

分配战利品

这 4 个非零和收益的根源可以在不同背景下相互组合，从而创造出无数种促使人们为了共同利益而合作的方法。但要想让人们产生合作的动机，他们就必须分得一份战利品。因此，如何分配合作的收益是一个至关重要的问题。如果收益以错误的方式分配，那么合作就会瓦解，非零和收益也会蒸发。

约翰·纳什（John Nash）1950年在一篇题为《交易问题》的绝妙文章中第一次对合作中的回报分配进行了评论。[15] 在文章中，纳什问了一个简单的问题，即两个交易者如何在收益方面达成一致？哈利会给拉里多少肉来换手斧？尽管听起来很简单，但实际上这个问题困扰了几代经济学家。纳什的解决方案提出，两个或两个以上的交易者如何分割交易所得收益取决于每一个交易者对交易收益的重视程度以及双方的选择。每个人都在寻找对自己而言最优的交易，他们会假设其他人也在寻找最优的交易。在知道对方行动的前提下，双方都没有改变立场的动机就能达成交易。

交易双方都愿意进行交易的点被叫做纳什均衡，因此，当哈利和拉里对斧头进行讨价还价时，他们最终找到了一个双方都乐于交易的点。进行交易对两者而言都比不进行交易时的情况要好，因此他们获得了合作的非零和收益。

但是纳什均衡的存在并不能保证一个快乐的、合作的结果。在单轮囚徒困境博弈中，纳什均衡是避免两个囚徒互相告密而坐牢的方案，因为如果你是一个嫌疑人，你不知道你的同伴是会坦白交代还是保持沉默，你最好坦白。因为你的同伙也面临同样的选择，你可以假设他也坦白了。纳什定理告诉我们，要想让非零和博弈指向合作，就需要精心组织收益，使每个人都倾向于选择合作，或者参与者需要某种机制来协调他们的反应。假设嫌疑人有一个黑帮老大，他会杀了任何作证的人，而在出狱后奖励那些保持沉默的人。这将改变收益结构，并将纳什均衡移动到一个双方都不开口然后获释的点。同样，如果嫌疑人被允许交流，并且知道警方提供给另一方的条件是什么，他们就可以协商回答，避免背叛陷阱。然而，最后的结果仍有可能是一名嫌疑人因为利益出卖了另一名嫌疑人。毕竟，小偷之间没有信誉可言，这就指向了社会技术适合度中的一个关键因素：要想让社会技术适合，我们必须制定机制来惩罚那些不友善的参与者。

欺骗者（基本）从不会赢，而赢家（基本）从不欺骗

欺骗的动机意味着合作本身就很难达成，即使达成了也可能是不稳定的。一个猎人可能比他的朋友跑得慢些，只消耗 400 千卡，但是，只要朋友没有注意到他的投机取巧，他仍然可以得到 750 千卡的食物。同样，我用来换你那把漂亮的手斧的肉可能又老又硬，或者我只给你 5 盎司，而不是约定的 6 盎司。进化生物学的自私逻辑认为，如果骗子骗了人并逃脱了惩罚，他们就提高了将欺骗基因传给后代的可能性，因此，作弊提供了进化优势。

如果生物选择使得欺骗基因比受骗基因更有优势，那么合作如何在群体中立足呢？答案是，合作带来的收益非常强大，以至于合作基因比欺骗基因更有优势，但这种情况只有在这些基因并不天真，且确保欺骗者会受到惩罚时才会如此。[16] 为了生存，合作基因需要一些复杂的防御机制。这里可以回想一下我们之前对林格伦模型的讨论。在囚徒困境博弈中，如果玩家只玩一轮，两个玩家都有相互告密的动机。然而，当游戏反复进行，没有人知道何时结束时，互动就变得更加复杂了。进化出的稳定而成功的策略通常遵循着这样的逻辑："我会从相互合作的假设开始，如果你欺骗我，我不仅会拒绝合作，而且会惩罚你，即使损失我的近期利益也在所不惜。然而，过了一段时间，我可能会原谅你，并再次尝试合作，因为你之前选择欺骗可能是因为沟通错误，或者你可能已经改变了你的行为方式。然而，如果你再次选择欺骗，我再次原谅你的可能性就会降低，惩罚也会变得更加可怕。"[17]

正如进化在林格伦的计算机模型中产生了这种逻辑一样，进化也在人类

祖先的头脑和本能中“植入”了这种逻辑。在前文中，我们讨论了一系列“最后通牒博弈”实验，研究人员给了两个受试者一笔钱，让其中一个人决定如何分配，如果另一个人认为分配是公平的，那么他们可以各自保留自己的份额。但如果另一个人拒绝了分配方案，双方都将一无所获。这些实验的结果令人震惊。从经济的角度看，人们应该接受任何分配方案，因为有钱总比没钱好。然而，在一次又一次的测试中，受试者都拒绝了他们认为不公平的提议。实验结果在世界各地的文化中都是一致的，包括狩猎采集文化。其他游戏和实验都证实了人类合作互惠行为一致且根深蒂固的本质。[18] 进化促使我们在朝着一个方向发展——天然倾向于合作，以获取非零和收益。进化也使得我们对欺骗非常敏感，期望公平，并惩罚那些我们认为越界的人。事实上，我们已将进化编程到了智能软件中，复杂、直观的“纳什均衡发现者”和“公平检测器”使人们形成了合理稳定，惩罚搭便车者和防御欺骗者攻击的联盟。[19]

然而，人类的互惠设定并不是固定不变的，它可以随着环境的改变而改变。当我们处在一个大部分的经验都是与他人互惠合作，社会规范向我们传递他人可信赖的信号的环境中，那么我们就会倾向于合作。当互惠设定遇到背叛或欺骗的例子时，它也会更加惊讶和宽容。这就像我们的大脑对周围的人群进行了统计，如果人们通常是合作的，那么在遇到一个骗子时，我们会倾向于假设这个人的行为可能是错误或误解的结果。相比之下，在一个低合作、高欺骗的环境中，社会规范不支持合作，合作设定会使我们倾向于保持怀疑。我们对欺骗最初的信号反应激烈，如果有可能的话也只会逐步原谅，而且可能会拒绝合作，直到对方率先给出合作的信号。

互惠规范的局部调整可以在人类层面产生非常复杂的动力。如果欺骗达到临界点，高合作型社会就会见证合作的崩塌，低合作型社会就会陷入不合作、经济贫困的死胡同；当来自不同合作传统的人们相遇时，就会导致误解和混乱。[20]组织中也会出现同样的问题，正如我们将在第16章中讨论的那样，公司中高度合作、高度信任的文化往往会带来更高的经济效益，而当进化出不同信任参数的群体突然相遇时，公司之间的合并可能会遇到重大问题。

能更好地利用非零和收益，找到分配这些收益的纳什均衡，管理背叛问题的社会技术将会比那些无法做到这些的社会技术在适合度景观上获得更高的位置。当人们为了寻找适合的社会技术在景观上进行演绎－探寻时，人类已经发展出复杂精密的社会结构来解决这些问题。

从家庭单位到商业单位

社会技术的进化之旅始于我们与近亲进行密切合作的基因偏好。[21]毕竟，家庭成员与我们共享一些基因，帮助他们有助于提升这些基因传给下一代的概率。人类祖先最早的社会合作结构就是家庭，原始人的家庭习惯介于"放荡"的黑猩猩和一夫一妻的猿类之间。在大多数狩猎采集部落中，有些有能力的男性可以娶多个妻子，男性地位越高，他的伴侣越多。[22]早期人类倾向于选择一夫多妻制，但与黑猩猩不同的是，男性通常会陪伴并且投资他们的配偶和后代，创造相对稳定的家庭单位。有些社会从未超越这种最基本的社会结构。例如，罗伯特·赖特注意到，直到最近，爱斯基摩人和印第安人都是围绕家庭单位组织起来的，几乎很少有超越家庭的社会结构。[23]

朝着社会结构阶梯向上攀登的第一步是合作狩猎队。狩猎队的基本热量逻辑如此吸引人——有更多东西可吃，以至于当今大多数狩猎采集社会和早期社会都拥有这种合作形式。然而，早期社会的合作狩猎队规模相对较小，主要由亲属或近亲属组成。

随着定居农业的出现，社会合作出现了巨大的变革。大约在 11 000 年以前，世界各地的人们独立发现了培育作物的物理技术。[24] 卡路里增加和风险减少使定居变得更加稳定，人类群体的规模显著增长，这意味着合作开始延伸到由家庭成员构成的宗族之外，这反过来又开启了一系列新的非零和博弈。[25] 合作团体可以利用规模经济，例如建造大型、复杂的住所和其他建筑，从劳动分工中获益，以及与遥远的部落成员进行交易。

所有这些合作中的创新带来了一个新问题：该如何分配由此产生的财富呢？灵长类动物的性别等级制度为此提供了一个答案，罗伯特·赖特和其他人把它称作“大男人社会”。[26] 就像其他许多物种一样，在灵长类动物中，雄性动物会通过竞争俘获雌性。身体强壮、聪明、好斗的雄性会战胜较弱的雄性，从而把身体强壮、聪明、好斗的基因传给后代。在一夫多妻制的社会，如早期人类，男性越占优势，配偶越多，相应的后代也越多。这就在实力不同的男性群体中形成了等级制度。随着早期人类群体形成社会，这种性别等级很自然地转变成社会经济地位等级，以分配合作产生的利益。当然，这两种阶级制度是同一个硬币的两面：在古代社会，性别优势往往与经济上的成功相伴出现，而经济上的贫富与性别地位是对应的，因为富有的男性可以为配偶和后代提供更多资源。[27] 从古希腊神话到现代小报，人类最喜欢的三个话题是性、金钱和地位，这都与我们的祖先有关。

如前所述，等级制度不太流行，没有人喜欢独裁者。企业都在力争使自己的组织架构扁平化，而商业领导应抵挡作为雄性或雌性领袖在组织中炫耀的诱惑。然而，网络理论表明，等级制度在任何信息处理系统中都起着至关重要的作用，无论是计算机芯片、互联网、人脑，还是经济。要利用分工和规模经济带来的好处，需要有人将任务划分开来，协调人们的工作，把事情组合在一起，然后分配利益。在早期社会中，这个人通常是在性别上占主导地位的男性。赖特描述了美国早期西北部沿海部落中的一个“大男人”的角色：

> 总负责人是政治领袖，他效忠于一个宗族或是一个村庄。他负责策划编织渔网、建造鱼窖，确保一些村民专门从事某些工作，比如制造其他村民可以使用的独木舟。为了支付所有这些费用，他会从猎人的猎物中拿走1/5，甚至1/2。这些收入中的一部分将以宴会的形式返还给人们……
>
> 不用说，那个“大男人”会从顶端捞取一些利益。他住的房子比一般人好，连衣柜也比一般人好。[28]

我们可以看到这和现代的首席执行官和政治家十分相似。

人类一旦发明了等级制度，走向一级套一级的嵌套结构就十分容易了。我们可以想象这个进程：在某个时间点上，一个成功的大男人掌管着一个不断扩大的村庄，他没时间看管负责编织渔网的人，因此他任命他的弟弟或者最好的朋友来管理。就这样，商业团体诞生了。这个大男人让他的弟弟或朋友向他汇报，又有更低级别的管理者向他的弟弟或朋友汇报。等级制度有助于分工以及信息处理，它普遍存在于人类的社会结构中，从狩猎采集部落到社区保龄球联盟，再到大型公司。[29]

和平、爱和理解

尽管社会和经济等级对信息处理颇为有益，但这样的结构本身是不稳定的。人们会不停地为获得更高的位置展开竞争，大男人失去权力或者死亡后又会不可避免地接连发生战争。组织混乱的代价高昂，而稳定却有许多好处。稳定的组织有能力随着时间的推移积累知识和技能，参与非零和博弈，获取长期回报，为参与者提供更大的确定性，从而以更低的成本吸引人们进行合作。在灵长类部落中，等级管理的方法相当简单：一个强壮、聪明、好斗的男性统治着某个群体，直到另一个更强壮、聪明、好斗的男性在一场暴力政变中将他推翻。这种等级管理方法至今仍被独裁政权、有组织的犯罪集团和其他不受欢迎的社会组织所采用。

随着农业和更大、更长久的定居点出现，人们发展出一系列在等级制度中移交权力的创新方法，避免了代价高昂的暴力。这些创新包括长子继承制和由“长者”挑选领袖。而近代社会的创新包括民主选举以及股份制公司。有趣的是，尽管这些过程在现代都有一定的礼仪，但武力威胁总是潜伏在表面的和平之下。如果一位美国总统在选举失败后拒绝离开白宫，一些戴着墨镜的大块头大概就会把他或她赶走。管理等级结构变化的社会技术对于保持组织的稳定和持续发展来说至关重要。

需要管理的不仅是等级内部的竞争，来自不同等级的成员间的竞争也会带来威胁和机遇。人类需要能使完全陌生的人开展合作的社会技术。陌生人遇到的第一个问题是他们不知道是否可以信任对方。人们表现出合作及互惠行为的规范参数可能非常不同，一方可能在交易中利用另一方。因此，人们需要社会技术来确定除了他们的直系亲属外，哪些人可以信任，哪些人不可以信任。第一个延伸到村庄之外的社会技术无疑是部落身份。通过识别“自己的人”和“外面的人”，你可以高效地找到那些你更愿意与之遵守相同的社会规范的人。而且，由于你在一个部落中的交流可能会随着时间的推移而重复，你就不太可能遇到敲诈或严重的误解。

从历史上来看，交易网络首先倾向于在部落、民族和宗教团体中强势发展。比如公元250年到900年间覆盖墨西哥、危地马拉和伯利兹大片地区的玛雅交易网；在过去千年中从北非延伸到中东和中亚的穆斯林交易网；以及主导华尔街公司的常春藤联盟。“自己的人”和“外面的人”这种标签带着丑陋的歧视，本身就是有局限的。在缺乏其他信息的情况下，贴标签可能是一种降低风险的策略，但它也排除了一个更大的潜在利益关系世界。

从某种意义上讲，排他的标签就像一个封闭的计算机环境，只有相同品牌的计算机能够相互对话，例如IBM和IBM、戴尔和戴尔。拥有沟通和行动的标准协议是有好处的，但要以可伸缩性为代价。社会技术的一项重大突破是使陌生人能够合作的开放协议：法治。法律使有着不同背景、历史、种族和社会规范的陌生人，能够以较低的风险进行交易。一项重大的投资，如买房子，即使有了财产法、建筑法规和保险的保护，也可能是令人生畏的。我们根本无法想象这些交易不受监管会是什么样子。一个社会的财富与有着执行和裁决机制的成文法律间存在着很强的联系。[30]发展经济学家在努力刺激贫穷国家的经济增长时，也认为建立法治是一个重要的障碍，缺乏强大法治系统的国家不可避免地会被贴上低效、社会分裂替代品的标签。当然，法律并不能完全取代信任，如果社会信任破裂，人们过度依赖法律机构，社会就可能无法正常运作。然而，如果没有一个运作良好的法律监管系统提供合作协议，复杂、大规模的合作就不可能进行。

沟通也是促成合作行为的关键，语言的发展极大地提升了社会和经济合作的潜力，带来了一系列新的非零和收益。关于语言是何时获得发展的，相关研究者有很多争论——公认的宽泛估计范围是距今100万年前到3万年前。[31]不管怎样，语言可能是在工具出现之后才发展起来的，250万年前的证据可以证明这一点。人类经济活动中有一个前语言时期，它的复杂程度正是因为受到了语言发展的固有限制。正如语言改变了人类创造物理技术的能力一样，它也改变了社会技术的创造。人们可以想象语言基因所具有的优势：随着词汇量的增加，有益的合作型社交游戏空间呈指数级扩大。这就好比你之前只能使用呼噜声、手势和面部表情试图和某人协商一个复杂的交易，后来你可以用 50 个糟糕的法语词汇去尝试沟通；现在你可以用母语流利地来完成它。

一旦发展出语言，一系列的物理技术创新就能进一步提升其在合作活动中的价值。写作大约出现在 5 000 年前，这使人们能够更广泛地传播知识，并随着时间的推移更准确地保存知识。我们怀疑如果没有文字，高度复杂的古埃及、古希腊或古罗马社会是否可能存在。印刷机无疑帮助了欧洲社会从部落的黑暗时代中发展出来，而如果没有可靠的邮政服务，工业革命的社会创新是不可能实现的。要是没有电话、传真和电子邮件，现代公司也就无法建立。

由人组成的计算机

我们注意到，许多关键的社会技术创新都与信息处理密切相关，并且早期的“信息处理网络”也具有计算能力。一旦社会技术发展到了许多人可以形成合作网络、拥有大量通信和存储数据方法的阶段，人类组织就有了不同的特征——他们能够进行紧急计算。[32]

由人构成的组织有处理信息和解决个人无法独立处理或解决的复杂问题的能力。例如，英国石油公司可以被看作一台计算机，用来解决如何从世界各地提取、精炼石油和天然气，然后将其输送给数百万能源用户的问题。在英国石油公司，没有人能详细地告诉你这个极其复杂的问题是如何解决的。每天流入英国石油公司的大量数据，以及需要作出的所有决定，从董事会级别的决断到北海钻塔的轮班时间表，其中包含的信息量是无法计算的。尽管我们认为首席执行官是指挥者，但即使像约翰·布朗（John Browne）这样有能力的首席执行官也只能知晓组织中的一小部分决策，而一个大型组织在任何特定时刻都会作出成千上万个决策。然而，寻找、提取、精炼和分配石油这一极其复杂的问题能以高度精细的分配方式得到解决，日复一日都是如此。

就像蚁丘或大脑一样，人类组织也表现为一种新兴智能网络。加州大学圣地亚哥分校人类学家和认知科学家埃德温·哈钦斯（Edwin Hutchins）研究了不同环境下个体与群体的解决问题的能力。他得出的结论是，组织拥有集体的、新兴的能力，而这些能力是团体内部的个人所不具备的。[33] 本质上来讲，英国石油公司不仅比其任何一个员工都聪明，而且比其员工聪明程度的总和还要聪明。

人们可能会对像英国石油公司这样的全球大公司在社会中的作用提出质疑。但即使是最强硬的企业批评家也不得不承认，像英国石油公司这样一个拥有 10.3 万名员工、遍布全球 100 多个国家的组织，是人类合作的奇迹。它的员工大多没见过面，并且永远不会见面，却被一张由社会结构、规范、协议、法律以及促使他们为共同目标努力的激励机制所组成的网络捆绑在一起。如果将合作网络扩展到英国石油公司的 130 万名股东、数千家供应商和其他合作伙伴公司，那么其社会结构规模会变得更加引人注目。

英国石油公司这种规模庞大、结构复杂的组织要想存在，就必须依托进化而来的社会技术创新，包含诸如金钱等社会技术。大约在 2 600 年前，钱首次在美索不达米亚被使用，在本质上来说，这提供了一个通用的效用转换器，它能使一个人的经济需要和欲望以同样的单位转换成其他人的需要和欲望。[34] 同样，如果没有由复式会计的社会技术（最初由意大利商人在 13 世纪发明）构成的财务信息中枢神经系统，英国石油公司将很难运作。[35] 英国议会在 1825 年至 1862 年间通过一系列法案，确立了有限责任股份制，要是没有这个制度，英国石油公司也不可能以现在的形式存在。[36] 尽管英国石油公司要依靠社会技术的馈赠来发挥作用，但它同时也是经济进化体系的参与者，它的管理者们对新的组织管理方法进行了演绎－探寻，成功的社会技术在英国石油公司之内和之外被广泛采用并传播。

我们从灵长类祖先的生物遗产中继承了为共同利益合作的倾向，在等级制度中竞争的冲动，最终获得了语言能力。随着人类尝试用各种方法组织社会经济活动，这些微小的起源在万年后发展出了演绎－探寻的进化历程。合作中固有的非零和收益奖励了那些有效的社会技术，随着时间的推移，人类发现了能使组织获得成功的技巧。在大致相关的社会技术设计空间景观中进化时，人们能够在有效技巧的基础上，让获得成功的创新在未来产生更多的可能性。创新提高了组织处理信息和解决问题的能力，开发了越来越丰富的社会技术适合度景观。同时，由于每个领域的发现都能为其他领域提供可能性，所以社会技术空间也能与物理技术空间一同进化。

我们从手斧发展到了宇宙飞船，又从狩猎队发展到了跨国公司，但人类从亚诺玛米人到纽约人的遥远路程仍没有走完，在下一章中，我们将把经济进化的最后几部分组合到一起。

13 经济是三种力量共同进化的结果

前文中概述了进化的通用模型，并将该模型映射到了经济系统的底层。在第 10 章中，我介绍了这样一个观点：可以将经济发展看作在所有可能的商业计划图书馆或斯密图书馆中寻找适合的设计。在第 11 章和第 12 章中，我描述了物理技术和社会技术的进化如何为经济进化构建关键的模块。在这一章中，我们将看到，随着经济进化进程在商业和市场中展开，所有这些是如何结合在一起的。

如果用进化的通用模型简化清单，我们可以看到大多数元素都有一个完整的模型。我们已经为经济进化定义了一个设计空间（斯密图书馆），一个为那些设计编码的概要（商业计划），在这些设计之下的一系列构建模块（物理技术和社会技术），一个将商业计划转换为现实的概要阅读器，以及允许让进化竞争发生的环境（市场）。然而，还有两处空白等着被填充。

首先，我们需要定义经济进化中的交互者。在生物进化中，单个的有机体扮演着交互者的角色。他们相互影响，并与环境发生作用，完成生与死的进化工作。那么，经济底层的“生与死”是什么？

其次，我们需要确认经济进化中的选择单位。在生物进化中，选择发生在基因层面。[1]那么，选择在经济背景下是如何运作的呢？

在进化经济学中，有两个问题一直以来都备受争议。[2]我将展现一个观点，它与我们遵循的进化计算观点一致，并且能融入复杂经济学的总体框架。我们将利用完整的模型深入地研究市场的运作，从而以一个新的视角看待1750年的经济创新寒武纪爆发，然后在下一章中深入挖掘财富本身的起源。

企业的“生与死”

在通用模型中，概要是交互者的创立编码。如前所述，在生物学背景下，有机体的DNA编码概要起着交互者的作用。按照我定义事物的方式，如果商业计划是经济系统的概要，商业计划自然就能为企业的创立编码，那么经济中的交互者就一定是企业。这就引出了企业到底是什么的问题。我们也要区分企业和公司，企业是经济概念，而公司是法律实体，是一种社会技术。

在物理技术和社会技术的定义之上，我们可以用以下方式定义企业：

企业是为了营利而将物质、能量和信息从一种状态转换为另一种状态的个人或团体组织。

企业就像是将石头做成手斧，并将它们换成肉的原始人哈利，其目标是从肉中获得比生产手斧所消耗的卡路里更多的卡路里。这一定义也适用于IBM公司，为了通过出售获利，它将金属、塑料、硅、电以及工人的能量转换成计算机。这个定义也适用于服务业务。例如，擦鞋摊主可能会使用鞋蜡和通过体力劳动把脏了的鞋变得光亮，以实现其盈利目标。重要的是，该定义排除了学校烤饼义卖这样的活动。虽然烘焙销售涉及将鸡蛋、糖、面粉以及父母和孩子的能量转换为饼干，但它的目的是慈善，而非营利。

根据这个定义，企业和公司之间的区别最容易在通用电气这样的多业务公司中体现出来。通用电气公司是一个单一的企业实体，但在塑料、照明、媒体、金融服务等领域有着独特的业务。大多数大公司实际上都是企业的集合体，例如可口可乐公司根据地理位置和饮料产品来划分分公司。而许多较小的公司只是提供单一产品或服务的企业，例如“十八街新闻杂志”可能只拥有一家街角小店。

我们可以这样定义公司：公司是由一个人或一群人共同控制的一个或多个企业。

现代公司呈现出不同的法律形式：独资企业、合资集团和企业集团。但即使没有这些正式的社会技术，我们也可以说哈利是他的“手斧制造企业”的唯一所有人，因为他实际控制着这家“企业”。同样，亚诺玛米人的狩猎队可以看作一个控制打猎业务的合伙企业（请注意，我使用了“控制”一词，而不是“拥有”，因为所有权意味着财产权的社会技术）。我们可以说通用电气是一家公司，因为它所有的多元化业务最终由同一个股东集团控制。

考虑到前面的定义，我认为企业是进化系统中的交互者，而不是公司。

顾名思义，交互者是进化系统中的实体，它们相互作用，并与环境相互影响，在环境的选择压力下经历不同的成功率。对于业务单一的公司来说，企业和公司的区别并不重要。企业和公司本质上是相同的：如果“十八街新闻杂志”街角商店这一企业成功或者失败了，那么“十八街新闻杂志”街角商店这一公司也就成功或者失败了。但在通用电气公司的例子中，与客户、供应商和竞争对手的互动主要发生在各个业务部门的层面，而不是公司层面。在塑料行业中成功或失败的不是通用电气公司，而是通用电气塑料集团。如果通用电气塑料集团的业务失败了，它会对通用电气公司的财产造成损失，但通用电气作为一个公司很可能会生存下来，因为它能继续从事许多其他业务。

下一个层次是要区分企业产品服务和个人产品服务。例如，有的人可能会争论通用电气塑料集团到底是一个企业，还是一个包含聚碳酸酯和改性聚苯醚等多项业务的实体。一个企业的关键属性是它能为交互提供焦点，因此，要区分企业和产品服务线，我们应该寻找不同维度中的一致性，比如说共同的客户、竞争对手、地理位置、技术或供应商。街角商店是一个单一的企业，而不是牛奶企业加上报纸企业，因为相同的客户倾向于同时购买牛奶和报纸，该店的主要竞争对手是其他街角商店，而互动的焦点是在商店层面。同时，一家制药公司可能拥有心脏药物企业和癌症药物企业，其中每个企业都有独特的客户、竞争对手和技术。

划定这些界限时不可避免地会存在一些模糊性和主观性，而业务部门和产品或服务线的构成是许多公司经常讨论的主题。我们将采用实际的方法，假设最好用管理团队对它们进行区分。因此，我们会说，经济进化中的交互者是由公司定义的业务部门（我们将由通用电气公司决定聚碳酸酯是业务还是产品）。这种方法的优点在于可以捕捉到边界的动态性。随着环境的变化以及技术、客户和竞争对手的转变，管理团队会定期重新评估和更改业务部门的边界。

选择单位

企业是经济进化中为了生存而努力的交互者，但这并不意味着企业是进化选择的单位，就像我们不能假设生物系统中的选择发生在有机体上。[3] 为了充分了解进化是如何进行的，我们需要再降低一个层面。

这里我们需要回顾一下之前有关进化逻辑的讨论，也就是“好的复制因子能进行复制”。在进化的通用模型中，选择单位是为“性状”编码的概要，这些性状能使一个交互者与其他的交互者区分开来，从而在竞争中留存并复制。在生物的例子中，这些小的概要是基因。例如，如果一组特定基因能比其他基因给有机体创造更好的伪装，而这种伪装能让基因的携带者在生存和复制中具有独特的优势，随着时间的推移，这组基因在群体中出现的频率就会增加。

经济进化中的选择单位是什么呢？考虑到选择单位都是在选择概要，所以它们一定是商业计划中的一小部分。但是是哪部分呢？我们怎么识别它们呢？它们又位于什么粒度级别呢？选择单位是营销策略，还是特定产品的物理技术呢？

要回答这些问题，我们就要及时回顾，并且探究让企业的竞争成功与众不同的特质是什么？如果商店形式的差异能在一段时间内使博德斯书店的市场份额比巴诺书店的市场份额多一些，那么在这期间商店形式就是选择单位。如果库存管理系统的差异不会带来影响，那么它就不是一个选择单位

（尽管它可能在未来某个时候成为一个选择单位）。

如果说选择单位就是环境选择的东西，听起来会有种循环的感觉。但我们别无选择，适合度函数是复杂、多维且随时间变化而变化的。我们不能先验地说出系统正在选择的是什么，只能回顾性地观察选择，因此只能采用经验性的、回顾性的方法去定义选择单位。

这种回顾性的、经验性的方法在生物学中同样重要。基因的定义也具有模糊性。人们普遍认为，决定长腿等性状的基因是专门负责编码的某种DNA 序列。然而，现实情况是，没有专门的、有序的 DNA 序列只编码长腿这一特征。DNA 不像一个简单的蓝图，它更像一个密集而复杂的交换网络。长腿性状是由许多相互作用的子模块组成的，这些子模块都具有潜在的遗传性，例如调节骨骼生长的激素和肌肉构造过程等。这些模块也由子模块组成，如此层层细分，直到达到单个蛋白质的层面。这些相同的模块也可能参与到其他特性的构建过程中，因此，生物学家在基因鉴定中采取了一种实用和经验性的方法。例如，一些疾病是由某种蛋白质缺失引起的。科学家们会寻找负责编码该蛋白质的 DNA 序列，然后说他们已经找到了该疾病的基因，但实际上特定的 DNA 链也可能参与到许多其他机制中。基因仅仅是一个方便的标记手段，用于标记散布在 DNA 上的一些概要片段，并参与遗传性状的编码，这些性状可以为生物的生存和繁殖提供基础。

我们将采取类似的实用和经验性的方法来确定经济发展中的选择单位，并定义一个新的术语——模块。模块是过去提供的或未来可能提供的商业计划的一个组成部分，它是竞争环境中对不同企业进行差异化选择的基础。

思考模块的一个方法是假设："如果我是一个企业的经理，我可以尝试改变什么来提高企业的绩效？" 你可能会想到发起新的销售活动，重新设计客户服务流程，引入新的成本控制规则，或者增强产品研发。为区分业务绩效提供基础的任何活动都是模块，或者更准确地说，为这些活动编码的商业计划组成部分都是模块。

有强有力的证据表明，人们能够回顾性地识别模块。整个顾问行业、商学院教授以及确定和传播商业"最佳实践"的专家，实际上是 4 个模块（"最差实践"也是模块，只不过是不适合的模块）。[4] 这些研究人员研究公司，以便寻找过去带来成功的商业实践，并在书面文件和口头陈述中描述这些实践（例如将它们编码成概要），将它们传递给管理团队（例如合格的概要阅读器）。管理团队会尝试在其组织中实施这些实践，以提供不同的竞争优势来源（例如作为一个选择单位）。

像其他定义一样，这个定义也带有不可避免的主观性。企业之间的绩效差异往往是由许多复杂的原因导致的，就像有机体对适合度的贡献是极其复杂的一样。正如我们将在第 15 章中讨论的，过去最佳的选择单位实践模块可能不是未来优势的来源。进化选择并不是整体上作用于商业计划，而是作用于商业计划中的元素的。

选择单位的问题是经济学和生物学界争论和研究的主题。多年来，人们对经济系统中的选择单位，例如理查德·纳尔逊和悉尼·温特的"惯例"，以及更普遍的社会系统，如理查德·道金斯的"模因"或罗伯特·博伊德（Robert Boyd）和彼得·理查森（Peter Richerson）的"文化变体"，提出了各种建议。[5] 每一个术语都有其各自的优势和弱点，而模块的定义借鉴了这些概念。我引入一个新术语是为了确保它与我们正在建立的进化通用计算模型一致，并澄清经济环境中的模块、交互者和选择单位之间的区别。

策略胶水

“模块”一词还有着更深的内涵。正如之前讨论的，进化概要有一个组建块，使得概要具有组合的特征，模块一词意味着商业计划是模块的集合，人们可以通过组合并匹配各种模块来创造不同的商业计划。如果人们打开一份真正的企业商业计划，看一看目录，就会发现标题中有着诸如此类的词语。[6]

◎ 市场环境。

◎ 策略。

◎ 产品和服务。

◎ 运营。

◎ 市场和销售。

◎ 组织。

这些商业计划都包含子组成和子子组成。例如，化工企业的商业计划中可能会有一个产品模块描述企业将如何为航空行业提供特殊的碳纤维材料。该模块将建立在一系列用于制造碳纤维材料的物理技术之上。同样，市场营销和销售可能会有一个直接让销售人员销售这些产品的模块。该模块建立在许多社会技术之上，用于组织、管理和激励销售人员。

商业计划是从原子级的物理技术和社会技术上建立起来的，这些技术结合成了模块，模块又结合成了商业计划，使它们结合在一起的胶水是策略。我们将在第 15 章中更集中地讨论策略，但是现在，我们可以将策略视为一个假设，即在给定的环境中，什么样的模块组合是有利的。例如，一位企业家可能会假设，从苹果公司借来电子设备这一物理技术，再从戴尔公司借来网络销售和物流的社会技术，然后将两者结合起来，用一种适合的设计创造出来的新玩意儿就会是一个成功的组合，这样的假设就是策略。这个企业家之后可以写一份描述这一策略的商业计划书，然后再冒险向硅谷的资本公司寻求资金。商业计划的主要内容是在特定的策略之下，使物理技术与社会技术结合起来，成为经济世界中真正的企业。

变异：从企业家到官僚

进化游戏中的玩家现在已经就位，是时候加入情节，看看进化过程是如何在经济基础上展开的了。在前面的几章中，我们看到了演绎－探寻是如何提供机制，区分物理技术和社会技术空间的。同样的原则也可以用在商业计划的区分上。经理们尽己所能，提出了他们希望能够成功的计划。但是，詹姆斯·柯林斯（James Collins）和杰里·波拉斯（Jerry Porras）在研究长期存在的公司的《基业长青》（*Built to Last*）一书中提到，要“尝试大量的事情，然后保留有效的”。[7]在任何时候，商业计划的实验都有着惊人的多样性，从沃达丰在英国发明的3G移动互联网服务，到英国石油公司在俄罗斯探索其业务选择，再到玻利维亚一家街角小店更换了一种新的豆子品牌，看顾客是否喜欢。商业计划空间中的演绎－探寻为选择行为提供了巨大的差异性或超凡的繁殖力。像开发新的社会技术一样，开发成功的商业计划更像是艺术而非科学。虽然它不像生物进化那样完全是一个盲目的过程，但商业计划差异化仍然需要更多的探寻，而不是演绎。

这个范围内的其中一端是那些创造全新商业计划的企业家。创业过程就是一种演绎－探寻的形式，因为创业者会采用各种商业计划的模块，以新的方式组合它们，或将新的物理技术或社会技术引入商业世界。例如，家得宝（Home Depot）的创始人采用了郊区超市的零售模式，并将其与“自己动手”的建筑用品相结合，制订出一个新颖而成功的商业计划。

伟大的英国经济学家阿尔弗雷德·马歇尔把企业家比作中世纪的骑士，并称赞他们是资本主义的英雄。[8]但是，从进化的角度来看，企业家并不是经济创新的唯一来源，因此也不是唯一的英雄。中层管理者也可以成为英雄。想象一下，一位来自兆丰有限公司 12 号楼 23 号房间的中层经理，刚刚提议了一个新的程序来管理产品保修索赔。这位中层管理者采用了大胆的企业家所使用的演绎－探寻程序，他试图理性地计划自己的行动，然后从环境（包括客户和老板）中得到反馈，并进行调整和尝试。从进化的角度来看，这位中层管理者和企业家一样重要，也是商业计划多样性的来源，甚至可能不止于此。

适合度景观的阿尔卑斯山形状意味着进化需要一系列的跳跃来实现有效搜索。大多数创新都应该是小而短的跳跃，因为绝大多数激进的跳跃创新都是失败的。23 号房间的中层管理者的渐进式创新比企业家的大胆计划更有可能获得成功。但我们也需要一些中长距离的跳跃来防止进化卡在局部的山峰上。因此，进化既需要呆板的官僚，也需要狂热的企业家。

选择：大男人对市场

企业家、经理和官员通过演绎－探寻实现了商业计划的差异化，那这些计划是如何被选择的呢？在历史上，人类发展了两种经济选择方法：大男人和市场，[9]我们将依次讨论这两者。

在经济发展的早期，选择过程相当直接——生存。如果你选择了一个策略，如在河边狩猎黑斑羚，并结合了物理技术（如弓和箭）和社会技术（如狩猎队），获得了成功，那么你的卡路里收入就会大于支出。这种卡路里利润能够让你做一些事情，比如为儿童投资。通过吸引更多的参与者，在卡路里上盈利的商业计划将拥有更高的被复制机会，并被下一代所采用。其他的商业计划，例如在平原上使用弹弓猎杀鸵鸟，如果它们的卡路里利润没有那么高，那么它们将失去通往更成功计划的资源，并随着追随者转向不同的计划或追随者本身的消亡而消亡。

随着社会和经济变得越来越复杂，选择的反馈回路变得越来越不直接，中间的、由社会驱动的选择出现了。毫无疑问，当第一个大男人说："让我们把这片肥沃的土地给我第三任妻子的表弟（一个糟糕的农民），而不是给X先生（一个优秀的农民）"，选择和社会之间就会出现冲突。我们可以放心地假设，政治干预经济事务与政治和经济本身一样古老。这种倾向于糟糕的商业计划（表弟）而不是好的商业计划（X先生）的决定不会持续太久，在这样一个环境中，如果大男人经常这么做，那么其所属的部落要么在他的领导下灭亡，要么大男人在叛乱中被推翻。但是，一旦一个社会跨过了生存门槛（特别是在定居农业出现之后），这种选择过程中的社会短路就不仅是可能的，并且随着该群体的日益富裕，它的可能性会变得更大。

如果一个部落生存了下来，而且大男人的贪污、腐败或能力并不会威胁其发展，那么只有相对较少的人能意识到他们部落所放弃的额外财富。正如罗伯特·赖特指出的那样，竞争对这一点有一些制衡。最终，另一个大男人可能会承诺做得更好，然后推翻旧的大男人，或者表现不佳的部落可能会被组织得更好的部落通过暴力接管。[10]但是，没有什么可以保证新的大男人或部落会比旧的好。在商业计划的选择过程中，政治干预的主要影响是减缓进化的进程。在极端情况下，首领、国王、独裁者和其他大男人实际上可以阻碍经济发展的轨迹，只要人们仅仅是接近饿死，而不会真正饿死，这种进化的死胡同就可能持续很长时间。

商业计划选择的“大男人”制度还有一个问题：大男人扭曲了适合度这一功能本身。进化算法的一个特点是，它们能够很好地适应给定的任何适合度标准。正如我们之前看到的，当计算机研究人员卡尔·西姆斯选择适合游泳的人工生物时，他惊讶地得到了一群聪明的游泳运动员。当他把适合度标准改为在陆地上穿行时，研究对象的鱼鳍和尾巴都消失了，取而代之的是腿和蛇形的身体。当工程师们借助人工进化来设计半导体、软件或新药时，他们必须非常小心地指定适合功能，因为错误的适合功能必然导致错误的设计。在大男人制度中，适合度函数最大化地体现在大男人及其亲信的财富和权力上，而不是社会的整体经济财富。群体中创造性的、企业家的和演绎-探寻的力量都指向取悦大男人，从法国的城堡到俄罗斯的冬宫，遍布世界各地的无数豪宅和宫殿都在以其奢华的展示取悦游客，这证明经济发展在最大限度地发挥大男人财富的适合度函数方面具有有效性。

到目前为止，人类唯一想出的替代大男人的选择系统就是市场。市场是一个既古老又现代的发明。一方面，自由市场早在哈利和拉里第一次交换斧头和肉时就已经存在了。尽管这种非正式的双边贸易在历史上一直存在，但有证据表明，有组织的市场最早是在更晚近的时间出现的，它可以追溯到公元前 7 000 至公元前 5 000 年新月沃地农业的发展以及乌尔和巴比伦等城市的崛起。[11]

传统经济学的一大成就是它表明市场试图满足的适合度函数，实际上是市场所有参与者的整体福利。在大男人经济中，企业因政治利益得以生存或消亡。在以市场为基础的经济中，企业的生死取决于客户是否喜欢并愿意为其产品和服务付费。在大男人经济中，资源被引向了那些符合大男人利益的企业。在市场经济中，资源被引向了那些能充分利用资源产生经济效益的企业。

历史上所有的经济体事实上都是大男人和市场的结合。过去生活在狩猎采集社会中的人能够自由交易，只要他们的交易不会冒犯大男人，并保证大男人能得到他的份额。巴比伦和古雅典安哥拉市场上的商人通过政治联系、税收、贿赂和其他等级制度来获得交易许可。

人类历史的大部分时期都是大男人主导着商业计划选择，而市场则扮演着次要或秘密角色。例如，经济学家威廉·鲍莫尔（William Baumol）估计，欧洲的封建贵族阶层控制着80%以上的财富总量。[12] 直到大约300年前，大男人和市场之间的权力平衡才开始转变。我们接下来看看选择在基于市场的系统中是如何运作的。

选择如何在市场系统中运作

如果说选择在大男人经济中是相对简单的，它在市场经济中就相对复杂一些。从进化的角度来看，定义市场经济的关键特征是，市场是挑选商业计划的最终力量。这并不意味着市场经济中没有大男人的等级制度，相反，从马克思到现代反全球化抗议者，任何人都能很快地指出，资本主义社会中充斥着强盗式贵族、公司总裁和其他有钱有势的人。大型现代企业的组织结构图与其他任何大男人阶层的组织结构图几乎没什么不同，尤其是大多数企业仍是由大男人主导的，大女人并不是很多。然而，在资本主义社会中，一个人变得有钱有势的方法是拥有市场青睐的商业计划，而不是其他。

基于市场的经济体运行着双层的商业计划选择系统。大多数的经济决定仍然是在等级制度下作出的。正如商业历史学家艾尔弗雷德·钱德勒（Alfred Chandler）在20世纪70年代观察到的那样，企业等级制度这只“看得见的手”比亚当·斯密提出的市场这只“看不见的手”作出的经济决策要多得多。[13]但是，在这些庞大的等级制度之上的是一个单薄但关键的层面，在这个层面上，等级制度会与市场相遇。市场经济是进化的竞争等级制度。

前文中已经讨论过演绎－探寻是如何区分不同商业计划的，接下来让我们更深入地了解一下差异在市场环境中的运作方式，以及它与环境的交互如何决定商业计划的选择。

假设有一位主管负责一家大公司的一个业务部门，她正在考虑修改自己的商业计划，从而提升部门的利润。她所做的第一件事就是为企业创造各种选择：“我可以尝试扩大产品线A，引进新的服务B，在这里削减成本，在那里进行重组。”每个选项都涉及商业计划中不同的模块集。在生成这些选项的过程中，她运用了所有的认知能力：一些想法来自对业务的演绎思考；一些来自分析以及从其他经历中获取的经验，例如“这在我以前的公司中有效”；一些想法来自模仿，例如“我的竞争对手推出了这个产品，并且成功了”；还有一些想法是他人传给她的，例如“市场营销部的戴维提到了这一点，可能是个好主意”。

一旦这个业务部门主管有了一组选项，她就会进行一些心理模拟，以思考哪些选项是最好的。在头脑中筛选出选项后，她可能会进入下一个选项生成和测试阶段。她可能会要求同事提供更多的想法，或者要求他们对她的想法进行心理模拟，然后再给她反馈。接下来，这位主管和她的同事们将创建一个更精确的选项列表，并进行更正式的模拟。例如，他们可能会创建电子表格模型，尝试不同方案，分析成本，或委托其他公司或部门进行市场研究。团队将再次评估这些选项，或许母公司的高层管理人员也会讨论这些选择。最终，业务部门主管将选定一个或多个选项，作出决策，并将现有商业计划更改为新的计划。这将导向现实世界中的行动：分配预算和人员，改良产品，调整销售活动等。一旦这些行动在现实世界中实现，市场就会作出判断，销售业绩会上升或下降，利润会增加或减少，因此管理团队会收到有关其商业计划成败的反馈。

这个过程并不总是如此正式或如此清楚的，但基本包括选项生成、测试和选择的迭代循环。这个循环从单个行为者的心理模型开始，最终在一组行为者中传播开来，然后导向现实世界中的行动。选择会在多个层次上起作用：在单个行为者的心理模型中、在组织等级中以及在市场中。

复制：放大成功

进化算法的最后一步是复制。在生物学进化中，复制通过细胞分裂或有性生殖进行。对生物体生存和繁殖能力有益的基因往往会被复制。因此，复制的效果是，随着时间的推移，适合的基因在人群中出现的频率增加了，不适合的基因频率降低了。在生物系统中，基因频率是通过人口拥有特定基因的比例来测量的。通过测量频率，我们就可以知道在交互者群体中有多少交互者拥有某个特定的选择单位。

如果我们将同样的成功复制测量方法应用到经济系统中，就可以了解到企业中包含某个特定模块的百分比是多少。我们在测量中会遇到一个问题：在大多数物种中，交互者的大小变化不大。例如，成年人类的身高在

1 ～ 2.4 米之间，变化范围小于一个数量级。然而，经济领域的互动者——企业，在规模上的变化可能是从一个人维持的擦鞋摊到埃克森美孚的上游石油业务，差距大约是 109 个数量级。由于某种原因，我们需要说明一个事实，即在 5 个擦鞋摊复制的一个商业计划模块与在 5 家主要石油公司复制的一个模块具有不同的经济效应。

在生物学中，频率的概念实际上是一个更基本的度量方式的抽象。与其问拥有某个基因的生物比例是多少，不如问问物种总生物量中含有该基因的比例是多少。这种方法更符合以基因为中心的观点，因为它问的是有限的化学和能源资源（以生物量衡量）中有多少是被特定基因控制或影响的。对大多数物种来说，每个生物体的平均生物量相差不大，我们可以将群体的频率或百分比视为一个更容易测量的替代物。当我们问到人类生物量中受蓝眼睛基因影响的适合度百分比时，答案是约 20%。这种资源百分比的观点也更符合我们用中立的基础研究进化的方法，因为它可以应用于从计算机到乐高积木的各种系统。

我们将采用资源百分比的方法，并且通过特定商业计划模块影响其适用性的资源百分比来衡量复制的成功。这些资源可能包括金钱、劳动力、厂房和设备，甚至像品牌、技术知识和客户关系这样的无形资产，即任何有限供应和企业竞争的资源。[14] 既然现在讨论的是连续的而不是离散的度量，那么我们会说成功的商业计划模块被放大了，而不是被复制了。如果商业计划模块对资源的影响随着时间的推移而增加，那么它将在业务计划空间中得到放大。[15]

现在，我们可以回顾一下有关选择的讨论，看看成功的商业计划模块是如何被放大的，以及如何受到奖赏进而影响更多资源的。回到假想的业务部门主管的案例中，当主管为自己的商业计划考虑各种选择时，她做了决定，并选择了她认为会成功的模块的特定配置。主管通过实施计划并配置人员、资金和其他资源来奖励这种配置，因此，她选择的特定模块得到了放大，对资源有了更多的控制。主管考虑和放弃的其他 10 个选项没有得到奖励，至少在现有的业务中，这些模块已经不复存在了。我们假设她的商业计划的早期结果看起来非常有希望，因为销售额增长了，利润也上升了。公司高层团队对她印象良好，希望在公司的其他业务中尝试一些相同的模块，例如新的销售方法。更多的资金和人员被投入这些模块，因此这些模块被进一步放大。

几个月后，这个主管的一个竞争对手注意到这些变化并复制了这些模块，从而使它们进一步扩大，现在这些模块也影响到了第二家公司的资源。在一定程度上说来，这个模块的成功使两家公司都有所扩大，从银行和股票市场吸引到了更多的资本，模块的影响再次被放大。后来，这个业务部门主管决定购买一家尚未采用该模块的小型公司，因为这是实施该模块并使目标公司运营最佳的好机会。交易完成后，该模块在被收购公司实施，再次扩大了其影响范围。回顾生物学准则“好的复制器能进行复制”，人们可用“模块之眼”观察经济世界，从而看到“好的放大器能放大”。

我们可以看到各种用于传输和扩展商业计划模块的机制，它们包含个人的心理模拟和决策，团队的问题解决和决策，组织内外的模仿，市场对成功模块的资源配置，以及一个企业接管另一个企业。

简述经济进化

我们现在有了在斯密图书馆中寻找适合的商业计划进化模型中的全部元素，也已经看到了商业计划是如何指导创建企业的，这些企业都是可由合格的商业计划阅读器实现的，这些指导将物理技术和社会技术结合到了同一策略下的模块中。行为者在寻求可能有益的计划时会通过演绎－探寻法来区分不同的商业计划。虽然这个过程的实验分布不同于纯随机的生物进化分化，但它仍然为进化算法提供了具有超凡传播力的商业计划，使选择得以发生。

选择过程是嵌套的，并且发生在多个层次，从个体的心理模拟到群体解决问题的活动。当商业计划向上和向下渗透到组织的层级中时，就会发生进一步的选择，然后在某个点上，计划会被实施，市场会作出判断。

成功的模块可以获得对更多资源产生影响的回报。模块的成功体现在两个层面。第一个层面在组织内部，尤其是商业计划得以实施并获得资源时，例如，投入人力和财力来实施一项计划。第二个层面是模块在市场中表现出来，通过客户和金融市场获得增长和更多资本。这是一个筛选的过程，商业计划的超凡传播力意味着一个组织考虑的计划远多于可以实施的计划，并且在市场中进行实验的计划也远多于能成功的计划。随着选择的展开，适合的模块最终会对更多的经济总资源基础产生影响。这是一个高度动态的过程，今天适应的，明天可能适合也可能不适合。随着模块的更迭和企业的兴衰，进化过程永不停止，不断地适应着市场的需求。

除了进化算法的基本机制，我们不会期待经济进化和生物进化有任何特别的相似之处。[16] 例如，在生物进化中，选择单位这一概念在分散的代际间遵循着“随着修改而下降”的原则，但在经济进化中，从一个商业计划跳到另一个商业计划并不会使进化过程变得更为缓慢，只是会有所不同。同样，人类使用大脑并拥有远见意味着分化和选择的机制在经济系统和生物系统中是非常不同的，但它们都是进化而来的。

此外，在我提出的框架中，没有任何东西是以有组织的市场、货币、私人财产、公司，甚至写作等现代社会技术的存在为前提的。同样的过程也适用于原始人哈利，他思考如何用手斧换取更多的肉，就像现代跨国公司的高级总经理考虑在中国实施何种战略那样。

赞扬市场——以不同的理由

如果说有一件事是传统经济学家所认同的，那就是市场是好的——市场可能并不总是完美的，确实有一些很明显的缺陷，但是当它们发挥作用的时候，又是很难被击败的。这一建立在一般均衡理论基础上的结论是 20 世纪“冷战时期”意识形态争论的中心，在今天仍在为全球资本主义提供知识基础。经济进化的观点使人们对市场是好的这一观点达成了共识，但背后的原因大相径庭。

传统经济学强调，在均衡条件下，市场是以优化社会福利的方式分配资源的最佳方法。[17] 正如我们所见，问题在于，现实世界从未达到均衡。如果传统经济学的均衡假设是错误的，我们怎么能确定市场是好的呢？

按照我刚刚概述的框架，我们可以将市场解释为一种进化的搜索机制。市场为差异化的演绎 - 探寻过程提供了激励。关键是，市场之后提供了适合度函数以及能代表人类广泛需求的挑选过程。市场提供了一种将资源从适合的模块中转入，从不适合的模块中转出的方法，从而扩大了适合模块的影响。

简言之，市场运行良好的原因可以归结为进化论理论家所说的“奥格尔第二规则”（以生物化学家莱斯利·奥格尔［Leslie Orgel］命名），即“进化比你更聪明”。即使是一个高度理性、聪明、仁慈的大男人，也无法在生态系统中寻找高峰这方面打败进化算法。市场在指挥和控制方面更具优势，并不是因为它们在均衡中配置资源的效率，而是因为它们在非均衡中创新的效率。

复杂经济学家不会忽视市场的分配作用，[18] 他们也倾向于认为市场在这方面相当擅长，而且通常比大男人做得要好。传统经济学家喜欢谈论均衡市场的“完美效率”，复杂经济学家往往将市场效率视为一个相对的概念。复杂经济学理论认为，拥有完美效率的理想状态可能并不存在，即使存在，市场的不均衡性也可能阻止它的实现。市场永远无法实现完美的效率，就像汽车的引擎永远无法达到 100% 的热动力利用效率一样。市场善于分配更多和它们作为分布式处理系统的计算效率有关，例如将正确的信号发送给对的人，而与它们达到理论的全球均衡的能力无关。[19]

市场的经验记录表明，其成功是一种进化机制。正如经济学家威廉·鲍莫尔所说，自由市场历来都是“创新机器”。[20] 你周围有多少个库存单位是在大男人经济体中发明或设计的？几乎没有例外，现代世界大量的物理技术和社会技术创新都来自市场经济。

这些并不是说市场导向的社会是完美的。富裕资本主义世界的社会存在着严重的问题，比如不平等、环境破坏和艾滋病等危机。有强有力的证据表明，这些社会中盛行的唯物主义并不一定能让人们更快乐。[21]贫穷的大男人社会也面临同样的问题，但通常情况会更严重，因为可用于解决这些问题的资源较少，而且新的创新方法解决问题的可能性较低。市场的进化观并没有使许多国家在从大男人经济向市场经济转型过程中所遇到的困难变少，而这些经济转型不可避免地会涉及扭曲的社会变革。在第 18 章中，我们将看到复杂经济学也为审视市场局限性和弱点提供了不同的视角。人们往往会用脚进行投票，特别是在现代，世界范围内的移民都是从大男人经济体到市场经济体的。

市场的复杂性促使人们欣赏推动创新发展的市场优势。也许对大男人经济体系最有说服力的批评之一来自瓦茨拉夫·哈维尔（Vaclav Havel），他在监狱里度过了一段时间，后来成了捷克民主共和国的总统，哈维尔说："生活的本质是无限且神秘的，它的完整性和可变性无法被中央头脑遏制或规划。"[22]

元创新：回顾 1750 年

在这本书的开头，我提到过人类历史上最令人吃惊的事件是开始于 1750 年的财富和经济复杂性大爆发，这一爆发一直持续到现在。通过进化框架，我们不仅可以看到发生了什么，还可以看到它是如何发生的以及为什么发生。在这一时期，社会技术的一系列创新显著提高了经济进化本身的速度。

在第 11 章中，我们讨论了第一个元创新，即科学革命。在 1500 年以前，人类的知识主要是通过试验和犯错建立起来的。科学的出现加快了通过物理技术空间进行搜索的步伐，极大地提高了理性演绎和实验探寻的有效性。[23]

第二个元创新是有组织的市场的兴起。市场经济的发展并非发生在大爆炸中，而是两个世纪以来社会技术进化的结果。引发这一变化的两个关键事件是英国议会民主的建立和美国革命。

在 1509 年到 1547 年之间，英国的亨利八世是其王国的绝对统治者。但是到了 1690 年，经过一个世纪的动荡和改革，英国成了一个君主立宪制国家。议会控制了政府的钱袋，并成立了英格兰银行来管理国家货币。[24] 此外，英国还采取了重要措施来保障法治，保护个人财产。1628 年的《权利请愿书》（*The Petition of Right*）和 1679 年的《人身保护法》（*Habeas Corpus Act*）尤为重要。所有这些基础的社会技术变革使经济在 18 世纪中从封建、等级森严的大男人社会转变为市场经济，商业阶层不断壮大，私营企业竞争激烈，资本市场不断扩大。尽管其他欧洲大国在它们的经济中保留了更多自上而下的控制，但机构重组也在一些其他国家中发生，尤其是北欧国家，这使得市场力量在整个欧洲大陆缓慢扎根。

1776 年开始的美国革命是市场经济发展的一大推动力。历史学家保罗·约翰逊（Paul Johnson）指出，英国人在经济上统治殖民地的方法与其他欧洲大国大不相同。[25] 法国、西班牙和葡萄牙都将高度集中的、等级森严的政治、军事和宗教指挥体系移到了新的殖民地，这又导致了新世界经济体中自上而下的控制。而英国人十分吝啬，不愿投资构成这种控制的军事力量。大英帝国其他地方存在着更为紧迫的忧虑，比如英国与欧洲大陆的关系一直很复杂，因此，英国在美洲的殖民地演变成了高度独立的农场主和商人的分散聚居地。从那时起，英属北美殖民地就成了一个拥有自由贸易、自由思想和自由宗教的地方。每当英国或殖民当局试图镇压时，居民们只会前往任何远离控制中心的荒地。

到1776年革命来临时，美国已经经历了经济相对自由的一个世纪，并发展出了平等主义以及一种天然质疑大男人控制的平民文化。殖民地也有大量富有的中产阶级。约翰逊指出，1750年，典型的美国东海岸农民拥有大片土地、10头牛、16只羊、6头猪、2匹马和一队公牛。一般的家庭有6～7个孩子，其中通常有4～5个能活到成年，只有3%～5%的中年男性非常贫穷。[26]到了革命时期，美国的自由市场实验取得了成功：1700年，美国的国内生产总值是英国国内生产总值的5%，到1775年，美国的国内生产总值是英国的40%，正如约翰逊所说，“是世界上有史以来最高的增长率之一”。[27]

到18世纪末，社会技术已经为北美、英国以及北欧其他地区的市场经济奠定了不同程度的基础。这些仍然不是我们今天承认的市场体系，例如，那时的银行系统相当原始，有限责任股份公司还没有发明。但是大男人已被排除在商业计划选择之外，创业精神蓬勃发展。

科学也深深扎根于这些地区，因此，这些地区成为工业革命的焦点就不足为奇了。在19世纪和20世纪，新物理技术的发展速度大大加快，市场促使商业计划的进化加速，将物理技术转换成产品和服务。物理技术、社会技术和商业计划创新的良性循环跟着到来，通向了目前为止世界上最强盛的经济增长期。

14 重新定义财富

1948年，尼古拉斯·乔治斯库-罗根（Nicholas Georgescu-Roegen）和他的妻子满怀恐惧地藏在一只桶里，登上一艘从罗马尼亚出发的货船，偷偷前往伊斯坦布尔。[1]如果被抓住，他们就会被杀死。

乔治斯库-罗根是一名经济学家，一直在为第二次世界大战后的罗马尼亚政府工作。他曾在巴黎的索邦大学接受培训，在20世纪30年代回到罗马尼亚之前，曾在哈佛大学约瑟夫·熊彼特身边学习。战后的几年里，罗马尼亚十分混乱，充满了有关国家未来的权力斗争。对乔治斯库-罗根来说，离开的时候到了。

罗根和妻子最终来到了美国，在那里，他得到了在纳什维尔的范德堡大学教员的职位。在接下来的20年里，乔治斯库-罗根对传统经济学理论作出了开创性的贡献。他的数学造诣使他成为一颗冉冉升起的新星，新古典主义经济学家保罗·萨缪尔森授予他终极荣誉："经济学家中的经济学家。"但在1966年，60岁的罗根开始猛烈抨击传统理论，变得叛逆起来。[2]此后，他通过研究进化论和物理学来寻找传统经济学的弱点，并于1971年出版了巨著《熵定律与经济过程》(*The Entropy Law and the Economic Process*)。[3]

在这一章中我们将看到，乔治斯库-罗根的思想远远领先于时代。《熵定律与经济过程》一书的基本观点是，经济活动在根本上是关于秩序创建的，而进化是创造秩序的机制。我们将研究乔治斯库-罗根开创性的想法，将它们与当前的科学联系起来，并将它们与前几章概述的进化模型结合起来。这样就能到达我们的目的地：有关财富起源的新视角。

怪人和不成熟的投机者

乔治斯库-罗根认为，虽然人类物种的生物性状是通过基因缓慢进化，或者说是"在体内"进化而来的，但同时我们也通过文化快速地"在体外"进化。乔治斯库-罗根不是第一个观察到这一现象的人。达尔文将此视为自己的理论的一个启示，20世纪50年代，天主教神学家皮埃尔·泰尔哈德·德·夏尔丹(Pierre Teilhard de Chardir)基于体内和体外进化的思想发展出一种哲学。[4]乔治斯库-罗根也不是当时唯一一位通过文化进化寻求答案的经济学家。弗里德里希·哈耶克在1960年出版的《自由秩序原理》(*The Constitution of Liberty*)一书中写到了文化进化，肯尼思·博尔丁在20世纪70年代发表了他的文化进化和经济进化理论。[5]乔治斯库-罗根在科学的基础上建立理论的能力是独一无二的，尤其是在进化论和热力学之间的联系方面。

在第3章中，我们讨论了热力学第二定律，即宇宙会不可避免地从低熵状态转变为高熵状态原理。如果放任不管，世界就会从有序走向无序。但是，如果你把能量投入一个开放系统，就可以暂时对抗熵的上升，在宇宙的局部创造秩序。然而，第二定律必须发挥它应有的作用，任何熵值下降的开放系统最终必须以热量和废物的形式将它的熵输回宇宙，从而使宇宙的总熵继续上升。这也意味着一个开放的系统必须有持续的能量输入，从而不断地对抗熵；如果能量输入被切断，秩序就无法保持，系统就会衰退并消散。

热力学第二定律从根本上塑造了生物世界的进化。[6]从热力学的角度来看，生物体是高度有序的分子的集合。所有生物都具有某种形式的屏障，如薄膜、皮肤或外壳，从而使其有序的内部与无序的外部隔离开来。保持这种内外的区别需要能量。我们可以说，边界内的分子是有序的，因为仅从随机分子运动中获得生物体内特定化学模式的概率是无穷小的。例如，随机移动的分子极不可能自发地组成一种功能齐全的细菌。纽约大学的生物化学家罗伯特·夏皮罗（Robert Shapiro）将此比作垃圾场的龙卷风组建一架波音 747 的概率。[7]因此，每个生物体都需要一个能量源来维持和发展其复杂的内部秩序，当熵被回馈给宇宙时，所有生命都会释放热量和废料。当这个过程停止时，生物体的分子又回到了无序状态——死亡是对第二定律的屈服。

热力学第二定律为所有生命提供了一个基本限制：随着时间的推移，能量输入必须大于能量消耗。所有的生物体都必须通过热力学“盈利”来生存和繁殖。生物体的设计可以被认为是一种在热力学第二定律最终胜利之前，使生物体有足够多的热量进行繁衍的策略。非洲象代表的是一种在非洲丛林环境中获取热力学利润并繁殖的策略，而冠水母目水母代表的是一种在深海环境中获取热力学利润和繁殖的策略。冠水母目是一种特别成功的策略，因为它在大约两亿年的时间里一直是盈利的。当然，为了获取能量和创造秩序所需材料的竞争非常激烈。植物会争夺土地、水和阳光，许多物种都有通过食用其他物种获取能源和材料的策略。生物进化是一个长达30亿年的探索，它在竞争和不断变化的世界中寻求在热力上盈利的策略。

在《熵定律与经济过程》中，乔治斯库－罗根提出，正如在生物系统中那样，“经济过程实质上是由高熵向低熵的转变构成的”。[8] 乔治斯库－罗根指责传统经济学忽视了熵在经济学中的作用，并声称新古典主义经济学理论违反了物理学定律，因为它的模型中没有承认热力学的限制。[9] 他认为这类似于“忽略现实世界和伊甸园之间的差异”，并将新古典主义生产函数称为“魔术”。[10]

乔治斯库－罗根的批评从来没有得到经济体制的回应，他的书陷入了半无名的状态。[11] 罗根警告说，经济中的熵减少的副产品是污染。他的想法是在环境运动的基础上提出的，这也导致今天大多数经济学家将他归类为环境经济学家，忽略了他对传统理论的整个大厦提出的重大挑战。[12]

也许乔治斯库·罗根被忽视的一个原因是，熵这个概念在经济学上有一段惨淡的历史。几十年来，许多研究人员一直在经济学中寻找熵和能量的隐喻等价物，例如货币和熵之间的等价关系，或者将预算约束比作能量保护。[13] 正如保罗·萨缪尔森在1970年的诺贝尔奖获奖演讲中说：“我审阅了很多篇枯燥的论文，这些论文的作者都在寻找与熵或另一种能量形式对应的东西。”[14] 在1972年的一篇论文中，他进一步说道：“社会科学中的怪人和不成熟投机者的标志是，他在社会系统中寻找与物理学中‘熵’相对应的东西。”[15]

萨缪尔森是正确的。正如我们所讨论的，这种隐喻的比较就像废话。然而，这正是瓦尔拉斯、杰文斯和其他传统经济学理论的创始人所做的事情。但是乔治斯库－罗根不是怪人，他也没有在经济学中寻找与熵类似的东西。相反，罗根认为经济系统存在于真实的物理世界中。

经济系统必须遵守熵定律，像宇宙中的其他一切事物那样。[16] 正如英国天体物理学家阿瑟·艾丁顿（Arthur Eddington）爵士曾发表过的著名言论："如果你的理论违背了热力学第二定律，我无法给予你任何希望，它只能在最深重的耻辱中崩溃。"[17]

创造价值的三个条件

乔治斯库－罗根有三个重要的观察，这些观察从根本上把经济视作一个不断发展的复杂系统，可以启发我们将其与财富的起源联系起来。

第一，创造经济价值的过程本身是不可逆的。在经济系统中，时间是单向的，或者正如罗根所说，我们不能用同一块煤来驱动机车两次。[18]

第二，"现在偶然的观察都能证明我们整个的经济生活都依赖于低熵，才智、布料、木材、瓷器、铜……这些都是高度有序的结构"。[19] 正如前面提到的，经济过程都是使用能量将秩序较低的原材料和信息转换成高度有序的产品和服务。

第三，尽管产品和服务本质上是一种创造秩序的活动，但并非所有的秩序都有经济价值。正如乔治斯库－罗根含糊地说道："没有人能利用毒蘑菇的低熵，也并不是所有人都会追求海藻或甲虫的熵。"[20]

如果能同时满足以下三个条件，由物质、能量和信息构成的模式就具有经济价值。

1. 不可逆性。所有创造价值的经济转换和交易在热力学上都是不可逆的。
2. 熵。所有创造价值的经济转换和交易都会使经济系统内局部的熵减少，而使全球范围内的熵增加。
3. 适合度。所有创造价值的经济转换和交易都会产生符合人类目的的人工制品或行为。

不可逆性：打破鸡蛋做蛋饼

早些时候，我们把企业定义为为了盈利而将物质、能量和信息从一种状态转换为另一种状态的人或团体组织。同样，我们也从转换的角度定义了物理技术和社会技术。把事物从一种状态转换为另一种状态的概念是热力学概念。[21] 19 世纪的法国工程师萨迪 · 卡诺把所有的转换分为两类：可逆的和不可逆的。绕太阳运行的地球是一个可逆转换的例子（我们可以称之为转换，因为它的位置会随着时间的推移从一个点转换到另一个点）。地球绕轨道运行的方向没有任何特殊的原因，牛顿方程中也没有任何东西说明它不能朝着另一个方向运行。如果看到一部地球绕着一个方向旋转，然后又绕着另一个方向旋转的电影，我们将无法分辨哪个方向是前进的，哪个方向是倒退的，因为地球位置的变换在时间上是完全对称的。[22] 相反，如果看到一个牛奶瓶从桌子上掉下来砸碎在地上的电影，然后再看倒放，我们就很容易区分顺序和倒序，因为打碎牛奶瓶是一个不可逆的过程。

在生活以及经济现象的宏观层面上，我们可以参考的一件事是时间只朝一个方向运行。[23]正是热力学第二定律给了时间以方向。我们的大脑凭直觉就可以知道熵增加了，减少熵的唯一方法就是能量输入和工作。因此，如果看到有关打碎牛奶瓶和一滴墨水在水中扩散的电影，我们就会看到这些系统的秩序在下降，知道时间在流逝。如果看到破碎的牛奶瓶自发地跳起来恢复完整，或者扩散的墨水重新组成一滴有序的墨水，我们就会知道时间在倒流——这样的秩序创造不会自发进行。但是如果我们看到一个人小心地把奶瓶黏在一起并重新灌满它，我们会相信时间又向前推进了，因为有人把能量投入系统来创造秩序。正如物理学家理查德·费曼曾经指出的，如果一部关于转换的电影按倒序放映，观众大笑，那么这个过程就是不可逆转的。[24]

不可逆性与熵和秩序创造是紧密相连的，这种联系是通过概率定律产生的。思考秩序的一个有效方法是计算随机运动的分子出现某种特定状态的概率。如果你把牛奶倒进一杯咖啡，静置一会儿，不去搅拌它，牛奶最终会消散在咖啡中，因为组成牛奶和咖啡的分子随意运动，相互碰撞，使饮料达到了一个均衡状态。几分钟后，再看咖啡杯，你就会惊讶地看到黑色的咖啡聚在杯子的一边，而白色的牛奶在另一边。理论上，咖啡分子和牛奶分子的随机碰撞可能纯粹是偶然的结果，但这是一种“在宇宙存在期内”不会出现的现象。现在想象一下，我们在这杯牛奶咖啡的混合物中间设置了一个屏障，这个屏障有一个分子大小的活板门，由一个小型纳米机器人操控。通过编程，纳米机器人可以对咖啡分子和牛奶分子进行分类。每当一个随机移动的牛奶分子撞到门的一侧，机器就会打开门，让牛奶分子通过。每当机器人感觉到咖啡分子撞击门的另一侧时，它就会朝另一个方向打开门，让咖啡分子通过。随着时间的推移，机器人就将咖啡和牛奶引导向杯子的两侧。实际上，纳米机器人是在通过创造一个有史以来出现概率最低的状态来提升咖啡杯中的秩序（减少熵）。这种秩序的形成不可避免地要付出代价，我们必须给纳米机器人提供能量来完成工作，反过来，纳米机器人也会释放热量。在咖啡杯内部，局部的熵会减少，但在它周围更广阔的宇宙中，熵仍会增加。在物理学中，这样一个虚构的分子分类装置被称为麦克斯韦妖。詹姆斯·克拉克·麦克斯韦（James Clerk Maxwell）在1876年提出了这一思想实验，该装置就是以他的名字命名的。[25]经历了大约140年的讨论、提炼和实验，科学家们得出结论，没有某种能量来源的话，麦克斯韦妖是不能使熵逆转的——没有免费的秩序。

乔治斯库-罗根说，如果宇宙不能摆脱热力学第二定律，那么经济学也不能。[26]创造经济价值的转换或其他过程在热力学上来说是不可逆的。这并不意味着逆转价值创造过程是不可能的，相反，它意味着制造事物需要能量，使事物恢复原状也需要能量。在经济体系中，时间是有方向的。例如，造纸的过程就包括砍倒森林里的树木，装上卡车，木材被制成纸浆，与化学物质混合制成浆料，然后把浆料压成卷，干燥，切成薄片。而用一堆纸还原出一棵树是非常困难的。使用费曼的测试，如果观看一部纸浆变成木材，木材从卡车上跳下来的电影，我们马上就会知道它在倒放。同样，汽车自我拆解，飞机向后倒，银行出纳员在电脑上打的字消失等电影都会让观众发笑。

想象一种完全可以逆转的经济转换过程是可能的。1982年，IBM公司的物理学家查尔斯·贝内特（Charles Bennett）展示了可逆计算机在理论上的可能性，即一台既可以向前又可以向后执行计算而不产生任何热力损失的机器。如果这样的计算机存在的话，就可以完成有益经济的事，这似乎违背了乔治斯库-罗根提出的第一个条件。但是接下来，贝内特在IBM的同事表示，这样一台可逆的计算机需要无限的记忆存储。一旦计算机开始清除记忆中的信息，为新信息留出空间，它就有一个不可逆的过程。只要经济是有限的（例如，经济是宇宙的一个子系统，而不是宇宙本身），那么乔治斯库－罗根的理论就是安全的，也没有违背他提出的经济不可逆的条件。[27]

乔治斯库－罗根的第一个条件表明，所有具有经济价值的产品和服务都是由热动力学不可逆变换产生的。简单地说，你不可能不打碎鸡蛋就做出蛋饼。

你可能已经注意到，在不可逆条件的措辞中，我将交易一词加到了转换的后面。这是因为不仅生产商品和提供服务能够创造价值，而且交易也能创造价值。正如本书前面所讨论的，传统经济学早就认识到了这一点，这是由人们的不同偏好而产生的，交易能按照人们的偏好配置世界上的商品和服务，从而创造价值。正如创造价值的生产是不可逆转的，创造价值的交易也是不可逆转的。[28]从直观的角度来说，如果两个人因为互利而同意进行交易，那么他们就不会取消，在之后马上是这一过程的逆转。这样做会使他们每个人都失去交易的价值（当然，除非新信息——如交易货物有缺陷的信息被揭露，导致其中一个人改变主意）。

从物理和热力学的角度来看，描述交易的特征有些复杂。例如，如果看到人们用汉克·阿伦（Hank Aaron）的棒球卡换一张“贝比”鲁斯（“Babe”Ruth）的棒球卡，我们就无法判断交易是向前进行还是向后退——是鲁斯换阿伦还是阿伦换鲁斯？这是因为我们需要知道一些隐藏信息，比如每个交易者的偏好以及他们现有的棒球卡片。假设有一位市场研究员在交易前调查两位交易者，询问他们最喜欢的棒球运动员是谁，他们分别有什么卡片。然后，我们将看到在交易之后他们的偏好与现有的卡片更加匹配了，这样我们就可以知道交易进行的方向了。[29]我们还知道，这两个交易者不会立即撤销交易。因此，在热力学意义上看，这个过程是不可逆的。

不可逆性是创造价值的必要不充分条件。我们不难想象破坏价值的不可逆过程，飓风、爆炸以及无能管理团队都会破坏价值，需要能量去转变局面。乔治斯库－罗根的第一个条件给经济系统中的时间赋予了箭头，但我们需要第二个条件给熵一个箭头，并进一步缩小创造价值的转换和交易。

降低的熵：粉色的汽车和炸弹能创造价值吗

乔治斯库－罗根的第二个条件"所有创造价值的经济转换和交易都会使经济系统内局部的熵减少，全球范围内的熵增加"使我们能够对比区分将石头扔向窗户以及修窗户的过程。任何创造价值的过程都是既不可逆又会使熵降低的。

多数经济转换过程都明显地使熵降低了，正如乔治斯库－罗根有关布料、木材、瓷器和铜的例子所展示的那样。但是，经济转换就不会涉及熵的增加吗？例如，拆除建筑物不会使价值增长吗？为军队制造炸弹呢？

我认为拆除建筑物是一个更大的经济转换的中间步骤，而不是一个完整的转换，就像把树变成木浆是造纸的中间步骤那样。人们不只是为了拆掉一座建筑物而拆掉一座建筑物。[30] 拆掉建筑物是为了建造其他建筑物，或者收回土地另作他用，例如修建一条公路，甚至把土地归还自然。[31] 同样的论点也适用于垃圾处理、环境清理和回收利用。所有这些都可以看作创造产品或服务的更大转换过程的一部分，这也是像乔治斯库－罗根这样的环保主义者的观点：要综合地看待生产和清理。破坏作为价值创造的中间步骤在生物系统中的作用也是如此。身体在细胞和系统中创造新的秩序之前，你的消化系统必须分解食物中井然有序的化学物质和能量。

然而，爆炸物是另一回事。把一堆化学物质转换成炸药的行为是一种降低熵的活动。爆炸物制造者利用能量和知识来获取无序分子，并将它们排列成整齐、高势能的能量包，这些能量包可用于采矿或拆除等工作。从热力学的角度来看，分子的随机运动极不可能自发地把自己排列成一根炸药。当军队使用炸药炸毁敌方目标时，它可能是在做一些保卫国家安全的重要事情，但没有人会认为使用炸弹是一种创造经济价值的转换。制造炸弹能使熵降低，并且创造价值（有证据表明有人愿意为此付出代价），但是使用炸弹会通过炸毁敌人的资产而使熵增加，这一行为会破坏而不是创造经济价值。战争不可避免地会增加熵，因为它将来之不易的经济秩序变成了废墟，将人体的生物秩序变成了伤害和死亡。

到目前为止，我使用“秩序”一词都非常随意，就像法官波特·斯图尔特对“色情”的定义那样，“我们看到它就会知道”。然而，秩序是一个模糊的概念。例如，我可以在半夜溜出去，把密歇根州安阿伯的每辆车都漆成亮粉色。[32]很难说这种做法会创造价值，毕竟安阿伯的居民可能会对我很生气，也不可能为我的努力付钱。不过，我可以说我已经使熵降低了。毕竟，我花费精力创造了一个概率更低的世界格局，一个所有汽车都是粉色的城市比一个汽车颜色混杂的城市更不容易出现。但你也可以说，这个活动实际上是使熵增加的。通过把每辆车都刷成粉色，我破坏了信息——在粉刷之后，人们很难辨认出自己的车。尽管我费力做了这件事情，但它并不比用石头砸窗户或者其他破坏行为更好。那么，把汽车刷成粉色是创造了秩序还是破坏了信息呢？

答案取决于你的观点，这是理解秩序这一概念的关键点。秩序和无序的构成都需要与某事关联起来去衡量。对一个在直升机里努力计算安阿伯汽车数量的交通规划师来说，把所有的车涂成粉色可能是在创造秩序，因为这能帮助她更准确地定位汽车，她甚至可能愿意付钱让我去做这件事。但从车主的角度来说，这是在破坏秩序，因为关于车的颜色的信息丢失了。至于车主更喜欢哪种颜色，这就是另一回事了。

这种秩序的相对性在热力学中是一个众所周知的问题。波兰物理学家沃伊切赫·楚雷克（Wojciech Zurek）举了一个他称作“洗牌把戏”的例子。[33] 一个魔术师向你展示了一副牌，牌面完全按照数值和花色排列（两颗红心之后是三颗红心，以此类推，另外三种花色也是如此）。魔术师完全随机地把牌彻底洗了一遍，然后他向你展示这个随机的牌面。接下来，他给你另一副牌，同样按照数值和花色完美排列，然后用20美元打赌，说你不能完成他刚刚做的事。你想着洗牌并不难，于是接受赌注，好好洗了洗这副排列有序的牌，直到它看起来非常随机。你微笑着把它还给魔术师，等待着你的20美元。但是他说：“你输了，我洗过的牌的顺序是黑桃皇后、梅花10、方块4……你的牌和我的根本不一样，你欠我20美元！”这个寓言的重点是，牌面的任何一种顺序都可能是也可能不是其他的顺序——把牌洗成完全按照数值和花色完美排列的顺序和其他特定顺序的概率是相同的。我们只能从具有相同可能性的顺序中挑出特定的一种，然后称之为“有序的”。

低熵可能确实是某事物具有经济价值的必要条件，但要定义哪种秩序是有价值的，哪种是没有价值的似乎非常主观——秩序是个人的主观感受。因此，乔治斯库-罗根的前两个条件对于创造价值都是必要但不充分的。

适合度（第一部分）：偏好的进化观

不可逆性和秩序从根本上讲是与创造经济价值相连的，但我们需要理解为什么与其他秩序相比，人类更喜欢某种秩序。为什么我们更喜欢具有独特颜色的车，更喜欢脆苹果，而不是脆甲虫呢？一种探索方法是走传统经济学的道路，简单地假设人类有偏好，这些偏好以合乎逻辑的方式排列，人们以最大限度满足这些偏好的方式行动。在这种情况下，我们不需要知道这些偏好是什么——它们在人们进行交易和消费时会显现出来，我们不需要知道它们是如何形成的，或者它们会如何随着时间而改变。按照这种观点，财富只不过是“人们偏爱的任何秩序模式”。但这也有些令人不满，因为很多行为都被转移到了一个叫做偏好的神秘的黑匣子中。让我们看看能否打开这个盒子，把它与我们正在构建的更大的进化系统相连。[34] 我们为什么想要自己想要的东西呢？你为什么想要一顿美味的晚餐，一套新衣服，一次热带岛屿之旅，一辆红色跑车或者一条钻石项链呢？你为什么更喜欢钻石项链而不是美味的晚餐呢？

偏好是一种心理现象。弗洛伊德假设，人类的物质需求是由动物本能驱动的，并不断地由我们的超我进行检视，因此，我们的经济偏好是在“我真的想要那辆昂贵的车！”和“但我需要为孩子的教育存钱！”这两者间斗争的结果。弗雷德里克·斯金纳（B. F. Skinner）认为，偏好基本上是后天习得的。一个斯金纳理论的支持者可能会说我们想要一辆豪车，是因为我们从社会中了解到豪车是值得拥有的，汽车制造商会通过展示诱人的营销信息让我们买它。介于弗洛伊德的动物本能驱动理论与斯金纳的习得行为之间的理论是由心理学专家亚伯拉罕·马斯洛（Abraham Maslow）在 20 世纪 60 年代提出的。马斯洛声称人类有一个“需要层次”，从食物、水、性、住所、睡眠等基本的身体需求开始，然后进入更高层次的需求，如自尊和社会尊重。

一个已经满足了基本食物和住房需求的中产阶级可能会在豪车或者衣服上大肆挥霍，从而满足他对社会尊重的需求。马斯洛需求层次理论的最高层是自我实现。当你成为亿万富翁，拥有了一切，你就可以把物质主义放在一边，去做公益，去西藏寻找自己，或者坐在浴缸里思考生活的意义。

尽管马斯洛用一个有用的（但非常有争议的）框架组织划分了我们的需求，但他的理论并没有回答更深层次的问题，比如这些需求来自哪里，为什么作为消费者，我们更喜欢某些东西而不是其他东西。这些更深层次的问题的答案可能来自进化心理学最近的研究。[35] 进化心理学认为，我们的基因构建大脑时有一个目的：让基因遗传给下一代。人们常常把进化心理学与“所有行为都是由基因决定的”这一观点混淆。任何进化心理学家都不会说某人对汉堡王的偏好高于麦当劳是因为他的基因。相反，进化心理学家所说的是，我们的许多行为都是这样的，因为它们帮助了我们的祖先在距今 50 万年前到 10 万年前的非洲大草原上生存繁衍。尽管所有人类都有共同的行为，例如对食物、性和社会地位的渴望，但人类也有很强的适应能力，正如罗伯特·赖特所说，这些行为已经适应了当地的环境。[36] 对于进化心理学家来说，“先天还是后天”并不是一个有趣的问题，显然这两个因素都能决定行为。相反，有趣的问题是，为什么“先天”这部分进化了，环境如何影响和调整“后天”这部分，以及人类行为的这两面是如何相互作用的？

从人类学的角度观察狩猎采集部落，我们就可以看到偏好行为如何与帮助人们在自然环境中生存、竞争、繁衍及养育后代等直接联系在一起。我们很难从抽象的现代生活中看到这种联系，但一位进化心理学家会说，潜伏在现代经济偏好之下的，是人类在非洲大草原上的狩猎采集生活方式进化的影子。据美国劳工统计局统计，美国人 90% 的消费支出可以分为七大类。[37] 如果从进化心理学的角度来看这些类别，就会发现一种模式：

◎ 住房（占总支出的 32%）。我们倾向于看重那些能在恶劣天气里保护我们的，为家庭成员提供良好环境的住房，并希望通过房子的大小、装修方式和所在位置来显示自己的社会地位。能保护我们、有利于抚养孩子的住所显然是具有进化价值的。用住所衡量社会地位和财富可以一直追溯到人类定居的考古学证据。[38] 麻省理工学院认知科学家史蒂芬·平克（Steven Pinker）① 甚至说，现代人类对具有吸引力的物理环境的一些偏好，建立在人类早期历史中对成功进化的环境的界定。[39]

◎ 交通工具（占总支出的 20%）。交通工具既能帮助我们谋生，又能增强我们与亲友的联系。男性有时也会通过交通工具来彰显自己的社会地位并（试图）吸引女性。

◎ 食物（占总支出的 14%）。我们会珍视某些食物的独特口味，特别是鲜美、香甜和高脂肪含量的食物，因为这些食物在人类祖先的生存环境中非常稀缺并具有较高的营养价值。[40] 正如罗伯特·赖特所说，许多企业，从麦当劳到高档法国餐馆，都是通过满足这些味道来经营的，在每个街角都能提供饱和脂肪以及多数人都坐着办公之前这些味道就已经进化出来了。[41]

◎ 人寿保险和养老金（占总支出的 9%）。如果你不幸早亡，人寿保险能使你的后代及伴侣生存下去的可能性达到最大。养老金能够确保你在完成生育并且孩子已经长大后，你不用担心进化价值的降低仍能活下去。

◎ 医疗保健（占总支出的 5%）。良好的医疗保健的进化益处是显而易见的，正如进化论所预测的，我们往往最关心自己和近亲的身体健康。

---

① 哈佛大学心理学教授，世界著名思想家，其经典之作《思想本质》《心智探奇》《语言本能》《白板》《当下的启蒙》中文简体字版已由湛庐文化策划、浙江人民出版社出版。——编者注

◎ 服装（占总支出的 5%）。除了通过衣物在恶劣天气里保护我们外，人们还倾向于通过衣物来彰显身份，表明自己是某个特定群体的成员以及吸引伴侣。卡地亚手表可能会彰显你是一个地位显赫的人，你在鞋子上的选择可以表明你是嘻哈歌手还是税务会计团队的成员，而性感的无肩带礼服或时髦的西装肯定会帮助你吸引潜在的伴侣。更实用的品牌也能满足同样的需求，但传达的信息不同。例如，一个穿着 Lands'End 品牌的男性可能是在发出这样的信号："我是一个穿着斜纹棉布蓝色衬衫的理性中产阶级，我是一个可靠的伴侣，不喜欢炫耀。"

◎ 娱乐、媒体和通信（占总支出的 5%）。乐趣的概念也与进化的益处有关，比如和朋友待在一起，通过晚餐建立联系或者在酒吧里寻找伴侣。运动，以及一些为了争夺地位和资金的战争都能够追溯到原始人生活的时代。同样，故事、新闻、八卦和一般信息在人类祖先生存的环境中也带来了巨大的生存效益。一项关于手机使用情况的研究表明，现代人用手机建立和维护社交网络的方式与其他灵长类动物用身体装束建立和维护社交网络的方式大致相同。[42] 另一项研究发现，相比于独处或在其他男性面前，男性手机用户更倾向于在女性面前掏出手机夸夸其谈，从而用手机来彰显财富、地位和社会联系，所有这些都是在人类祖先中提升繁殖成功机会的因素。[43]

适合度（第二部分）：按下我们自己的快乐按钮

巨无霸、保时捷、Jimmy Choo 鞋和手机在早期的非洲大草原上根本不存在。而许多在那个环境中进化出来的能够增加人类生存繁殖可能性的驱动力，仍体现在我们今天的需要、欲望以及情感上，并且能解释为什么人类在现代消费社会中想得到我们想要的东西。

尽管在食物、住房、衣服、医疗保健甚至手机上花费巨大可能具有进化逻辑，但我们在某些事情上的花费真的很难看到与进化有什么关系。例如，我们为什么会想花钱买一幅画或者听一首曲子？愤世嫉俗的人可能会说这也与象征地位或者吸引配偶的企图有关。正如平克所说，“没有什么比在小玩意儿上花钱更能展示你有闲钱了……它们既不能填饱肚子又不能遮风挡雨”。[44] 纵观历史，喜欢及支持艺术的多是富人。然而，许多人会说，审美体验的乐趣本身就具有价值，并不是只有富人才会享受这些。那么在人类祖先生活的环境中，对艺术的渴望是如何与进化优势联系在一起的呢？答案是，两者并不相关。根据进化心理学家的说法，艺术就是进化论中的功能变异。我们可能由于其他原因进化出了关于什么能构成美丽的风景、有吸引力的脸庞、愉快的声音的想法，例如，世界各地的人们都会被水、高地、树荫等景观所吸引，这些景观可能与人类祖先生存的环境所打造出来审美有很大的关系。同样，被视为美丽的脸往往是对称的，这是年轻和生殖健康的标志。

平克把艺术称为“精神奶酪蛋糕”，[45] 奶酪蛋糕在远古环境中并不存在，但很多人都对它有着渴望。人们对奶酪蛋糕的渴望源于对脂肪和糖的渴求，这两者在早期都是很稀少的。此外，就像后来学会如何制作奶酪蛋糕以满足早期的生理渴望那样，我们也学会了生产艺术品来满足早期对美好图像和声音的心理渴望。这一切都不能否认人们在体验艺术时感受到的强烈且真实的情感，也不能否认创造艺术的天才的独特性。进化心理学仅仅为起初艺术为什么会存在提供了一些解释。

人类心理在早期环境中进化出一系列快乐按钮和痛苦按钮，因为这些按钮可以帮助人类生存繁殖。拥有大智慧和灵巧双手的人类已经想出了如何用各种巧妙的方法按下自己的精神愉悦按钮，从麦当劳到高档美食，从色情到艺术。传统经济学倾向于关注偏好的差异，但更有趣的问题是，在一个拥有70亿人口的世界里，为什么人类的偏好有如此多的相似之处？为什么全世界的人都喜欢像可口可乐这样的碳酸饮料？这让营养学家和反全球化的抗议者非常懊恼。为什么从俄罗斯到巴西的青少年都渴望最新的耐克运动鞋？为什么电视节目《海滩游侠》（*Bay Watch*）在美国郊区和中国农村都大受欢迎？对于进化心理学家来说，答案是显而易见的——含糖饮料、能彰显地位的物品以及性欲旺盛的人们按下了很久以前进化出来的精神愉悦按钮。虽然进化心理学在研究经济偏好和消费者行为方面的应用仍然是新兴的，并带有推测性质，但它可以让我们深入了解为什么某些形式的秩序对人类而言比其他秩序更有吸引力。

在经济发展框架中，我们可以看到，人类不断变化的偏好为商业计划的进化提供了适合度的约束，商业计划和消费者偏好是共同进化的。同理，这就是进化论者所说的生态位构建：生物体在进化中对环境产生影响，环境又反过来影响着生物体的进化。[46] 例如，植物吸收二氧化碳并释放氧气，而需氧生物（如蠕虫、鱼、哺乳动物）会吸收氧气并释放二氧化碳。这两组生物体随着时间的推移共同进化，将大气中的氧气含量从1%提升到了21%，这反过来又为未来的进化提供了适合度的限制。

在经济领域，人们的需求和品位是共同进化的，而商业计划则通过进化来满足这两者。例如，灵长类动物的听觉进化是一种生存机制，能很好地在非洲大草原的环境中识别出重要的声音模式，例如猎物或食肉动物出现的声音。随着人类语言能力的提高，听觉进一步进化。大约3万年前，音乐发展为某种“听觉奶酪蛋糕”，来满足人类不断进化的听觉和心理。[47]

对 MP3 播放器的渴望与我们的生存和繁殖并没有直接的关联。在 MP3 被发明之前，我们也无法渴望拥有它。基于上述原因，人类形成了对音乐的爱好，自那以后，商业计划就被制定出来以满足需求——从制作并交易骨笛和皮鼓，到销售吉他、口琴以及后来的晶体管收音机和 MP3 播放器。我们对音乐的渴望由来已久，背后有着深刻的进化逻辑，随着时间的推移，满足这种渴望的解决方案也发生了重大变化。人类的偏好推动了商业计划的进化，而商业计划的进化也影响着人类偏好的进化。

通用效用函数

总体来看，人们的需求、品位和商业计划表明经济活动本质上是关于秩序创造的。面对着世界的混乱和随机性，人类醒着的多数时间都在以不同的方式组织环境，使其成为一个宜人、舒适的地方。人们通过将能源、物质和信息转化为想要的商品和服务来组织世界，通过合作、专业化和贸易发现了进化的把戏，通过这些把戏我们创造了自身无法创造的秩序。但人类匆匆忙忙、鬼鬼祟祟创造秩序的目的是什么呢？我们为什么会这么做？

在这一点上，乔治斯库 - 罗根提出，我们所有创造秩序的活动都是为了增加人类的幸福感。他给出的解释追溯到了边沁关于效用的概念——有一种神秘的以太，也就是乔治斯库 - 罗根所说的心流，它不断地在人身上流动，能够即时测量人在某个时间点的瞬时幸福感。[48] 从进化的角度看，乔治斯库・罗根说所有熵降低的活动的适合度函数都是人类的个人幸福。

接下来，我们将告别乔治斯库 - 罗根，因为我看到了一个不那么神秘且更科学的选择。生物进化理论中只有一个普遍的效用函数——基因的复制。从基因的视角来看，基因构建身体是一种自我复制的策略。这个策略的一部分是给身体提供大脑，使人类能够生活在复杂、合作的社会环境中，并制作工具。建造这些大脑是为了复制制造它们的基因，结果，大脑形成了目标、偏好和欲望，这些与人类祖先的生存、交配以及养育后代是一致的。我们利用大脑来调节环境，以满足自己的目标、偏好和欲望。

理查德·道金斯明确地指出，为历史的基因复制利益服务与为我们现在的幸福利益服务是不同的。[49] 基因让我们渴望先前环境中缺乏的脂肪和糖，但在现代世界，这些物质对我们的伤害大于好处。同样，基因给了我们情绪上潜在的非理性愤怒发作。在语言发展前的狩猎采集时代，惩罚是合作等式的另一半，沟通的作用是有限的。但在现代社会，有了法律、规范和其他强制机制，这种不合理的爆发带来的更多是伤害而不是好处。进化论并没有给我们带来幸福，也不一定能带来让我们进入更幸福的状态的目标、偏好和欲望。进化赋予人类的就是在过去恰好能满足我们的生存繁殖利益的策略。从逻辑上讲，这就是它能给我们的一切。

尽管进化的精神启示超出了这本书的范围，但它确实解释了现代生活的一个谜：为什么钱买不到幸福？这不只是老生常谈，而是一个经验事实。许多心理学家，包括诺贝尔奖获得者、普林斯顿大学的丹尼尔·卡尼曼，都仔细研究了人类在不同文化、不同时代中感到幸福的原因。[50] 他们发现了一个强有力的直接基因联系，可以解释大约 50% 的幸福感。鉴于科学家们知道大脑中有关于幸福的强大生化基础（这也是抗抑郁药物对许多人有效的原因），因此遗传学对个体大脑化学组成的相对幸福有影响也就不奇怪了。卡尼曼和他的同事发现，婚姻、社会关系、就业、社会地位和身体等因素都对幸福感有显著的影响。另外，从进化的角度看，拥有伴侣、社会联系、较高的社会地位和舒适的居住环境会触发大脑中与“快乐”有关的化学物质——这些都是祖先环境中基因成功复制的关键因素。

一个人拥有的财富的绝对水平确实会对其幸福感造成影响，但这种影响并不是线性的。极度贫困、需要为生存斗争的人往往会不太开心。然而，一旦人们达到了能满足基本需求的经济水平，财富和幸福感的关联就会稳定下来。过了这个门槛后，人们倾向于以相对而非绝对的基础来看待财富。财富的增加，特别是意想不到的财富的增加，会让我们感到快乐，但是我们很快就会回到幸福基线。意外的加薪可能会让你开心几个月，但之后你就会习惯，一段时间后，你又会觉得自己所得报酬过低。对彩票中奖者的研究也显示出相似的模式，他们最初会体验到巨大的快乐，期望生活中的问题能得以解决，但之后又会退回幸福基线，甚至是更低水平。同样，这种对待财富的态度是有进化意义的。可以想象，在一个竞争激烈的世界里，不断奋斗、积累财富、一刻不停、永不满足的基因是如何击败饱足、肥胖且快乐的基因的。贪婪可能不利于我们自己或他人的幸福，但一定数量的贪婪在历史上有利于人类基因的复制。

财富就是“适合的秩序”

所有的财富都是由热力学上不可逆的熵降低过程创造的。创造财富的行为可以创造秩序，但并非所有的秩序都能创造财富。个人的头脑、组织和市场在商业计划中发挥作用，寻求不同形式的经济秩序，而这些经济秩序是由市场计划、消费者安排的。消费者们选择能满足他们的需求、欲望及偏好的秩序形式，这看起来很现代，却在人类基因的通用效用函数中有着深厚的历史根源。因此，财富是一种反熵的形式。它是秩序的一种形式，但并不是任何秩序，只是适合的秩序。经济秩序的模式以产品和服务的形式相互竞争，以满足消费者的需要、期望甚至渴望。在竞争中成功满足人类偏好的经济秩序模式是适合的，并且有助于创建适合经济秩序的商业计划模块会随着时间的推移而被放大。正如物种和环境是共同进化的，商业计划的竞争生态系统和消费者的偏好也是共同进化的，这会使适合度成为一个有条件的概念，今天适合的秩序明天可能适合也可能不适合。

我们可以将财富作为“适应的秩序”的理念与传统的经济价值概念联系起来。在古典时期，经济学家认为经济中的价值来源在于供给侧，这种价值来自生产要素。例如，坎蒂隆认为价值是生产产品所用的稀缺土地数量的函数，马克思认为劳动是价值的最终来源，李嘉图补充说资本也是必要的。有了杰文斯和边际主义者，价值理论转向了需求侧，因为他们认为价值是由商品的相对效用决定的。在新古典主义的综合推理中，两者是融合在一起的：稀缺的生产要素通过市场机制满足了个体的偏好，价值只是两个人愿意交易的任何东西。如果小部件制造商愿意以一美元的价格出售小部件，而消费者愿意以一美元的价格购买小部件，那么小部件的价值就是一美元。

价值的进化观包括供给侧和需求侧。在供给侧，低熵的东西是有价值的。根据定义，低熵的事物是稀缺的，需要能量、材料和信息来创造它们。在需求侧，人们的偏好决定了相互竞争吸引我们注意力的产品和服务的相对吸引力。在传统经济学中，双方通过市场机制相遇，寻找个人偏好与稀缺秩序相匹配的商业计划。金钱是一种社会技术，它能使我们在这些互动中保持得分。在复杂经济学中，一个小部件的价值仍然是一美元，但我们可以更深入地理解其中的缘由。

经济财富和生物财富在热力学上属于同一种现象，而不仅仅是比喻。两者都是局部低熵系统，是在适合度函数的约束下随时间进化的秩序模式。经济的适合度函数，即我们的品位和偏好与生物学的适合度函数有着根本的联系——基因的复制。经济本质上是一种基因复制策略，这是另一个进化的把戏，还有猎豹的伪装、蝙蝠的雷达和果蝇的眼睛。经济是一个非常复杂的把戏，建立在强大的智慧、灵活的制造工具的手、合作的本能、语言和文化之上。[51]

如果财富确实是适合的秩序，那么我们可以用另一个更熟悉的词去描述它。在物理学中，秩序和信息是一样的，因此我们也可以把财富看作适合的信息，也可以称其为知识。一方面，信息本身可能毫无价值；另一方面，知识又是有用的，比如那些我们可以利用的、满足某些目的的信息。因此，我们就有了一个完整的循环，传统增长理论的创始人罗伯特·索洛是对的——财富的来源是知识。然而，我所概述的基于复杂性的观点并没有将知识视为一种假设、一种外源输入、一个超出经济学界限的神秘过程，而是将知识的创造性置于经济的内在核心。[52]

进化是一种创造知识的机器，是一种学习算法。[53]生物世界中有许多巧妙设计中蕴含着丰富的知识。蚱蜢是工程学的奇迹，是物理、化学和生物力学知识的仓库——这些知识超出了目前人类复制能力的范围。蚱蜢也是关于其进化环境、食物、需要防御的掠食者以及在吸引配偶和确保后代存活方面起到良好作用的策略的集合。一只蚱蜢中蕴含着数兆字节的知识，而整个生物圈之内更是蕴含着惊人的大量知识。所有的秩序、复杂性以及知识都是由最简单的方法创建并聚集的：变异、选择和放大。

现在，环顾你所在的房间，想想你周围的物体中蕴含的全部知识。椅子制作中蕴含的木工手艺；服装中蕴含的棉花种植、织物制作、时尚设计知识；电灯中蕴含的电力及材料知识；书本中蕴含的各学科知识。经济圈中蕴含的知识总量和生物圈中蕴含的知识总量一样惊人，经济圈也是通过变异、选择和放大创造出来的。

我们已经找到了长久以来探寻的答案：财富是知识，它的起源是进化。

我们通过测试了吗

在本书的开头，我描述了一个任何要解释财富创造的理论都必须通过的测试。该理论必须能从一个由一群人和一组自然资源组成的“自然状态”开始，创造一段熵不断减少，复杂性、组织性、多样性和财富不断增长的历史。这个理论必须把我们从制造石器工具的原始人变成畅饮夏敦埃酒的纽约人，并在历史记录中不连续的、爆发性的、间断性均衡的模式中也这么做。此外，该理论必须用最低限度的特别假设做到这一切，而不必为关键动力触及边界之外。这一理论必须与科学界其他公认的理论保持一致，而不是相互矛盾。

这是一个很高的秩序，现在这样的理论还不完全存在，但我相信它是可实现的。在之前的 5 章中，我把许多人的作品综合成了一个像这样的理论。大约 250 万年前，我们可以从本质上“启动”人类历史上的模式，以发明的第一把石斧作为物理技术空间的起点，以近亲的小团体作为社会技术空间的起点。仅有的外源因素是能量和物质的物理输入，以及热量和废物的输出。仅有的外源动力是与生物学相关的，例如人类可以演绎 - 探寻的大脑的生长、语言的发展和基本偏好的进化。这些一旦建立起来，通过物理技术、社会技术和商业计划空间进行的搜索将被关闭起来运行，所有空间相互依赖、共同合作，伴随着连续的发现呈指数级扩展。在这三个设计空间之外，我们会看到不断发展的模式，充满快速变化和缓慢变化的间断性阶段，同时快速地朝着更低的熵、更高的复杂性和多样性以及更多的财富发展。值得注意的是，这种走向更好的秩序和更多的财富的趋势并不是进化的必然结果；适合的条件是必备的。此外，我们也无法保证重新

"播放"进化的录像带（用史蒂芬·杰伊·古尔德的话说），还能实现与今天这样的水平相当的经济。进化是由数百万微小事故和偶然转折积累起来的，即使是历史上的一个微小变化也可能导致截然不同的结果。[54] 但这种理论将有助于我们了解经济复杂性出现和发展所需的条件，以及促成今天经济发展的广泛参数。

乔治斯库－罗根的深刻见解都体现在了他的三个条件中，这些条件为类似的理论提供了一个潜在的重要基点，事实上，人们可能会说前两个条件，即不可逆性和降低的熵构成了经济学的经验定律。总的来说，当某物成为自然界中的普遍规律，并且没有已知的例外时，它就能被称作定律。[55] 定律本身不一定能解释规律存在的原因，它只是指出规律确实存在。理论能够解释规律为什么存在以及它是如何运作的。当我们既有经验定律，又有能深刻解释这些法则的理论时，科学就达到了顶峰。例如，热力学定律本身就是经验规律，但科学对于为什么这些规律会存在有着深厚的量子级的理解。相反，正如我们在第 3 章中看到的，仔细审视就会发现经济学中的定律通常是近似的。乔治斯库－罗根的前两个条件可以被视为定律，因为它们的经验是可测试的，而且我会说这些定律是正确且没有例外的。乔治斯库－罗根的第三个条件就有些复杂了，因为我们已经注意到，适合度只能在事后观察到，并且我们观察经济适合度的唯一方法就是看人们是否愿意为某事付款或进行交易。因此，乔治斯库－罗根的第三个条件更像是一个逻辑结构，而不是经验定律。

在建立一个严格的、数学的、经验上可检验的经济进化模型来解决所有这些问题之前，我们还有许多研究要做。但我在第二部分和第三部分中描述的复杂经济学中的广泛运作体表明，拼图中的许多模块已经就位，这样的理论不仅是可能的，而且很有可能在未来几年出现。毫无疑问，这些章节中讨论的一些猜想会被证明是错误的，或者需要修改，但其中有一条清晰的线索，将我们从经济的平衡观引向进化的、基于复杂性的经济观。这种范式转移的含义是多方面的、意义深远的，它们将会成为第四部分的主题。

第四部分

财富的积累及增长：如何利用复杂经济学理论决胜于商业社会

THE ORIGIN OF WEALTH

要命令大自然，必须先顺从它。

——弗朗西斯·培根

15
战略：把机构和社会设计成更好的进化体

红桃皇后竞赛

传统经济学告诉我们，只要人的行为足够理性，并且拥有足够的信息，那么经济就会成为如钟表般可以被预测的世界。连传统经济学的不确定性都已算是中规中矩了。[1]科学界对钟表宇宙的幻想终结于 20 世纪，而经济学对钟表世界的幻想正在 21 世纪瓦解。经济过于复杂、过于非线性、过于动态，而且对于偶然的波折过于敏感，所以只有超短期的经济是可以进行预测的。[2]即使我们尽可能地保持理性，并且拥有所有需要的信息，经济的计算复杂度依然使我们来不及预测未来。[3]

这是一则令人清醒的讯息。我们常常希望人们作出需要长期预测的经济决定。经济学家们试图预测 GDP 或者通货膨胀的变化；首席执行官们需要确定某种商业策略是否比其他策略在未来能产生更好的结果；投资者们希望确定某种投资方式是否比其他方式能在未来产生更高的收益；而政界领袖则需要决定某种政策是否比其他政策能在未来更好地服务社会需求。

如果复杂经济学的这个讯息是正确的，我们该何去何从？人们现在都在勉强应付。首席执行官、投资者和政策制定者都在尽可能地保持着自己的理性，他们所做的预测和决定时而正确、时而错误，还要进行试验、调整方向以及持续性地修正。那么复杂经济学是在告诉我们，我们只能做到这个地步了吗？

复杂经济学打破了我们对于控制经济命运的幻想，但同时也递给了我们一个工具——一个我们一直拥有却从未珍惜的工具。我们也许无法预测或者掌控经济的发展，却可以把机构和社会设计成更好或更糟的进化体。

我们已经看到了这个工具的力量。在 18 世纪和 19 世纪，人类在科学和市场层面发展了社会技术，导致经济飞速发展，财富以前所未有的方式聚集。复杂经济学告诉我们，发展可能会超出我们的认知，但与其试图战胜它，不如去理解它，利用它的力量服务人类的需求。在第四部分，我们将从商业战略的角度阐述应该如何实现这些目的。

你作出承诺了吗

世上有多少商学院教授和管理学大师，就有多少对商业战略的定义。[4] 以下是最初的一种定义，也依然是最好的定义，由商业史学家艾尔弗雷德·钱德勒在他 1962 年的著作《战略与结构》(*Strategy and Structure*) 中提出：商业战略可以被定义为对企业基础性长期目标所做的预设，以及为实现这些目标所制定的行动方针和资源分配方案。[5]

钱德勒的定义是一个很好的开头，因为它捕捉到了管理者们对战略进行定义时的两个关键要点。第一，战略本身是具有前瞻性的。为了制定一个战略，管理者必须决定好未来要走到哪一步。第二，管理者需要构想出一个计划，以便达到理想的未来状态，并且致力于落实计划所需要的行动方针。

这两个因素存在于大部分企业的战略核心。[6]制定计划的过程一般是从分析情况开始的，然后回顾企业和行业的发展脉络。接下来管理团队会评估影响客户、竞争对手、技术等因素的重要趋势，最后给出方案并评估这些方案中的吸引力定位。吸引力定位可以使企业拥有持续的竞争优势，比同行赚得更多。

传统经济学预测，在竞争均衡的情况下，没有哪家企业赚取的利润会高于资金供应者所需的最低收益。哈佛大学商学院教授迈克尔·波特（Michael Porter）在他 20 世纪 80 年代的开创性著作中提出，企业若想赚取更高的利润，唯一的方式就是创造竞争优势资源，以便（合法地）减少竞争并增强企业的市场地位。[7]竞争优势资源既能帮助企业降低成本，又能突出产品优势，强化专利技术、品牌影响力以及和主要合作方的特殊关系之类的因素。[8]例如，沃尔玛公司管理物流与库存的独家方法、品牌知名度以及对供应商的控制力，使它赚的利润比其他竞争对手更高。

一旦我们为了所预测的未来状态找到保持竞争优势的位置，就需要制定一个能够抵达那里的计划。另一位哈佛大学商学院的教授潘卡基·格玛沃特（Pankaj Ghemawat）发现，所有的战略计划都包含被他称为“承诺”的东西。[9]的确，战略选择一旦作出，再撤销就很难或者说成本很高了。这类难以撤销的承诺可能包括进入一个新市场、进行一次收购以及对特定品牌的定位投资。战略决策与战术决策的区别在于承诺的级别。例如，商品降价如果很容易修改（例如你可以很容易在降价之后再把价格提高），就是一个战术决策。拿沃尔玛公司来说，长期、大范围地公开承诺“每天低价”就是一个战略决策，这样的承诺很难再反悔。1519 年，西班牙征服者科尔蒂斯（Cortés）登陆墨西哥东南海岸时，命令手下焚毁船只，迫使他们征服内陆——这就是承诺。

建立持续竞争优势位置需要承诺，因为不需要承诺所能达到的位置很容易被模仿。例如，一个零售商很容易就能跟随另一个零售商暂时降价，但承诺“每天低价”就是更大的交易了。正是承诺的不可逆转特性使得战略决策面临着风险。如果战略决策太容易实现，或者改变的成本太低，那么战略决策就没有风险了。格玛沃特的观点和前一章讨论的第一个如果 – 那么条件直接相关：没有不可逆转性，就无从创造财富，正是不可逆转性使财富的创造充满风险。

标准的战略方法取决于两大基础假设：首先是你能够对未来何种战略会成功作出自信的预测；其次是你可以作出最终形成持续竞争优势的战略性承诺。企业每天都在根据这些假设投资数十亿美元，不幸的是，这两个假设都是错误的。

决定历史走向的小概率事件

有些人热衷于“替代历史”，想象如果偶然的小概率事件出现另一种结果，历史会如何演变。我最喜欢的一个例子是从物理学家默里·盖尔 – 曼那里听来的。[10] 19 世纪末期，“水牛比尔”科迪创造了一出表演，叫做“水牛比尔的蛮荒西部”，主要展示枪法、马术和其他牛仔技能。表演团队中最著名的演员是一位名叫菲比·摩西的女士，她的昵称为安妮·奥克利。据说安妮 12 岁时就能将一只奔跑的鹌鹑的头部射掉，在“水牛比尔”组织的表演中，她展示了射击术，包括射灭蜡烛火焰和射掉瓶口的木塞。在压轴演出中，安妮会宣布她将射灭一位男士口中所叼的香烟，并邀请观众中勇敢的志愿者上台参与。因为没人有这样的勇气上台，所以安妮会让自己的丈夫弗兰克事先“埋伏”在观众里。他会“自告奋勇”，和安妮一起完成这个把戏。1890 年，当蛮荒西部表演来到欧洲时，年轻的王储（后来的皇帝）威廉也在观众之中。压轴表演到来时，令安妮惊讶的一幕出现了，硬汉王储竟然自愿站了出来。未来的德国王储上到台上，将香烟叼在嘴里，然后站好。安妮前一晚在当地的酒吧中喝到很晚，被这意想不到的情景弄慌了神。她瞄准香烟，扣下扳机……击中了目标。

很多人都设想过，如果当时安妮的手略微地抖一下，那么第一次世界大战可能根本不会发生。如果第一次世界大战没有发生，850 万士兵和 1 300 万平民的生命就会被拯救。如果安妮的手抖了一下，第一次世界大战就不会发生，希特勒就不会从战败的德国废墟上崛起，列宁也不会推翻腐朽的沙俄政府。整个 20 世纪的历史进程可能会被关键时刻一只手的微微颤抖改变。不过，在那时，没有人会知道这件事的重要性。

安妮·奥克利的故事就是盖尔－曼所称的冻结偶然事件——一个决定历史走向的小概率事件。[11] 复杂适应系统的非线性、动态特质意味着，虽然这些事件很小，但历史的走向受之影响可能会很大。

商业历史也建立在诸多冻结偶然事件之上。现代最著名的事例之一发生在 1980 年的夏天，当时 IBM 公司正准备发行第一台个人电脑并进入由苹果公司打头的市场。IBM 公司接触到了一家位于华盛顿贝尔维尤的只有 40 名员工的小公司——微软，由哈佛大学辍学生比尔·盖茨和他的朋友保罗·艾伦负责运营。

当时 IBM 想和这家小公司谈谈为新的个人电脑创建一版程序设计语言 BASIC。在他们的见面中，IBM 让盖茨给出建议，比如新的电脑应该安装什么样的操作系统。盖茨建议 IBM 去和数字研究室的加里·基尔代尔（Gahy Kildall）聊一聊，后者的 CP/M 操作系统已经成为微型计算机领域的标杆。然而基尔代尔对来自 IBM 的人员疑虑重重，当 IBM 派人来见他时，他去玩热气球了，留下妻子和律师与不知所措的经理见面，并且指示他们连保密协议都不许签。

受挫的 IBM 经理回来找到盖茨，问他对 OS 项目感不感兴趣。虽然从未写过 OS，盖茨还是给出了肯定的答复。他转身就花了 5 万美元从一家叫做西雅图电脑产品的公司手中买到了 Q-DOS 系统，稍加修改后作为 PC-DOS 卖给了 IBM 公司。在 IBM 和微软确定最终协议时，盖茨要求修改一点内容。他想保留将 MS-DOS 版本的 DOS 售卖给非 IBM 计算机的权利。盖茨给 IBM 提出了一个价格，而且比起软件销售，当时 IBM 公司对个人电脑的硬件销售更感兴趣，所以双方就同意了。协议于 1981 年 8 月 12 日签署，后来的事情众所周知，他们创造了新的历史。今天，微软公司市值 2 700 亿美元，而 IBM 公司市值为 1 400 亿美元。

这个故事充满了冻结偶然事件：如果基尔代尔没有去玩热气球呢？如果西雅图电脑产品公司不同意转卖 Q-DOS 呢？如果盖茨没有在最后一刻更改协议呢？任何一个小的改变都有可能改写商业历史进程。不过，就像安妮·奥克利和她的观众一样，当时没有人能预见那些小事件能带来怎样的历史性结局。

“未来并非昔日模样”

你可能会回答说，不论在经济学中还是在战略计划中，不确定性都是老生常谈。[12] 传统经济学的大部分精力都用于研究不确定性，战略计划制定者会运用包括场景分析在内的各种工具来控制不确定性。[13] 然而，我们必须记住，传统经济学对于人们面临着何种不确定性这个问题作出了一个大的假设。当经济学家们制作不确定性的模型时，总会把它塑造成随机的样子。[14] 这是因为随机性是有迹可循的，你可以利用统计规律对随机体系进行预测。然而，我们在安妮·奥克利和微软公司的故事中看到的不确定性并不是那么有规律的，不太像我们在第 8 章看到的随机性。随机事件扮演了一个角色——手指的颤抖、见面的机会，是动态的、非线性的系统结构本身赋予了小事件影响历史进程的能力。比起普通的随机性，对这种不确定性而言，更好的描述方式是间断均衡理论和幂律法则。

在复杂适应系统中，间断均衡理论和幂律法则的结合被设计出来哄骗人们进入自我感觉良好的状态，随后却又令人感到不可思议。人类是优秀的模型识别者，我们倾向于寻找过去的模式，并利用这些模式推断未来，以此作出预测。这种方法多半能够成功，如果不能成功，进化历程不可能将我们的大脑塑造成这样。大部分时候，世界是相当稳定的。传统的战略分析常常能够告诉我们很有用的东西，帮助我们作出短期的精准预测。两个标点中间频繁出现的“稳定”时期只能带给我们错误的预测，没有什么比“稳定”更危险。[15] 同样，幂律法则的存在意味着，比起人们的构思模型根据过去的经验给予我们的期待，大的变化更容易发生。[16]

接下来的场景曾在一个又一个行业中重复上演，[17] 新兴的企业逐渐壮大，成长为大公司。企业高层经理人运用模型识别看到自己的成绩并说道：“啊哈，我们已经了解这个行业了。”然后，企业领导者的模型识别大脑就开始推演未来，并设想出战略计划。战略有了成效，企业就能持续获得成功。行业越是保持相对稳定，管理团队就越是确信自己真的了解行业情况并能够预测商业走向。管理团队越是自信，就越会精准而明确地调整自己的资产、技能和人力资源，以便在经验充足的情况下取胜。随后有一天，安妮的手颤抖了一下——一种新的技术发展起来，比如竞争对手突然有了一个想法，或者消费者的口味开始转变，而高层管理团队几乎没有人意识到这一点。从这里开始历史出现了分支，世界也开始改变。一开始，企业领导者的模型识别大脑不敢相信变化真的在发生，它们认为正在发生的问题只是一种暂时性的异常，需要更多的证据——毕竟它们已经了解所处的行业很长时间了。然而，当经理团队等待更多证据时，世界一直在继续改变，雪崩加速了。企业现在已经到了一个拐点，管理团队突然发现自己置身于新的游戏，却运用着错误的心理模型、错误的资产和错误的技能。如果变化不是太大或者太快，那么企业就可能幸运地渡过难关；如果变化又大又迅速，企业就会破产，或者被更适应新环境的人接管。

这样我们就需要面对一些问题。一方面，战略计划需要人们对未来做预测，以作出战略承诺。另一方面，未来拥有无限种可能，而我们要走的路可能是由一系列无法预知的冻结偶然事件决定的。与此同时，变化的阶段性使人们的模型识别大脑认为世界比其真实的情况更稳定。更令人沮丧的是，正如我们所见，对抗不确定性只是战争的一部分。

可持续竞争优势的秘密

在 17 世纪和 18 世纪，英国东印度公司拥有最大的战略阵地。今天的微软公司和它比起来就像小夫妻店一般。东印度公司完全垄断了四个国家的贸易，拥有全世界趋之若鹜的商品——从咖啡、棉毛织品到鸦片，拥有自己的军队和船队。当公司的商业利益遭到威胁时，皇室会为其发动战争，该公司还统治着世界上 1/5 的人口。英国东印度公司本该成为当时“最令人羡慕和惧怕”的公司，然而，虽然它有着规模经济和垄断特权，还会残忍压迫当地人，但在19世纪期间，它的竞争优势在技术革命和新的竞争对手到来时土崩瓦解，1873年，这家公司宣告破产。[18]虽然英国东印度公司曾盛极一时，但最终世界改变了，它还是死去了。

所有的竞争优势都是暂时的。[19]虽然一些优势持续的时间较长，但所有的优势资源都有一个期限。这听起来像是老生常谈，但在建构可持续竞争优势并持续超越行业同行，成为“优秀”企业的道路上，人们常常会遗忘这一点。我的书架上塞满了关于这类伟大企业的励志故事书，里面介绍了这些企业在成功的道路上做了些什么，以及一些企业如何通过做类似的事情走向了成功。其中包括一些经典之作，比如汤姆·彼得斯（Tom Peters）和鲍伯·沃特曼（Bob Waterman）的《追求卓越》（*In Search of Excellence*），柯林斯和杰里·波拉斯的《基业长青》，以及杰克·韦尔奇和拉里·博西迪（Larry Bossidy）这类令人钦佩的管理者的论著。

不过，有趣的是，我的书架的另一侧摆放的都是有关“为何伟大的企业会走向衰落”的书。这部分书包括一些畅销书，比如克莱顿·克里斯滕森的《创新者的窘境》以及加里·哈默尔（Gary Hamel）的《领导革命》（*Leading the Revolution*）。这些书讲述了曾经成功的大企业如何一蹶不振的惨痛案例，以及行业革命、麻烦的官僚主义和骄傲自大如何使得曾经庞大的机构一败涂地。这些书反复重申的主旨是，为了避免重蹈覆辙，企业需要持续创新，并将其作为企业巨头的实力与新兴公司的灵活性结合起来。这些主旨在一些年轻上进的企业中体现得最为明显，它们常常会给注定失败的巨头们致命一击。

有关这些书最有趣的一点是，同样的企业同时出现在两类书中。IBM公司在20世纪80年代初曾是“优秀的榜样”，而到了20世纪90年代它就出现在了“衰落类”书籍中。苹果公司在书架上来回移动，从年轻、锐意进取起步，进入“优秀”区，然后转入“衰落”区，后来在史蒂夫·乔布斯的带领下又回到了“优秀”的一边。令人震惊的是，有相当多“追求卓越”的企业最终彻底从书架上掉落，没能逃脱破产、解体或被收购的命运，比如阿姆达尔（Amdahl）、数字设备公司（Digital Equipment Corporation）、西屋（Westinghouse）、雅达利（Atari）、宝丽来（Polaroid）和凯马特（Kmart）。许多其他的企业，比如施乐公司（Xerox）和洛克希德·马丁（Lockheed Martin）还在活跃着，但是它们在被评为榜样之后表现就一落千丈了。20世纪90年代赢得最多赞誉的两家企业——安然公司（Enron）和世界通信公司（WorldCom）就在2002年以轰动一时的悲剧终结。

也有一些优秀的企业建立了可持续竞争优势，长期保持着高水平的表现。我在麦肯锡公司的前同事迪克·福斯特（Dick Foster）与莎拉·卡普兰（Sarah Kaplan）在他们的《创造性破坏》一书中通过查看最古老的商业排行榜——福布斯100研究了这个问题。[20] 1917年，《福布斯》杂志的创立者博泰·福布斯（Bertie Forbes）发布了第一个“福布斯美国100强企业”排行榜。1987年，为了庆祝福布斯排行榜诞生70周年，他们重新梳理了之前的榜单，并且调查了原上榜公司的现状。原来榜单上的100家企业中有61家企业以各种各样的方式消失了，不是并入了其他公司，就是破产了。[21] 幸存下来的企业中有21家依然活跃，但已经不在100强的榜单上了，只有包含宝洁（Procter & Gamble）、埃克森（Exxon）与花旗银行（Citibank）在内的18家企业依然留在精英团体中。正如福斯特和卡普兰所说，这18家企业是经过大浪淘沙的优秀企业，它们挺过了大萧条、第二次世界大战、70年代的通货膨胀、80年代的并购浪潮以及90年代的技术革命。许多人据此推测它们一定有着极佳的表现，是真正优秀的企业，事实上是这样吗？不是的。

除了通用电气公司和柯达公司之外，在那 70 年中，每一家企业股市价值的增长都低于平均值。1987 年以来，柯达公司的表现也下滑了，只有通用电气公司是 1918 年福布斯 100 强企业里唯一幸存下来的佼佼者。[22] 福斯特和卡普兰还参考了另一个榜单，就是标准普尔 500 在 1957 评选出的 500 家企业，1997 年，上榜企业中只有 74 家依然存在。作为一个整体，这 74 家企业的标普 500 指数下降了 20%。

在一个长期的框架下考察，以优秀企业为案例的书籍讲述的故事并不是关于可持续竞争优势和持续最佳表现的。相反，它是在通过企业兴衰来讲述竞争优势的转瞬即逝以及市场形势的瞬息万变。

策略是“红桃皇后竞赛”

在 2002 年和 2005 年分别发表的两份主要研究成果中，孟菲斯大学的罗伯特·威金斯（Robert Wiggins）和得克萨斯大学的蒂姆·罗弗里（Tim Ruefli）从统计学的角度研究了竞争优势的问题。[23] 他们调查了 1974 年到 1997 年的 40 个行业的 6 772 家企业，根据运营情况将这些企业分为上等、中等和下等的运作者。[24] 研究者们更正了许多“优秀”的研究成果中的两个常见错误。第一，威金斯和罗弗里确保了高端企业的优秀表现在统计学上的意义。这就好比许多人在一个大房间里扔硬币，总有人不可避免地一直投中正面，威金斯和罗弗里想确保他们在企业中看到的成功并不只是因为运气。第二，通过运用一系列的滚动 5 年窗口，他们也确保这种表现是持久的，并不依赖于短短几年的好日子，并且对被检查的特定时间框架不过于敏感。

他们的发现确认了真实的竞争优势既罕有又相对短暂，[25] 这些样本中只有 5% 的企业拥有长达 10 年或更久的优秀表现。有 32 家企业，也就是只有不到0.5%的企业拥有20年的优秀表现，只有3家企业（美国家庭用品公司、礼来公司和3M公司），即0.04%的企业保持着长达50年的优秀表现。威金斯和罗弗里还发现，在这23年的样本选择期里，企业面临的竞争呈加剧态势。竞争优势的平均有效期越来越短，一家家企业在表现排行榜上变换位置的频率越来越快，失去前排位置的概率在研究的时间框架内大约提升了一倍。[26]

威金斯和罗弗里也表示，既安全又稳定的行业是不存在的。他们把样本分成两组：一组为高技术含量，一组为低技术含量，虽然高技术含量这一组的变化速度更快一些，但他们发现同样的模式出现在所有行业中。在描述这一发现时，威金斯和罗弗里指出，熊彼特的灵魂依然存在，"创造性破坏的风暴"比以往任何时候都要猛烈。

威金斯和罗弗里的数据展示出对于以传统经济学为基础的策略概念的巨大挑战，他们所发现的模式在进化生物学家的眼中一点都不陌生。在生物世界，竞争优势也是罕见而短暂的。的确，所有人都认为进化系统理应如此。在生物系统中，物种只能在永无休止的共同进化过程中互相竞赛。正如我们此前所说，掠食动物可能会进化出更快的奔跑速度，而猎物则会进化出更高超的伪装技巧，然后掠食动物又进化出更敏锐的嗅觉，等等，它们都在无限期进化的道路上拼命狂奔。生物学家将这种共同进化的螺旋式上升称为"红桃皇后竞赛"，这个概念得名于刘易斯·卡罗尔的小说《爱丽丝漫游仙境》中的红桃皇后。正如红桃皇后所说："你必须尽力奔跑，才能保持原地不动。"[27]

想在红桃皇后竞赛中跑赢是不可能的，你能做到的最好的程度就是比竞争者们跑得快。从前文中所讨论的林格伦的进化的"囚徒困境"中可以看出，"什么是最佳策略"这个问题是没有终极答案的。成功的"囚徒困境"策略不可避免会激发其他策略的反应和创新，引起策略生态系统的改变，就这样，引发制胜战略的组成部分会随着时间流逝发生改变。在进化系统中，可持续竞争优势并不存在，只有永无休止的竞赛创造着短暂优势的新资源。

我们对优秀企业的定义已经发生了改变，从长期保持优秀表现到能够长时间将一系列短暂优势串起来。换句话说，就是红桃皇后竞赛中的强势跑者。[28] 当然，要在一种优势资源消失之后立刻完美衔接上另一种资源是不可能的，于是我们就会看到这种企业展示出一种模式——先是表现名列前茅，随之被击倒，然后像顽强的拳击手一般回归战斗，再次赢得胜利。威金斯和罗弗里发现了这类企业存在的证据。他们检索了 5 年时间里有上等表现的企业的信息库，然后在某刻深入到中等或下等表现的企业，最后再研究上等表现企业在另一个 5 年内的表现。研究样本包括像强生和默克一样鼎鼎有名的企业，也包括如家庭美元百货公司和伊利诺斯工具公司这样鲜为人知的企业。[29] 实现重复优秀表现模式的企业并不多，只占样本数量的 1%，但是随着时间的推移，这个比例会不断增长，也许这证明随着竞争越来越激烈，更多的企业学会了如何成为持续的创新者。

创新的不是企业，是市场

持续几十年的优秀表现是世所罕见的（少于 0.5%），可重复的优秀表现也是极其稀少的（1%），这就是有关大部分企业的残酷真相。市场是瞬息万变的，但大多数企业都无法做到及时应对。

实际上，据社会学家迈克尔·汉南（Michael Hannan）和管理研究者约翰·弗里曼（John Freeman）所言，企业从本质上来说是迟钝的。20 世纪 70 年代，汉南和弗里曼开始了一系列针对市场“组织生态学”的里程碑式的研究。[30] 这些研究显示，虽然在市场层面发生了巨大的经济创新和改变，但个体企业层面所发生的改变要小得多。他们的结论是，经济变革的驱动力是企业的进入与退出，而非个体企业的适应。例如，半导体工业未能从20世纪50年代的晶体管转变成20世纪80年代的超大规模集成电路芯片，就是因为当时如休斯（Hughes）、Transitron和飞歌（Philco）这样的前沿企业适应了。[31] 而后来发生改变的原因则是这几家企业被如英特尔（Intel）、日立（Hitachi）和飞利浦（Philips）这样的企业取代了。原先的十大半导体企业里，只有德州仪器（Texas Instruments）和摩托罗拉（Motorola）在大变革中生存了下来。同样，尽管这种转变可能在技术行业中更戏剧化，但有相当多组织生态学家的研究表明，企业数量的动态变化在所有行业都普遍存在。[32]

正是这种进入和退出的动态模式解释了福斯特和卡普兰发现的那些悖论——作为一个整体，标准普尔500长期上榜的企业的表现低于平均水平，正是新企业不断地进入才使得平均线保持在较高水平。

这些以观察和实验为基础的发现并不会令我们感到惊讶。在第三部分，我们讨论过商业如何在市场经济的进化系统中相互作用。从市场的角度来看，每一个企业都是商业计划空间中的一个实验；有些会成功、扩大，而另一些则会失败、消亡。拥有这些商业计划的企业则会随着它们的命运起起伏伏。这些发现表明，变异、选择和放大商业计划的流程在市场层面比在大多数企业内部效果更好。正如福斯特和卡普兰所说，“市场创造的惊喜和创新比企业要多”。[33]

企业都是大人物统治集团，充斥着人的小缺点和小问题，而市场几乎是纯粹的进化机器。企业所固有的劣势使它永远无法像市场那样完整地拥有商业计划的多样性，它们也无法完美地借鉴真实市场的选择压力，或者拥有资本市场的无限资源，并将其投资到扩大已成功的商业计划中去。从毫无感情的进化法则的角度来看，企业只是进化磨坊里的谷物。

目前，我已经勾勒了一个令人沮丧的画面。战略就是作出将会产生竞争性优势的长期承诺。但是由于冻结偶然事件，我们无法很好地预测未来，而且竞争性优势是罕有的、短暂的、稍纵即逝的。有证据显示，大多数企业在“红桃皇后竞赛”中都是失利者，无法在市场中加快适应的脚步。

我们能做得更好吗？我们能设计出适合度更高的企业吗？尤其是，我们能避开预测的问题发展出更坚定、适合度更高的方法来制定战略吗？[34]

战略就是试验组合

做得更好的关键在于“将进化引入内部”，让变异、选择和放大的车轮在企业内部转动。我们不应把战略视作基于对未来预测的单一计划，而应把它当作试验的组合，也就是诸多随时间推移而进化的相互竞争的商业计划。[35]我们即将看到这种方法的组成元素，在此之前先用一个案例来解释战略试验组合是什么。

在微软公司的故事中，1987 年，盖茨与 IBM 签订合同后过了 6 年，新兴的个人电脑行业刚刚经历了爆炸性增长。[36]微软公司是增长中借势最多的企业，但是 MS-DOS 却走到了尽头。顾客开始寻找一种替代运行系统，以便更好地利用新一代机器的图表及其他更强大的功能。S 形曲线的转折正在到来，整个行业的走向充满了不确定性。虽然微软公司取得了成功，但是在 1987 年，和野心勃勃地寻找赚钱途径的数十亿美元的巨头比起来，它还只是一个市值只有 3.46 亿美元的小不点。IBM 公司当时正在发展强大的多任务处理 OS/2 系统；AT&T 在带领包括开阳电脑公司（Sun Microsystems）和施乐在内的企业创造大受赞赏的 Unix 操作系统的用户友好型版本；惠普公司和数字设备公司也在推行自己的 Unix 版本。苹果依然是一个在创新方面领先同行业的竞争者，它推出的高度图形化的麦金塔电脑也卖得很好。

我们可以想象微软公司此时面临的几种选择。选择一：盖茨可以发起一个巨大的“关系公司存亡”的赌博，理想的结果是在竞争对手凭借他们的系统发展到一定规模之前，投资构建一种新的叫作 Windows 的操作系统，并且尝试将自己的 DOS 用户转移到新的标准之下。选择二：退出部分操作系统市场，把它让给更大、基础更稳固的竞争对手，而将自己的关注点投向应用，在这方面微软能充分发挥规模小和灵活性的优势。选择三：卖掉公司或与另一个主要的对手联合。虽然选择三会让微软公司失去独立性，但这样的行动有可能打破力量的平衡，从而取代它选择合作的公司。

所有这些选择都意味着对难以改变的行动方向的巨大承诺，并且蕴含着巨大的风险。从保守的观点来看，盖茨应该选择第一种方案，赢得赌注，这样微软就可以继续主导桌面操作系统，并且在接下来的 10 年中与反垄断监管机构作斗争。但事实并非如此，盖茨和他的团队做了更有趣的事，他们同时进行了六个战略试验。

第一，继续投资 MS-DOS。虽然每个人都预测到了操作系统的消亡，但它依然拥有巨大的用户基础。许多用户对换系统都很谨慎，而且每一版 DOS

系统都在逐步超越上一版。DOS 系统依然在继续改变和进化，并且能在一段时间内满足用户所需。

第二，微软把 IBM 当作真正的威胁。1987 年，“蓝色巨人”依然是硬件方面的巨头，想要夺回对操作系统市场的控制，但同时它也知道单枪匹马是有风险的。正如迈克尔·柯里昂（Michael Corleone）在《教父 2》中所说：“亲近你的朋友，更要亲近你的敌人。”盖茨和 IBM 同意将 IBM 公司的 OS/2 操作系统项目转成联合运营。

第三，虽然 Unix 造成的威胁比 IBM 小，但依然是威胁。微软与包括 AT&T 在内的许多公司讨论共同运作 Unix。讨论保留了微软的选择权，使微软公司加入了这个进程，但是依然对微软的 Unix 战略持保留意见。这么做的好处是为 Unix 的支持者们制造额外的不确定性，延缓他们的进步。

第四，除了参与 Unix 的联盟游戏，微软还收购了个人电脑 Unix 系统最大卖家的大多数股票，这家公司名为圣克鲁兹运行（Santa Cruz Operation）。这样，即使 Unix 未能成功，微软也在市场上拥有了自己的产品。

第五，盖茨并未停止投资应用，在资源紧张的情况下，他依然在继续建构这一生意。值得一提的是，微软在苹果麦金塔电脑软件方面确立了自己的位置，超越了苹果本身成为领头供应商。万一苹果利用市场的间断推广自己的操作系统，这也能为微软提供一种保障。

第六，盖茨将主要的投资放在 Windows 上，而 Windows 后来成为全世界最好的操作系统。它在 DOS 的基础上产生，兼容 DOS 应用，和 OS/2、Unix 一样是多任务处理系统，并且和麦金塔一样方便使用。最重要的是，它使得个人电脑操作系统的市场控制权牢牢掌握在微软手中。Windows 的成功明显是公司最中意的结果。

盖茨所创造的并非大型赌注，而是战略选择的组合。有一种对盖茨所作所为的解释是，他设立了一个高层次的愿景：成为领先的个人电脑操作软件公司，随后他创造了一系列有可能朝着这愿景进化的战略试验组合。

1987 年，Windows 远没有可能成为赢家。Windows 1.0 版本于 1985 年发行，但是售卖情况并不理想，Windows 2.0 版本于 1987 年发行，饱受技术和延迟问题的困扰。直到 1990 年发行 Windows 3.0 版本，微软的未来才与操作系统市场牢牢绑在一起。“安妮的手”也可能朝另一个方向颤动：如果 IBM 在 OS/2 的开发方面抢先一步，如果共同开发 Unix 的公司曾团结一致，如果微软在 Windows 开发方面受挫，历史很有可能会走向另一个方向。

盖茨没有试图预测未来，而是参照外部市场上演的进化竞争在微软内部创造了众多商业计划。如此，微软就能在未来不断发展。最终，其他的选择都被叫停或者缩小了规模，而 Windows 操作系统成为公司的重中之重。当时，盖茨还因为这个组合战略备受批评。记者们称，之所以会这样，是因为微软想不出什么战略决策，在困惑中随波逐流，他们不知道盖茨何时才能下定决心。而且，那些在公司内部工作的员工也没有发现自己正在与同事直接竞争。没有证据表明比尔·盖茨在设计这个战略的时候曾研究过进化论或者思考过适合度景观，然而，不论这个方案是如何发展的，结果是创造出了一个能在历史的迂回曲折中坚守的适应性战略。微软一直保留着这个方法，如今，从互联网到企业计算、家庭娱乐以及移动设备领域，微软都有一系列竞争性试验组合。

从试验组合方法到战略，我们从中可以学到一些基本知识。首先，管理需要为战略创造一个“环境”。创造一个试验组合需要对当前形势有全面的了解以及有一个管理团队共享的愿景。其次，管理需要区分商业计划的过程，才能得出不同的计划组合。再次，组织需要创造一个模仿市场环境的“选择”环境。最后，需要建立流程来扩展成功的商业计划、淘汰不成功的计划。我们将依次讨论每一个关键点。

环境：创造有准备的意识

我曾与一位非常冷淡、讲求实效的高管共事，他声称自己不相信战略计划，认为那不过是一群“高智商的人在胡说八道”。他也很成功，在严酷的市场环境中经营着大杂烩般的产业，试图在数年发展中不断提升利润。有一天，我看到一个战略计划会议的预备材料，而其中这个高管和他的团队准备的分析是整个公司最好的。鉴于他曾声称不相信战略计划，第二天我问他，为何他和他的团队会花费那么多精力去做分析。他的回复是：“我不相信计划，我这么做是为了能有所准备。”当我从这位从不胡说八道的高管引用的路易斯·巴斯德的名言（“机会眷顾有准备的人”）中清醒过来时，我突然明白了他如禅宗一般的智慧。他解释说自己和团队并没有使用传统的战略分析工具预测未来，而是使用为实时决策提供背景资料的工具，使他们能应对所有可能发生的不确定因素。在后来的讨论中，那位高管解释说，战略计划练习是他们的高管团队交流的重要方式。这能使他们拥有一个针对业务的共同参考框架，对事实的共同认识，以及互相沟通的共同语言。[37]

GE 金融集团曾经有位高管也跟我说了一些他在计划并购方面得出的理论。他认为战略计划的意义不在于预测未来，而是一种学习练习，使人们能够为不确定的未来做好准备。例如，他发现自己无法预知何时会有重要的并购机会出现。虽然他从来没有一个计划说“我们要购买X公司、Y公司和Z公司”，但如果X公司确定要出售，他的团队就能迅速地坐在谈判桌上出价，出现意外事件的情况非常少。他的团队成员能做到这一点的原因是他们已经展开过充分讨论，对X公司有深入的了解，知道它将如何影响本公司的经济效益。他们对于并购对本公司来说意味着什么已经达成了共识。

这里举出这些案例并不是要你撕掉你的战略书，只是促使你思考传统战略分析工具的另一种用途。其目的并不是帮你基于对未来的预测找到一个五年计划的“答案”，而是强调“有准备的头脑”。这意味着你需要思考谁的大脑最需要准备，以及如何更好地完成这一任务。

对于大多数企业来说，这种观点上的转变意味着战略计划流程的重塑。大部分流程都集中于创造和作出决定，而不是学习。集中于学习的计划流程具备三个主要属性。[38]

第一，流程的重点应该放在安排深入的讨论以及主要决定人之间的辩论上。典型的计划流程是下属们向拥有决定权的高管们天花乱坠地讲解演示文稿，而人们在这样的会议里一般学不到什么东西。流程的重点应该是创造一个讨论会，让决策者聚在一起集中解决问题或者相互讨论。[39]这样的讨论会规模要小（如果有太多助理人员参与，高管们就无法畅所欲言了），而且时间要充裕——每个业务单元每年要有一天用于首席执行官与高管团队讨论，这比大部分公司一两个小时的团队会议有效得多。

第二，整个流程要以事实和分析为基础。如果只有观点被拿到桌面上说，那么很有可能每个人离开会议室时依然带着他们走进来时的想法。这意味着在进行战略谈话之前要花费几个月的时间精心准备，而且在员工和顾问的帮助下，高管也需要全身心投入。对共同事实基础的一致理解是交流最宝贵的结果。

第三，还应该有其他用来做决定的讨论会。如果战略流程充斥着对预算、目标和资金分配的短期决定，那么学习就不复存在了。做决定的讨论会应该与战略学习过程连接，也应该有所分别。另外，战略讨论会的重点应该是设置环境以告知试验组合的设计和管理。

变异：你的战略树够茂密吗

典型的战略计划流程致力于砍掉战略决策树的树枝，消除选项以及作出选择和承诺。相比之下，进化则强调创造选项，选项越多越好，不论何时都要让战略树尽可能地茂盛。选项是有价值的，[40] 战略试验的进化组合可以给予管理团队更多的选择，也就意味着有更多可能发现对的选项，或者，就像我在麦肯锡的同事洛威尔·布莱恩（Lowell Bryan）所说的"用灌了铅的骰子"。[41] 这种做法的目标是下许多小的赌注，只有在不确定性变低时再下大赌注。在不确定性之下被迫孤注一掷意味着一家公司被困在茂盛的战略树的对立面。虽然媒体可能会称赞敢下大额赌注的首席执行官们的勇气和远见，但他们也会无情地嘲笑那些输掉大额赌注的首席执行官。

进化需要孵化力超强的商业计划才能起效。当然，没有任何一家企业的商业计划多样性可以与整个市场相比，但大部分企业都走向了另一个极端，它们对于本公司各项业务都只有一个计划。提起商业计划的多样性，企业往往会和自己作对，因为研究和创新的需求和利用与执行的需求之间存在固有的矛盾。[42] 成功而有效的行动需要有所侧重、纪律严明，它们需要清晰的领导和方向。相反，进化战略需要允许人们同时走向不同的方向，并且验证有风险的想法。同样，执行的反馈循环是紧凑而可预见的，你每个季度都能看到结果。相比之下，战略进化的反馈循环很难预见，可能需要花上数年。人们讨厌裁员，而经理人经常试图通过裁掉多余的人来提高效率，然而根据定义，多样性需要有多余的人员和过剩的生产能力。作为重要和有价值的目标，操作效率的驱动力常常形成一些副作用，即降低战略试验的多样性和在企业内部形成相互竞争的业务计划。

除了创造充足的试验组合，相互竞争的商业计划也需要分散在适合度地形上，以便最大化进化搜索过程的效果。如我们此前所见，进化在探索有相互关系的地形方面的有效性原因之一是它混合了跳跃长度。在生物学中，变异和有性重组的结合确保了短距离跳跃和长距离跳跃的混合。当我们思考商业计划地形中的“跳跃距离”时，需要考虑三个方面：风险、相互关系以及时间范围。风险指的是影响战略试验结果的所有不确定性因素，以及承诺的不可逆转程度。相互关系指的是试验距离已具备的经验、技巧和资产有多近或多远。[43] 时间范围指试验成功的预计时间。

在微软的案例中，公司的 Unix 试验和其他试验相比风险较高，周期较长，并且与公司现有的试验关系较小。相比之下，Windows 系统本身在这三个方面较为平均，而 OS/2 可以说是风险最低的试验，因为在技术方面它比开发 Windows 更省力。可以说，微软公司在整个地形中下了一些比较分散的赌注。试验组合中需要多少个战略试验以及它们在地形中如何分布关乎判断，与商业环境相关，但是这个数字必须多于大多数企业所采用的 1。

有个常见的反对战略组合的观点提出，并不是所有的企业都有能力像微软那样同时进行六个战略。事实上，当时微软公司是行业中规模最小、资源最受限的。当时的情况并不是微软提出了六个关于操作系统的商业计划，

IBM 提出了 12 个——总的来说 IBM 只进行了一个。另外，并不是所有的选择都受到了同等水平的重视。对于微软公司来说，Windows 系统的胜利是其更愿意接受的结果，所以这个提议得到了最多的投资。组织拥有的资源确实是有限的，不过这并不会阻碍它们进行选择的组合；阻碍它们的是经理们的想法以及组织的做事方法和文化。

最重要的是，商业计划的多样性和业务的多样性并不是一回事。20 世纪 60 年代，一个比较流行的观点认为，企业应该创造多样性业务组合以降低风险，例如一种业务可能在经济环境好转时运行良好，而另一种业务可能在经济下滑时表现优异。这样的结果是创造出了不相关的业务表现不佳的组合，许多在后来都以破产或重组结束。威金斯和罗弗里的数据以及其他的研究表明，持续聚焦少数业务的企业拥有显著的性能效益。[44] 我所提倡的不太一样，我认为在一个业务内部应该有不同的战略组合。例如，微软的试验组合完全是位于操作系统业务内部的。

选择压力：定下愿景

商业计划选择是另一个令许多企业感到困难的领域。企业倾向于将适用于市场的选择压引入内部，但是如一位高管所言，一旦市场的信号进入企业内部，就会被扭曲得“如同哈哈镜”。企业内部有许多市场上根本不存在的选择压，比如“这是首席执行官最热衷的想法，如果退缩了他会很丢脸”，或者“这是我的部门的地盘”。这些来自内部权术、官僚主义和其他因素的曲解常常并不是恶意的结果，它们只是真实世界的人类组织的产物。正如本书前面所讨论的，心理学家发现人们受制于大量的偏差和系统性错误知觉，以及在社会层级中争夺地位的根深蒂固的本能。这些人类的缺点不可避免地影响了组织对市场信号的诠释。

有两种方式可以抵抗哈哈镜效果。第一种相当明显，即改善从市场流入组织的信息的数量、质量和速度。此类信息包括详细的销售和客户数据、市场调研、客户满意度调查、竞争对手情报等。当市场的反馈缺失或过于粗略时，观念和权术就会填充信息真空并扭曲商业计划选择。

第二种方式更复杂一些。首席执行官和高管团队在通过多种途径在组织机构内部创造选择环境方面扮演了至关重要的角色。正式的途径有补偿系统和晋升流程，非正式的途径有首席执行官们在会议中谈论的主题。这些途径共同创造了一套信号，告诉人们什么样的行为和决定会获得奖赏。当一群中层经理人坐在办公室里，辩论一个商业计划的优点时，这些信号可以帮助他们思考什么类型的计划会得到支持，什么样的计划不会得到支持。重要的是，这种内部选择环境的设计要经过深思熟虑。首席执行官和高管团队成员只能意识到组织中正在进行的很小一部分决定。许多关键的决定不可避免地发生在高层雷达之外，而经过深思熟虑的内部选择环境确保了那些决定既反映了市场现状，也反映了企业的当务之急。

企业愿景是塑造内部选择环境的一个重要工具。大部分企业都有使命、构想、价值和其他类似的鼓励性声明，对于许多企业来说，这类声明只存在于企业总部墙上的彩色海报里，用来给到访者留下深刻印象，但是这些文字很少影响人们的实际行为。只有少数高管团队能够用企业的愿景将市场信号播散在组织内部，塑造决策。

对于良好愿景如何形成以及如何发展和交流，人们的著述颇多。[45] 如果想要让愿景在商业计划选择中扮演有效的角色，我认为需要具备四个关键的特点。

第一，愿景必须印刻在组织中许多人的大脑里。如柯林斯和杰里·波拉斯在《基业长青》中所说，有效的愿景要“吸引人——它能散播出去，抓住人心。它是有形的、充满能量的、高度聚焦的，人们看到后立刻就能理解，不需要过多的解释”。[46] 相反，大部分企业的愿景没法抓住任何人的心，听起来平淡无味。柯林斯和波拉斯在研究中收集了大量的愿景，并引用了伟人杰克·韦尔奇在20世纪80年代为通用电气立下的愿景：“成为市场上数一数二的公司，拥有小企业的速度和灵活性。”[47]

柯林斯和波拉斯将这个愿景和（曾经表现优秀的）西屋公司的“质量为先、市场领军、技术引领……”进行了比较。韦尔奇的愿景是清晰、有挑战性、有感染力、令人难忘的。但是语言自身无法确保愿景被印刻到人们的大脑中。韦尔奇将数一数二这个想法与赔偿计划、绩效评估与业务单元联系在一起，他着迷地谈论着这个方式。[48] 简而言之，他围绕着愿景建构了一个选择环境，塑造了千万人的想法以及无数决定了哪些商业计划应该保留、哪些应该停止的决策。20世纪80年代，通用电气公司计划推出一种新产品，这项产品将帮助其超越对手进入第二大市场，而这个产品本身会吸引大量关注及投入大量资源。同样，对名列第五的业务进行投资的计划即便利润可观也不会得到支持，除非结果能保证将业务推到排名靠前的位置。韦尔奇确保了愿景所创造的选择压可以形成真实的结果——你觉得韦尔奇的高管们有多少在管理排名第三、第四的业务呢？

第二，对于外部世界对组织造成的选择压，愿景必须捕捉一个重要的直觉。当杰克·韦尔奇于1981年宣布自己的愿景时，通用电气公司正濒于倒闭。当时，这家公司正在进行“集团化折价”，也就是说，从塑料、电器到飞机零件的业务的价值加在一起超过了通用电气公司的总价值。各种“入侵者”正虎视眈眈地寻找可以接管和临近解散的公司。韦尔奇当时面临着来自通用电气公司股东的巨大压力，他们希望他能提升通用电气公司的市值，并取消集团化折价。韦尔奇利用“数一数二”诠释外部选择压，用所有人更容易理解的方式将它融入组织，方式极具感染力及可行性。只提出“我们必须消除集团化折价”是无法完成任务的，而通用电气公司人才选拔过程中最受青睐的极具竞争力的经理们在情感上被“数一数二”挑战所打动。

第三，制定愿景时必须找到平衡。要提供的选择压必须足够具体，但由于需要预测未来又不能太具体。例如，成为“关怀员工的企业”这样的愿景就过于平淡和宽泛，没有人知道如何实践这样的目标；成为“英国北部鲸骨束腰领先生产商”这样的愿景也许是在对英国北部鲸骨束腰的未来市场机会作出莫须有的假设。韦尔奇的“数一数二”愿景就达到了适合的平衡，和亨利·福特的“为大众造车”一样。福特的愿景对于提供选择压已经足够明确，例如：“改变商业计划的某个部分会降低车的成本，使它更能被普通人接受吗？”或者：“这种车有没有新的特点能让几乎没有受过机械训练的人感到值得依赖？”而且福特的愿景足够宽泛，在实现目标的方式方面可以产生大量的演绎－探寻。人无法完全逃脱预测，福特的目标假设这种车会拥有广泛的市场，但是在1907年，只有富人才能买得起车，所以“为大众造车”是一个安全的赌注，如果这种车被造出来，一定会大获成功，这也体现出愿景反映了对外部市场有效的选择压的重要直觉。

第四，好的愿景提供了强大的动力，使企业处于不断进化之中，不断尝试新事物，并且支持试验的准则。在进化系统中，适合度地形上的停滞就意味着灭绝——如果停止试验和进化，你就完蛋了。为了适应，企业一定不能安于现状，不能满足于自身的进步，要持续地寻找和探索。正如英特尔公司的前主席安迪·格罗夫（Andy Grove）所说：“只有偏执狂才能生存。”在通用电气公司的例子中，在韦尔奇定下愿景，声称“成为数一数二的公司并不只是一个目标，它是要求”之后，你就知道处于第三第四的公司也会不断尝试新的事物。

不过，企业中并不存在一成不变的愿景。当外部环境的选择压改变时，提供内部选择压的愿景也必须随之改变。随着时间的推移，愿景要么实现了，如福特公司的例子，要么实用性发生了改变。虽然通用电气公司从来没有实现每一项业务都“数一数二”，但在 20 世纪 80 年代末，韦尔奇和他的团队已经修复或者卖掉了大部分表现差的业务部门，集团化折价已经消失，大部分业务都经营良好。于是，韦尔奇开始转而继续追求其他的愿景，比如全球化和在服务业站稳脚跟。

放大：群蜂智慧

当一家公司蔑视逆境，试图发展和选择有前景的商业计划时，它往往很难将这些商业计划扩大。关于大企业没能在眼皮底下成功培育新计划的故事在坊间广泛流传。根据定义，与更大的市场中的人才与资金池相比，企业拥有的这两种资源非常有限。在对人才和资金的内部竞争中，基础丰厚的业务会不可避免地占据上风。较新的、试验性的业务常常缺少资金，由二等团队负责运营，高层管理时间不足。它们也可能会被吸纳进更大、基础更好的业务中被吞噬掉。大部分企业配置人才和资金的过程比更大的市场要慢一些——股票交易人在一毫秒内就能在企业之间转移资金，而在企业内部这可能要花费数月甚至数年。最后，许多企业改变了自己的资源配置决定，用衡量小而新颖的业务的方式来衡量大型、有基础的传统业务。从根本上说，大企业是以开拓传统业务和策略为己任的，它们将人才和资源都集中于此，还会反复衡量。相反，市场则倾向于寻找和支持新的、正在发展的东西。

策略的进化方式强调尽可能长久地保持策略树的繁茂以及选择的开放性。但是不可逆转性——财富创造的第一个乔治斯库－罗根条件，无法永远避免，人们在某个时刻必须作出难以撤回的承诺。企业高管必须作出最终承诺并分配有限的资源，那么我们如何在进化的环境中作出这样的决定呢？

美国第一资本投资国际集团（CapitalOne）是一家正在发展和创新中的信用卡公司，它就在用试验策略在金融服务地形图上寻找新的适合度高峰。当被问到第一资本投资国际集团如何决定扩大哪些试验、取消哪些试验时，一位高管通过描述蜜蜂的行为回答了这个问题。蜜蜂从蜂巢中飞出来后就开始寻找花蜜的来源。当一只蜜蜂成功找到花蜜时，它会回到蜂巢，在其他蜜蜂面前跳一支来回摇摆的舞蹈。它发现的花蜜越多，舞蹈就越活跃；舞蹈越活跃，就有越多蜜蜂飞出蜂巢前去探索花田。当这片花田枯竭时，蜜蜂们就会回到蜂巢，等待下一个舞者。[49] 第一资本投资国际集团的高管说："我们会观察'蜜蜂'舞动得有多活跃，如果它们总在跳舞，我们就会将资源向这个机会倾斜。"[50]

扩大试验的前提包括三个重要的因素：知道试验组合中的"花蜜"在哪里；有一些多余的"蜜蜂"涌向诱人的机会；当情况变化时有能力从一片"花田"转移到下一片"花田"。

第一，我们必须知道哪些计划是有前景的，哪些没有。试验组合必须以明确的市场反馈机制为基础。每一个商业计划都必须拥有清晰、深思熟虑的实现途径以尽可能地实时搜寻数据。许多企业犯下的错误就是将同样的性能标准运用在所有的业务和战略试验当中。这个逻辑的动力是讨好金融市场的欲望，例如，"市场以企业层面的利润和资金回报评估我们，所以我们也用同样的方式来评估企业的所有业务"。但事实上这些评估方式更适合处于发展后期的、成熟的业务，对于新的、更具试验性质的企业也许无法给出合适的参考。在这类业务中，阶段式评估方式，比如雇用关键的高管、赢得早期的客户以及达到预算目标可能更加合适。

第二，财务评估方式常常是市场反馈落后的指标。其他更具可操作性的评估方式包括客户满意度调查、装配时间、每平方米销售额、员工流动率以及返工时间，相比于单一的财务评估方式，后者可能会提供一个更完整、更及时的战略试验图景。你需要关于“花蜜”位置的实时反馈，所以每个战略试验都必须有一个定制的平衡计分卡和评估系统来评估它。[51] 我在本书的后面会详细讲述这个概念，简而言之，平衡计分卡就是在特定的业务中使价值创造可视化的一套性能标准。平衡计分卡可以为我们提供多维视角，既包括财务指标，也包括非财务指标。

第三，要使进化起作用，系统必须有闲置容量用来做试验。如果企业的所有资源都用于执行传统商业计划，它就无法再发展新的计划。许多企业犯下的错误就是用预算流程将所有的闲置容量从业务中剥离，并将它置于公司的集中控制之下。一般情况下，公司总部会为新的商业计划预留一些资金。这种方式的问题在于，高管的带宽不可避免地局限于改善资源分配决定，他们早已不是对小规模试验成败的最佳判断者了。于是，最终计划就会变得太少太大。将闲置容量推到业务单元之中，并且赋予这些业务单元创造和使用资金支持试验组合的责任与义务是非常重要的。不过，高管团队依然需要作出一些较高层次的分配决定。在崎岖的相互关系地形图中，高峰总是倾向于靠近其他的高峰，所以资源更多地被分配给了以平衡计分卡标准看来更有成功迹象的倡议，而很少分配给那些处于低谷的倡议。这也可能意味着资源分配模式的转变，因为资源的分配方式从基于目前的业务转变为基于新兴倡议的成果。

这就引出了第四点，资源在试验中的分配需要具备灵活性和可变性。如果无法作出实时调整，那么实时反馈、平衡计分卡和决定权的下放都毫无意义。然而，很少有企业能在一年当中根据反馈来调整资源的分配——每年的预算都是固定的，应急过程一般持续不了多久，耗资也有限。由于集中的企业流程原本就无法快速解决这个问题，要更及时地进行资源分配的唯一方式就是将更多的对资源的自主控制权推向组织各处。商业领袖必须明白，企业中闲置的资源是什么，然后才能评估这些资源的作用，而不是简单地将闲置资源投入“平常的业务”。如果员工无法更好地使用闲置资源，领导们应该将其收回。领导应该将资源从没有收益和前景的试验中撤出，并进行重新配置。

适应心态

企业领导者应该成为勇敢的将军，能预测未来、设计宏大的战略、领导员工参与辉煌的战斗，最后在失败的小型战斗中被解雇。只有勇敢的高管才能反击这样的心态，转而承认未来所固有的不确定性，并且强调在预测和计划中学习与适应。

的确，一个人的心态可能是创造战略适应方案最重要的因素。建构适应方案的其中一种方法是像风险投资者一样思考。[52] 从本质上来说，风险投资公司就是战略试验组合。它们的组合包含具备分散风险、关联性以及时间范围的各种投资。风险投资组合在同一个业务部门中常常拥有不止一种投资，本质上是为了尝试各种商业计划并确信至少有一个投资能找到高适合度的山峰。风险投资者的位置介于适合度地形图上广泛的市场范围与大部分狭小的企业范围之间。风险投资者们还会迅速扩大成功的企业并不惜一切代价减少损失。风险投资者倾向于聚焦投资的短期表现，他们还会使用一个广泛、长期的投资命题，并从目标出发提供选择压。很少有风险投资者敢于预测自己投资的产业，他们也不会花费时间制定传统的战略计划。风险投资者们会选择使用组合在摸索中学习，在商业世界风险最高、变化最快的市场中获取高收益。

传统智慧认为，创新心态也意味着容许风险、模棱两可与失控。[53]我所提到的方式并不需要这样的观念，它需要重新定义这些概念。创新是下许多小赌注，只在起作用的东西上下大赌注，而不是下许多充满风险的大赌注。如果在选择好计划和坏计划中有清晰的认识的话，同时执行多个商业计划并不必然意味着模棱两可。高管们无法控制战略试验的结果，却可以控制创造、选择和扩大试验的过程，以增加成功的概率。

在许多方面，适应心态就是传统愿景的反面。适应心态是高度实用主义的。比起预测明天，它更重视今天的事实，也不期望一切都按计划进行，比起大失败更能接受大量的小失误。总之，适应心态表达的是“我们学到了新东西，要作出改变”。

回望20世纪80年代晚期，当英国石油公司作出一系列关键战略改变时，时任首席执行官布朗（Browne）形容这个过程为“一系列的脚步，一步接着一步，但没有预定的计划。我们做了该做的，当前行或者遇到问题时，自然就明白下一步需要怎么做”。随属公司首席执行官罗德尼·蔡斯（Rodney Chase）补充说道：“这不是一条直线，我们出过错，也不是一切都顺利。但是我们意识到，每一次失误都能使我们获益匪浅。”[54]

16 组织：创造“心智社会”，释放个体的创造力

西屋公司和通用电气公司是20世纪初美国工业的两大巨头。[1]西屋公司的创立者是乔治·威斯丁豪斯（George Westinghouse），通用电气公司的创立者是托马斯·爱迪生，这两个人都是极具号召力的发明家。西屋公司和通用电气公司都是铁路和发电技术的先驱。这两家公司在大萧条期间损失惨重，在20世纪40年代的战争中为美国战事服务，在战后繁荣时期大量生产冰箱、收音机等商品。20世纪50年代和60年代，这两家公司成为美国家喻户晓的巨头。

20世纪70年代，战后繁荣开始衰退，这两家公司面临的压力日益增长。西屋公司的发展逐渐停滞，利润缩减，沦为一个庞大的、官僚主义盛行的巨兽。在挣扎中，西屋公司开始发展一些不相关的业务，比如房地产。20世纪80年代初期，西屋公司关停部分业务和工厂。到了80年代末，公司抛售了大部分运

输和工业生产业务。20 世纪 90 年代中期，西屋公司尝试最后一搏，收购了哥伦比亚广播公司电视网，试图将自己重塑为一个传媒公司。但这一切都显得徒劳无功。到了千禧年，乔治·威斯丁豪斯在任时的荣光不再。哥伦比亚广播公司被维亚康姆集团（Viacom）收购，其余业务被逐一出售，西屋成为英国核燃料有限公司的一个部门。

20 世纪 70 年代和 80 年代，通用电气公司也经历了寒冬，不得不与成熟的市场、缓慢的增长和官僚主义倾向对抗。不过通用电气公司打赢了这些战斗，并且在 20 世纪 90 年代跻身于世界一流公司之列。在这些年中，通用电气公司经历了巨大的改变，从一个工业和耐用品产业集团发展成为后工业金融服务、传媒和技术公司。20 世纪末，通用电气成为世界上最有价值的公司。

社会结构与适应性

为什么根本上属于同一个产业、历史相似、处于相同战略位置的两家公司会落入截然不同的命运呢？为什么通用电气公司有能力适应，而西屋公司失败了呢？有些人喜欢将通用电气公司首席执行官杰克·韦尔奇在这期间的超凡领导力视作关键的因素。但是那些仔细研究过通用电气公司的人，包括韦尔奇本人都声称事实远远不止于此。[2]

通用电气公司在其漫长的历史中不断地改造自己，韦尔奇在 20 世纪 80 年代对公司的复兴只是其中的一次而已。通用电气公司的历史中充满了失误，比如 1893 年就曾遭遇现金短缺，同时期西屋公司的交流电技术成为美国标准。通用电气公司曾在大萧条时期遭遇严重的经济困难，20 世纪 50 年代发生道德丑闻，70 年代还经历了萎靡时期。但是，正如我们在前一章所定义的优秀模式，这家公司在遇挫之后又数次坚强地站了起来，并且显示出随着经济变化改造自身的非凡能力。

在成立早期，通用电气就已经超越了公司的概念。20 世纪初，在首席执行官查尔斯·科芬（Charles Coffin）的领导下，通用电气公司成为一个拥有强大的企业文化和价值的机构。正如吉姆·柯林斯和杰里·波拉斯在《基业长青》中指出，西屋公司从未能够建构这样的机构基础。[3] 韦尔奇既是通用电气公司文化的产物，作为首席执行官，韦尔奇也是公司价值最有力的捍卫者。韦尔奇把通用电气公司的员工、结构和文化的结合称为公司的社会结构，并且坚信它是公司独特的运营和适应能力背后的秘密。[4] 韦尔奇还自信地提出，公司的社会结构是任何竞争对手都难以模仿的，他不介意公开讨论这个秘密。[5]

本章的主题就是论证韦尔奇的正确性，以及企业的社会结构设计在一个组织的适应性方面扮演的主要角色。我们对社会结构的定义包括三个要素：

1. 组织中的个人行为。
2. 在追求组织目标时将人与资源匹配起来的结构和流程。
3. 组织中的人在与彼此和环境交流时产生的文化。

在探索高效社会结构的构成之前，我们首先需要审视什么是组织，以及为何组织常常抗拒改变。这样我们就可以开始讨论组织是什么，它们为何存在，并且将它们放入进化框架中。随后我们将分析组织在适应方面遇到的多种阻碍，发现一些根深蒂固的阻挠组织改变的因素。最后，我们将看到企业的社会结构设计如何消解那么多阻碍，尤其当社会结构更少依赖于结构“硬件”，更多依赖于文化“软件”来驱动理想行为时。通过建构有效的社会结构，公司就能将进化带入内部，成为“红桃皇后竞赛”中跑得更快的跑者。

组织——复杂适应系统

如果让一群学者给组织下定义，你会收到一大堆各不相同的答案，经济学家、社会学家、心理学家、人类学家以及法律学者都会给出自己的答案。这些领域都从不同的视角研究组织，每一个视角都有独到的见解。[6]但是有一个视角将这些领域穿插在一起，提供了一个总体的概念：组织是复杂的适应性系统。[7]

组织是由彼此动态互动的一个个实体组成的，随着环境的改变，实体的行为准则和互动网络也随之改变，实体的互动自然产生了行为的宏观模式。当一个人说起“福特这个季度业绩很好”或者“索尼是一家创新公司”时，他就是在谈论成千上万人的行动和互动自然产生的结果。企业是复杂适应系统，嵌套在经济体这个更大的复杂适应系统之中。

组织作为复杂适应系统的分类被证明是十分有用的，但仍需要进一步细化。其他人类群体，例如堵车中的司机，也是一个复杂适应系统，但是我们不会把他们称为组织。要做好这个区分，我们将使用北卡罗来纳大学的社会学家霍华德·阿尔德里奇（Howard Aldrich）的定义：组织是有目标导向、持续边界和社会建构的人类活动系统。[8]

换言之，组织是为了某个目的而设计和建构的。组织的目标提供了推动行为的力量——要缩短现实和理想之间的差距就要采取行动。人类组织中的目标可能是赚钱（商人）、帮助儿童（慈善家），也可能是赢得冠军（运动队）。共同目标和协调活动的存在可以帮助我们区分通常意义上的组织与其他人类群体，比如堵车中的人们或者朋友圈。[9]

阿尔德里奇的定义还指出，组织是具有持续边界的。针对这一点，德国社会哲学家马克斯·韦伯（Max Weber）曾在20世纪早期提出了组织辨别成员和非成员的不同特点，企业会仔细地搜寻潜在的员工，市民会通过选举产生进入政府机构的政客，宗教有各种欢迎新成员的仪式。总之，我们可以将组织视为一个开放的热力学系统，它的内部世界与外部世界有一个明显的区分界限，而且组织的目标驱动着降低组织系统内部与外部环境相关联的熵的活动。

正如阿尔德里奇所说：“组织为完成工作具备活动系统，包括原材料、信息或人。”[10] 在第三部分我们提出，组织对物质、能量和信息进行了热力学上的不可逆转的改变，将高熵输入转变为低熵输出。这种转变是基于组织目标进行的，因此，我们可以将组织视为创造“健康秩序”或财富的工具。

企业为何存在

在第三部分，我提出企业是经济进化中的互动者。反过来，企业是在一群人控制下的一个或多个业务单元的集合。因此，在我们的定义中，企业是发展和执行商业计划的组织，其共同目标是赚取利润。

那么为什么会存在企业呢？[11] 此前，我提到合作具有1+1=3的非零和魔法。通过细分任务和合作，组织可以做成单个人做不到的事，并收获成果。这回答了“为什么我们需要合作”的问题，却没能回答“为什么我们要成立组织”。为什么我们不做自由职业者，只合作完成具体的任务，完成之后就散伙呢？为什么我们要创造更稳定的结构，比如合伙企业或公司呢？

这些充满挑衅的问题是1937年由一个年轻的工业律师罗纳德·科斯（Ronald Coase）在一篇开创性的文章《企业的性质》当中提出的。[12] 科斯的答案虽然简单但很有见地：人们创造组织是为了降低"交易成本"。如果一个盖房子的人和一个木工只需要合作一次完成一个特定的任务，那么他们最好只签一份合同，然后努力合作完成工作。但是如果他们会重复性地合作很多次，扮演多种角色，那么重复性地为每一次任务和角色起草新的合同代价就很高昂了。在这种情况下，他们有一个更省钱的选择，就是在一个组织中建立一种长久的关系，或是作为合作伙伴，或是一方雇用另一方作为员工。总之，科斯说，如果做自由职业者更省钱，人们就会做自由职业者，但如果将人们集中在一个组织中更省钱，他们也会这么做。

我们可以根据进化框架更新科斯的观点：组织不只是一些情况下更省钱的合作机制，它们还可以使人接触商业计划设计空间的部分，而这是仅凭合同无法获得的。简而言之，组织是探索商业计划空间更好的工具，也是创造财富更好的工具，对此有四个原因。

第一是经济学家所称的"不完备合同"的问题。[13] 不论律师有多么聪明，都没有合同可以覆盖所有可能的偶然事件，因为生活总是太复杂。合作越复杂，合同就越有可能不完备。不完备合同的问题将自由职业者限制在了商业计划空间相对简单的部分。

第二是经济学家所说的抢劫问题。[14] 如我们讨论过的，财富的创造需要难以撤销的承诺，这些承诺常常以对特定资产投资的形式出现。和名字暗示的一样，这种资产被设计用来为生产流程做一些特定的事，很少用于其他目的。例如，比萨饼烤箱很适合用来烤比萨，但是烤其他东西就不太实用了。不完备合同的问题意味着自由职业者总是面临一个风险，即合同被解除，有人囤积了昂贵和难以售出的特定资产。其他的自由职业者就可以“劫持”资产的主人，威胁退出，除非他们能在交易中获得更多利益。通过创造对资产的共享所有权，并将参与者的利益关联起来，组织就减少了投资在特定资产中以及作出难以撤销的承诺的风险。

第三是组织为合作提供了一个结构，即便在特定代理改变的情况下合作也能长期存续。有些项目需要很多年才能完成，例如发现、试验以及生产一种新的药品可能需要 10 年甚至更长的时间。而人类个体又会制造不便，比如离职、跳槽、生病甚至死亡。如果每次有人离职，葛兰素史克公司（Glaxo Smith Kline）都不得不解散或者重新开始，那么它就可能一无所成。通过创造允许个人代理参与的合作结构，组织使我们触及了更复杂的商业计划。

第四是组织为集体学习提供了工具。我们习惯于将学习看作个体活动。然而，法国科学家皮埃尔·格拉斯（Pierre Grasse）在 20 世纪 50 年代进行了一列试验后声称，组织也可以学习。[15] 由于人类组织有些复杂，格拉斯在一个更简单的组织形式——白蚁蚁群中进行了试验。白蚁在筑巢时，会先建造柱状的支撑结构并促进通风。令人震惊的是，这些柱子之间的距离均等，高度也相同。假设白蚁不具备太多个体智慧，沟通能力也有限，格拉斯很好奇白蚁是如何学会这么做的。通过仔细观察，格拉斯确信白蚁是通过共同完成作品来学习的。当一只白蚁开始建设一根柱子时，它就在其他白蚁身上启动了“如果 - 那么”的指令，它们就会参与进来。一根柱子的存在又会激活其他的指令，阻止白蚁在特定的区域建造柱子，所以这些柱子之间的距离均等。从本质上来说，白蚁“读取”了植入柱子的信息，并作出了相应的回应。例如，如果一根柱子比较矮，白蚁就会添加更多的土；如果一根柱子比较高，白蚁就会去建造下一根柱子；白蚁会避免在已有柱子的一定的半径范围内建造其他的柱子。格拉斯将这种形式的学习定义为非直接通信。[16]

人类也会做相同的事。我们会合作创造包含植入信息的人造物，并且根据这些人造物中植入的信息来改变自己的行为。例如，一群建筑师正在设计一幢建筑，其中一个人可能修改了蓝图，并把它传给另一位同事做进一步的修改。这位同事再把蓝图交给工程师，工程师又将它拿给了其他人，等等。设计在一种重复性群体学习的过程中被修改完善。蓝图包含了植入的信息，是集体学习的工具。组织中充满了文件、图表和其他人造物，使主体不断变化下的非直接通信学习成为可能。组织在为计划提供仓库或者说集体记忆方面扮演了关键的角色。

学习和适应之间是有区别的，学习是在追求目标的过程中获得知识，而适应是在回应环境带来的选择压时作出改变。虽然适应需要获得知识，学习也可以发生在对环境压力的回应中，但我们会发现区分这两个术语还是有用的。我们将看到，虽然组织通常善于学习，它们在适应中却容易遇到更多的问题。

基于科斯的看法，我们能看到比起由契约自由职业者组成的经济形式，由组织组成的经济形式具有巨大的优势。组织可以使我们到达商业计划设计空间的广泛范围。随着组织方式的进化，我们就能创造越来越复杂的组织，它们反过来又使我们可以发现和执行越来越复杂、创造的财富越来越多的商业计划。[17]

执行与适应

任何经济组织都面临两个基本的挑战：第一，它必须执行现有的商业计划去应对今天的挑战；第二，它必须适应这些计划来应对明天的挑战。

执行与适应是进化系统里任何设计的终极命令。[18] 在热力学第二定律控制的世界中，在当前环境中成功地找到合适的位置是生存下去的必要条件——摄入的卡路里必须多于消耗的卡路里，赚的钱必须多于花的钱。不过，据我们所知，进化系统中战略的保存期限可能很短，所以在环境变化时必须持续地探索新的战略，或者冒险将自己置身于窘境。但是由于执行和适应的过程都需要资源，系统内部自然存在压力。要投资多少资源用于今天的执行，又该投资多少资源用于适应明天呢？在商业组织中，短期内运营的需求和长期投资与创新同样关键的需求之间存在对钱、人和高管时间的持续竞争。

1982 年，汤姆·彼得斯与鲍伯·沃特曼在《追求卓越》一书中关注了这个挑战的管理学意义，他们是率先注意到这个问题的著名管理学作家。[19] 他们认为，组织必须对执行“紧”，对适应“松”。这种辩证法一直以来都是管理学写作的中心议题：柯林斯与波拉斯在《基业长青》中描述了“控制”与“创造”的重要性，迪克·福斯特与莎拉·卡普兰在《创造性破坏》中提出了平衡“运营”与“创新”的需求，迈克尔·塔什曼（Michael Tushman）与查尔斯·奥雷利（Charles O’Reilly）在《创新制胜》（*Winning Through Innovation*）一书中描绘了他们眼中的“二元性”组织。[20] 在学术界，有关这个话题最著名、引用最多的论文是 1991 年由斯坦福大学的詹姆斯·马奇创作的，他使用了两个著名的术语——“探索”与“开发”。[21] 由于每位作者的用语有所差别，这个对立的阴阳主题也就不断出现。不过，正如我们在上一章所见，有证据表明企业普遍更擅长执行，而非适应。

有些人可能会争辩说，这只是事物的自然法则——经济进化在市场层面能更好地操控，组织只应该是执行机器。我们应该让市场去探索，让企业去开发。但是我们必须知道，企业内部的适应性越强，社会就受益越多。适应减少了企业失败和员工失业所带来的损失。当一家企业适应失败时，不妥协对个体生活和当地社区都会产生消极的影响。另外，组织适应能力的匮乏并不只是企业需要关注的问题。许多其他种类的组织，包括非营利组织、政府机构和军队团体，都面临着同样的问题。[22]

现在，我们对于组织是什么以及组织为何存在已经有了了解，接下来来看一下为什么组织在执行与适应之间总是倾向于执行。鉴于组织是复杂适应系统，我们将从三个层面审视它。

1. 个体主体层面。我们的心理模型为何使得个体难以适应？
2. 组织结构层面。层级、复杂的灾难以及资源的配置是如何为适应设置障碍的？
3. 自然涌现层面。企业文化如何在涌现的组织行为中扮演关键的角色？

这三个层面回应了我们定义社会结构时用到的三个元素：行为、结构和文化。实质上，社会结构的目的就是处理这三个层面，打破适应中的障碍，并且使组织在短期运营和长期进化之间达到平衡。

个体：透过玫瑰色的玻璃看世界

一个组织的适应能力某种程度上反映了组织中的个体心理适应的功能。这个问题并非只属于位于顶端的人，还属于层级之中的人——如果只有首席执行官“感受到”改变的需求，其他人都毫无感觉，或者只有年轻的管理者看到了这个需求，而执行委员会的那些老人们却意识不到，那这种感受就是毫无益处的。感受到改变的需求也是充满挑战的。近年来认知科学的研究表明，人倾向于在同一个心理模式下学习。虽然人类擅长在现有的心理模式上增加新的信息，他们却难以在基础的层面改变这些模式。简而言之，我们倾向于画地为牢。

我们来看看个体适应能力低的四个原因：第一，人们倾向于过分乐观，这会减弱对改变需求的感受。第二，人们还倾向于规避损失，使得他们不愿意冒特定的风险。第三，我们对世界的归类以及建构心理模型的方式会阻碍改变。第四，改变的间断均衡论性质更青睐于僵化的领导风格，而非灵活的领导风格。[23]

要改变心理模型，人必须首先觉察到改变的需求。他们必须看到目标，看到当前状况和世界轨迹之间的差距。另外，基础性的改变常常需要人们相信一些不好的事情即将发生，只有改变才能避免。“9·11”事件发生之前的几个月里，美国政府内部对事件的描述告诉了我们之前范例中的心理模型：中央情报局的分析家还处于冷战模式；联邦调查局的特工更擅长对抗犯罪头子，而非恐怖分子；政治家们通过民族国家的棱镜来看世界。[24]尽管基地组织的威胁已经暴露无遗，但直到惨剧发生，人们才在震惊中开始作出必要的适应。人们通常倾向于积极地描绘现实，忽略掉令人不适的事实，只有意外的挫折才能使他们看到现实并不是一切都好。

澳大利亚管理研究生院的研究者丹·洛瓦洛（Dan Lovallo）和普林斯顿大学的诺贝尔奖得主丹尼尔·卡尼曼将这种面对消极事实的乐观称为“妄想乐观”。[25] 他们指出了管理预测和计划中存在的持久的过度乐观。例如，兰德公司的一个针对 44 个化学加工厂建设项目的研究发现，平均而言，加工厂的耗资是预期的两倍，而产出只有预期生产能力的 3/4。在真实世界中，预测常常失误，项目延期、技术效果不如预期、并购没有希望中的成功。过度乐观的倾向是人类内心深处的欲望之一，我们渴望相信自己的能力。洛瓦洛与卡尼曼引用了另一项研究，其中 100 万学生参与了调查，70% 的人认为自己的领导能力超过了平均水平，只有 2% 的人认为自己的领导能力低于平均水平。

造成妄想乐观的原因之一是管理者是因乐观而被选中的。乐观主义者往往也是更易相处的同事，而悲观主义者可能会被认为是不忠的。正如洛瓦洛与卡尼曼所说：“传递坏消息的人更容易被其他同事孤立、躲避和忽视。当悲观的观点被压制，乐观的观点被奖赏，组织的批判性思考能力就会被削弱。”个体员工的乐观倾向会互相加强，对未来的不切实际的乐观会因此被群体确认。[26]

这就意味着距离组织阶梯的顶层越近，我们就会发现越高比例的乐观主义者，这就为适应制造了障碍，因为乐观主义者会比现实主义者更少感受到改变的强烈需求。

洛瓦洛和卡尼曼推荐的解决方式是确保外界的观点和数据能定期被输入组织。例如，如果你想建造一个化工厂，就需要看一看其他 44 个例子的记录。我们可以通过培养现实主义文化来对抗过度乐观主义。杰克·韦尔奇就曾因为在自己的员工中戳破过度乐观的泡沫而令人生厌，他的其中一个观点就是管理者必须“面对现实，看到事实的本来面目，而不是他们所希望的样子”。[27]

个体：适应与规避损失

丹尼尔·卡尼曼还论证了人有另一个妨碍适应的特点——规避损失的倾向。例如，如果你能通过抛硬币决定自己是赢 1 500 美金还是输 1 000 美金，传统经济理性告诉你应该放手一搏，但大量的实验表明，大部分人不会这么做。人们倾向于认为赢1 500美金是“锦上添花”，而输掉1 000美金就是“灾难临头”。对损失给予更多的关注在非金融场合也同样适用，比如有些人在做重要演讲时，更关注的是自己是否看起来像个傻瓜，而不是担心自己所讲述的内容。

规避损失的普遍倾向使得公司在探索时更加谨慎，更关注开发。探索从定义上来说是更加不确定的活动，带有更多的负面风险。还有一个更加微妙的效果是，在判断风险时，比起绝对规模，人们更倾向于关注相对规模。一位首席执行官可能会将一个 1 亿美元的决定视作大赌注，而将 100 万美元的决定视作小菜一碟，并且倾向于不去规避损失。不过，一位中层管理者看待 100 万美元的决定时可能会和首席执行官看待 1 亿美元的决定时一样担忧。这就意味着两种决定都会被以相同的规避损失层级对待。不过从逻辑上说，组织对于 1 亿美元的赌注更应该规避损失。但是对损失 100 万美元的中层管理者的惩罚（比如解雇）对其个人而言与输掉 1 亿美元赌注的首席执行官所承受的痛苦一样消极——实际上，由于绑在金色降落伞里，首席执行官通常都能更稳健地着陆。正如卡尼曼所指出的，这种下赌注方面的相对主义意味着组织常常对下层所投的小额赌注过于谨慎，而对于高层所做的大额赌注则不够重视。

针对小额赌注的规避损失常常出现在试验需求面前。在前一章我们看到，当进化拥有许多小额赌注来试验不同层级的风险时，进化的效果最好。

当公司拒绝小风险组合时，它们就会在战略上陷入困境，最终将所有的筹码都压在大赌注投资和并购之上。减少中低层管理者对小额赌注所负的责任有利于开展更多的试验，发展出更高的适应能力。

个体：经验的代价

在第 6 章，我们介绍了认知科学家约翰·霍兰德和他的同事如何将人类心理模型描绘成了“默认层级”。[28] 概念被组合在层级结构中（例如，小的、蓝色的、嗡嗡叫的东西被归类为“苍蝇”），当我们拥有特定信息时，我们的心理模型就会启动相应法则，而当事情不确定时，我们就会回归默认法则。

默认层级拥有一个巨大的益处，它允许人们在拥有不完整信息时采取行动。而且，它允许人对自己的行动进行微调，以及在获得更多特定信息和经验时进行学习。从不利的一面看，这种结构会使经验成为一把双刃剑。[29] 在年轻、经验不足时，我们的默认层级是比较肤浅的，对世界的看法也更单一。这种思考方式既有优点也有缺点，优点是心理模型很容易改变。我们总是在准备吸收新的经历，也很容易辨认出层级，因为本身要辨认的东西也不多。缺点是我们对设定的情况作出正确回应的可能性更低。于是，社会中对于年轻人头脑适应力更强，但更容易作出不适应的事情的印象并非毫无根据。

随着年龄的增长，我们会获得更多经验，默认层级日益增加，情况就倒过来了。我们的特定经历增多，得到许多关于什么有效、什么无效的反馈，心理模型发展出了高度复杂的种类、互通法则和权值结构，我们变得不再容易将所有事物都视为新事物，反而试图将新知识与旧的经验联系起来，并且将这些经历合并进已有的经验中。当偶尔遇到经验领域之外的事物时，我们不得不创造出一个新的、高层的经验分类或者重新组合已有的分类。随着心理模型变得越来越复杂，这样的大变动就越来越困难。重组一个更老、更有经验的心理模型就像重组通用汽车公司，而重组一个更年轻、经验不那么丰富的模型就像重组一家新的小公司。随着时间的推移，我们的心理模型越来越稳定，需要越来越大的力量将它们撼动。

我们在一生之中都在平衡探索与开发。在形成自己的心理模型并且从环境中获得反馈时，重点在于探索，但最终我们会形成一种确定的规范，重点就转为开发已经发展出的模型。这个论断并非“年龄歧视”，当然也有 20 岁的人守旧古板，也有适应力强的 70 岁老人。但是从广义上来说，我们的心理模型结构是随着时间的推移而改变的，在每一个发展阶段都存在优势和弱点。

在大部分时候，稳定的心理模型在稳定的环境中都如鱼得水。然而，如此前所述，在复杂适应系统中改变的间断特性是有害的设计，它会哄骗我们的模型认知、建立法则的头脑获得稳定感，然后用巨大的改变袭击我们。企业倾向于采用层级化的组织方式，使最有经验的人处于最高的位置。这种安排展现出一种缺陷：处于顶端的心理模型更擅长在稳定的环境中运行，却在探索方面能力不够，对环境变化的适应力较弱。结果可能就是环境变化发生时在组织中形成巨大的惯性。这种心理模型惯性解释了为何情况转变会导致高层管理者大量的变动，换人比转变人的心理模型简单多了。

如果经验心理模型中对改变的抗拒是人类认知的深层特点，我们该如何防备它呢？一个好的起点是位于顶端的人认识到它。经营组织的人必须意识到，虽然他们的智慧可能具有很高的价值，他们对改变和灵活性的敏感性却可能很低。而且，他们的资历可能会吓到资历浅的人，这些人通常对环境中的变化更敏感，并且持有不同的观点。也许针对这种情况最重要的解决方式就是在高层管理团队和董事会中安排不同年龄和资历的人。执行委员会和董事会里全是白发老人可不是好兆头，同样，如果没有白发的人也不是好兆头。但年龄并不是唯一需要具备多样化的因素，经历也是一样——不同的产业、功能背景、国际经历、创业经历、公司经历、非商业经验，等等。高层多样化的心理模型增加了一种可能性：至少有一个心理模型能捕捉环境中的重大变化，应对具有创新性的想法。不过，要使多种心理模型有效协作，高层领导团队必须接受一种非层级文化，欢迎挑战和辩论。一位独裁的首席执行官很容易抵制一个本应充满生气、多元化的管理团队。

个体："僵硬" VS. "灵活"

1980 年英国保守党的年会上，首相玛格丽特·撒切尔全力维护了政府，这是她职业生涯中的著名演讲之一。在经过了充斥着罢工和暴力抗议的"寒冬"之后，撒切尔大胆地拒绝了偏离自身想法的经济改革路线，她声称"对那些正屏气凝神等待最喜爱的'U 型反转'一词的人，我只有一句话要说：你想反转随你便，但铁娘子我绝不会转"。[30] 撒切尔是一位传奇的领袖。对于英国应该如何被领导，铁娘子有着清晰的愿景和意识形态，她很少偏离自己的路线，对批评的声音更是充耳不闻。有人因她意志强大的领袖精神而爱戴她，也有人因她的不敏感和毫不妥协而憎恶她。

与之相反，美国前总统比尔·克林顿则常常被媒体称作"伟大的华夫饼"（Great Waffler）。他常因没有固定的意识形态、愿意妥协、放宽选择以及对民意调查十分在意而备受批评。然而，正是这样对环境敏感的品质使得克林顿在艰难的第一任任期之后又被选为阿肯色州州长，并且于 1994 年中期选举失利后在1996年赢得了第二个总统任期。这些品质还使他在明显分化的国会中推进了一系列备受争议的项目，从福利改革到北美自由贸易协定。一些人爱克林顿的倾听技巧、适应力以及建立共识的能力，另一些人则无法忍受他的搪塞和玩弄手段。

两种典型的领导——铁娘子与克林顿，严厉的发布命令者与灵活的共识建立者，都有各自的优点与缺点，都有各自的伟大成果与巨大失败。这些也是我们自身经历中可能遇到的领导者类型，考虑到严厉与灵活领导风格的存在，我们需要探究的是这些相反的风格是否和严厉与灵活的组织有关。

这是约翰·霍普金斯大学的经济学家约瑟夫·哈林顿（Joseph Harrington）在自己的研究中提出的问题。他首先建立了一个相对简单的模型，描绘了层级化的组织。主体进入层级的底层，基于表现被晋升或解雇，而进入顶层的人最终会在强制退休年龄离开。[31]哈林顿的模型中有两种主体，严格的玛格丽特·撒切尔型和灵活的比尔·克林顿型，层级中的主体必须在每个阶段作出一个决定，选择战略A或战略B。对于外部的环境，A或B都是更好的选择，每个主体的表现部分由他的决定与环境的适合程度决定。

严厉的主体天生就偏向于某一决定，他们常常使用同一种策略，一直坚持A或一直坚持B，不论外界环境如何变化。相反，灵活的主体会考虑环境的需求，根据情况变化选择A或B。

你可能以为灵活的主体每次都会赢，因为他们的决定总是会适应环境的需求。但实际上还有另一个因素在起作用——经验。也就是说，如果一个主体在他一生中曾使用过5次战略A，另一个主体只使用过3次，那么更有经验的主体会做得更好。总体上主体的表现源自使策略适应环境以及经验两方面的作用。哈林顿随即描述了一个决定，即在层级中设置一个特定的主体，比它表现好的主体会被提拔到顶层，比它表现差的主体会被解雇。你认为谁会赢得胜利呢？是严厉者还是灵活者呢？

答案是，这取决于环境如何。如果环境十分随意，在A和B之间来回跳跃、毫无偏好，那么灵活的主体就会赢，并且有可能占据组织的整个上层部分。在这样的环境中，顽固的主体在每一回合都有一半的概率出错，很少能等到积累足够的经验。

然而，如果环境稳定，并且对其中一个战略有所偏好，比如偏向战略B，那么严厉的主体就会赢。原因是严厉的主体在这个例子中使用战略B有高于一般的胜算，比每一回的成败机会均等的主体表现更好。另外，每当严厉者使用偏好的战略（假设是战略B），遇到使用相同战略的灵活者，严厉者会因其具备更丰富的经验获胜——严厉者一直使用战略B，而灵活者只是偶尔使用战略B，即使环境需要战略A，有时严厉者也会存活，因为它每个回合有1/3的概率遇到另一个使用战略B的严厉者，在这种情况下，赢家要么是具有更多经验的、使用战略B的严厉者，要么是平局，要通过抛硬币定胜负。于是，组织的上层就更可能由使用偏好战略、想法一致的严厉者组成。在稳定的环境中，经验很重要——不是所有的严厉者都会进入顶层，但他们往往更容易在层级中上升。

这是个非常简单的模型，但它捕捉到了真实世界中组织的一个动态实质。如果环境偏向于某种战略，频繁使用这种战略的人就更容易升到顶层，打败适应力更强的人。但是，当环境改变时，组织就会充满停滞不前的人。

哈林顿在自己的模型中加入了一剂现实主义。他抛弃了不断在A和B

之间变动的环境，转而使用更像我们所讨论过的改变的间断均衡模式的环境。在间断均衡模式中，战略 A 和战略 B 会成群出现，这样环境就可能在一段时间内保持稳定（例如都是 A），然后经过一段时间的反复无常（例如在战略 A 和战略 B 之间游移），后来又在一段时间内保持为新的模式（例如都是 B）。哈林顿发现，间断均衡模式进一步强化了严厉者对顶层的占据。直观的解释是在长期、稳定的阶段，使用适当战略的严厉者因其丰富的经验拥有一项重要优势，于是他们升到了顶层。在拐点到来之前，一切都十分顺利。然后，之前的严厉者突然无法使用正确的战略，被淘汰出局。在转折过程中，一些灵活者暂时掌控局面，但当环境最终稳定，新一代的严厉者升到顶层，循环重新开始。尽管哈林顿的模型十分简单，但这个模式和许多大公司经历的管理模式改变如出一辙。

哈林顿指出，转变越不频繁、越突然、越严重，严厉者就越能占据主导，当环境开始变化时，情况就越糟糕。在持续的、反复无常的环境中，灵活者做得更好。哈林顿衡量了转变过程中的模型组织的经济实力，发现经济损失的量和组织在稳定阶段试图抓住的灵活者数量有着直接的关系。赶走灵活者，被严厉者占据的组织在稳定阶段可能会表现很好，例如实现盈利目标，但是当拐点到来时，一切都变得糟糕起来。相反，储备了一部分灵活者并且将两种类型的人更好地组合在一起的组织在稳定时期表现不佳、效率更低，但是在转变期却能更平稳过渡。

结构：多少个层级

我们现在将更进一步探讨从个体主体转向组织结构对适应力造成的影响。杰克·韦尔奇曾称这种结构为组织的“硬件”——汇报关系、管理流程以及企业资源配置的设计。[32] 在本书前部分，我们讨论过层级在组织中扮演的有益角色。它使网状结构以一种便捷的形式组织起来，作决定不再需要每个人都与其他所有人沟通，因此避免了复杂的僵局。层级过少的组织会难以改变和适应，因为沟通的密度太高，达成共识的需要减慢了作出决定的速度。第 7 章中有一个标题叫“为层级稍做欢呼”，而不是热烈欢呼。在这个部分，我们将看到，层级在某些时候也会减弱适应力。

斯科特·佩奇（Scott Page）是政治学家，也是密歇根大学复杂系统研究中心的副主任，他研究的问题是：为何组织会进化出不同数量的层级？[33] 为何有些组织是扁平化的，有些则恰恰相反？佩奇假设组织结构与组织解决的问题的性质有关。组织需要解决五花八门的问题，从如何制造一种产品或提供某种服务到如何招聘新人和如何管理公司财务。这些问题的困难程度也大不相同。例如，协调两个人尽力将屋子打扫干净可能相对简单，而协调几千人去建造空客 A380 就比较复杂了。

佩奇提议，经济协调问题的难度可以从两个角度进行分析。一个是它是在解构问题，以便同时解决多个困难。例如，房屋清洁工可能会分工合作，一个人清扫厨房，另一个人清洁浴室。平行任务的困难程度由完成最艰巨的工作所需的时间来衡量，例如打扫厨房可能需要更长时间。第二个是需要连续操作的步骤的数量。例如，在组建 A380 时，工程师需要仔细地确定油箱与控制面板的组装顺序来制造机翼，然后确定整架飞机的组装顺序。所需的步骤越多，找到达到目标所需的正确顺序就越难，耗时就越长。问题中的每一项任务都需要很长时间，又有大量的任务需要谨慎地排序，就算得上一个困难的问题了。

佩奇假定，组织会进化以便匹配它们试图解决的问题的性质和难度。粗略地说，如果问题可以很容易地解构成平行的任务，并且不需要太多排序，那么组织就会倾向于扁平化。如果问题不能轻易解构，并且具有数量众多的步骤，那么组织层级就倾向于窄深型。例如，在律师事务所中，小团队的律师可以同时代理多个客户的案子，团队之间的协调相对较少，所以律所的组织机构相对来说是平的。实际上，大部分大型律所在下级同事与上级合伙人之间只有四到五层。相反，设计和建造一架喷气式飞机则需要谨慎排序，因此，需要许多协调者和管理者以确保组装成功。生产空中客车的公司这样的组织在前线铆接工人与高管之间往往具有许多层级。

层级与困难程度之间的这种关系不仅解释了为何不同行业的组织可能具有完全不同的结构，还向我们展示了组织内部的执行和适应可能需要不同的结构。概括来说就是执行任务包括协调众多复杂的有序和平行的流程，因此需要深层层级。相反，探索活动通常需要扁平组织。战略试验组合通常由一系列小团队组成，在总体组合层面有一些基本的协调，但团队多半以平行和相对自主的方式工作。执行和探索问题的不同性质制造出了天然的矛盾。长于执行的组织具有庞大的深层级，用以解决巨大而复杂的问题，擅长控制、效率和追责。它们并不是被设计用于同时承担许多小任务的，因为这些小任务的重点在于速度、灵活和自主，对于冗余和失败有较高的容忍度。

我们很少看到探索活动从主流的执行层级中有机地产生，这反映了组织结构和问题性质之间的不协调。这也是为何在许多公司中，当发现探索需求时，高管们就会从层级中分出小团队，将它们放在不同的大楼里，并创造出各种臭鼬工厂以追求创新倡议。这种倡议可能非常成功，例如苹果公司的麦金塔电脑就是由一个小型团队自主研发的，这个著名的团队在自己的大楼桅杆上挂上了海盗旗。

从执行层级中分离出来的臭鼬工厂可能是解决失谐的唯一途径，但是这个途径容易掉入两个陷阱。第一，如果所有的探索倡议都由集团中心来操控和赞助，组织会不可避免地只探索适合度地形的有限部分，即高管雷达屏幕上的部分。第二，总有一些问题将这些倡议重新组合进主流组织。当然，如果成功的倡议最终需要扩大，那么重组就是必要的。如果除了集团组合，业务单元也拥有资源和自主权自己进行试验组合，那这两个问题就都比较简单了。这使得公司能更广泛地探索适合度地形，并为成功倡议重组进入组织提供了更自然的途径。

结构：资源和商业计划的共同进化

早在探索与开发之间的矛盾在管理圈爆发之前的 1959 年，伦敦经济学院的一位经济学家伊迪丝·彭罗斯（Edith Penrose）就出版了一本短小但影响力巨大的书——《企业成长理论》（*The Theory of the Growth of the Firm*）。[34] 彭罗斯将企业成长视作寻找和探索的过程，管理团队在环境中寻找新机会，然后利用企业资源来开发这些机会。彭罗斯在书中讨论了企业的物质（例如厂房和设备）和人力（例如管理才能、员工技能）资源，而现代理论家们将她的定义扩展到包括无形但同等重要的资源，例如知识、品牌、名誉和关系。总而言之，管理团队会利用资源来开发机会。[35]

彭罗斯的理论有两层含义。第一，企业的资源由管理团队想开发的特定机会决定。如果管理团队在纳米技术中看到了好机会，就会雇用有纳米技术经验的研究人员，购置制造纳米产品的机器，以及创建自己在纳米技术领域的专业品牌和声誉。第二，企业在特定时间所拥有的资源定义和限制了它的开发能力。例如，如果管理团队正在运营一座鱼类加工厂，而首席执行官某天早晨醒来突然沉迷于纳米技术，那么该企业在开发纳米技术方面就会遇到困难。纳米技术领域也许真的有机会，但是企业的资源（擅长切鱼的工人、装罐机，以及“海味”一类的品牌）决定了企业的机会存在于与鱼类加工相关的事情上，而非纳米技术领域。

我们可以用在第三部分提到的术语中重新阐释彭罗斯的想法。[36] 管理团队运用演绎－探寻来寻找有利可图的商业计划，但搜索仅限于他们认为自己能执行的计划，而这些又由组织的资源现状决定。但是当计划被执行，管理者会改变资源的配置，也因此改变了可能的未来商业计划的空间。这是一个商业计划和企业资源之间持续不断的共同进化圈。

计划和资源的共同进化在组织结构中创造了路径依赖，同时形成了适应的另一重要障碍。一家鱼类加工公司无法轻松地一跃成为纳米技术领域的新星，即使市场对纳米技术公司的奖赏远多于鱼类加工公司。更准确地说，这样的改变不应该发生。如果鱼类加工公司有现金，投资银行家们也很乐意支持它的纳米技术生意，但是鱼类加工管理团队却没有必需的技能和经验来成功地运营纳米技术业务。西屋公司曾经在从工业公司转型为传媒公司时作出过“驴唇不对马嘴”的尝试，结果是显而易见的。

工业和战略中重大的改变可能会成功，但也是一步一个脚印，而非一蹴而就的。在 1990 年的经典论文《企业核心竞争力》（*The Core Competence of the Corporation*）中，普拉哈拉德（C. K. Prahalad）与哈默尔描述了佳能公司是如何基于摄影和平版印刷业务的资源转型做影印机业务的。[37] 这个行动反过来在激光打印机和传真领域创造了机会。这些机会需要公司具备微电子学方面的能力，这反过来又使佳能成为数码摄影领域的佼佼者，同时产出相机和打印机。随着时间的推移，资源和机会可以互相成就。

资源的路径依赖以及商业计划和资源之间的共同进化圈成为另一个抑制

适应力的因素。企业可能很容易就积累了与前进目标不匹配的资源，而重新配置这些资源又要占用更多可利用的时间和金钱。

彭罗斯的理论进一步强调了战略试验组合的必要性。这些组合不仅在组织中创造了更多样的商业计划，它们中的倡议还创造了更多样的资源。启动一项倡议通常需要雇用更多员工、开发新技能、购置资产等。回到微软的例子，为了探索 Windows 和 Unix 系统的潜力，盖茨需要分别雇用这两个领域的人才，包括 Unix 程序员，他还购买了个人电脑已有的 Unix 系统运行的权限。如果市场偏向 Unix，他不仅能从商业计划试验中获得反馈，还拥有了一整套 Unix 的核心资源基础。没有这项试验，微软公司可能会缺乏 Unix 系统的核心专家或资产。

文化：行为法则

我把文化放在框架的顶层是因为它是组织涌现出来的特征。正如此前所述，当我们说艾默生电气公司（Emerson Electric）有绩效导向的文化时，我们就是在陈述成千上万个体的决定和行为涌现出来的结果。[38]

文化是一个模糊的词语，历年来围绕它产生过许多定义。[39] 在这里，我将使用它的一个适用于进化框架的定义，与人类学家罗伯特·博伊德和彼得·理查森的定义相似：

> 文化是一群主体涌现出来的特征，由主体在社会环境中的行动以及互动的行为法则（或准则）决定。文化是在社会中传播和习得的。[40]

简要地说，文化准则就是在社会环境中行动的经验法则。准则是对“应该”的陈述，是关于在特定情况下被社会或组织视作正确、合适的事或被期待完成的事。[41]

我们可以将组织环境中的文化视作一系列同心圆，从广泛遵循的准则到更具体和个体化的准则。最外层的圆代表人类共用的文化准则。人类学家和认知科学家们的研究表明，人类大脑中有一套相对较小系列准则，而这可能是生物进化的产物。[42]例如，谋杀是普遍的禁忌，而所有社会对互惠行为都有奖赏。这些基本准则的特定变化是通过模仿和教授的过程完成的，也就是这样在文化中传播。例如，每个社会对谋杀的定义都是不同的，而我们在第6章也看到，公正的定义在每个社会也不同。[43]

在由外向内的下一个圆中，我们可以看到大量的特定文化准则。这些准则在特定的社会中进化出来，并随着时间的推移在人与人之间传播，由父母传给子女、老师传给学生、老板传给员工以及在好友之间相传，等等。特定文化准则的传播渠道有很多，包括故事、音乐、宗教、文字和媒体。这些准则常常包含各种各样的行为，从性到待客之道，再到如何尊重他人等。当来自不同文化背景的人相互碰撞，这种行为法则就会产生摩擦，而当游客在陌生国家观光时又可以体验到无穷的乐趣。在社会准则的范围内，常常有一些子群和次子群，它们由地理、宗教或其他因素决定，所以我们可以谈论德国文化，也可以谈论巴伐利亚文化或者天主教巴伐利亚文化。

再往里看，我们就能找到组织文化。组织文化常常存在于更广阔的社会文化环境中，更概括地说是人类文化中。包括公司在内的组织会随时间推移发展出自己独特的文化，我们可以将其视作特定组织内的互动法则。例如，一个组织的文化可能允许新人自由发表意见，另一个组织的文化就可能比较专制，要求新人只能服从于上级。或者，在有的公司文化中，承诺是灵活的，不会被严肃对待，而在有的公司文化中，承诺是必须履行的，若未能履行就会产生严重的后果。关键是这些文化是组织特有的，并非普遍的社会特点。例如，索尼与松下电器都具有一些相同的日本特有的文化特点。然而，在这些共有的特点外，你会发现每个公司都有其特殊的行为法则，我们可以认为这个子集就是组织文化。

许多关于公司和管理的书籍在讨论企业文化时会用到价值这个词，而我们应该区分价值和准则。价值是关于相信什么是最重要的论断，比如“我们认为在团队合作中，平等是有价值的”。准则的论断中有“应该”的成分，例如“你在团队中工作时应该采用非层级化的方式”。价值和准则与信条和行为常常成对出现。许多公司会交替使用这两个术语，但我会用准则或文化法则来强调将其转化为个体行为的重要性。

位于最里面的一个圆代表个体准则。每个人都有一套自己信奉的行为法则。松下电器的员工可能都具备共同人类准则、日本准则以及各种各样的松下组织准则，但他们都是个体，每个人的行为都有所差别。要区别特殊准则和组织准则、社会准则或人类准则，就要明确准则适用的范围。例如，一个人年轻时可能认识到个体倡议是被鼓励的，而另一个人可能相信随波逐流才是正解。如果个体倡议在一个社会中是常见的特征，那么我们可以说它是广泛的社会准则；如果它只是偶尔出现在社会中，但在特定的组织中较为普遍，那么它就是一个组织准则；如果这种行为法则只是偶尔出现在组织中，但特定的个体却具备，那它就是一个个体准则。

文化：十条戒律

从某种意义上说，文化对组织表现的影响是显而易见的。如果所有或大部分公司员工行为都以某一种特定方式呈现，那么这种行为就会影响公司的整体表现。更有趣的问题是，哪些行为是令人满意的，哪些不是?

促使公司取得成功的准则一般是这个公司所特有的，比如它所处的行业、它的特定商业计划、竞争环境等。但是，正如托尔斯泰所说，“幸福的家庭都是相似的，不幸的家庭各有各的不幸”。在对表现好和适应力强的公司文化的研究中，我们发现一些规律性的特点，在这里列出 10 条。[44]

这并不是一个标准清单，你一定会争辩清单上的某些条目是否应该存在。其实这份清单只是为了说明众多研究者确定的准则类型。我将这些准则分成了三类，第一类与个体表现相关：“我在独处时应该如何表现？”第二类体现了合作行为：“在与他人交流时，我们应该作何表现？”第三类体现了促进探索和创新的行为。

表现准则

1. 结果导向。竭尽全力、孜孜以求、积极主动、不断进步。
2. 诚实。对他人诚实，对自己诚实，坦坦荡荡，面对现实。
3. 任人唯贤。以价值为基础奖励个体。

合作准则

4. 相互信任。信任同事，相信他们能完成任务。

5. 互惠原则。己所不欲，勿施于人。
6. 共同目标。将组织的利益放在个人利益之上，与所有人同舟共济。

创新准则

7. 非层级。新人可以挑战上级，重要的是想法有无价值，而非出自何人之口。
8. 开放。保持好奇，独辟蹊径，愿意试验，精益求精。
9. 以事实为依据。找到事实，最重要的是事实，而非意见。
10. 挑战。时刻准备竞争，竞争无止境。

这些准则读起来十全十美，很容易获得认同。难的是在大型组织的关系网中贯彻执行，让成百上千、甚至成千上万的来自不同背景、有着不同个性的人遵守。

虽然存在重重困难，但也有一些企业在某些准则方面做到了“言出必行”。强生公司的“信条”十分有名，它由罗伯特·伍德·强生（Robert W. Johnson）于1943年写下，从此成为公司的行动指南。这个信条提出了一个共有的更高目标——“服务病人、医生和护士”（准则6），体现精英主义原则（准则3）和行为伦理原则（准则2）。强生公司的创立者罗伯特·伍德·强生曾声明：“失败是我们最重要的成果”，这表明他乐意试验并承担风险（准则8）。[45]

我曾任职的麦肯锡公司也以强大的公司文化著称。执掌该企业59年的马文·鲍尔（Marvin Bower）于20世纪40年代到50年代创立的一系列准则一直以来都存在于企业新的合伙人的头脑中。[46] 虽然词语发生了改变，但核心概念却被保留了下来。麦肯锡主张全球“一家公司”，这个概念表明了互信和互惠的准则（准则 4 和准则 5）。它还“重视精英”（准则 3），是一家“非层级化的公司”（准则 7）。“对客户产生持续、积极的影响”这一准则赋予了麦肯锡的合作伙伴以共同目标（准则 6）。“不进则退”，不晋升就离职的用人之道则塑造了激烈竞争的绩效文化（准则 1 和准则 10）。

通用电气公司也以竞争、绩效导向著称，公司由“A”选手，“修、关、卖”以及领导 4E（能量、修整、增能和执行）这样的概念来驱动。[47] 杰克·韦尔奇的一句名言就是“无界组织”，直接指向准则 8，他的另一句话“面对现实”指向的是准则 2，肯定“A”想法的概念反映了准则 7。

几乎没有公司可以完全贯彻这十条准则。即便是备受推崇的通用电气公司有时候也无法达成一些合作准则。组织会不可避免地对某些准则进行特定的阐述以及强调不同的方面。关键并不是我所列出的特定准则被刻上石碑，而是我们会发现文化法则如果广泛地在人群中传播，就会对宏观层面产生积极的影响。

文化：内在张力

每一条准则都在执行与适应的故事以及减少组织对结构与流程的依赖中扮演了关键的角色。个体表现准则明显对执行具有重要影响，它们在适应中也扮演着重要角色。如果个体表现准则被深深地植入一个组织，并且成功地驱动个体行为，那么层级与流程则无须过于紧凑和严格就能达成良好的表现。如果层级和集中控制流程不那么紧凑，反过来就使组织拥有了更多用于试验的闲散资源，将责任下放到前线。当个体缺乏准则时，层级就会下压，流程就会变得紧凑，这也许会成功地推进执行，却会损失组织的适应力。

合作准则也对适应和执行具有重要影响。在低信任度、低合作倾向的环境中，人与人之间的互动需要事无巨细的表述，需要遵循无数规则，灵活度较低。在这样的组织中，员工和管理者关系极差，工会需要制定详细的合同，甚至会规定哪个人应该用哪把螺丝刀。而形成信任和合作的准则可以促使人们开动脑筋根据情况作出最好的决策，既创造了更好的业绩，也增加了试验和改进的可能。

个体表现、信任和合作行为的准则对于适应来说都是必要非充分条件，必须有另外的准则促使个体探索并承担责任。另外，必须有准则保护组织中的个体（例如准则 7 和准则 9），并给予他们创新的空间。

将三种类别中的每一类准则集中，它们就能帮助组织减少“硬件”方面的阻碍，用文化“软件”来代替层级和过程。如果广泛采用和实践，这种准则毫无疑问会对大部分组织产生积极的影响。

在现实生活中，大部分组织都没有或者很少践行这些准则。虽然价值和文化可能被写在公司大厅的公告牌或者职员的桌子上，但是在许多公司它们都不是管理者的头等大事。在贯彻这些准则的公司中，文化会通过员工之间的互动有机地进化，很少有高管介入。这样的组织文化一般都混合了各种优点和缺点，例如一些组织可能在个体表现准则方面比较强，但在合作准则方面较弱，或者相反。十条准则之间存在着内在张力，例如强烈的、绩效导向的精英主义和团队合作之间的张力。除非这些张力在高层领导之间被积极地管理，并且被组织的结构强化，准则的一些子集不可避免地会产生影响。实际上，没有强大的领导力，在个体表现、合作和创新之间平衡的一系列准则就无法有机地产生。

创造适应性社会结构

对于为何组织一般无法像市场一样快速或成功地适应，我们已经找到了一些原因。

个体

- ◎ 人类心理模型偏向乐观，限制了我们发现改变需求的能力。
- ◎ 人们天生偏爱规避损失，这使得他们在试验中投资过少。
- ◎ 由于我们的心理模型会在稳定的环境中获得经验，所以它们会在这种环境中更有效，但代价是灵活度会降低。
- ◎ 在稳定的环境中，相对于那些更适合探索和适应的人（灵活者），组织层级更偏爱晋升那些具有执行目前商业模式的技能与经验的人。

结构

- ◎ 执行复杂生产和服务流程的挑战促使组织发展出了深入而密集的层级。这些结构无法很好地适应探索的任务，因为探索需要更扁平、自主的组织结构。
- ◎ 商业计划与资源之间共同进化的关系限制了一家企业可以探索的商业计划的空间，资源的路径依赖限制了一个组织转向新的商业计划所需的能力和速度。

文化

- ◎ 强大的文化准则对于适应力来说是至关重要的，因为它们可以使组织在无须牺牲执行效果的情况下减弱集中式分层控制。
- ◎ 文化准则中存在内在张力，能鼓励个体表现、合作与创新，但这些张力必须由组织的高层领导者积极地管理。

执行与适应看起来是不可调和的一对矛盾，我们在前文中讨论过的基于试验的数据表明，大部分公司更喜欢执行而非适应。通过了解这种分裂的缘由，我们也能给出潜在的解决方案。通过将管理的中心杠杆从组织结构的硬件转变为文化软件，我们就能一一解决这些问题。

粗略地说，经营一家大型组织有两种方式。第一是使用管理层级结构。我们可以定义角色、目标、任务以及步骤，然后通过目标的完成情况来衡量个体和组织的表现，同时进行相应的奖惩。这种结构会降低个体的自由度，将他们的行为限制在组织期望的范围内。这种方式的好处在于可控、可靠与可预料。使用这种结构杠杆可以促使人们做出更多被期望做的事。虽然我在形容层级运用时用了一些不好听的字眼，但它在某些方面还是令人满意的，比如使人们拥有了定义明确的角色、有趣的任务以及能够清楚衡量的成功，尤其是在回报丰厚的情况下。没有这种层级结构，人类现在可能还在山洞里钻木取火。

第二种方式依然需要层级架构，但是在骨架上较少使用命令控制肌肉。组织可以更加依赖于文化而非结构与流程来引导个体行为。文化驱动的组织的首要优势就是文化法则比结构更加灵活。文化法则提供了一般的指引，把“如何完成”这个问题留给了个体。简而言之，它们需要个体开动脑筋。

文化法则可以用来解决我们发现的问题。鼓励人们面对现实、作出基于事实的决定以及经过深思熟虑承担风险这样的文化法则可以抵消过度乐观和规避风险。同样，非层级化的文化可以使新人将说出想法认定为一种义务（麦肯锡称之为“提出异议的义务”），而不仅仅是期望，以此解决高层心理模型的僵化问题。拥抱不同管理风格，同时重视执行与创新技能的文化可以减轻顽固者与灵活者的问题。文化的改变还可以解决青睐执行层级超过试验组合的结构问题。尤其，推进个体表现和合作法则可以使层级结构更松弛，同时避免短期表现的损失，这反过来使得试验的资源和责任被推广到组织内部。

使用倾向于文化引导的管理方式并不意味着要抛弃结构和流程的硬件。相反，正如我们所注意到的，社会结构对两者都需要。它更意味着组织的硬件和软件必须并存并且相互加强。我们可以回过头来问问，如果目标是更好地平衡执行与适应，那么什么样的文化会支持这样的目标？什么样的结构和流程会支持这样的文化？如果一个被期望达成的准则是个人问责，但是对达到目标的人没有奖励，对没能达标的人也没有惩罚，那么准则就只是一句空话。同样，创新与风险承担方面的准则需要预算、人力资源和绩效流程的大力支持。

也许社会结构中最关键的硬件杠杆就是公司的人力资源与培训流程。与和人类的天性作斗争相比，拥有强大文化的公司发现，雇用在文化方面适应的人比在人身上创造适应的文化容易得多。这些公司对于什么样的候选人拥有适合组织的 DNA 有着清晰的认识，他们会在候选人身上积极地寻找这些特质。不过，尽管新人可能具备适合的素质，但拥有强大文化的公司不会假设这些新人会轻松地通过渗透学习公司的文化。相反，这些公司会小心翼翼地设计介绍的流程，将准则介绍给新人，并且在这个人选职业生涯的培训和其他项目中强化这些准则。通过明确地奖励践行准则的人，不奖励甚至惩罚没能践行准则的人，评估和晋升流程进一步强化了文化。从第一次面试到退休的这些流程中，人们在持续不断地接收公司文化中的信息。

高管的行为和沟通在建设和保持文化引导的组织结构中起到了巨大的作用。这是老生常谈了，但也是一个事实，如果高管不以身作则，践行准则，那么其他人也不会这么做。如前所述，文化准则的平衡系统并非有组织地产生的，所以所有拥有强大文化的公司在历史上总有一个时刻，当时的首席执行官扮演了文化总设计师和加强员的角色。这些个体也为公司仔细地设计了一系列期望准则，并保证这些准则被高管团队践行，将准则深深地植入组织，然后创造出保证准则在组织中渗透的机制。随着时间的推移，一旦文化被很好地建立，文化设计与强化就能（而且应该）成为高管团队的集体责任，但是在文化建立与形成的关键时期，首席执行官的个人领导力是无可替代的。

交流也很重要，认知科学告诉我们，大部分公司的变革计划都是落后的。[48] 人类是固执的生物，不会因为老板的言辞、充满鼓舞性话语的演示文稿或标识牌就改变自己的心理模型和行为。公司变革计划需要处理人类认知中喜爱故事、模式识别、情感化以及善于归纳的方面，而非诉诸基于事实、演绎的方面。人们需要在已有的心理模型中受到震撼，看到现实和需求之间亟待弥合的鸿沟。变革计划需要有一个基于事实的论点，但是交流的重点必须放在故事、类推以及模式上，以帮助人们看到问题。大部分变革计划都十分被动，许多交流都是自上而下的。但学习是交互式的，所以变革计划需要让人们亲自克服问题。

许多高管发现话语片段这个想法有点不合口味，将它和政客联系在一起。但是关于人类认知的事实是，我们会记得使用了押韵、比喻、讽刺或者其他技巧的朗朗上口、有节奏感的短语。杰克·韦尔奇是使用话语片段的大师，他用话语片段将行为准则融入通用电气公司的文化中，取得了非常好的效果。[49] 此外，频繁地重复也是关键，这就是为何宗教领袖要每周会见信众，为何政治家们要满脸通红地进行相同主题的政治演说——我们的大脑倾向于通过质量及频率来衡量信息的重要性。

这种管理方式并不轻松，所以也不常见。正如罗伯特·威金斯和蒂姆·罗弗里指出的，拥有适应和重复成功模式的公司只占所有公司数量的 1/100。通用电气、惠普、IBM 、强生、英国石油公司、杜邦、宝洁以及高盛是经常被谈起的少数建设适应性社会结构的公司。[50] 这些公司都不完美，但都拥有持续性的优良表现，它们从逆境中重生，并且在充满变数的环境中存在了很长时间。

心智社会

伊迪丝 · 彭罗斯在她的《企业成长理论》中提到一些问题：是否存在限制企业规模和成长的因素？如果存在的话，包括哪些？[51] 她发现了两个因素，其中第一个是管理复杂性的能力。在某一时刻，组织可能会陷入彭罗斯所说的“太大而无法有效管理”的情况。[52] 然而，这种限制因素的表现一直在进化，如同我们的物理技术与社会技术的进化一样。很明显，用电脑、电话、飞机和现代管理技术要比用信件、信鸽、轮船和 19 世纪的标准工时更容易经营一个全球化组织。有证据表明，随着时间的推移，这个限制变松了，因为财富 500 强公司的平均员工数量几乎增至 3 倍，从 1955 年的约 16 000 人变为 2003 年的将近 48 000 人。[53]

彭罗斯发现的第二个限制因素是知识。一家企业的知识面有多广，它就能增长多快。[54] 知识是进化过程的产物，我们可以说，企业增长的速度受限于进化过程。虽然经济中的组织规模增长了，企业规模和增长率的分布却相对稳定。根据布鲁金斯学会的罗伯特·埃克斯特尔和波士顿大学的吉恩·斯坦利的研究，两者的分布都符合幂定律。[55] 这些幂定律的存在表明，系统中的确存在限制因素。你可以假设，令我们停滞不前的也许正是彭罗斯所说的第二个限制因素。我们的物理技术和社会技术使得组织发展出了协调、控制和执行的能力，远远超过了它们的创新和创造知识的能力。

如果这是事实，那么就意味着我们的操作远未发掘人类的潜力。伟大的认知学家和人工智能研究专家马文·明斯基说，我们所说的“智能”并不是一个单独的东西，而是从多个个体的集体互动中产生的涌现现象。智能的魔力在于当这些部分以特定的方式组织时，它们能作出个体无法完成的事。明斯基称对智能的这种描述可以概括为“心智社会”。[56]

人类组织经历了三个发展阶段。第一个阶段是社会技术的进化，它使得陌生人可以在信任的基础上展开合作。第二个阶段是大规模组织的创造，它能开发催生产业革命的物理技术。也许我们现在正处于第三阶段的初始阶段，刚开始学习如何在大型组织中创造“心智社会”。

大部分组织只利用了它们的人员脑力的一小部分。工业时代产生的层级组织使人类实现了曾经无法想象的大规模合作，并执行无比复杂的商业计划。不过，这些结构内在的僵化最终限制了它们在市场中的进化。通过文化杠杆，公司可以在组织内部创造真正的社会，解放员工的思想。在任何社会中，自由都意味着责任，文化必须支持表现、执行、探索及适应。创造这样的文化是真正的“社会工程”，其中伴随着与这个短语相关的所有风险和不确定性。对于成功的公司来说，最终的奖赏是它们创造出的制度能够在未来持续驱动财富的创造。

17 金融：预期的生态系统

约翰·梅里韦瑟（John Meriwether）是掌管数十亿美元对冲基金的长期资本管理公司（Long-Term Capital）的首席执行官。1998年夏天，他在休假期间接到了一个紧急电话。8月份的世界金融市场犹如不停向前行驶的过山车，亚洲经济体陆续崩塌，美国市场出现大幅波动。到月底，这列过山车彻底脱轨。长期资本管理公司在几天内损失了44亿美元，[1] 梅里韦瑟满含羞耻地被召回康涅狄格州的格林威治（Greenwich），开始实施紧急救助计划。

诺贝尔奖溃败

人们会记住1998年的夏天，这一时间节点标志着旧的金融理论时代的结束，新的理论时代的开始。1987年股市暴跌撼动了象牙塔的根基，1998年的一系列事件使得股市彻底崩盘。市场的波动令人难以置信，由此及彼、接连崩溃，人们对于风险的认知突然发生变化，传统经济学始料未及，几乎无法解释此类现象。这一切也极具讽刺意味：长期资本管理公司的投资策略的主要设计者也是两位现代金融理论之父——罗伯特·默顿（Robert Merton）和迈伦·斯科尔斯（Myron Scholes），他们也是诺贝尔经济学奖获得者。正如长期资本管理公司溃败后的第二天默顿指出的，“根据我们的模型推测，不可能出现这种情况”，然而它确实发生了，而且还刊登在了《华尔街日报》的头版。[2]

新近发生的种种事件只会引发人们对传统经济学中的金融理论更多的质疑。传统经济学整齐、理性、均衡的世界中并不存在股市泡沫。然而，在1997年至2000年的牛市期间，美国金融市场中的美元价值增加了超过12.7万亿美元，然后在世纪末的巨大崩盘中，10.8万亿美元迅速蒸发。人们再也无法忽略现实世界和教科书之间的差距了。

经济学领域中只有极少数学科的理论和方程式直接来自学术界并应用于现实世界，而金融学正是其中之一。投资者、银行、企业经理和政府决策者都在大量使用传统金融工具。以金融学为基础进行决策的包括数十亿美元的交易、两家公司是否合并以及中央银行如何设定利率。因此，任何对传统金融理论错误的指控都有着重要影响力。

金融理论独一无二的原因是它是经济学领域进行实证分析最多的理论。金融经济学家拥有丰富的资源——每分每秒进行的成千上万宗资产交易数据。他们也很幸运，因为金融市场已经运行了很久，并保持着良好的记录，经济学家不仅可以随时查看数据，还可以查看数十年的历史数据。不幸的是，所有这些数据都不符合传统理论。

被遗忘的法国人和积满灰尘的图书馆

1900 年，法国索邦大学（Sorbonne）一位年轻的数学系研究生路易·巴舍利耶（Louis Bachelier）完成了一篇题为《投机理论》（*The Theory of Speculation*）的论文。[3] 他在论文中提出了股票价格随机游走理论。正如本书前面所描述的那样，随机游走是指某个事物在每个时间增量上以随机方向移动随机距离。巴舍利耶的理论根本的含义是，随着时间的推移，股票价格的变动路径和醉汉在巴黎街头游荡一样，并没有什么规律可循。不幸的是，巴舍利耶并没有说服论文审查委员会的老师们，接下来的 60 年里，他的理论没有引起任何注意。[4]

随后，1954 年，一位名叫吉米·萨维奇（Jimmie Savage）的统计学家在芝加哥大学图书馆里查找资料，刚好发现了路易·巴舍利耶在 1914 年写的一本小书。萨维奇被这本积满灰尘的书深深吸引，于是给颇具传奇色彩的经济学家保罗·萨缪尔森写了一封信。萨缪尔森从索邦大学获得了巴舍利耶的论文副本，在萨缪尔森的影响下，随机游走理论成为传统金融理论的基石。

在萨缪尔森重提巴舍利耶的理论之后的 30 年里，包括萨缪尔森、保罗·库特纳（Paul Cootner）、哈里·马科维茨（Harry Markowitz）、詹姆斯·托宾（James Tobin）、弗兰科·莫迪利安尼（Franco Modigliani）、默顿·米勒（Merton Miller）、费希尔·布莱克（Fisher Black）、迈伦·斯科尔斯、尤金·法马（Eugene Fama）、威廉·夏普（William Sharpe）和罗伯特·默顿在内的一众经济学家进一步发展了传统金融学的主要观点。1973 年，普林斯顿大学一位名为伯顿·马尔基尔（Burton Malkiel）的教授出版了《漫步华尔街》（*A Random Walk Down Wall Street*）一书，这本书完整地总结了这一时代的研究，并向华尔街专业人士和个人投资者推广了这些研究。[5] 这本书后来成为畅销书和工商管理学硕士课程的固定读物，整整一代交易者和投资者在被遗忘了的法国人提出的观点下逐渐成长起来。

教科书上挑选股票的方法

根据传统金融理论，对股票或其他任何金融工具进行估值时，应该看投资者未来从股票中获得的现金流。[6]假设一家名为可预测公司的公司需要支付股票的股息，而我们有一个水晶球，可以完美地预测该公司在未来 5 年内每年支付 10 美元的股息。水晶球还告诉我们，在第 6 年，诺贝尔公司将以每股 100 美元的价格接管可预测公司。通过持有该公司的一部分股票，诺贝尔公司 5 年间每年将收到 10 美元的股息，相当于 50 美元，加上第 6 年的 100 美元，总计 150 美元（不考虑税收）。因此，可预测公司未来每股的价值是 150 美元。然而，众所周知，当今一美元的价值比未来一美元的价值要高。如果只是为了在 6 年内收回 150 美元，人们当前就不会以 150 美元的价格购买该股票。人们希望钱能够获得回报，而回报取决于投资的风险以及替代方案如何。

现在想象一下，假如你没有水晶球，只是期待可预测公司能够按照刚刚概述的方式运转。你已经阅读了公司的所有报告，分析了公司在市场中的地位，并且利用所有的公开信息来作出决定。但是，虽然你希望可预测公司以某种方式帮你赚更多，但你也知道它可能变得更糟，也可能变得更好。同时，你也可以将资金放到拥有政府担保，几乎没有风险的计息银行账户中，而不是投放到面临相关风险的可预测公司中。因此，假设你认为可预测公司的风险太大，需要获得 10%的回报才值得出手。如果是这种情况，那么当前你只愿意支付 94 美元，以便一段时间后可以收回 150 美元，这样的投资可以让你获得 10%的回报。[7]当投资者认为当前美元价值超过未来美元的价值时，这种想法被称为贴现（discounting），贴现金额取决于投资者认为其正在承担的风险水平。

在传统金融理论中，所有投资者都是理性的，并按照理性行事。他们会针对特定股票搜集所有可用的信息，形成一套对通过持有投资以期在未来获得现金流的预期，评估风险以得出贴现率，然后计算当前股票的价值。因此，在给定时刻，股票的价格反映了股票中所有的可用信息，以及每个人基于该信息的预期。假设你预计可预测公司会增长，其股息每年会从 10 美元上涨至 11 美元、12 美元、13 美元或 14 美元。那么当前你就会愿意支付 101 美元，而非 94 美元，来获得 10%的回报。因此，预计某只股票会上涨的投资者其实已经将这种预期纳入了当前的价格之中。同样，预计未来股息将下降也会导致估值下降。同样，对投资风险的看法发生变化也会引起贴现率发生变化，投资人对股票赋予的价值也会随之发生改变。

一旦掌握了所有可用的信息并计算出愿意支付的价格，从理论上讲，你就不会改变出手价格了，除非有新的信息出现，改变你对未来的预期。因此，如果你听说可预测公司另一个股利支付为 10 美元时，这正符合你的预期，你会继续在该股票上投入 94 美元。但是如果情况相反，你得到消息称可预测公司正在增加股息，这让你始料未及，那么你的估值就会有一定幅度的上涨。

到目前为止，我们已经描述了传统金融理论中个人投资者作出决定的过程，接下来要考虑当若干投资者进行交易时会发生什么。每个人都会以不同的方式来解释信息。乐观的投资者也许会预期可预测公司的估值为 101 美元，而悲观的投资者可能会将其估值为 87 美元。乐观主义者愿意以最高 101 美元的价格购买股票，而悲观主义者愿意以最低 87 美元的价格出售股票。因此，两者就有可能进行交易。现在，市场上很多人都打着自己的算盘，也持有不同的股票，因此我们可以举行拍卖，让所有人进行交易，实质上也是自行分类，让悲观主义者向乐观主义者出售股票。在某些时候，所有的投资者都会以他们想要的价格持有想要的股票，这时他们将不再有任何交易的动机。在这一节点上，每个人都很满意，没有人想再进行交易，市场处于均衡状态。拍卖师此时设定的价格就是市场价格。实际上，市场价格代表市场中所有的预期和信息达成的共识。

在这个故事中，市场应该只是以市场价格处于均衡状态，直到新的信息进入为止。我们可以想象每个人都在敲手指、打哈欠，并在交易大厅里闲逛。随后新消息出现了，可预测公司刚刚收到了一大笔意外的产品订单。听到这一消息，每个人都开始躁动不安，都试图尽可能多地分析这一消息。投资者更新了他们对可预测公司未来现金流和风险的预期，并提出新的估值，从而引发新一轮的交易。交易时刻都在进行，直到每个人都十分满意为止；然后，市场达到均衡并回归安静模式，直到下一条消息闪现。

正是市场消化信息的效率引起了价格以随机游走的形式浮动。如果每个人都在吸收所有可用的信息并正确地进行计算，那么唯一会导致可预测公司股票价格浮动的因素就是新消息。由于传统经济学假设新消息的出现是随机事件，并且没人知道它是好消息还是坏消息，因此价格会随着消息的风吹草动而随机变动。但是，由于工业化世界的经济平均每年增长几个百分点，因此经济学家在模拟消息的随机性时，会偏向使用好消息。虽然不了解可预测公司的任何其他事项，但是公司在整体经济增长中是受益的，因此可以预计好消息比坏消息多一点，这被称为带漂移项的随机游走过程（random walk with drift）。虽然股票市场是随机游走的，但平均来看，随着时间的推移，股票价格仍会上涨。

拉斯维加斯、丘吉尔园马场和华尔街

随机游走假说的一个重要含义是过去股票价格变动中的信息无用。过去股票的涨跌情况不会影响未来的股票涨跌——再次强调，促使价格发生变动的唯一因素就是随机的消息。如果过去的价格变动有任何模式，理性投资者就会发现，这些模式会提供有用的信息，投资者在设定估值时就会运用这些信息。然后，他们利用模式从市场中套利，市场再次变得随机。

此外，理性投资者和套利的结合意味着打败市场并产生比整个市场更高的回报是不可能的，这被称为有效市场假说（efficient-markets hypothesis）。这一理论早期的构建者、芝加哥大学的尤金·法马指出，如果价格“完全反映”所有可用和相关的信息，那么可以称其为有效市场。[8] 这意味着如果每个人都使用相同的公式来计算价格，并且可以获得相同的信息，那么价格将反映出这一点。既然无法比完全理性更聪明，那么只有拥有其他人没有的信息时，人们才能提出更好地反映股票“真实”价值的价格。现代市场中对发布和使用信息有着特别的管理，以防止公司职员或其朋友和家人等“内部人员”进行不公平的交易。当新的信息到达市场时，无论是公司的收益报告还是政府的经济统计数据，全天候的新闻报道以及互联网的普及实际上保证了每个人都能同时获得信息。有效市场的含义是没有办法获得优势并系统地击败市场。正如保罗·萨缪尔森曾经说过的，“在拉斯维加斯、丘吉尔园马场或是地方的美林证券公司，要想致富是很难的”。[9]

在这一点上，你可能会说，沃伦·巴菲特不就成功了吗？难道没有聪明的投资者和愚蠢的投资者之分吗？传统的金融理论家会回答说，是的，有这种差异，但正是聪明的投资者设定了市场价格。市场中有两种投资者：一种是像沃伦·巴菲特一样精明的投资者，他们搜索所有最新的信息，并且运用智慧完美地分析信息；一种是平庸的投资者，他们根据出租车司机和调酒师的提示购买股票。当他们凑到一起进行交易时，精明的投资者会与平庸的投资者进行买卖，利用后者的无知，直到市场价格与精明投资者给出的价格相当并且各方停止交易为止。平庸的投资者会损失钱财，精明的投资者会大捞一笔，因此，随着时间的推移，精明的投资者掌控的资本金额将会增加，而平庸的投资者的资本将缩减，大部分资金留在了精明的投资者手中。[10] 在真实世界的市场中，大部分资本都在养老基金、共同基金和其他专业投资者的控制之下，通常正是这些投资者进行的交易决定了价格。

平庸的人可能没有机会与职业选手对抗，但是随着时间的流逝，共同基金广告里的图表怎么样了呢？这些共同基金的广告总是展示那些回报高于市场平均值及竞争对手的特定基金。根据传统经济学家的说法，可能有两种解释。第一种解释是该基金承担的风险高于市场平均水平。在有效的市场中，人们可以获得比市场平均水平更高的回报，但是天下没有免费的午餐，人们付出的代价就是更高的风险。因此，在调整风险的基础上，人们仍然无法打败市场。第二种解释是运气。正如与“优秀”公司同行，如果在一定时期内拍摄一组共同基金的快照，就不可避免地会发现一些“优秀”的共同基金，就像一群人在屋子里掷硬币，总会出现许多硬币正面朝上的情况。正如马尔基尔在 1973 年出版的书《漫步华尔街》中所指出的那样，一些研究表明，随着时间的推移，在平均情况下，共同基金和专业投资者没有在具有统计意义并基于风险调整基础上超出如标准普尔 500 一类的广泛市场指数。事实上，他们中的大多数都在追随指数。[11]

传统金融将其理念发展成了严谨而有说服力的理论，这些理论可以一路将我们从个人投资者的行为一直带到全球市场的运作之中。传统金融理论在很多方面都是传统经济学中优雅和高度发达的分支之一。

然而，在过去的 20 年里，现实对这一理论并不友好。正如本章开头所指出的那样，诸如 1987 年的崩盘和 20 世纪 90 年代的技术泡沫等事件已经极大地挑战了传统金融理论。但也许更重要的是，使用先进的统计工具进行实证工作的新一代经济学家已经在质疑该理论的核心原则。从这项工作的有利的角度来看，该理论充其量只是在某些情况下大致适宜；在最坏的情况下，我们可以说理论太简单而且是错的。为了切入问题的核心，我们需要明确三个显著的事实：

◎ 第一，大量的实证和实验证据表明，现实世界的投资者看起来并不像理论中描述的是完全理性的。[12] 投资者不会像传统理论所假设的那样贴现，他们对风险存有各种偏见，在处理信息时会出现框架错误，并且会摸索着作出决策。正如第 6 章已经概述过的，这并不意味着投资者是非理性的或仅仅说是根据情感作出决定。相反，他们是“有限理性”和归纳理性的，而不是完全理性和演绎理性的。可以这么说，30 年的工作毫无疑问地表明，完全理性没有体现出经济现实。

◎ 第二，巴舍利耶错了，市场并不是随机游走的。通过审视拥有较大结构的市场数据我们发现，它们具有复杂适应系统的所有典型特征。

◎ 第三，在传统经济学意义上，金融市场并不高效，但正如我们将要看到的，从进化的意义上来看，金融市场的效率非常高。

棉花价格、肥尾与分形

首先，为了理解传统理论出错的地方以及金融市场究竟是什么样的，我们需要回到20世纪60年代IBM公司位于纽约约克城高地（Yorktown Heights）的大型研究中心。当时，其中正崭露头角的明星之一便是在波兰出生、在法国接受教育的数学家贝努瓦·曼德尔布罗特。[13] 他年轻的时候就是个叛逆的人。虽然法国数学界对布尔巴基学派（Bourbakist）的纯粹逻辑着迷，曼德尔布罗特却对几何学这一较冷门的学科感兴趣，通常会首先选择绘制数据图片而非书写公式。

1960年，曼德尔布罗特在哈佛大学做演讲，当时黑板上的一张图片吸引了他的目光。这张图片是经济学教授亨德里克·霍撒克（Hendrik Houthakker）收集的棉花价格数据图。亨德里克一直在绘制棉花价格的每日变化图，并试图将数据拟合成高斯钟形曲线。按照随机游走假设所说，亨德里克应该能达到目的，但是他无法获得适合的数据。然而，曼德尔布罗特认为他发现了那些数据正在创建的模式，他把亨德里克的数据输入一个装有计算机（旧时数据编码中用的）穿孔卡的盒子里，带回了约克敦海茨。1963年，曼德尔布罗特在题为《特定投机价格的波动》的论文中公布了他的分析结果。他通过四个步骤瓦解了随机游走假说：（1）与钟形曲线相比，数据分布的厚尾特点非常明显。换句话说，价格波动比随机游走预测得更为极端。（2）极端事件非常极端，大部分的差异都受到少数猛烈的价格变动的影响；（3）价格变动似乎在时间上出现了一些聚集，换句话说，出现了一种间断均衡的模式。（4）与随机游走预测不同，描述数据的统计信息并不是静止的，而是随时间变化而变化的。[14]

曼德尔布罗特不仅否定了随机游走假说，还提出了另一种假说。他指出棉花价格分布的尾部遵循幂定律。[15]曼德尔布罗特的提议完整地解释了数据的肥尾和极端波动，所有这些特征都是随机游走假说无法解释的。在后来的工作中，曼德尔布罗特将金融市场价格描述为“分形几何”（fractal geometry）——不仅在金融数据中有这样的结构，这些结构还出现在从数分钟到数个月内的多个时间尺度上，就像因曼德尔布罗特而备受关注的分形图像的模式一样。[16]

1963 年，曼德尔布罗特的论文发表，一石激起千层浪。随机游走假说的主要倡导者保罗·库特纳说：“要想推翻几个世纪以来的努力成果，我们首先得鉴别并确保曾经的努力是否真的一文不值。”[17]随后人们围绕曼德尔布罗特的论文展开了辩论，芝加哥大学的尤金·法马对此文进行了深度的批判。[18]但在 1967 年发表的另一篇论文中，曼德尔布罗特回应了批评者们，并用包括小麦价格、铁路公司股票、利率和汇率的额外数据证实了他的结论。[19]最终，辩论逐渐平息，经济学家们转向了其他话题。曼德尔布罗特是一个外行，是 IBM 公司的数学家，而不是经济学家。随机游走假说体现的是传统理论的力量，而在当时，没有其他理论支持曼德尔布罗特的结论。直到 20 年后，才出现了复杂适应系统以及理解该系统的工具。经济学家把曼德尔布罗特的论文视为“令人感到不适的异常现象”。曼德尔布罗特的论文同巴舍利耶早期的工作一样被遗忘了，等待着新一代研究人员重新发现。

华尔街的非随机漫步

1986 年，麻省理工学院的一名叫罗闻全的年轻教授和他的合作者、沃顿商学院的克雷格·麦金利，向一场庄严的金融学者会议提交了一份论文。两人在论文中宣称，他们已经证明股票价格并不是随机游走的。他们在 1999 年出版的《华尔街的非随机漫步》（*A Non-Random Walk Down Wall*

Street）一书中描述了人们的震惊反应。[20] 当他们继续探讨这一话题时，一位资深的经济学家言之凿凿地声称不可能出现这样的结果，还争辩着说他们一定犯了计算机编程方面的错误。

但在接下来的几年里，人们发现两人采用的程序合理，结论有理有据。与曼德尔布罗特不同，罗闻全和麦金利是金融领域的行家，他们在研究中使用的是传统金融研究的主流技术。在两人发表论文之前，随机游走假说的统计测试已经进行了几十年，但测试的重点是是否可以根据过往的股票价格预测未来股票的价格。[21] 测试结果是否定的，但正如罗闻全和麦金利指出的那样，虽然测试结果与随机游走假说一致，却不能证明这一假说是正确的。他们提出了一个略有不同的问题：数据中存在的任何模式或规律是否会以统计意义的方式偏离纯粹的随机模式？[22] 而人们是否可以使用任何此类模式来赚钱是另外一回事。两人发现了两种能够否定随机游走的模式，这两种模式都符合曼德尔布罗特的发现。首先，他们发现价格和时间之间存在相关性；其次，市场价格的变化与随机游走假说所描述的不同。[23]

在接下来的 10 年中，罗闻全和麦金利大部分时间都在回应各种针对他们的研究结果的批判，并进一步寻找证据来支持研究结果。此外，其他研究人员也配备了越来越强大的计算机和统计工具，开始探索世界各地金融市场数据中各种有趣的模式，[24] 随机游走假说迅速消亡。到 2000 年《华尔街的非随机漫步》第七版发布时，作者伯顿·马尔基尔也不得不承认实际上市场并不是随机游走的。

来自经济物理学家的攻击

正当罗闻全和麦金利从行内人的角度攻击传统金融理论的基础时，另一组研究人员开始从外部进行攻击。1989 年 11 月 9 日，柏林墙倒塌，突然间，所有人都在谈论国防开支的重大削减和“和平红利”。对于在洛斯阿拉莫斯（Los Alamos）和桑迪亚（Sandia）等美国国家武器实验室工作的数千名物理学家和数学家来说，“和平红利”却意味着失业。在世界的另一端，苏联的世界级科学家也面临失业。同时，蓬勃发展的华尔街也急需训练有素的数学家。很快，需求和供给得到了匹配，世界各地的大量火箭科学家开始在高盛、摩根士丹利和各种秘密的对冲基金就职。科学家之间的竞争依然激烈，只不过竞争的重点从炸毁世界转为价格衍生品。

起初，物理学家只是简单地消化了别人给他们的财务教科书，并开始研究计算机模型找方法赚钱。许多人都注意到了他们所看到的现实数据与教科书之间的差异。与此同时，混沌理论、非线性动力学和复杂性理论在物理学领域取得了突破性的进展。终于，物理学家转向这些理论寻求答案，而金融和复杂性理论最终相遇。很快，传统物理科学期刊，如《物理评论快报》（*Physical Review Letters*）和《自然》杂志中印满了由“经济物理学家”撰写的金融文章。[25] 到 20 世纪 90 年代，基于曼德尔布罗特的主张，尤金·斯坦利（Eugene Stanley）、琼·菲利普·布沙尔（Jean Phillippe Bouchard）、尼尔·约翰逊（Neil Johnson）、罗萨里奥·曼特尼亚（Rosario Mantegna）和迪迪埃·索内特（Didier Sornette）再次活跃起来，并开始用波动、肥尾的股票市场这一视角对抗传统金融学，这与教科书的视角截然不同。[26]

多因·法默正是一位从武器实验室转型进入华尔街的物理学家。法默是原圣塔菲研究所经济学研讨会的成员，本书第 8 章回顾了他关于幂定律和股票市场的一些研究。1991 年，法默辞去了洛斯阿拉莫斯国家实验室复杂系统小组负责人的工作，与他的老朋友物理学家诺曼·帕卡德（Norman Packard）创建了预言公司（Prediction Company）。新公司的使命是将最新的物理理念应用于金融市场。作为物理界的知名人物，法默不仅因其在复杂系统中的开创性工作而享有盛誉，年轻时他还尝试将物理知识用于轮盘赌来决胜拉斯维加斯。他和包括帕卡德在内的几个同伴，将轮盘赌的非线性模型写入了小型计算机，又把小型计算机装进鞋子里，然后出发前往赌场。他们并没有赚到预期的数百万美元，但最终大获全胜，因此引发内华达州颁布禁止计算机辅助赌博的法律。预言公司就像“鞋子里的电脑”，是法默和帕卡德用来在世界上最大的赌场——华尔街放手一搏的工具。法默在其后的 8 年中在真实世界的市场工作，并与包括瑞士联合银行（United Bank of Switzerland）在内的客户进行交易。后来，法默决定回到学术界和圣塔菲研究所，将其所学应用于理论世界。[27]

市场是不断进化的生态系统

传统金融学的一个基本主张是市场中的任何模式或信号都会被警惕和贪婪的投资者用来套利。如前所述，传统金融学假设所有投资者都可以获得相同的信息，如果股票价格存在任何模式，投资者将会发现这些模式，并在定价决策中将其考虑在内，从而推动市场回归随机游走。然而，法默发现传统经济学中对于套利的定义受到第 3 章提到的 20 美元钞票问题的困扰。传统金融学中的均衡框架导致经济学家忘记了时间，也忘记了市场是动态系统。法默和他在预言公司的同事发现，他们可以在市场数据中发现有统计意义的信号（见图 17-1）。[28] 这些“信号”包括复杂的模式和预测未来股价的各种因素之间的关系，例如利率、交易量——由于这些信号是私有的，他们并没有详细披露其组成部分。传统理论认为，任何此类信号一经发现，会被立刻用于套利。但法默和他的团队发现，这些信号会持续一段时间，通常为数天或数月，有时甚至持续长达 10 年（见图 17-1a）。随着交易者发现并利用这些信号，他们常常会看到信号随着时间的推移而减弱。但他们还发现，市场的复杂非线性动态意味着即使旧信号由于套利而消失，新信号也在不断被创造（见图 17-1b）。

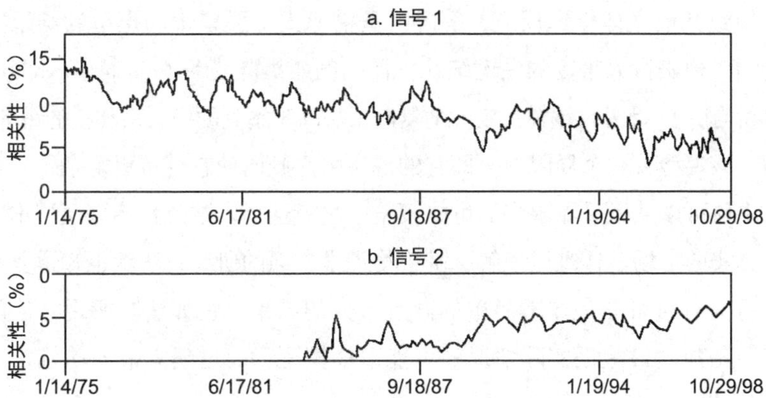

图 17-1 信号出现并消失：1975—1998 年两种私有预测信号的强度

资料来源：法默（2001 年）。

法默从交易经验和研究中获得的重要信息是，市场形成了一种不断进化的生态系统。市场上有各种各样的交易者和投资者，他们都有不同的心智模式和策略。随着时间的推移，这些主体会相互影响，不断地学习和调整策略。可以说人们一路在所有可能的投资策略库中跌跌撞撞地寻找方向。这些主体复杂的互动，不断变化的策略，随着时间的推移出现的新信息都会催生或者消灭模式及交易机会。

圣塔菲研究所的布莱恩·阿瑟曾诗意地称市场为“预期的生态系统”来描述主体与其策略之间的相互影响。[29] 在第 6 章中，我们讨论了由阿瑟、约翰·霍兰德及其同事建立的圣塔菲人工股票市场模型。[30] 他们用于替代传统金融学完全理性的方案便是投资者具有“归纳理性”。[31] 在圣塔菲人工股票市场模型中，主体参与了一个进化搜索，寻找有利可图的策略。关于哪种策略会在特定时间取得成功取决于市场中其他主体使用的策略。随着一种动态被创造出来，其中特定的策略组合将在市场中创建模式或结构，它们会在其他主体寻求利用这些策略时改变其他主体的行为，这会进一步促生其他模式，导致其他主体作出反应，等等。圣塔菲人工股票市场模型的结果很好地复制了现实世界市场的关键统计特征，例如集群波动（clustered volatility，即间断均衡）。此外，该模型定性地复制了法默观察到的模式来和去的情形。[32]然而，该模型有一个局限性，即它的现实主义倾向使它变得更复杂了。事实上，主体可以从近乎无限多的可能策略中进行选择，这意味着该模型本身几乎与真实的市场一样难以理解。基于物理学方面的研究，法默也知道复杂的宏观行为有时可能是非常简单的微观行为的结果。正如法默所说，他的目标“不是建立最接近实际情况的可能市场模型，而是建立最简单且合理的模型”。[33]

根据真实市场中的交易经验，法默开始研究一种新的、更简单的模型。[34]他并没有让每个主体拥有“个性化”行为，而是假设市场上只有三种类型的投资者。[35]第一类是价值投资者，他们通过查看公司的收益、增长、竞争地位等信息信号，基于所谓的基本面买入或卖出股票。实际上，价值投资者正是按照传统理论的设定行事的。

第二类是技术交易者。这些投资者不考虑基本面，而是考虑过去的价格和交易量来确定策略。例如，他们可能会看到一只股票的价格开始上涨，然后买入，赶上涨潮。传统理论认为，这些投资者永远都不可能获利，因为如果市场随机游走，过去的价格其实没有任何意义。然而，正如法默指出的那样，现实世界充满了运用技术或混合技术价值策略进行交易的人，因此，重要的是看这组投资者可能对市场产生什么影响。

法默随后增加了第三种主体，即流动交易者。例如，这种人可能会购买房子并出售一堆股票以获得首付金。这样的交易者不卖出股票，因为他们认为股票价格被高估或低估了，他们只需要流动资金。

随后，法默在他的人工股票市场中放入了一名终极主体。该主体不是交易者，却发挥了关键作用：做市商。大多数传统的金融模型都预先假定现实世界股票市场如何运作的制度细节并不重要，价格是由瓦尔拉斯拍卖会设定的。[36] 正如前文所述，瓦尔拉斯引入了标准的传统假设，即像神一样的拍卖师能够匹配买家和卖家以设定价格。瓦尔拉斯关于拍卖商的灵感来自 19 世纪末的巴黎证券交易所（Paris Bourse），而大多数现代金融市场很久以前就从瓦尔拉斯的拍卖会过渡过来了，它们现在采用的是连续的双向拍卖方式（continuous double auctions，连续是因为拍卖在市场开放的整个时间段运行，双向拍卖是因为交易者可以买入和卖出）。正如我们之前看到的，法默和他的同事们已经证明，市场的制度细节确实在市场动态中发挥了重要作用，尤其是产生波动的幂定律分布。与真实世界的市场相比，虽然这个特定模型中的做市商仍然是简化后的版本，但仍然比典型的传统模型更接近现实，因为它使用的是连续的双向拍卖方式，而不是瓦尔拉斯式的拍卖。这点很重要，因为这样可以确保将交易的时间动态和大订单的价格影响考虑在内，而瓦尔拉斯拍卖方式则假设一切都是同时发生的。

价格不等于价值

最初，法默创造了一个只有一个基本主体和做市商的市场。随后他进一步简化市场，方式是假设基本的主体始终能够确切地了解股票真实、完全的理性价值。为向传统金融学致敬，法默也假设真正的价值是随机游走的。然后他给基本主体设定了一个简单的交易规则：如果股票的价格低于基本价值，买入；如果股票的价格高于基本价值，卖出。而法默的期望是，这个简单的设置拥有一个完全理性的主体和完美的信息，会复制传统金融学中达到均衡的条件，同样，市场价格将追踪真实价值并随机游走。

然而事实并非如此（见图 17-2），股票价格与其价值大致相当，但也并不完全匹配。主要的原因是存在时间延迟，同我们在第 5 章动态系统的讨论中检验的时间延迟性质一样。这里可以回想一下淋浴器的例子，旋转旋钮和水温变化之间存在延迟——首先你会在理想温度附近摆动，然后找到合适的范围，最后摆动幅度变得越来越小，直到达到目标温度。我们假设并不存在恒定的理想温度，理想温度会随机波动。在这种情况下，摆动永远不会完全消失。此外，当理想温度大幅上升或大幅下降时，你和理想温度的差距变得更大，就需要不断地追赶它。最终，你会赶上它，甚至稍微超过它。因此，随着时间的流逝，淋浴器的实际温度将大致追随理想温度的随机游走路线，但并不完全匹配。你在淋浴时的体验看起来就像图 17-2 中展示的情况。在法默的人工股票市场模型中，交易者的行为和做市商的反应之间存在着短时间的延迟，因此两者之间产生了动态关系，导致股票价格和价值之间并不完全匹配。传统金融的均衡观点只是假设一切都是同时发生的，因此隐藏了这些动态。

一位传统经济学家可能会说："很好，但股票价格与价值的偏差是不偏不倚的，所以可以视其为随机噪音，而实际做市中所涉及的时间延迟非常短暂，只有几秒钟或者几分钟，所以从几天和几周的时间维度来看，这真的不重要。"但是也有人提出了不同意见。首先，偏差本身并不是随机的。虽然真实价值可能是一个随机数，但价格取决于交易者与做市商的互动——它不是噪音，而是物理学家所说的时间结构。也就是说，交易者和做市商之间的互动形成的价格本身具有趋势和动力。其次，法默知道，虽然这个时间结构可能会在秒和分钟的层面上起作用，但这一结构的作用可能像牡蛎中的一粒沙子一样，随着时间的推移，通过系统的动态形成更大规模的模式。

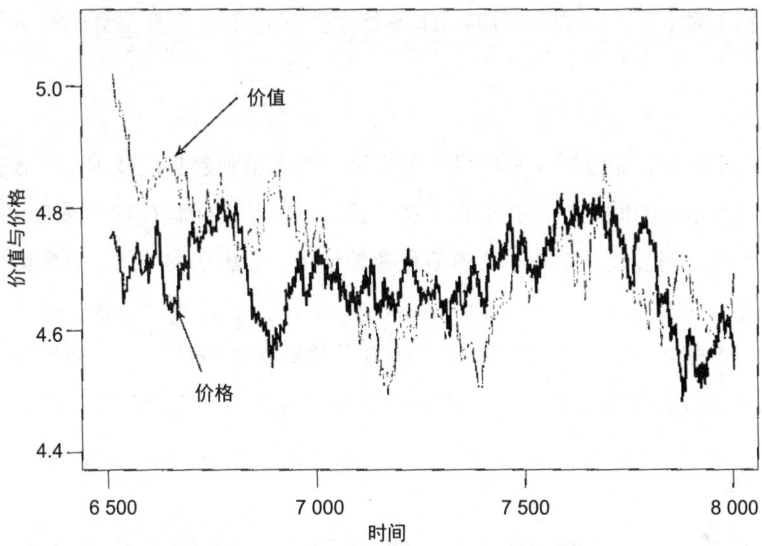

图 17-2 理性主体前提下的价格与价值对比图

资料来源：法墨与乔西（2000 年）。

为了证明这一点，法默将技术交易者放入了模型中。为了简化起见，他再次假设技术交易者是一个趋势追随者：当股票价格上涨时，交易者买入股票；当股票价格下跌时，交易者卖出股票。将技术交易者加入模型之中的效果是动态增强。回到淋浴的例子，假设再次淋浴，你会尝试将实际温度与随机波动的所需温度相匹配。但是在地下室，还有其他人转动供水的旋钮（技术交易者）。现在，你打开热水时会发现有一点延迟，但最终温度会开始上升。同时，地下室的技术交易者看到温度上升就会转动控制旋钮，在系统中加入更多的热水，助你一臂之力。接着，你开始加入凉水来维持水温，就像在与技术交易者较劲。你加入了足够的冷水，温度达到峰值后开始下降——但是地下室的技术交易者还是在和你对着干，他开始向系统中加入冷水。这样你就很难将实际水温与理想水温相匹配。最初的微小波动现在已经变成了大幅波动，在很长的时间内，水不是太热就是太冷，甚至会变得滚烫或结冰。

这实际上正是法默模型中发生的事情。加入追随趋势的技术交易者正是关注到价格中的时间结构并加强了这一状态，在基本面和技术交易者的互动下，出现了明显且长期与真实价值偏离的情形。[37]法默发现其他真实的世界因素进一步加强了价格和价值的分离。特别是，成功的投资者倾向于对收益进行重新投资，从而增加资本并提升其战略对市场的影响。如果技术交易者在一段时间内获得成功，其资本增加将会进一步推动价格上涨，偏离价值。

在这一点上，传统经济学家可能会控诉："套利者难道不会将价格推回基本价值吗？"根据传统金融学理论，价格和价值可能会不同，但两者的差异只是随机的短时噪声，因为价格会在真实价值附近波动，因此，平均而言，价格等于价值。由于偏离基本价值是随机的、是在短期内出现的，因此没有人可以从中赚钱，唯一合理的策略是成为一个基本面投资者。这一假设强调了有效市场假说中的一个悖论。米尔顿·弗里德曼首先指出了这一悖论，即市场需要技术交易者从偏离的基本价值中套利并保持市场效率，但技术交易者无法在高效的市场中赚钱，因此会离开市场。这一情况也引发了一个几十年来一直困扰经济学家的问题：如果市场如此高效，而且技术交易者无利可图，那么为什么会存在那么多技术交易者呢？

法默找到了这一悖论的答案。他采用自己的模型，并将股票的基本价值设定在一个恒定的水平。然后，他创建了一组主体——季节性交易者，他们只是在可选择的模型中买入并售出股票。他们的行为在股票价格中创造了一种简单、规范、波动的模式。接下来，法默引入了一批技术交易者。根据过去一段时间内股票价格上涨或下跌的情况，他给每位技术交易者设定了一个随机生成的策略。每个主体都会获得一笔启动资金，成功的交易主体会保留利润并再次投资。这样就形成了一种简单的进化系统。主体会尝试各种技术策略，然后重复有效的策略，摒弃无效的策略。如果传统金融学是正确的，最后应该会有一方大获全胜。一旦采取正确策略的技术交易者自动锁定波动模式，他们进行的交易将抵消波动，从季节性交易模式中套利并将其排除在市场之外，市场再次恢复高效。

法默在运行他的模型时，发现了一些更有趣的事情。起初，一切都与传统理论相符。技术交易者刚开始时没有多少钱，所以他们对价格并没有太大的影响。但很快他们就注意到了波动模式，开始套利，赚了很多钱。技术交易者越来越成功，开始进行更大规模的交易，这反过来又开始影响价格。经过一段时间后，随着交易者从低效率的市场模式中套利又将其排除在市场之外，法默发现波动模式减弱，进而价格更接近基本面价值（见图 17-3）。经过 5000 个周期后，波动几乎消失了，市场看起来非常接近完美。但随后，波动性突然爆发，价格开始变得混乱。这一过程中发生了如下事件：技术交易者越来越富有，他们的交易量变大，大型交易开始将本身的动向引入价格中。这些动向为其他技术交易者创造了机会，他们试图从其他技术交易者创造的模式中套利——当技术交易者在季节性交易中获利后，他们开始互相喂食！

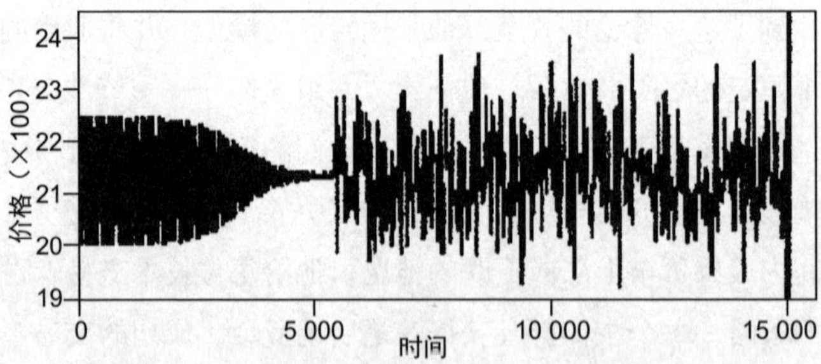

图 17-3　基本面交易者无法从技术模型中套利

资料来源：法默（2001 年）。

法默继续运行他的模型，进行成千上万次的迭代，这种疯狂的模式不断地向前推进。图 17-3 中显示，即使运行 5 000 个周期之后，整个模式看起来仍是随机的，但事实并非如此。该模型是完全确定的，根本没有随机性，紧急模式完全由交互代理的动态产生。一位传统经济学家可能会反驳称，技术交易者之间的行动是一场零和博弈，钱只是从一位技术交易者的口袋转入另一位技术交易者的口袋，平均而言，没有人真正从中赚钱。如果人们是完全理性的，就不会玩游戏。他们会在 5 000 个周期之时退出，市场会恢复原状，达到有效的平衡。

但正如之前所讨论的那样，有证据表明，在实际市场中，人们并非完全理性。相反，人们偏向于保持乐观，相信他们可以比下一个人做得更好，也会随着事态发展不断学习。随着投资者在市场中尝试不同的策略，他们会在清醒之时离开，而其他投资者会注意到并利用这种模式。当这些其他投资者利用这些模式时，结果就是出现了新的模式，其他人仍然会接受这种模式，然后依次向前推进。一些投资者暂时赚到了钱，但随后他们又会赔钱。新的投资者看到机会时会进入市场并引入更多资本，一些投资者则会在策略失败时退出。法默的模型展示了他在现实交易经历中目睹的种种行为。随着市场的复杂动态展开，时间一长，模式循环往复，市场在均衡和风暴间摇摆。

法默的模型不仅与他个人的经验相符，还与大量的实验证据相一致。首先，法默的结果复制了现实世界数据的关键定性统计特征，包括曼德尔布罗特发现的肥尾特征。其次，许多研究表明某些形式的技术交易者可以盈利。[38] 最后，一些研究表明，基本价值只能解释整体股票价格变动的一小部分。图 17-4b 中展示了一项此类研究的结果，很明显，此结果与法默模型（见图 17-4a）的研究结果非常相似[39]：价值和价格之间的巨大差异可以持续多年，甚至几十年。

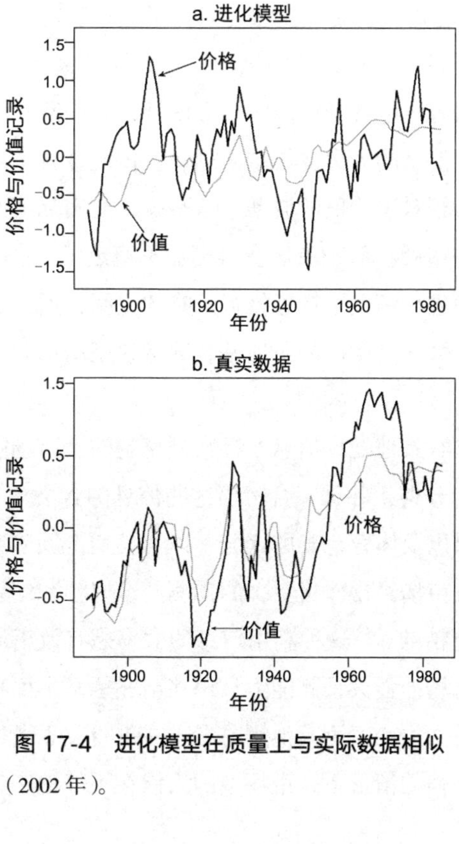

图 17-4　进化模型在质量上与实际数据相似

资料来源：法默（2002 年）。

市场效率的新定义

金融市场是否有效率？从复杂经济学的角度来看，金融市场中充满了相互竞争的交易策略，是一种不断进化发展的生态系统。因此，询问市场是否有效与询问亚马孙雨林的生态系统是否有效一样重要。那么，衡量效率的参照物是什么呢？

我们还可以提出一系列更有意义、更具体的问题：市场对新信息的反应速度如何？答案是非常快。有大量研究表明，当信息出现时，市场几乎会立即作出反应。[40] 市场进化系统的竞争力确保了这种敏锐性，正如亚马孙雨林中一株树的树冠上掉下一片柔软的嫩叶，一大堆昆虫几乎立即就会冲上去。事实上，随着美国有线电视新闻网络、彭博社、互联网和大型计算机性能等的发展，市场处理信息的能力变得越来越快。传统金融学理论预测，获取更多的信息后，价格相对于价值的波动应该减少，而实际情况刚好相反。随着信息和技术力量的拓展，似乎市场变得更加不稳定了。[41] 进化理论对此的解释是，信息技术的进步拓展了构思投资策略的空间，增加了套利和技术交易的机会，因此我们会看到所谓的对冲基金数量急剧增加。[42]

市场是否能够有效地处理信息？答案是肯定的。市场能够对从人群中获得的大量信息进行分类，并且综合考察这些信息的含义。[43] 已有实验利用市场来预测选举结果以及体育比赛的比分，以及奥斯卡颁奖典礼的结果等方方面面的内容，并且市场经常作出更多的预测，这些预测结果比个别专家的预测或者民意调查更精准。[44] 这种利用信息的效率是有效市场假说的基石。然而，该理论假设市场的强大预测能力只用在与股票基本面相关的信息，而在现实世界中，交易者也会猜测其他交易者正在进行及思考的事情，并对此下注。在这种动态更强的情形下，市场中的人们在不停地产生预期，又在不断地揣度别人的预期，市场处在一种无限循环的预期的环路里。约翰·梅纳德·凯恩斯就曾指出了这种无限回归——“人们对舆论的走向有所预期，我们用智慧来预测这种预期”。布莱恩·阿瑟在他的酒吧问题中详细地从数学角度阐释了这一问题。[45]那么，这些对期望的预期是否满足了市场的进化动力？答案是没有，这意味着虽然市场是非常强大的信息处理方，但在传统经济学看来，市场的效率并不高。

投资者是完全理性的吗？不，但投资者是利己主义的。金融市场不是慈善机构，而是受到恐惧和贪婪的驱使。投资者聪明吗？总的来说是这样的，大多数金钱都是由专业人士管理的，包括那些聪明的街头交易者以及火箭科学家和博士。资金经理人拥有人类的所有优势，例如精湛的模式识别能力和创造性的学习能力，他们也拥有人类所有的脆弱性，包括非理性和偏差。市场竞争激烈吗？答案是“是的”。看看交易大厅里那些焦虑不安的面孔，你就能清楚地看到这一点。随着全球资本流动的管制放松，市场的竞争越来越激烈，也只会越来越激烈。

聪明、有竞争力的投资者能否从有利的机会中套利并推动市场提高效率？有时候是这样的，但并非总是如此。法默指出，传统理论对市场效率作出了两个关键的假设。[46]第一，为了实现套利，交易者必须能够识别出产生异常利润的策略。第二，他们用于实现异常盈利策略的资金数量必须足以套利并使市场恢复效率。法默指出，这两种假设放在现实世界中都存在问题。衡量一个异常盈利策略的标准是信息比率，也称夏普比率（Sharpe ratio）或回报风险比率，即预期年回报率除以该回报的预期标准差。高回报、低风险的策略具有较高的信息比率，而低回报、高风险的策略具有较低的信息比率。大多数交易者认为，信息比率为 1 时的策略比较诱人。但正如法默所说，了解策略的信息比率需要花费时间。假设收益呈正态分布，那么根据统计法则，需要 4 年的数据才能确保交易者采取的策略信息比率为 1（但由于数据挖掘本身的问题，我们又不能仅依靠历史数据，必须实际测试未来的策略）。如果收益具有肥尾特点，则需要更长的时间。因此，交易者通常采取的经验法则是，用 5 年的时间来了解一项策略是否有利，这可能是正确的，而这个时间尺度被“第一百万只猴子”的问题进一步延长了。如果有足够多的交易者进行交易，那么很可能他们当中有一个人运气很好，在 5 年的时间内都运转良好，这样识别异常盈利策略的时间又会延长。

第二个假设也存在类似的困境。传统理论假设有无限量的资本可以立即用于验证异常盈利策略。但在现实世界中，成功的交易者需要随着时间来积累资本。如果交易者一开始拥有 100 万美元并获得 25%的回报，他就需要用 30 年时间将管理资金增加到 10 亿美元。如果这位交易者每年额外借助外部力量将其资本翻倍，则仍需要 10 年时间将资金增加到 10 亿美元。成功的交易者有可能更快地从外部投资者那里筹集大笔资金，但这仍然需要几年时间来建立业绩记录并筹集资金。但是在这几年的周期中，市场风云变幻，因此盈利的交易策略从出现到消失的时间跨度可能会比从市场中套利又恢复效率的时间要长。

是否存在神奇的致富公式？并没有。萨缪尔森说过，在拉斯维加斯、丘吉尔园马场或是当地的美林证券公司，要想致富都是很难的。他说得对，但是他给出的原因是错误的。并不是因为金融市场跟随随机游走，相反，无论是华尔街交易者，还是巴西雨林中的树蛙，都很难在任何竞争激烈的环境中变得富有。不过，华尔街和拉斯维加斯之间有一点不同。在拉斯维加斯，无论你怎么努力，无论你有多聪明，都无法提升致富的概率，除非在鞋里安装一个计算机。但在华尔街，致富并不是只靠运气——这里是高度活跃、不断进化的复杂系统。在任何时候，总有些人对市场的了解程度比其他人高，并且至少会在一段时间内发财。传统经济学需要反思的是，如果金融市场如此高效，那么为什么华尔街上停着的保时捷和法拉利比其他地方更多呢？但金融市场中的竞争优势稍纵即逝，产品和服务市场也是如此。总有人有更好的想法，采用更聪明的策略，或者拥有更强大的技术，从而脱颖而出。

有效市场假说是19世纪的均衡理论和巴舍利耶随机游走理论之下诞生的神话。虽然传统市场效率可能不是非常有意义的概念，但金融市场是高效的进化系统。市场是最好的社交技术，用于整合大量观点，为复杂资产定价，并分配资本。此外，多个市场的竞争强度可以确保市场能够快速处理信息，并使参与者处于压力之下，不断创新。麻省理工学院的罗闻全将市场的这种进化效率称为“适应性市场假说”。[47] 如果说纽约华尔街、伦敦金融城或世界范围内的其他市场都有一个神奇的公式的话，那就是变异、选择和放大，并周而复始重复这一过程。

复杂经济学中有关金融的观点仍在发展之中，许多问题仍然没有答案。但很显然，传统理论存在缺陷，我们需要新的方法。华尔街、伦敦城金融市场和其他金融市场才刚刚感受到金融复杂性的影响。许多公司，包括银行和对冲基金，都在使用复杂经济学的统计和建模技术设计投资策略——许多公司雇用大量经济物理学家和行为经济学家或者听取他们的建议。当然，这些公司对自己正在做的事情以及取得的成果是保密的。然而，毫无疑问，复杂性科学将改变投资世界，并将在投资战略的“红桃皇后竞赛”中进行创新。

复杂性科学对个人投资者的影响可能是长期的。复杂性金融学中，个人投资者仍然能够得到宽泛的指导，例如多元化投资组合或长期投资非常重要。但是，大多数金融创新最终都会从金融机构投资者转向小额投资者，而且在某个时间点上，个人投资者也能够获取运用这些技术的资金。

在另一个领域内，复杂性金融学为企业高管提出了几个重要问题。复杂性融资在三个方面影响着商业世界。首先，广泛使用的计算公司资本成本的方法可能是错误的。其次，复杂性金融学质疑高管薪酬中包含股票期权的做法是否恰当。最后，也是最重要的一点，复杂性金融学给人类带来了挑战，我们必须用新方式思考企业的根本目的和股东资本主义的本质。我们将依次讨论这三个问题。

资本成本

公司的资本成本听起来相当平常，更像是技术性话题。但在企业高管作出一些最重要的决策的时候，包括要进行哪些投资，要采取哪些策略，以及是否进行合并或收购时，公司资本起着至关重要的作用。[48]

所有公司都要从某处获得资金，无论是银行贷款还是股东投资。该资本的提供者需要获得回报，而资本成本只不过是各种资本提供者预期收益的加权平均值。如果公司一半的资金都来自银行贷款，利息为6%，而另一半来自投资人，他们预期的收益率为12%，那么该公司的资本成本将达到9%。这一数字为公司提供了一个基准——管理层作出的任何投资决策必须提供至少9%的回报，以支付所用资本的成本。由于股东承担着管理层是否成功完成这项任务的风险（债务持有人因受到保护而不会受到损害，但他们也无法分享上行空间的利润），因管理层决策产生的任何超过资本成本基准的回报都会为股东创造价值；而当回报低于资本成本基准时，就会损害股东利益。

判断管理团队运营是否良好时，计算出基准数值就显得非常重要。然而不幸的是，计算这个数字时使用的最广泛的方法直接来自传统金融学理论。标准的方法被称为资本资产定价模型（capital asset pricing model），这种标准方法中包含所有常见的与完全理性投资者、有效市场和均衡相关的假设。[49] 这种方法还对投资者管理风险的方式作出了重要假设。20 世纪 50 年代，芝加哥大学经济学家哈里·马科维茨提出了资本资产定价模型，这一模型假设所有投资者都持有股票组合，能够充分降低风险、提升收益。如果市场中的每个人都拥有这样的投资组合，那么他们就可以相互结合创建市场投资组合，然后根据理论市场投资组合的相关性来测量单个股票的风险。这种风险因素随后被用于计算权益资本成本，或是计算为补偿股东承担的风险需要提供的回报。

问题在于，市场中没有人拥有马科维茨提出的完美投资组合，更不可能出现所有人都有完美的投资组合。[50] 马科维茨的想法几乎不可能实施。例如，该理论假设人们完全了解公司的风险信息，可以无限制卖空股票，并且所有投资人都处在同一投资周期。此外，由于风险和收益属性会发生变化，市场组合必须不断更新。但在实际情况中，添加、删除和重新加权投资组合中的股票涉及重大的交易成本，这意味着人们不会照理论所说的那样多次重新分配其投资组合。事实上，即使是经济学家本人也无法创造理论市场中的投资组合，当他们检验理论时，只是使用市场中所有股票的加权平均值作为代理。[51] 在实际情况中，人们会使用更容易计算的指数，如标准普尔 500 指数或伦敦金融时报 100 指数来评估投资经理，而不是根据马科维茨理论中的市场投资组合来进行评估。而且，有证据表明，管理者“追逐回报”不是以资本资产定价模型中假设的方式优化风险与权衡收益的。[52]

资本资产定价模型中不切实际的假设意味着理论预测在实证检验中表现不佳，这不足为奇。最重要的是，我们已经可以证明作为度量风险的变量在衡量风险时几乎没有价值。[53]因此，基于资本资产定价模型公式计算公司的权益成本并没有什么意义，在现实世界中使用资本资产定价模型需要进一步的假设和判断，这更是雪上加霜。例如，计算股权较之于债务的风险溢价的变化很大，取决于所使用的特定指数和周期，并且必须对运用的无风险利率作出假设。[54]而从根本上来说，资本资产定价模型作为计算资本成本的方法，在理论和实践方面的价值都令人质疑。也有人提出了其他替代方案，例如“多因素模型”（有时被称为套利定价模型），但事实证明，这些方案与资本资产定价模型一样，有着许多共性的问题。[55]

沃伦·巴菲特总结了他对资本成本的看法：“我和查理·芒格一点也不清楚我们的资本成本是什么，我们认为整个概念都相当疯狂。坦率地说，我见过的资本成本对我来说都没什么意义。”[56]虽然传统的计算资本成本的方法存在缺陷，但是更好的方法还有待开发。[57]复杂性金融学研究计划中的优先事项就是开发一种替代资产资本定价模型的方法，以及一种衡量风险的新方法。目前，许多首席财务官和其他高管都坚持使用传统方法，但他们应该有保留地使用这些数字，并且做任何决策时都要彻底测试决策敏锐度对这些计算结果的影响。

股票期权是否有意义

20世纪70年代的学术金融革命的一个结果就是，董事会和管理团队衡量公司成败的主要指标成了股票市场表现。这反过来又掀起了一种通过使用股票期权将高管薪酬与公司在股票市场的表现联系起来的运动。

这场运动背后的动机和出发点非常有意义。公营公司受到内部的委托代理问题困扰，这使得公司的股东常常与首席执行官及其管理团队相对抗。一方面，股东希望公司管理层能够将股份价值最大化。另一方面，首席执行官和管理团队可能会在管理过程中将其他部分最大化，比如他们的工资、大厅里的花哨艺术品和公司的规模。20 世纪 60 年代和 70 年代，许多公司都受制于其管理团队，在首席执行官的主导下，公司状况极其糟糕。公司管理团队会最大限度地提高他们的薪水，自我膨胀。传统金融学教授提醒我们，股东才是公司的所有人，首席执行官和管理团队是为股东工作而不是为自己工作，这样每个人才能各司其职。

一个符合所有者和管理者利益的合理方式是衡量管理团队对股价所做的贡献，然后给予他们经济激励，以期提升股价。有观点认为，实现这一目标的最佳方式是为经理人提供股票期权，将他们未来的薪酬与未来的股票表现挂钩。这种想法在 20 世纪 80 年代风靡起来，像一场野火一样扩张，在一波恶意收购让董事会面临压力以提高其公司的股价时尤其如此。1983 年，美国首席执行官薪酬中位数中，股票期权占至 23%，而 1998 年上升到了 45%。[58]

从理论上看，这是个好主意，但从复杂性金融学和实际实践的角度来看则有一点问题。大多数国家法律都规定了管理团队要为股东利益服务，具有信托责任，大多数复杂经济学家都会认同委托代理问题的重要性。同时他们也会指出一个重大问题：首席执行官和管理团队实际上并不控制股票价格。他们会控制战略、成本、投资和人员等因素，而这些会影响公司的收入、利润、资本回报和增长等。首席执行官和管理团队掌控的杠杆能够影响公司创造经济价值的能力，但只会间接影响股价。

传统经济学家认为，将管理人员的表现同股票价格捆绑在一起的做法还不错，因为在有效的市场中，从长远来看，管理层影响的基本面也会推动股价上涨。但正如我们所看到的，在实际当中，价格并不总是与价值正相关，而且偏差可能很大并持续多年。当然，价格和基本价值之间存在一定的相关性，市场对管理团队的行为并非完全脱敏，但这种相关性也并非密不可分。实际上，首席执行官正握着松动的方向盘向前行驶，而我们则是在这种情况下判断他驾驶能力的优劣。

有时候，投资策略之间的相互作用、交易者的心理、市场制度结构和其他超出管理团队掌控范围的因素对股价的影响远远超过基本面因素。例如，20 世纪 90 年代股市出现巨大的泡沫，许多首席执行官一夜暴富，他们不过是顺势而为。同样，泡沫破灭时也产生了相反的效果，首席执行官的薪酬介于明星和普通职员之间。麦肯锡公司的研究表明，从 1991 年到 2000 年，个体公司 70% 的收益与市场因素有关，只有约 30% 与公司特定的因素有关。[59] 从理论上讲，人们可以消除大范围市场指数中的变动影响，但是它们与造成价格变动的主要因素的相关性是多少呢？我们目前仍无从得知。股票价格上涨是由于市场青睐首席执行官的新策略，还是因为几家大型对冲基金的计算机被锁定在一场多维数学战斗之中？结论不得而知。

将首席执行官的薪酬与股市表现捆绑也不可避免地改变了首席执行官的所作所为。在此影响下，有些首席执行官在责任感的驱动下，会更注重公司在股市中的表现。但是也有许多首席执行官执迷于市场的风吹草动，变得草木皆兵，在管理中目光短浅，仅考虑市场的需求（通常是下一季度的收益），而不会放长线、钓大鱼，不会专注创造长期价值，也不会建立强大的适应性组织。我们还看到了股市执迷于安然公司、世界通信公司和泰科公司（Tyco）的丑闻中，而管理层的恐惧和贪婪造成了收益操纵和彻头彻尾的欺诈行为。

这并不意味着首席执行官和管理层对企业的股市表现没有影响，他们当然会发挥作用，但也只是决定股价的众多参与者中的一员，而他们产生的基本面信号往往会被复杂多变的市场噪音淹没。我也不否认首席执行官与企业股票之间的联系，我们当然不想回到过去那种不负责任的首席执行官持有股东抵押物的黑暗时光。但事实上，我们不应让首席执行官对无法控制的股价负责，而应该让他们对实际掌控的事情负责，即获取基本的经济效益并创造长期价值。自 20 世纪 90 年代初以来，哈佛大学商学院教授罗伯特·卡普兰（Robert Kaplan）与戴维·诺顿（David Norton）共同写过一本书，也一直在倡导一种衡量公司业绩的方法——平衡计分卡（balanced scorecard）。[60] 卡普兰和诺顿指出，没有任何单一指标，包括股价，能够完整地展示公司的业绩。相反，卡普兰和诺顿建议每个公司对业务模型中推动创造价值的因素进行分析，并根据自身特色围绕这些因素构建计分卡。计分卡应该包括会计、金融市场和其他指标的组合，这些指标涵盖公司的增长、盈利能力和资本回报，并提供反馈性和前瞻性观点。总体而言，我们应关注让管理团队创造长期的经济价值。[61]

毫无疑问，对金融市场的研究还在持续，也会出现评估公司业绩的新方法。但与此同时，与股份波动相比，这样的计分卡可以为管理层与股东及董事会代表之间的绩效合同提供更为相关的基础。

公司的目标是什么

如果说用股票价格变动来衡量企业价值令人生疑，那么有一个更大的问题是：公司的目标应该是什么？传统经济学家认为，企业或公司创立的目标是整个社会的经济利益。正如我们早期所看到的，一般均衡理论认为，如果管理者寻求将其个体公司的利润最大化，且消费者寻求将其通过消费获得的乐趣最大化时，那么资源将被优化地分配给社会。正如凯恩斯曾经说过的那样，“资本主义就是建立在这样一个惊人的信念的基础上的：人们出于最肮脏的动机，用着最肮脏的手段，却在某种程度上给全社会带来了益处”。因此，管理者为社会服务的最佳方式是将企业的利润最大化。[62]

我们在利润最大化中遇到的一个问题是，我们如何知道管理层实现了利润最大化呢？10%的利润是否足够好？15%呢？我们拿什么来衡量呢？传统经济学认为，衡量管理层是否出色的最佳裁判是资本市场。自利的投资者希望将资金投入能够获得最大风险回报的地方。由于债务资本获得了固定的利息，而股权收益会随公司的盈利状况的变化而变化，所以股东正是管理层做得好坏与否的最佳裁判。因此，将股东价值最大化能够实现利润最大化。

此外，许多国家都清楚地阐释了董事会和管理团队必须为股东的经济利益服务的法律义务或信托义务。美国和英国在提升股东地位方面走得最远，其他国家的法律制度，特别是许多欧洲国家和日本，也规定了管理层对股东的信托义务，但股东被视为必须满足其利益的众多利益相关者之一。利益相关者包括员工（通常由工会代表）、消费者、公司所在的社区以及政府。在荷兰，在董事会上，大公司需要由劳动者来代表，而公司的目标被定义为业务的连续性，而不是股东价值最大化。股东资本主义倡导者认为，这样的利益相关者系统在通过满足竞争性利益集团来混淆视听，管理层更不负责，实际上不如股东制度，不能较好地服务于整个社会。股东资本主义倡导者以此为证据指出，美国的股东资本主义已经创造出了高生产率、高增长和高就业的经济。[63]

这不仅仅是一个学术问题，一直以来，围绕着治理改革、企业的社会责任倡议、反全球化抗议以及欧盟经济模式的未来，人们一直争论不休，而其中最为核心和饱受热议的话题便是企业应该为谁的利益服务。[64]

持续与增长

复杂经济学并不一定与传统的论证方式相矛盾。市场仍然是定价和分配资源的有效机制。股东仍然是公司的合法所有者，管理层仍必须对其业绩负责。但复杂性理论确实提供了更细微的观点，提出了一些重要的问题，并提出了另一个目标函数。

如果回到进化框架的第一条原则，我们也能够深入讨论公司的目标问题。正如第 9 章中所讨论的那样，进化系统对实现目标来说具有鲜明和纯朴的逻辑——好的基因得到复制。任何模式的目标函数都必须保证其交互者能够生存并进行复制，任何其他的目标函数都会导致灭绝。在经济学当中，这意味着任何商业计划的目标都应该保证业务存活并扩展业务。管理层的职责是运用这一目标函数来运行商业计划。换句话来说，这意味着管理层的工作就是制定和执行计划，保证公司的业务能够长期持续发展。

乍一看，获得“持续和增长”的目标函数可能听起来更接近荷兰的连续性目标，而不是美国最大化股东价值的目标。但进一步的反思表明，股东价值的连续性和最大化可能并非水火不相容。

所有进化系统都在热力学定律所施加的一系列约束下运行。生存和复制需要能量、物质和信息的流动，在生物系统中，这意味着所有生物体都面临热力学定律的约束，因此随着时间的推移，生物体摄入的卡路里必须等于或大于燃烧的卡路里。优秀的复制者能够获得卡路里能量的盈利，他们会设法在资源有限的竞争环境中获利。同样，在经济系统中，熵减少也需要能量、物质和信息的流动（在现代经济中以货币计量），所有企业都面临利润限制，在这种限制下，流入必须等于或大于流出。

在进化系统中，盈利本身并不是一个目标；相反，如果企业要实现生存和复制（或持续和增长）的目标，就必须实现盈利这个基本的约束。管理思想家查尔斯·汉迪（Charles Handy）举例说明了这种差别：人们要想生存，就需要吃饭，这是我们生存的一个限制条件，也是非常重要的一个因素，但没有人会说生活的目的是吃饭。[65]

如果从经济学背景下解读盈利这个概念，我们会发现另一组约束。要成功执行商业计划，管理团队必须在组织内部和周围创建合作的生态系统。第一，必须把资金吸引到企业之中，资金的提供者必须看到比其他投资机会更好的潜在回报。第二，必须吸引员工并激励其高效地工作。第三，供应商必须看到盈利的商业关系。第四，企业必须提供人们想要的商品和服务，但这并不是目标。管理层还必须确保企业履行其法律义务，缴纳税款，并且谨慎经营，防止普通民众想要关闭企业的情况发生。事实上，盈利能力也需要在多方面令人满意。从进化的角度来说，这就是经济适合度函数：与适合度低的公司相比，适合度高的公司能够更好地满足多维度的约束。从进化的角度来看，使股东主义与利益相关者主义对抗是一种错误的二分法。适合度函数就是这样——无论是将其称为股东主义还是利益相关者主义，这都是管理团队维系及发展业务必须要做的事。

使股东主义与利益相关者主义相对立在实践中也是一种错误的二分法。大多数股东资本主义倡导者承认，如果一家公司对员工不公正，违反法律，对待客户态度差，那也不太可能长期为股东提供较好的回报。大多数利益相关者制度的拥护者都承认公司必须获得有竞争力的资本回报，以保证投资者参与其中。在现实中，股东和利益相关者体系之间相匹配的关键因素是具有竞争力的市场，劳动力、资本、客户和供应商都必须能够在市场中流动。

传统经济学将股东与其他利益相关者区分开来另有原因，因为只有股东才能获得公司的剩余索取权（residual claims）。换句话说，所有其他索取人得到应得的一切后，股东获取剩余的一切，因此股东也承担着风险。有可能其他利益相关者将公司抢劫一空，股东两手空空，由此可见，股东承担着更多风险并需要更多保护。与合作企业相关的每个人都承担着风险——员工赌上了自己的职业生涯，而消费者面临的风险则是产品是否能够达到预期，等等。在自由和充满竞争的市场中，这些风险应该反映在价格中。股权资本也有风险，因此其比债务资本要求的回报更高。

有些人可能会争辩说，经济学当中并没有将股东置于首要位置。许多国家郑重地将股东的重要性写入了法律，尤其是美国，但这也不是真实的情况。这些法律确实规定了企业对股东的义务，但同时也规定了企业对所有其他利益相关者的义务。美国法律规定了某些利益相关方是最重要的，这里指的是美国政府。法律规定与进化经济观点没有什么不同，管理层必须履行其对所有利益相关者的义务。

从进化和实践的角度来看，向股东支付回报是种约束，而不是目标。虽然这可能是至关重要的约束，但也只是经济适合度函数中的众多约束之一。那么，“持续与增长”的目标意味着什么？

要回答这个问题，就需要探讨企业的优越之处。哪家公司更“优秀”，是20世纪60年代和70年代股票像彗星一样崛起，在短短几年间令世人瞩目，随后又在20世纪80年代陨落的王安电脑公司（Wang Laboratories），还是股票表现在大部分时间不及大盘指数，但自1802年以来一直经营到现在，在2005年获益270亿美元并雇用6万人的杜邦公司（DuPont）？[66] 又或是自公元795年以来始终在满足英格兰圣奥尔本斯市民的需求，但一直维持着乡村酒吧规模的肯德尔斗鸡老酒店（Ye Olde Fighting Cocks Pub）？

大多数人会凭直觉选择杜邦公司。虽然王安电脑公司在一段时间内迅速扩张，最终却没能维持这种状态。虽然肯德尔斗鸡老酒店的经营历史令人印象深刻，却并没有扩张。杜邦公司成功地做到了这两点。尽管其股票价格落后于市场平均水平，但随着王安电脑公司闪亮登场又销声匿迹，杜邦公司从初创的火药制造商发展成为全球主要的化学品、材料和生命科学公司，并且持续经营超过两个世纪。传统经济学家也会同意这个观点，因为随着时间的推移，杜邦公司创造的总经济价值远远大于其他两家公司。事实上，为了延续和发展，杜邦公司必须完成传统经济学家认为需要达成的每个目标。杜邦公司必须盈利，因为不盈利的公司无法延续，还必须为其资本提供者提供有竞争力的回报（即使公司本身没有获得最高回报），因为公司增长需要资本。[67]

人们可能会问：“如果说传统经济学和复杂经济学殊途同归，那么两者的差异是什么？”也许约束和目标之间的区别只是从学术用词上进行了区分。

关键的区别在于管理团队如何应用这些概念。许多管理团队十分痴迷短期股票价格波动和季度收益，已经实现了最大化股东价值的目标。一项针对美国国家经济研究局的400多名首席财务官进行的调查发现，大多数公司将季度收益视为管理的关键指标，因为他们相信管理收益能够实现公司股价最大化。[68]公布季度收益可能确实会推动股票价格上涨，但正如我们所看到的，这些消息并不是推动价格走势的唯一因素。对季度收益过于执着反过来经常会扭曲管理决策。在同一项调查中，大多数首席财务官表示，如果创造价值的长期投资缺少分析师的盈利预测，他们就会放弃此类投资，超过 3/4 的人表示他们会牺牲经济价值来获得平稳的收益记录。

专注于持续和增长的管理团队可能会持有更加均衡的观点。[69]团队成员将专注于实际可以控制的杠杆，即创造经济价值的杠杆，而不是股票价格的杠杆。管理层也会更明确地认识到长期持续和增长的多维性质，虽然股东仍然是一个至关重要的支持者，但追求持续和增长的团队将会调整方向，将管理时间和注意力放在维持与利益相关者的关系上。关注公司的持续性并且将此视作目标的公司，自然会从长远角度进行投资，并且会通过强大的公司文化等因素奠定公司长寿的基础。与此同时，这些公司也同样关注企业增长，这也对公司的业绩造成了一定的压力和挑战，也会催生创新。当然，公司也可以通过投资不盈利的项目获得增长，或者投资一些回报不足的项目，这同样也会破坏经济价值。但同样，这两个目标自然会慢慢平衡——对无利可图的增长进行鲁莽的投资会危及公司的持续发展，而以公司持续发展的名义采取过于保守的策略则与增长的目标背道而驰。

以持续和增长为目标，不仅有助于管理层阐明其存在的理由并采取更均衡的决策，也有助于管理层将目标传达给重要的支持者，尤其是员工和外部利益集团。很少有员工一大早起来的时候就会元气满满地去实现股东价值最大化的目标。大多数员工没有股票期权，他们认为股东财大气粗，却不知道股东是谁。但是员工可以树立建立一个伟大而持久的公司的信念，而公司在增长的过程中也会为员工创造机会。

在企业之外，政治家和活动家也难以将股东价值最大化作为公司的目标。他们认为公司的存在是为了服务于社会的更大利益。无论如何他们都不会相信，为股东服务同时也是为社会服务。在许多管理团队关于企业的社会责任和公共关系问题的辩论中，这种思维方式造成了巨大的沟通障碍。[70] 如果管理层能够向这些人表明管理的目标是建立长久运行的机构，能够为人们提供想要的产品和服务，创造就业机会，纳税，在法律范围内运作，与外部保持良好的关系，并且不断创新和发展，在未来产生更大的社会效益，那么毫无疑问，人们会更多地看到社会和企业利益之间的联系。

预料之中的是，有一些研究发现，像杜邦公司这样经营多年并且规模较大的公司通常并没有把股东价值最大化视为公司发展的目的。例如，根据著名的荷兰皇家壳牌公司（Royal Dutch/Shell）对 27 家大型长寿公司开展的调查研究，阿里·德赫斯（Arie de Geus）在《长寿公司》（*The Living Company*）一书中描述了这些公司如何看待“生存与蓬勃发展”的目标。[71] 同样，吉姆·柯林斯和杰里·波拉斯在《基业长青》一书中研究了 18 家长寿公司，并将这些公司的态度概括为“不仅关注利润”。作者补充说，对于这些公司来说，“利润就像供养身体的氧气、食物、水和血液，它们不是生命的重点，但没有它们，就没有生命”。[72]

持续和增长的目标与前一章讨论的执行和适应的必要性相呼应，这绝非巧合。两者都源于相同的进化逻辑。相比于适应调整，公司通常更擅长执行，这无疑与关注短期收益有关。管理层要欣然接受持续和增长的双重目标，就要充分地应对执行和适应中固有的紧张局势，同时他们也要在压力之下平衡两者的关系，采取更均衡的策略。在充满竞争的进化环境中，“持续和增长”是要达成的目标，而“适应和执行”则是如何达成这样的目标的路径。进化系统中，持续和增长是所有安排里永恒的需求。

18 公共政策：左右派争论的终结

经济世界总是与政治世界联系在一起，而且从历史上看，经济学理论中的范式转换导致了政治格局的重组。亚当·斯密的思想极大地促进了19世纪自由贸易的发展；马克思的理论助力了20世纪的大变革；新古典主义范式奠定了西方资本主义正统思想的智力基础；而凯恩斯主义则用国家的角色调和了西方资本主义正统思想。第二次世界大战后，西方经济学中国家激进主义思想的发展突飞猛进，直到20世纪80年代遭遇了罗纳德·里根和玛格丽特·撒切尔的挑战，而这两位都受到了米尔顿·弗里德曼和弗里德里希·哈耶克等经济学家的启发。

复杂经济学思想将如何影响政治和政策？通常经济思想的学术发展与其对社会产生的更大影响之间存在至少几十年的时间差。马克思于1848年发表了他的《共产党宣言》，然而俄国革命直到1917年才发生。凯恩斯在20世纪30年代就出版了他最具代表性的著作，而他的思想所带来的巨大影响一直到第二次世界大战后才得以体现。甚至于在《国富论》出版两个世纪以后，许多政治人物似乎仍然难以理解亚当·斯密的思想。虽然我们可能要过很多年才能感受到复杂经济学对公共领域产生的巨大波动，但不妨先来猜想一下究竟会有些什么样的影响。

关于复杂经济学与政治的关系，大多数人问的第一个问题是：它究竟站在哪一边？复杂经济学是亲左派还是亲右派？有些人可能会怀疑它是亲右派，因为我说过复杂经济学对市场持积极态度；其他人可能会怀疑它是亲左派，因为我也说过市场并没有传统正统思想所宣称的那么有效。而我的观点是复杂经济学既不亲左也不亲右。事实上，复杂经济学可能会使政治的历史框架过时。

我们先来简要回顾一下左右派框架的历史。我认为，在这一历史鸿沟的核心点上存在着两种根深蒂固的分歧：一是双方如何看待人性的根本性分歧，二是对国家与市场的角色的看法的分歧。复杂经济学为这两个由来已久的争论提供了一个全新的视角，而且它不属于左、右派中的任何一个阵营。接下来我们将讨论复杂经济学如何应用于以下三个领域：发展中国家的贫困问题；研究人员所说的美国和其他发达国家的“社会资本”侵蚀问题以及经济不平等问题；以及复杂经济学的未来研究方向问题。

左右派时期

以左、右派格局看待政治的想法经久不衰，延续了200年之久。这些术语源自1789年法国大革命时期建立的法国国民议会的布局。处于第三等级的革命派坐在会议厅的左边，保守的第一等级保皇派坐在右边。从一开始，“左派”一词就有争取社会进步，捍卫弱势群体，改造社会使其变得更好的含义，但也带有乌托邦的味道。“右派”一词包含强调个人自由和责任、保护社会稳定及相信顺其自然、循序渐进的发展等含义，但也有保护特权和当权者的意味。到马克思、恩格斯理论时期以及社会主义和资本主义对峙时期，经济层面的左派和右派的分裂变得更为明确。[1]到了 20 世纪初期，左派与主张政府大力干预经济的政策联系在一起，这些政策包括主张政府从完全拥有到部分拥有共产主义经济的资产和政府在社会主义市场中扮演监管角色，而右派则是自由市场的支持者。尽管这些术语的具体含义在不断演变，但左、右派广义上的分歧在整个 20 世纪中后期仍然没有改变：国家与市场的对立，社会自由主义与社会保守主义的对立，以及大众需求与个人权利的对立。

1989 年柏林墙倒塌后，约翰·霍普金斯大学教授弗朗西斯·福山（Francis Fukuyama）大胆预言：这场伟大的辩论终于结束，“历史的终结”已经到来。[2]在这期间，许多知识分子和政治家试图重新定义“左派”与“右派”。1996 年，美国民主党领袖委员会发表了《新进步宣言》（*New Progressive Declaration*），1998 年，布莱尔的顾问伦敦经济学院院长安东尼·吉登斯（Anthony Giddens）出版了一本名为《第三条道路》（*The Third Way*）的书。[3]被称为美国“新民主党”和英国“新工党”的这些人都主张将资本主义创造财富的成功之处与社会主义的人道主义目标相结合——从本质上说，就是通过资本主义的手段达到社会主义的目的。这一框架推动了克林顿和布莱尔这两个政府的经济意识形态的形成，并且在克林顿改革美国福利制度以及布莱尔试图为陷入困境的英国国家医疗服务体系注入市场力量等政策中得以体现。包裹资本主义的善意外表甚至吸引了右派人士。小布什的第一次竞选就是主要围绕着“富有同情心的保守主义”这一思想展开的。

但左、右派的对立并没有结束。西雅图街头暴民抗议 1999 年世界贸易组织会议的行为表明，左、右派之间的分歧确实还存在。同样，布莱尔的许多改革措施也因遭到党内左派的强烈反对而停止，小布什富有同情心的保守主义最终变成了给富人全面减税。柏林墙倒塌之后，左、右派之间的分歧可能已经有所缩小，但并没有消失。

20世纪90年代，第三条政治道路开始有所发展，它更多的是以切实可行的政治主张，而不是以新经济学理论为基础的。左、右派都吸取了教训，因为极端分子、纯粹主义者以及相关模型的运用根本不起作用。国营的乌托邦变成了官僚主义的噩梦，而恍如天堂的自由市场却导致了社会功能失调。因此，在见证了苏联解体和大萧条之后，许多人最终从实际出发达成了广泛共识，即市场和国家在社会中都有各自的作用。然而，这种中立的共识却留下了一片知识空白。尽管先辈们有这样的想法，但第三条道路已经演变成一套从中心地带赢得选举的政治策略，而不是一种真正的新经济范式。[4]

复杂经济学正好有可能填补这片知识空白，其提供的不是一个混乱的中间层——它既不是遭遇过一些市场失败的新古典主义，也不是采用了一些市场机制的社会主义，而是给出了一个全新的视角。根本性问题不是左派与右派的对立，而是如何更好地发展。

人性与强互惠

如果你深入探讨左、右派的分歧，一直深入到哲学和历史的核心，就会发现两种相互冲突的人性观。左派人士认为，人类天生就是利他主义的，贪婪和自私并非源于人性，而是源于社会秩序的构建。在一个更加公正的社会中，人类会变好，这一观点的传承源于卢梭和马克思。

右派人士认为人类天生就是利己主义的，追求自身利益是人类不可剥夺的权利。最有效的政府制度应该是包容，而不是试图改变人性的这一面。正如 18 世纪苏格兰哲学家休谟所说，“在设计任何政治制度时……每个人都应该被看成是无赖，人们所做的一切除了谋求个人利益，别无其他”。[5] 然而，右派人士认为，人们在通过市场机制追求自身利益的同时，社会的普遍利益也会得到满足。这一观点的传承源自休谟、约翰·洛克和托马斯·霍布斯。

你可能会感到惊讶，亚当·斯密的名字居然没有出现在这里。但正如经济学家赫伯特·金蒂斯、塞缪尔·鲍尔斯、厄恩斯特·费尔以及人类学家罗伯特·博伊德所指出的那样，亚当·斯密实际上持有一种更为微妙的观点。在《国富论》中，亚当·斯密确实写到，在市场调节下利己主义能够带来社会效益。但在他的另一部伟大著作《道德情操论》中，亚当·斯密也说过：“无论人们觉得一个人多么自私，他的本性中显然还存有一些原则使他对他人的命运感兴趣。”[6] 换句话说，斯密对人的行为持有一种更为全面的观点，承认人性既有利己的一面，又有利他的一面。

金蒂斯和他的同事认为，现代研究表明了历史上的左派和右派对人性的看法都太过简单化。几个世纪以来，人类的利己主义与利他主义之间的问题一直是一个哲学问题，说到底最终是一个观点问题。然而，自 20 世纪 80 年代以来，它已经成为一个科学问题。根据对照实验、实证研究、人类学的实地调查以及博弈论应用中得到的大量证据，现在我们已经找到了答案：亚当·斯密基本上是对的。

人类既不是天生的利他主义者，也不是天生的利己主义者，他们是研究人员所说的有条件合作者和利他性惩罚者。金蒂斯和他的同事将这种行为称为“强互惠行为”，并将其定义为“一种与他人合作并惩罚那些违反合作准则的人的倾向，哪怕付出的代价后续很难弥补”。[7]这就是我们先前讨论最后通牒博弈和不断演变的囚徒困境时所看到的行为。从本质上说，人们是在试图遵循黄金法则，但也有一些区别：你希望他人如何对待你，你就如何对待他人（即有条件的合作）；如果他人不这么对待你们，那就迫使他这么做，不惜付出个人代价（即利他性惩罚）。人有一种高度发达的心智，知道他们可以信任谁，不能信任谁，他们欠谁的人情，谁欠他们的人情，以及他们是否正在被利用。古话说得好：“欺骗我一次，可耻的是你；愚弄我两次，可耻的是我。”

强互惠行为的普遍存在令人感到震惊，从现代工业社会的人群往回追溯到遥远的狩猎采集部落的人群，人们都发现了这一行为。对于这种行为多大程度上由遗传决定，多大程度上取决于文化，现在普遍存在着争论，但有三份证据充分指向了遗传基础。第一，有研究表明，强互惠行为出现在各种文化环境中——未发现任何社会没有展示强互惠行为的某种形式，从而表明其起源并非基于纯粹的文化。[8]第二，人们在许多灵长类物种中也观察到了类似的行为。[9]第三，科学家在催产素中发现了这种行为的生物化学基础。催产素是一种大脑激素，它在激发人类的信任感和引发合作方面发挥着重要作用。[10]虽然强互惠行为很普遍，但是它在不同社会有着不同的表现形式，它的执行方式也极其多样化，因此其发展很可能是由基因和文化共同进化决定的。

强互惠行为的进化逻辑很简单：在非零和博弈的世界中，有条件的合作者比运用纯粹利己或纯粹利他策略的主体表现得更好。尽管林格伦的囚徒困境进化模型不受单一策略的支配，但有关有条件合作者主题的顶级策略往往多种多样，这也不是一种巧合。研究人员对世界各地的人们参加最后通牒博弈所得的结果调查后发现，最接近于传统经济学所假定的利己主义合理性行为的社会团体是秘鲁热带雨林中的美洲印第安人。美洲印第安人的强互惠文化准则不如其他社会成熟，因此具有自私、互相猜疑和合作能力低下的特点。他们的社会并没有超出以家庭为单位的组织，所以他们是接受测试的群体中最贫穷的人群之一也就不奇怪了。[11]

传统经济学家可能认为，强互惠只是利己主义的另一种形式。毕竟，人们都是为了满足自己的目的才进行合作的。在非零和博弈的世界中，合作的确是有回报的，但强互惠和传统的利己主义有两个关键的区别。首先，传统经济人不在乎经济交往的过程，只注重其结果能否最大化地体现主体自身的利益。然而，实验表明现实中人们不仅关心结果，而且注重过程本身是否公平。其次，正如最后通牒博弈中所看到的，人们会惩罚不公平的行为，哪怕需要付出代价，甚至是付出后没有希望得到弥补的代价也无所谓。换句话说，当人们感觉自己真的被骗时，他们会做一些很疯狂的事情。当然，这背离了利己主义的理性。

强互惠行为对经济和政治所产生的影响可能不会立刻显现，但一旦我们改变了人类行为的核心假设，很多变化就会出现。[12]从 20 世纪 30 年代到 60 年代，美国政府对穷人施以援助的计划得到了广泛而又普遍的支持。而从 20 世纪 70 年代到 90 年代，人们对此的支持率急剧下降，而下降的原因成了许多辩论的主题。左派人士认为，支持率下降源于种族歧视，因为领取救济金的绝对是少数种族，而且在这时候，崇尚利己主义的一代崛起了。换句话说，就是缺乏利他主义者。右派人士对此的解释是，人们终于意识到大多数福利项目是无效的，只是在浪费他们的税收，现在想把交的税收回去。

克里斯蒂娜·方（Christina Fong）、鲍尔斯和金蒂斯在进行调查、实验和小组讨论后找到了重要证据，并非是左、右派的这些解释，而是强互惠行为导致了人们态度的转变。在项目创立之初，人们认为那些领取救济金的主要是些想要工作却因为运气不好、经济形势瞬息万变而无法找到工作的人。社会准则也支持这种看法，认为这样的人应该得到帮助。然而在近代，人们已经转变了观念，认为靠救济生活的人都非常懒惰，不思进取，在滥用社会的慷慨。这样的行为违反了互惠准则，不应该对其施予援助，甚至应该对其进行惩罚。

一些人提出，社会政策应该是专门设计用来"倡导而不是冒犯互惠价值观的"。例如，符合强互惠准则的政策包括为想要工作的人提供技能培训，激励穷人储蓄，支持贫困地区的人们开展创业活动，以及增加弱势群体的受教育机会。同样，强互惠准则鼓励人们将弱势群体划分为值得援助和不值得援助两类。体现这一区别的项目往往会得到广泛支持。例如，提供失业保险的一些州立项目会很受欢迎，因为工人只要在在职期间支付保费，万一哪天他们运气不好被解雇了，就能领取失业救济金。同样，社会保险得到了民主党和共和党两党多年的支持，很大程度上也是因为它符合强互惠准则——人总会慢慢变老，那些缴纳过社会保险金的老人也可以从中受益。而违背这些准则让"不值得援助"的人受益的项目往往会引发争议，例如，发放福利的同时没有提出让受助者找工作或接受培训这样的对等要求的福利项目，或者针对吸毒成瘾的人的康复项目。但是，如果救助要求中有对等行为，例如接受福利的人必须参加工作或者吸毒者必须戒毒，那么这些项目就会得到普遍支持。

强互惠准则有助于解释美国和英国的新左派为何试图将个人责任重新纳入发展日程。克林顿推行的包含工作要求的福利改革，以及布莱尔所倡导的"严厉打击犯罪，严厉打击犯罪源头"的运动就是最好的例子。右派人士也开始运用这些准则，例如受到小布什政府支持的基于信仰的新方案就结合了社会目标与受宗教激励的责任和互惠价值观。

人类既不是卢梭笔下纯洁无私的生物，也不是休谟笔下无情自私的生物，而经济学家和道德哲学家亚当·斯密是对的——人类两者兼具。复杂经济学对强互惠准则所持的观点是，左派最终可以抛弃卢梭所认为的一切社会弊病都是社会的过错，并承认个人责任的作用。同样，右派也可以抛弃休谟的观点，即社会的建立前提是假设人都是无赖，并承认人类更慷慨的本能的作用。

复杂经济学表明，个体行为只是其中一个因素。制度的突现行为是由个体行为和制度结构一同创造的，这就把我们引向了左、右派之间的下一场大辩论——市场作用与国家作用的对立。

左派乌托邦和自由市场幻想

正如我们在第三部分看到的，人类历史上只创建了两种机制来促进陌生人之间的大规模经济合作——等级制度和市场。[13] 这两种机制中都包含了各种各样的执行方式，但最终都可以归结为一种或另一种。即使是较平等的组织形式，比如公社和合作社，也包含某些形式的权力等级结构。[14] 从复杂经济学的角度看，资本主义经济和社会主义经济的关键区别在于，经济健康的最终仲裁者是市场还是等级制度。

无论是资本主义制度还是社会主义制度，等级制度内都有一个商业计划的分化、选择和扩大的过程。在资本主义经济中，这一过程发生在设置私营部门的公司中，这就是艾尔弗雷德·钱德勒所说的工作中的“看得见的手”；

而在社会主义经济中，这一过程发生在由国家直接或间接控制的组织机构中。在资本主义经济中，经济进化过程最终会进入到市场的“薄弱环节”，正是在这一环节，亚当·斯密的“看不见的手”最终决定了商业计划的选择和扩大。在社会主义经济中，市场的薄弱环节并不存在（或由国家主导），政府组织内部会作出商业计划选择和扩大的关键发展决策。

右派的批判观点

复杂性对意识形态分歧另一面的批判，与其说是对资本主义本身的批判，不如说是对受新古典主义启发的右派幻想资本主义运作方式的批判。这一论点有两个关键论据。

第一，尽管复杂经济学认为市场不仅有用而且必要，但它也否定了市场的最优效率基础。正如我们前面所看到的，即使拥有如教科书市场一般的金融市场，其运作起来也远不能达到理论效率。这意味着某些右派人士认为市场是解决所有社会问题的办法这一倾向是错误的。公平地说，大多数传统经济学家都在一定程度上认识到了市场的不可靠性，而且学界也充满了对市场失灵的分析。但复杂经济学的观点将使我们越过传统的市场失灵现象，对那些依赖传统理论常用的不现实假设的市场解决方案持怀疑态度。

一个很小但非常典型的例子是英国撤销了对电话簿查询的管制。几十年来，人们在英国只能通过拨打一个特定的国家号码查询电话号码。该服务以前由英国国有电信公司垄断，但其服务价格和质量都受政府的监督和管制。这项服务简单便捷、运作良好，而且收到的消费者投诉很少。然而，2001年，政府决定解除对该服务的管制，开放竞争。理论依据是，市场竞争会使服务价格降低，让服务更具创新性。正如预测的那样，大量新公司进入了市场，2004 年该市场中有了 120 家公司。然而理论和现实很快就脱节了。之前只有一个号码——“192”，人人都记得。而在新市场中，人们需要面对 120 个相互竞争的号码，真的很少有人能记住这么多的新数字。新号码通过抽签分配，幸运的公司分配到了容易记住的号码，比如“118”，迅速成为新崛起的垄断者，占据了大部分的流量。况且，对大多数人而言，电话号码查询费用是一笔很小的开支，不值得花时间和精力去寻找价格最低的供应商。结果就是新的容易记住的号码收费更高，收到的投诉也比原来多。再者，新号码不是真正的国家号码，法规允许电话公司自行限制哪些号码可以从他们的网络接入，因此人们从家里、办公室或用手机打电话时可能需要记住不同的号码。人类认知的现实状况和制度的设计都与传统理论的简单世界相冲突，因此市场竞争的好处并没有得到体现。[15]

类似的例子还包括美国加州电力市场放松管制导致了 2001 年严重的电力短缺以及英国铁路网因私有化耽误了大量的火车行程。但这并不是说市场是不好的，垄断才是好的，复杂经济学也广泛支持市场是经济进化的最佳机制这一观点。相反，以传统经济学过于简单化的理论为基础的右派则倾向于将市场视为解决所有问题的方法。在每一个实例中，人类的真实理性与制度的烦琐细节都与理论不符，市场解决方法也无法为社会带来好处。

第二，在复杂经济学背景下，许多右派人士的反政府立场看起来非常幼稚。新古典理论创造了一个存在于原始自然状态下的理想经济，没有政府的干预。正是在这种理想化状态下，帕雷托最优才得以实现，并为社会创造了最大的财富。一旦税收、法规等对经济加以干涉，经济就会偏离这个理想化状态，为社会创造的财富也会随之减少。因此，他们的目标应当是将税收和政府开支控制在最低限度。同样，右派认为，虽然某些基本法规可能是确保市场运作的必要前提，但法规通常具有扭曲作用，会干扰自然价格信号，并且像税收一样让经济偏离理想状态。罗纳德·里根在 1986 年白宫小企业会议上的讲话中曾说过一句名言："政府对经济的作用可以用几句简单的话来概括：动，税之；恒动，规之；止动，资之。"

但是反政府的自由放任主义者们忘记了经济并不是孤立存在的。经济进化系统是由大量的社会技术组成的，其中的许多技术依赖于政府。[16] 基于市场的经济进化需要在合作与竞争之间维持微妙的平衡，而政府在保持社会的这一平衡方面发挥着至关重要的作用。诸如合同法、消费者保护条例、工人安全法规和证券法等社会技术都有助于促进合作、增进信任，反垄断法规则有助于保持健康的竞争水平。

美国的右派人士经常指责民主党人富兰克林·罗斯福实施新政后加大了政府对经济的"干预"。但实际上将政府定位为合作与竞争之间的平衡者的关键策划者是一位共和党人，也就是另一个罗斯福——泰迪。[17] 在 1901 年至 1909 年期间，泰迪进行的改革发生在从破坏洛克菲勒和摩根之间的信任到颁布第一份食品安全条例等领域，为 20 世纪的经济增长提供了重要的制度基础。

人们只要到政府机构软弱无力的某些发展中国家去走走，就会看到没有政府干预的生活会是什么样子。当政府不能发挥干预作用时，经济就会陷入低合作、低竞争的死胡同。并非所有的政府法规都是好的，有些规章可能是愚蠢而又多余的。然而，"政府是问题的根源，而不是解决方法"的右派言论忽视了政府机构在支持经济系统有效进化方面的重要作用。

政府作为适合度函数的塑造者

复杂经济学不仅为公司，还为政府所扮演的经济角色提供了一个新的视角。受新古典主义启发的右派认为，帕雷托最优状态确实是自由社会最好的结果。由于市场是实现帕雷托最优的最佳机制，也是唯一的机制，所以政府的正确作用是确保市场效率。任何干预市场的政府行为所发挥的作用都应当在成本效益抵消效率损失后进行衡量，比如右派常常使用市场效率这一理由来反对环境法规。

反过来，复杂经济学也对两种类型的政府行为进行了区分。让政府参与区分、选择和扩大商业计划的政策，被认为是干涉经济进化。这方面的例子包括日本出台产业补贴政策和保护受支持的产业，法国为支持本国国有银行对欧洲银行业的兼并采取干预措施，或者美国因为艾奥瓦州的政治重要性出台能源政策支持用玉米提取乙醇的项目。相比之下，在把商业机会的选择和扩大留给市场机制决定的同时，塑造适应性环境的政策则是另一回事。正如我们所看到的，进化系统的效率概念只是一时的。从复杂经济学角度看，政府法规是公司竞争所处的适应性环境的组成部分。只要市场提供了选择和扩大商业计划的机制，那么经济进化过程就会根据这些法规进行创新并适应这些法规。

如果选民告诉他们的当选代表，保护环境是社会需要优先考虑的事项，那么政府就有责任在职权范围内调整经济适合度函数，使之有利于环境友好型商业计划，而不是非环境友好型计划。这方面的例子包括碳税、排污或强制性工业回收要求。在这些案例中，政府没有选择计划，而是塑造了计划取得成功或遭遇失败的适宜环境（例如，在一个征收碳税的世界里，低排放计划会比高排放计划更有效）。

这种将政府看作适合度函数塑造者的观点与左、右派思想格格不入。右派对效率成本相当抵触。但是，正如我们所看到的，效率成本参数本质上是静态的，例如，如果碳税激发创新使得太阳能设备成本大幅度降低，那么经济效率究竟是提高还是降低了呢？相比于市场的创造力，左派更愿意相信政府的合理性，想要采取更有指导意义的方法，例如希望对所有发电厂设定强制性减排目标，而不是发起排污交易。不过，有人可能会说，如果左派和右派都提出反对意见，那么很可能就意味着我们走上了正确的道路。

然而，鉴于哈耶克指出的所有原因，我们还是得谨慎看待将政府视为适应性函数塑造者的想法。我们应该从实际出发正视自己的预测能力，合理预测政府塑造适合度函数所带来的影响以及出现非预期后果的可能性。这并不意味着政府无法有效地发挥这一作用，相反，这意味着政府得有意愿去做试验、收集反馈以及变换方向，但所有这些在政治层面都没那么容易。它还改变了辩论方式，将市场效率和社会目标之间陈旧的意识形态斗争变成了如何调整市场进化过程来更好地满足社会需求的实践讨论。

复杂经济学不仅改变了我们对左、右派意识形态立场的看法，而且改变了我们对左、右派各自推崇的两个主体内的看法：国家和市场。国家的经济作用是建立一个制度框架，支持不断进化的市场运作，在合作和竞争之间实现有效的平衡，塑造经济适合度函数使其更好地满足社会需求。根据强互惠准则，国家有义务确保其所有公民享有同等机会参与到经济体制中，并为那些没有在这一体制中取得成功的人提供基本保障。市场的经济作用是促进商业计划的发现和其差异化的产生，将经由筛选的消费者、技术和国家塑造的适合度函数和渠道资源应用于选定的、需要扩大的商业计划。问题不在于国家与市场的对立，而在于如何将国家与市场结合起来，创造出一个有效的经济进化系统。

如果说复杂经济学还太年轻，那么它在国家政策方面的应用便是刚刚起步。并不是所有我在本书中讨论的研究人员都会明确地将自己视为复杂经济学家，我引用他们的著作是因为它们完全符合复杂经济学的一般主题，同时举例说明复杂经济学的观点可能将我们引向何方。

贯穿这些实例的共同思路就是微观层面的行为非常重要。正如我们所讨论的，在复杂适应系统中，个体行为的规则常常会对系统的宏观性能产生深远的，有时甚至是意想不到的影响。我们探究了糖域中简单的主体规则如何导致财富的分配出现极度不平等现象；在进化的囚徒困境博弈中，主体策略如何引发主张创造性破坏的熊彼特热潮；啤酒分销游戏中的真人行为如何导致一次次的繁荣与萧条。历史上传统经济学对微观层面的行为持一种狭隘的观点：假设每个人都是完全理性的，那么探索多样化的个体行为如何影响宏观层面的结果就变得毫无意义。不过我们会发现，某些因素，比如文化准则、个人对于居住地和电视节目的选择以及父母的行为，可能就是产生重要宏观经济问题的根源。

文化的重要作用

世界银行的资料显示，2002 年世界上最贫穷的国家是刚果民主共和国，人均收入约为 100 美元。[18] 这个数值只略微高于布拉德福德·德隆估算出的大约 15 000 年前狩猎采集部落 92 美元的人均收入。与此同时，世界上最富有的国家卢森堡的人均收入为 39 470 美元，或者更直接地说，一个卢森堡人的年收入相当于 394 个刚果人的年收入之和。然而，世界上的贫富差距远远超过刚果和卢森堡之间的差距。目前，世界上有 21%的人每天靠不到一美元的收入生存，其中包括撒哈拉以南几乎一半的非洲人和 1/3 的印度人及东南亚人。[19] 正如经济史学家大卫·兰德斯所说，“世界上的国家大致可分为三类：国民花大量钱减肥的国家；国民为生存谋食的国家；国民吃了这顿没下顿的国家”。[20]

历史上对产生这种差距的解释分成了左派和右派两个阵营。[21] 左派最喜欢的解释包括殖民主义、种族主义、资本主义剥削以及富裕国家给予的援助不够。而右派的观点集中在政府不作为、腐败、缺乏自由市场、依赖外国援助，甚至是微妙的种族劣势。此外，还有一些不太带有政治色彩的解释，其中包括地理环境、气候以及在非洲尤为典型的战事连连的悲剧。[22]

1999 年，哈佛大学国际研究中心教授劳伦斯·哈里森（Lawrence Harrison）和他的同事塞缪尔·亨廷顿（Samuel Huntington，他对冷战结束后出现的文明冲突所做的预言非常出名）召开了一次题为“文化价值和人类进步”的研讨会。该专题研讨会将世界各地的研究人员几十年来所做的有关文化在经济发展中所扮演的角色方面的工作结合在一起。出席这次研讨会的成员包括著名的西方经济学家、历史学家和社会思想家们，如大卫·兰德斯、迈克尔·波特、杰弗里·萨克斯（Jeffrey Sachs）、弗朗西斯·福山和内森·格雷泽（Nathan Glazer）。这次会议不仅包含西方学者对遥远文化的抽象讨论，还包括一些来自被讨论国家的研究人员和社会评论家，以及来自慈善组织的从业人员。该研讨会的成果之一是出版了一本名为《文化的重要作用》（*Culture Matters*）的书，书名正好总结了他们的讨论结果。[23]

在第 16 章中，我们将文化定义为受个体行为的微观准则所支配的即时产物，并讨论了文化在各类组织的经济效益中所发挥的作用。哈佛大学研讨会的与会者都认为，文化在国家经济发展中也发挥着重要作用。对于国家而言，行为规范或行为准则不仅仅是成千上万的人在遵循，而是有千百万人在遵循。

有关文化与宏观经济效益之间的联系的评论至少可以追溯到上一个世纪之交，追溯到德国社会学家马克斯·韦伯的著作。但在20世纪50年代和60年代，经济成果这样的文化解释失宠了，原因有两个。第一是政治正确性。正如兰德斯所说，"文化……让学者们感到害怕。它自带一股种族和遗传特征的酸臭味，那是一种无法改变的气味"。[24]第二个原因是新古典主义经济学占据了主导地位。在一个完全理性的世界中，从某种程度上看，文化确实没什么地位，文化准则必须是符合自身利益的优化策略，否则人们就不会遵循。[25]

大家对政治正确性的担忧已经渐渐消失，因为学者们表示完全有可能对既拥有科学成果又尊重人类多样性的文化进行讨论。你必须避开相对主义的陷阱，不要回避为什么某种文化准则可能比另一种文化准则更有利于经济发展这一问题的解释，但与此同时，你会意识到取得经济上的成功无法依靠单一的文化模式。在像日本和挪威这样文化多样而且属于经济成功型文化的世界里，主张单一完美模式的观点很容易就被否定了。同样，行为经济学的兴起逐渐减少了新古典主义假设所产生的影响，使文化这匹马在经济的马厩中站稳脚跟。

于是，至关重要的问题便成了哪些准则有利于经济发展，哪些准则不利于经济发展呢？这一领域要做的研究还有很多，但各类研究人员，比如阿根廷学者马里亚诺·格隆多纳（Mariano Grondona），已经提出了文化准则类型学。[26]这些类型学中的准则的大致分类与第16章中提到的组织规则一样，分为三大类。这也并不奇怪，因为如果组织和社会的准则想要有利于财富的创造，就得支持经济发展进程。

第一类是与个体行为相关的准则。其中包括职业道德、个体责任，以及相信自己才是生活的主角，命运并不是由随心所欲的上帝或大人物掌控的信念。宿命论会大大减弱个人动机，重要的是我们得相信，努力工作和过有道德的生活不用等到下一世，现世就会获得回报。经济成功型文化似乎在认为有可能改进的乐观主义与如实看待现状的现实主义之间达成了平衡。

第二类是与合作行为相关的准则。最重要的信念就是，生活是一种非零和博弈，合作是有所回报的。一个相信财富蛋糕固定的社会很难达成合作，而且社会成员之间往往缺乏信任。与我们所讨论的强互惠准则一致的是，文化中既要有奖励慷慨与公正行为的准则，也要有制裁那些占人便宜、欺骗他人的人的行为准则，这一点非常重要。

第三类是与创新相关的准则。[27]如果演绎部分铿锵有力，那演绎修正工作就会更加有效，因此，注重对世界进行理性、科学的解释，而不相信宗教或神秘解释的文化往往更具创新性。同样，文化需要容忍异端邪说和实验，因为严格的正统观念会扼杀创新。重要的是文化需要有利于竞争，能够歌颂成就，因为太过平等的文化会削弱人们冒险的动机。

第四类准则对前三大类准则而言都很重要，即人们如何看待时间。今天的文化（或者说是停留在过去的文化）在各个方面都存在问题，包括从低水平的职业道德到无力开展复杂的合作和低水平的创新投资。如果明天不重要，那为什么还要努力工作，为什么要进行投资合作和创新呢？相反，具有未来投资理念的文化往往看中工作，有很高的代理储蓄率，愿意牺牲短期快乐来获取长期收益，并且合作水平很高。

就像组织一样，那些拥有吃苦耐劳、合作和创新文化精神的社会，显然有利于发现、执行和进一步发展复杂的商业计划。同样，任何文化领域的严重缺陷都有可能减缓或阻碍经济的发展。

这些通用的准则无法通过单一的方式来实施。日本社会鼓励稳定合作的方法就与挪威有很大的不同，因为任何一种文化都不可能适用于所有领域。此外，对这些准则所作出的判断并不一定都是道德层面的。其中一些准则具有经济和道德的双重含义。例如，制裁欺骗行为就对经济和道德都有好处。但是也有许多准则并不具备道德内涵。例如，一个崇尚享受当下的社会和一个追求投资未来的社会从道德层面看并没有差别，但前者往往不如后者富裕。尽管我们的重点是取得经济上的成功，但这并不是衡量社会健康与否的唯一标准。例如，一个社会可能有强有力的容忍和宽恕准则，允许欺骗行为大肆扩散开来，削弱其建立大规模稳定合作的能力，从而降低经济成果，但同样的准则也可能使它成为一个温暖、友爱、和谐的社会。

记住这些后，你就可以开始分析各个社会的文化并评估其准则所带来的经济效益。哈佛大学研讨会的一位与会者、非洲经济领导工作者丹尼尔·伊东加－曼盖拉（Daniel Etounga-Mangeulle）指出，尽管非洲文化千差万别，但“共同的价值观、态度和制度的基础，使得撒哈拉以南的各个国家密切联系在一起”。[28]他认为太多的通用准则都站在了文化类型学错误的一面，他还强调了导致非洲文化对经济产生消极影响的两个因素：一个是权力过分集中在大人物手里，另一个是看重过去和现在而非未来的时间观：“没有对未来的动态感知，就没有规划、没有远见、没有情景假定，没有策略去影响事件的进程。”

这些准则对人类产生的影响不仅仅是出现累加效应和线性效应。主体遵循文化准则进行互动，从而创造了复杂动力学。举个例子，我们来看看那些相信世界是零和博弈的人和那些把世界看成是非零和博弈的人之间的互动。如果你偏向于将这个世界看作零和博弈，那么你的目标就是得到自己的那一份蛋糕。你会将别人的收获看作你的损失，而且你的合作倾向也会很低。这样的人会投入精力去探寻更大份额的现有财富，而不是去寻找新的、更复杂的、可以创造财富的合作性活动。不难想象，在这样一个崇尚零和博弈的社会里，偷窃、欺诈和腐败现象出现的概率会更高，而且大家对这类行为所持的道德态度也会有所不同，比如偷窃行为可能会被解释为小偷只是从财富超额的人手里“拿回属于自己的那部分”。

假设一群人中有部分人认为经济蛋糕的大小是固定的，而另一部分人则认为经济是非零和博弈的。随着时间的推移，当主张非零和博弈的人找到合作方法创造出新财富的时候，主张零和博弈的人就会对其产生攻击，试图抢夺他们的财富份额。这种冲突会减少合作带来的回报，最终主张非零和博弈的人会觉得合作不划算，变成一个零和博弈的支持者。主张非零和博弈的人的态度并不是一种源自遗传的固定特性。同一个社会中，即便人们与生俱来的素质和态度完全相同，还是会出现观点对立的两个群体。但在合作力低下的社会中，人们对非零和博弈主张会随着时间的推移被消磨殆尽，最终变成主张零和博弈的人。

研究人员在建立这些动态模型的时候通常会发现一个临界点：一旦某个群体中的不合作者和合作者人数之比超过阈值，就很难维持大规模的合作，从而落入“贫困陷阱”。[29] 这样的临界点意味着，历史的瞬息万变可能会将社会沿着低合作之路推入贫困陷阱，也可能将另一个拥有着同样合作倾向的社会引领上致富之路。因此，合作者和叛离者之间的动态互动会影响社会准则的进化以及整个社会的信任水平。文化不是一股一成不变的力量，相反，社会中的人在进行互动的同时文化也在进化——文化是历史的产物，而历史又是文化的产物。[30]

大量研究表明，不同文化中人与人之间的信任度千差万别。[31] 1996年，一项重大调查在许多国家同时展开，调查人员以母语询问大家："一般来说，在跟别人打交道时，你觉得大多数人是可以相信的还是再怎么小心都不为过？"[32] 大家的回答多种多样，着实惊人。挪威和瑞士分别有65%和60%的受调查者认为他们可以相信别人，是信任度最高的国家。而信任度最低的国家是秘鲁和巴西，分别只有5%和3%的人认为他们可以相信别人。

信任和经济成功之间存在着重要联系。高度的信任感会促进经济合作，带来繁荣，反过来进一步增强人们之间的信任度，进入一个良性循环。不过这种循环也可能是恶性的，信任度低下会导致合作力低下，从而导致贫困，进而削弱成员之间的信任度。这种因果关系并不是绝对的，因为信任度并不是决定合作水平的唯一因素。举个例子，印度就认为自己国家的人民之间的信任度比美国要高。一种解释是尽管美国人之间的信任度很低，但因为他们有先进的技术，特别是有尊重法治的传统，所以美国人能够取得经济上的成功。另一种较为悲观的解释是美国人正在依赖过去的社会资本生活，除非社会资本重建，不然信任度会持续遭到削弱。有种看法是，美国民众信任度的削弱步伐最终将赶上美国经济发展的步伐，具体我们将在下文中进行剖析。

弗朗西斯·福山对为何某些文化形成的社会信任度高，而另一些文化形成的社会信任度低这一问题进行了调查。他得出的其中一个有些荒谬的结论是：在拥有很强的“家庭观念”的社会中，人们很难建立广泛的社会信任。[33] 福山认为，以家庭为中心的文化虽然在家庭内部建立了很强的信任纽带，但家庭以外的可信任范围往往较小。这类文化中，血缘关系是经济网络的基础，经济网络的发展规模自然就受到了限制。福山拿那些在中国、韩国和意大利占比很大的小型家族企业及跟自身大规模经济形成鲜明对比的一小部分全球企业进行了比较。同时，那些传统家庭观念较弱的国家，比如日本、德国、荷兰就发展出了一系列社会技术来保护家庭外部的这种信任关系。这些社会技术包括早期建立的法律法规、自发性组织和社会组织。因此，与其他文化相比，尽管这种文化中家庭内部的信任纽带较弱，但人们相互信任的范围却更广。比如，像荷兰这么小的一个国家竟然拥有荷兰皇家壳牌、飞利浦及荷兰银行这样世界级的大公司，简直太了不起了。

来自世界银行的卡拉·霍夫（Korla Hoff）和印度统计研究所的阿里杰特·森（Arijit Sen）也都认为，家庭关系太过紧密会对经济发展产生负面影响。[34] 在北欧新教传统中，家庭往往被定义为由父母和孩子组成的直系核心家庭，跟爷爷、奶奶、外公、外婆、叔叔、阿姨和表亲的联系比较弱。在许多非洲和南亚国家中，家庭的范围更大，人们的家庭关系更密切，延伸到了爷爷、奶奶、外公、外婆、叔叔、阿姨、叔祖父、叔祖母、表亲、远房表亲等。在崇尚这种数代同堂大家庭的社会中，家庭成员之间分享经济财富也有着非常严格的准则，富有的家庭成员被认为理应帮助贫困的家庭成员。虽然数代同堂大家庭的成员之间互相分享、其乐融融的景象听起来很吸引人，同时还能带来心理或其他方面的好处，但从经济角度来看，它制造了一个基本问题：你找到工作，为之努力，攒了一些积蓄，结果你那没用又懒惰的远房表亲来投靠你，他吃你的，住你的，靠你辛苦挣来的工资生活，就形成了经济学家所说的道德危机。大家庭的定义引发了搭便车行为，从而降低了工作和积蓄所取得的回报。霍夫和森认为，大家庭不仅会在个人层面制造问题，当它的裙带关系延伸到商业和政府机构时，还会进一步阻碍经济发展。

尽管人类才刚开始探索文化在发展方面的意义，但越发清晰的一个事实是，文化必定是发展等式的一部分。世界银行的经济学家威廉·伊斯特利指出，从 1950 年到 1995 年，发达国家向发展中国家提供了超过 1 万亿美元的经济援助，然而，绝大多数受援国的贫困率几乎没有变化，自 20 世纪 60 年代独立以来，许多非洲国家甚至出现了经济倒退的现象。[35] 虽然帮助减轻当下严重的贫困现状至关重要，但是人们必须更多地去了解和解决根源问题。尽管文化不是唯一的根源问题，但如果继续忽视贫穷的文化基础，那么任何援助方案都注定会失败。

社会资本与“大破坏”

2000 年，哈佛大学公共政策教授罗伯特·帕特南（Robert Putnam）出版了一本名为《独自打保龄球》(*Bowling Alone*) 的书，将“社会资本”这个词带入公众视角，激发了经济学家和政策制定者对这个话题的兴趣。[36] 帕特南将社会资本定义为“个人之间的联系，及由此产生的社会网络和互信互惠准则”。[37] 用复杂经济学的术语来说，如果文化准则为主体行为提供了微观规则，那么社会资本就是主体创建合作网络的即时产物。

并非所有的合作性活动都能创造社会资本。例如，市场交易中的匿名合作并不能创造社会资本。拥有社会资本网络的一个重要特征是，其中的个体不断地进行互动——创造社会资本是一项接触性运动。比较典型的拥有社会资本网络的例子包括地方社区组织、慈善机构、宗教组织、运动队、俱乐部、民间团体、业余组织，当然还有保龄球联盟。公司和其他工作场所也是社会资本的重要来源，因为人们除睡觉以外的大部分时间都在工作，因此会与同事建立重要的个人关系网。

帕特南指出，虽然社会资本听起来很友好，但它并非总是好的。有组织的犯罪团伙和恐怖组织成员之间也存在高度的信任、极为有效的关系网络和强有力的行为准则。[38] 为防止有人给美国联邦调查局或中央情报局通风报信，这些暴力团伙的信任纽带往往局限于至亲、宗教或族裔群体成员，以及其他知情的同伙。不过也正因为这样，团伙的发展才受到了限制。

20 世纪 70 年代以来，帕特南一直在研究社会资本与经济效益之间的关系。作为研究的一部分，他的调查深入到了富庶的意大利北部和贫穷的意大利南部。在《让民主运转起来》(*Making Democracy Work*) 一书的引言中，帕特南描述了他前往南部普利亚大区政府办公室参观的场景：

> 昏暗的接待室里躺着几个懒散的官员，他们可能每天也就出现一到两个小时，但即便在这一两个小时内也不作为。稍微多停留一会儿的访客可能还会发现，稍远处的办公室里只有一排排空空如也的桌子。一位市长因无法获得该地区官员的支持万分沮丧，对着我们大发雷霆：“他们不回邮件，甚至都不接电话！”[39]

帕特南拿这种氛围与北部艾米利亚－罗马涅地区的政府办公室氛围做了对比：

> 地区总部采用了玻璃外墙，感觉就像是一家现代化的高科技公司。热情的前台人员会毕恭毕敬地将你引到相应的办公室，那

> 儿的官员可能还会给你调出与该地区存在的问题和地区政策相关的数据库……作为许多领域的立法先锋，艾米利亚政府从言辞到行动都取得了很大的进步，它的成效通过该区域的几十个日托中心、工业园区、话剧团、职业培训点就可以看出来。[40]

其实从普利亚到艾米利亚－罗马涅也就600多公里，约6个小时的车程。两个地区居住的都是意大利人，历史背景相同，但两个政府的办事效率怎么会有如此巨大的差距呢？

帕特南把这两个地区之间产生巨大差异的根源归结为我们非常熟悉的一个话题：信任度低导致无法实现大规模合作。帕特南认为，信任程度的差异源于这两个地区的不同历史，可以追溯到中世纪时期，这一历史导致了两种截然不同的社会资本的传承。南部地区历史上实行的是君主制，等级森严、封闭、由教会控制。这样的等级结构认为民间组织和商业网络是对其权力的威胁，必须阻止它们的发展。而北部地区更加强调平等、共有、贸易自由，后来还受到了启蒙运动思想的影响。在这样的环境下，社会网络不断发展和繁荣。[41] 正如帕特南所指出的，一个国家所走的道路决定了它的历史。几个世纪以来，北部的公有制共和国逐渐创造了大量的社会资本，而南方的君主制共和国却从未实现过社会资本发展的良性循环。从长远来看，这种政治上的分裂转化成了两种截然不同的经济结果：意大利北部的某些地区成了整个欧盟最富有、发展速度最快的地区，而南部的某些地区却是整个欧盟最贫穷的地区。

在《独自打保龄球》一书中，帕特南把视角转向美国去研究这个问题："美国的社会资本现状是怎么样的？"答案是"并不好"。书中开篇就写到宾夕法尼亚州经营了半个世纪的桥牌俱乐部消失了，弗吉尼亚州那些有着百年历史的全国有色人种协会、海外战争退伍军人协会、慈善联盟、缝纫妇女协会和仪仗队统统都解散了。[42] 所有这些传闻也通过数据得到了证实。美国政府的可信度下降了一半，从 1966 年 40% 的巅峰值降到了 2003 年的 20%。同样，商业可信度也从 55% 降到了 16%，宗教机构的可信度也降了一半，降到了 23%。[43] 更令人担心的是，个人之间的可信度也在逐渐下降。1968 年，美国 50% 以上的人认同“大多数人是可信的”这一说法，但到 2003 年这个比例降到了 30% 以上。信任度下滑的意义远没有我们所观察到的“在信任度更高的社会中居住会更快乐”那么简单。正如前文所说，的确有证据表明社会信任和宏观经济效益之间存在重要联系。

弗朗西斯·福山对帕特南的研究做了补充，他进一步观察到，在 20 世纪 60 年代，标志着美国社会资本下降的几个指标开始同时出现变动，包括 1963 年到 1993 年暴力犯罪率增长了 7 倍（近几年有所下降），同一时期的离婚率和单亲母亲生育率也出现了大幅度上升。[44] 福山把 1960 年至 2000 年这一时间段叫做“大破坏”时期，并指出社会资本的下降并非只在美国出现，许多其他发达国家也出现了这一现象。

福山和帕特南都认为造成社会资本下降的原因很复杂，不能归咎于单一因素。而且双方都指出，许多因素都是双刃剑。就其本身而言，这些因素对人们有积极意义，但会对社会产生消极的影响。例如，福山和帕特南都举例说明了这一时期家庭结构发生的巨大变化，尤其是离婚率上升，女性开始进入职场。毫无疑问，离婚程序简化使得数百万人摆脱了不幸的婚姻，但不可否认的是，这也对孩子、对人的社会化以及对他们自己的信任纽带产生了一定的影响。

向女性开放职场在让女性发挥其个人潜力方面有着深远的影响。然而，正如帕特南所说，女性历来在创建社会结构方面扮演的角色都比男性更为重要。女性通常会更积极地参加社会组织、基层政治和宗教组织，而且历来都是女性在打理与朋友及邻里的关系。帕特南的一项研究表明，年龄、社会经济地位和婚姻状况相同的女性中，参加工作的女性参加志愿活动的比例下降了 50%，朋友之间的日常往来下降了 25%，俱乐部及教会活动出席率下降了 15%，参加娱乐活动的比例也下降了 10%。[45] 帕特南并不是苛责女性选择出去工作，从个人层面看，女性出去工作既是经济上的需要，也是女性实现个人抱负的方式。相反，他只是指出，这一微观层面的变化——较短时间内有数百万妇女加入了工作，对整个社会经济产生了宏观的影响。

社会布局的变化，特别是郊区的扩大，也对信任和社交网络的建立产生了多方面的影响。首先，街坊邻居有了更多的私人空间，几乎没什么机会碰面、交谈。其次，人们选择开车而不是走路进出社区。这就意味着大家单独待在车里的时间久了，更没什么机会互相碰面了。而且，家与单位离得远，上下班通勤所需时间更长，从而导致职场的社交机会也减少了。（“我下班后也想聚聚，但是我得花一个小时才能回家见到我的家人。”）20 世纪 50 年代，像欧吉和哈丽雅特这样的同事就住同一条街，她们下班后还会顺便一起去喝杯马蒂尼，而这在今天已经很少见了。

产生这一重大后果的另一个因素是大众媒体的隔离效应。当代人的娱乐方式从舞厅、音乐会、酒吧、桥牌俱乐部、保龄球联盟等团体活动戏剧性地转变为个体活动。收音机、电视机、立体音响、视频游戏、家庭影院以及互联网的盛行，意味着大家留出了更多时间在家独处或者陪伴家人。而与媒体本身同样重要的是信息，媒体行业的经济现状使得从业人员将内容指向了大众，因此节目反映的往往是人类情感的最低共同标准。有些人认为，这是随着互联网内容越来越多慢慢发生变化的，但鉴于色情和网络赌博一直在流行，这样的说法还是值得质疑的。几十年来，不仅是小说中，新闻媒体中也一样，整个社会充斥着谋杀和蓄意伤害。人类一直喜欢有关性和暴力的故事，但是通过远程控制或者点击鼠标就能把它们集中起来，让它们生动地展现在电话、电影及电脑游戏中还是人类历史上的一种新现象。第 6 章中，我们讨论了人类决策方面的偏差，即我们在数据推理方面有限的技巧和根据非典型样本得出结论的倾向。如果某个人置身于源源不断的谋杀新闻中，他就会下意识地认为谋杀是件很常见的事情，而且会高估自己被谋杀的概率。媒体造成的这种恐惧进一步削弱了信任，使人群变得孤立。

同女性进入职场一样，人们选择住在郊区、选择开车、选择看电视的理由也非常充分。于是，这些个体选择所产生的宏观效应又让社会资本出现了令人担忧、始料未及的下滑。社会资本长期下滑对美国经济效益所产生的影响目前尚不明确，但可能并不乐观。

鉴于引起破坏的原因的结构性和几乎不可逆转的特性，例如几乎没什么人会主张女性回归家庭，大家也不会放弃汽车，我们能做什么确实成了难题。帕特南提出了“社会资本家的议程”这一概念，其中包括以下五个部分：[46]

1. 加强个人参与社会活动及少看电视的承诺；
2. 在学校实施帮助下一代建立信任和社会资本准则的方案；
3. 进行改革，使工作场所更有利于人们兼顾家庭；
4. 改善公共交通，改写区域规划法；
5. 鼓励投票，提倡政治参与。

帕特南承认，通过多方面的共同努力来重建美国社会资本是个巨大的挑战，而且我们的政治机构恐怕也无法领导这种变革工作。

福山的态度更为乐观，他认为这既不是人类面临的第一次大破坏，也不会是最后一次。[47]他从进化论的角度指出，人类社会系统具有很强的适应性。在过去的社会大破坏时期，社会资本也出现了数十年的下滑，但紧接着的就是重新制定规范，重建社会资本。例如，福山列举了19世纪初人类从农业经济向工业经济转变所引起的巨大破坏，以及随之而来的轻微犯罪、暴力、酗酒、未婚生育以及其他社会问题增加的迹象。他指出，在维多利亚时期，针对这些变化产生的是新的社会秩序和规范，而且维多利亚时期被认为是社会资本非常高的一个时期。

围绕社会资本和信任产生的这些问题远远超出了经济学领域，实际上涉及社会的各个方面。[48]这些问题也证实了复杂适应系统是在不断变化的。传统经济学领域不可能拥有社会资本，因为传统经济学框架关注的是理性个体追求自我利益的选择，只要每个人为自己作出最优选择，就是在为社会作出最优选择。复杂经济学对此持不同观点，其认为一个社会中复杂的互动意味着善意的个体选择有时候可能带来令人吃惊的结果。在这种情况下，个体关于居住地、是否外出工作或者如何度过闲暇时光等这些不断变化、看似毫无关联的因素的选择会导致社会凝聚力急剧下降。

虽然我同意福山的进化论观点，也相信我们会找到方法去适应，但进化论无法保证一定会实现更好的社会秩序，取得更多的财富。进化过程中社会可能会经历崩溃、进入死胡同、陷入贫困。[49]因此，我同意帕特南的观点，即必须采取一种更为积极的方法，一种将个体行为、学校、政府、民间组织以及媒体结合一体的方法。

传统的左、右派理论框架很难对社会资本相关问题进行分类。一方面，合作是经济繁荣的核心这一主要观点更符合左派的思想，并且与右派追求个人主义果实的强烈思想格格不入。左派人士认为，社会资本下降会带来西方世界市场经济中已经出现的一个问题，这个问题单凭市场根本无法解决。但是在这一政治立场的对立面，那些关注社会资本下降的人则倾向于支持回归传统价值观——信任邻居、参加志愿服务、尽公民义务、参与宗教活动以及拥有稳固的家庭关系，长期以来这些一直都是保守的右派思想的主要内容。这一争论并没有把我们带入既要有社区又要有传统价值观的尴尬局面，而是两者齐头并进——拥有许多社区、崇尚许多传统价值观，以及政府的领导角色得到充分发挥。

不平等、社会流动性和贫困文化

我们已经看到了贫穷、文化和社会资本之间的关系，这里再讨论一个相关的问题：不平等。正如前文中所提到的，世界上有 21% 的人口，相当于有 10 多亿人每天的生活费不到 1 美元。尽管像印度这样的国家已经取得了一定的进步，但许多经济学家还是会说各国之间的不平等仍在加剧。[50]

毫无疑问，经济的出现必然伴随着经济不平等现象。一位名叫阿布尔马吉的数学家对考古数据进行研究，发现了古代埃及社会财富的分配情况。[51]他以公元前 1370 年至公元前 1340 年间人们居住的房屋面积大小作为财富衡量指标，推断出财富的分配是由帕雷托分布决定的，其参数与现代社会的参数相似。

不平等现象合乎道德吗

尽管不平等现象持久而又普遍，但它合乎道德吗？政治评论员马特·米勒（Matt Miller）在他的《百分之二的解决方案》（*Two Percent Solution*）一书中写到，如何回答这一问题是区分左派和右派的关键。[52]

右派人士说，如果生活中人们可以自由作出选择，而且市场也充满竞争，那么这种由自由人类和颇具竞争性的市场导致的不平等现象完全是合乎道德的。就像米勒所说，市场会在道德层面奖励高尚的行为，比如工作、负责任、勤俭节约、创新、承担风险。大家可以对不幸之人表以同情和怜悯，但我们没有更好的办法来分配资源。如果一个人认为市场是组织经济活动的最佳方式，那么也就必须接受其结果。

左派人士认为市场是人类为达到自己的目的而创造的、以社会技术为基础的社会构建。如果市场经济是一个社会构建系统，那么我们必须对其结果负责。在那样的系统中，并不是单凭美德就能决定结果的。一个人出身的好坏起到了很大的作用，尤其是可以遗传的智力、长相、种族，传承的财富和出生的地理位置。鉴于这些因素的影响，像米勒所说的那样去思考市场结果是否像假定的那样合乎道德没有任何意义。

这两个对立的观点还可以用强互惠准则来解释。简单地说，如果一个人的贫富是由其自身行为决定的（右派观点），那么每个人所得到的便是应得的。但是如果一个人的贫富很大程度上靠的是运气或者不受个人控制的外在因素的影响（左派的观点），那么他们得到的就不是应得的。

对于利己主义和利他主义的问题，很长一段时间以来，大家都认为观点不同只是因为意见不一样而已。多亏许多研究人员孜孜不倦的工作，目前已经搜集到了与这一问题相关的大量证据。

近来，圣塔菲研究所的塞缪尔·鲍尔斯、马萨诸塞大学的赫伯特·金蒂斯和陶森大学的梅丽莎·奥斯本·格罗夫斯（Melissa Osborne Groves）对此进行了调查，结论是左派和右派的观点都并不完全正确。[53]

缺乏社会流动性

右派观点正确的前提是社会流动性很高。霍雷肖·阿尔杰（Horatio Algers）笔下的孩子们凭借强大勇气和毅力通过勤奋努力地工作最终由贫穷走向了富裕。这样的故事的确存在，尤其是在美国这样的国家，但实际上整个美国社会的流动性却比大家预想的要低很多。汤姆·赫茨（Tom Hertz）做了一项研究，研究中他引用了对 6 273 组家庭进行的长达 32 年以上的观察所得的数据，研究表明，非常贫困和非常富裕的地区的人群流动性都特别低（见表 18-1）。

如果一对父母位列收入最高的 1/10 人群，那么他们的孩子有 29.6% 的可能性也会成为收入前 1/10 的人。再往下看表格中收入在前 1/10 的人群那一列，大家可以看到他们的孩子有 59.1% 的可能性成为上流社会的人（前 30%），而且他们的孩子成为低收入人群的可能性微乎其微。相反，如果父母的收入属于最低的 1/10，他们的孩子有 31.5% 的可能属于收入最低的 1/10，有 2/3 可能仍旧处于较低的社会阶层，只有 1.3% 的人可能像霍雷肖·阿尔杰笔下的孩子一样进入上流社会。而那些父母属于中产阶级（中间的 1/10）的孩子很可能仍旧是中产阶级。缺乏流动性的现象在黑人当中尤其显著，出生在收入最低阶层的白人中只有 17% 的人会停留在那个阶层，而黑人的这一比例达到了 42%。

表 18-1 父母的收入水平对孩子成年期收入水平的影响

鉴于父母的收入水平，儿童在成年时达到特定收入水平的可能性			
	父母的收入水平		
	高收入水平	中收入水平	低收入水平
孩子成年期的收入水平			
前 10%	29.6	7.3	1.3
前 30%	59.1	23.0	9.3
中间的 40%	34.3	48.0	28.3
更低的 30%	6.6	29.1	62.4
后 10%	1.5	7.3	31.5

资料来源：数据源自汤姆·赫茨的“黑人和白人家庭的流动性”研究。

“哎！”左派人士为此哭诉说，“这就证明我们生活在一个不公平的社会，这个社会设置了障碍阻挠穷人和少数群体取得成功。”但是不要这么快下结论，缺乏流动性的原因多种多样，我们得跳出大众视野看看这究竟是怎么回事。[54]

我们需要考虑父母给孩子多少钱这个因素所产生的影响。这一因素解释了父母收入与孩子收入之间存在大约 12% 的相关性，但无法解释子女从这种给钱多少的差异中究竟获得了什么。

接下来我们来看看一直备受争议的先天遗传与后天培养的问题。也许高收入的父母会把这种高收入基因遗传给子女。对异卵双胞胎的研究表明，父母和子女的收入之间有 12% 的关联性可以由基因来解释，28% 受环境影响。

而另一项研究的结果表明，收入跟智商的关联性为 5%，这就表明可以由基因解释的 12% 的关联性中，有其他基因特性在起作用，而不仅仅是因为天资（以智商来衡量）。因此，尽管基因是个非常重要的因素，但并不是决定性因素。

其他研究关注了诸如教育和种族这样的环境因素。贫穷的父母很可能把孩子送到贫困的学校就读，种族歧视也可能是导致父母和孩子都贫穷的一个因素。令人感到惊讶的是，学校教育对父母与孩子收入相关性的影响只占到 10%，这就表明肯定有其他环境因素在起作用。在控制其他人口因素的情况下，种族对父母与孩子收入相关性产生的影响只占到 7%，所以黑人与白人之间的差异肯定比我们看到的要多。

既然父母与孩子的收入之间有很大的相关性，那就是说财富实际上是可继承的。但明显能从父母那继承而来的两个因素——金钱和基因所产生的影响只占关联性的一小部分。与此同时，贫困学校和种族歧视等环境因素似乎并不能填补这种解释漏洞。这些不同因素的影响只占总相关性的 1/3 左右，很明显我们还没找到孩子从父母那儿获得的更关键的东西。许多研究人员认为等式中所缺失的是由文化驱动的行为和社会资本，也就是前面两部分的主题。

贫困文化

在一篇题为《苹果不会落在离苹果树很远的地方》（*The Apple Does Not Fall Far From the Tree*）的文章中，一个五人研究小组对父母与子女行为之间的相关性进行了研究。[55] 研究小组将这些行为分为“亲社会行为”，比如完成学业、去教堂、参加学校俱乐部；“不良行为”，比如吸毒、15 岁前发生性行为、斗殴、破坏财产、休学等。研究人员还研究了一些会产生经济后果的个性特征，比如自负、抑郁和羞怯。研究人员发现，正如他们的论文标题所暗示的那样，父母与孩子在这些行为和个性特征上有显著的关联性。完成学业、去教堂做礼拜以及参加俱乐部的人的孩子很可能是正人君子，而爱打架斗殴者或吸毒者的孩子很可能会有不良行为。有趣的是，研究人员并没有发现社会经济地位对此有太多影响。令人惊讶的是，研究人员从参与、监督、儿童自主性培养、情感陪伴和认知刺激五个方面进行衡量后发现，父母的教养方式对孩子的影响不如预期的那么重要。真正重要的似乎是父母自身的行为表现，而不是教育技巧本身，父母的那句格言“照我说的做，不要照我做的做”似乎并不起作用。

研究人员得出的结论是，父母的行为会对孩子的行为产生极大的影响（对于这一点任何父母都不会觉得奇怪），从而反过来对孩子未来的收入产生巨大影响。毫无疑问，父母的一些行为是有遗传基础的，比如物质成瘾行为、抑郁症等疾病都有基因因素在起作用。但是有关双胞胎的研究显示，从整体来看，基因因素在预测未来收入方面只起到了一小部分作用。遗传行为的其他来源是父母传递给孩子的文化准则和价值观，因此结论就是传承的文化会对个人经济收益产生很大的影响。[56]

这个结论并不足为奇。如果文化行为的微观准则在组织机构和社会的经济效益中发挥着至关重要的作用，那么人们期望它们在个人经济收益方面发挥作用也是合理的。文化主要传承自父母、对应时期的社会网络以及当地社区这一观察结果提供了一个明确的机制，至少在一定程度上解释了缺乏社会流动性的原因。如果高收入阶层的准则是鼓励个体表现、合作和创新，那么这些准则就会被传承给子女。子女就会运用这些准则去获取经济上的成功，然后再把准则传承给他们的子女。同样，低收入阶层的人可能会陷入文化准则的泥潭，几代人会一直保持着反社会、反经济的行为。20 世纪 60 年代，相当知名的参议员丹尼尔·帕特里克·莫伊尼汉（Daniel Patrick Moynihan）把“贫困文化”认定为美国经济中持续存在下层阶级的主要原因。

我们还可以对这个逻辑进行拓展，用来论证反社会文化准则会导致经济网络中的社会资本变得薄弱。[57] 因此，来自文化失调的环境中的个体也较少受益于他们的朋友、邻居和同事。[58] 他们很少有机会参加合作活动，很少进行知识交流，也很少有机会共同承担风险。愿意为年轻人投资的榜样和导师也很少。在这样的文化中，仅有的那点社会资本可能存在于相对消极的团体中，比如帮派之间和毒贩交易网络中。相反，那些来自亲社会文化的人会有完全相反的体验。他们会极大地受益于拥有高社会资本的经济网络的帮助。在这样的网络中，榜样会对年轻人进行投资，人们可以利用自己的关系网为彼此寻找工作，成功的时候大家一起庆祝，遇到困难大家一起分担。

罗尔斯的逻辑与政策

面对左、右派这样的分歧，我们该何去何从？右派认为个人责任仍然很重要，而且积极行为通常会带来积极的结果，这样的观点是正确的。文化规范也许可以解释某些行为的遗传性和持久性，但它们在道德层面无法为反社会活动找借口。同样，尽管美国的社会流动性可能低于一般水平，但它仍然是一个具有流动性的社会，尤其是对中产阶级而言。

左派也有一些正确的观点。与生俱来的财富、智慧加上种族确实在解释经济成果方面发挥着重要作用（即使每一个单项的贡献都非常微小）。如果加入文化因素，出身好坏这一论点就会变得更有说服力，毕竟一个人无法选择自己出生在什么样的文化当中。

从政策角度看，左派和右派常用的解决方案都不理想。收入再分配并不能解决任何行为问题，不管这些行为源于基因还是文化，而且如果对市场采取完全放任自由的管理方式注定会让许多人一辈子贫穷，所以这种方式似乎并不合适。

米勒认为，我们应该放弃左、右派看待这一问题的思想框架，转而采取哲学家约翰·罗尔斯（John Rawls）的立场。[59] 我们应该问自己这样一个问题：如果不知道自己的出生是随机抽签决定的，我们想要一个什么样的制度？这样的话，不管我们将出生在上东区一个富有的投资银行世家，还是出生在布朗克斯区一个有毒瘾的单身母亲的家庭，我们都会在知道出生地之前就设计好这个制度。

米勒认为，这个思想实验的答案是，我们会设计一个系统，将顶层的机会均等与底层的社会保障体系结合在一起。首先，我们希望人们有尽可能多的机会走出布朗克斯区，但同时，如果我们运气好，出生在银行世家，也不希望因此受到惩罚。重点在于帮助穷人致富，而不是从经济上惩罚富人。特别是，我们要确保布朗克斯区的学校和银行家的孩子就读的学校一样好。我们还希望确保孩子的人生道路上不存在不公平的障碍，比如种族歧视。与此同时，我们希望能有对底层人的保护。尽管穷人的孩子已经在学校努力上学，但他或她还需要一些给妈妈做治疗用的康复药物，需要有人帮忙做饭、解决住房及医疗问题，以避免陷入绝境。同样，如果出生在银行世家的孩子知道即便家人运气不好导致倾家荡产，他们的生活也能有基本保障，那么他或她也许可以睡得更安稳些。

米勒把他的罗尔斯逻辑转换成了四点具体的政策建议。第一是提供税收补贴，创建全面的医疗保健体系，使大家能够从提供私人健康计划的保险公司购买医疗保险。第二是大幅度提升教师薪资，实现公共教育质量的提升，尤其是提升针对贫困儿童的教育质量，以换取工会同意实行绩效工资的措施。第三是通过自由党和保守党之间的“大交易”来推进教育改革，允许实行教育凭证制度式的竞争使教育支出与财产税脱钩，这就确保了富裕家庭的孩子能够享受最好的学校教育，并且提高对教育的总体投资。第四是联邦要确保大家的最低生活工资，设置最低收入标准。米勒建议可以挪用美国国内生产总值的 2% 用于推进这些新举措。

米勒的建议也有利于唤起我们的强互惠公平意识。这些举措的实施定会给品行端正、努力工作的人带来回报，懒惰的人除外。那些运气差的人也能因这些建议举措被慷慨相待。政治家们注意到，这种强互惠的呼声使得米勒的建议受到了大众的广泛支持。

改变文化，创造一个“共同层”

尽管米勒的建议有助于排除前进的障碍，保护社会中某些最脆弱的群体，却无法解决导致贫困和不平等现象出现的更深层次的文化基础。文化与贫困的问题是一个富有挑战性的问题，尤其是当它涉及敏感的种族问题时。20 世纪 60 年代，被多数人视为自由主义者的民主党参议员莫伊尼汉由于讨论贫困文化被左派看成是种族主义者，遭到了猛烈抨击。事实上，讨论贫困文化并不意味着对特定的少数群体的文化进行批判，也并不意味着要让这些少数群体“像白人一样做事”。就像日本人和挪威人所遵从的勤奋工作、合作和创新的准则在本质上没有区别一样，这些文化属性本质上也没有黑种人、白种人、黄种人之分。非洲裔美国籍的总裁、高级政府官员、知名学者及专业人士队伍的不断壮大恰恰证明了这些准则和行为的效力。这些人的子女往往也非常成功，这又进一步证明了这一点。[60]

种族和文化之间的联系一直在变动，而文化和历史之间的联系是存在的。我们在帕特南对意大利北部与南部所做的对比研究中看到了这一点，甚至在只有合作主体与非合作主体组成的简化世界中也看到了这一点。可以这么说，尽管种族主义对美国社会流动性的阻碍已经减少，但长达250年的奴隶制的遗留问题，再加上随后100年的种族孤立，还是给许多非洲裔美国人的社区文化留下了烙印。现实问题是，那段历史在文化中创造了怎样的反社会和反经济准则，我们又该如何改变这种准则？这种观点调和了非洲裔美国政治领袖和宗教领袖中两大对立阵营的关系，即“指责社会”的左派人士和主张“个人责任”的右派人士。大家可以在承认过去犯过错误的同时，期待准则和个人行为所发生的变化能够成为摆脱贫困文化的关键。

这种观点所传递的积极信息是，文化能够而且确实发生了变化，甚至在几代人身上都发生了变化。而且，文化可以以鼓励经济发展又不牺牲其他积极准则的方式进行变革，使其具有独特性。比如，自20世纪70年代以来，西班牙和爱尔兰都经历了巨大的文化变革，经济增长更是破了纪录。但这两个国家都保持了原有的西班牙传统和爱尔兰传统。消除贫困文化需要变革文化准则，但并不要求美国多样的文化实现完全统一。

话虽如此，但是如果有广泛的共同准则，所有社会都会运作得更好。在文化统一的社会中，人们之间的信任度往往更高，也更容易建立合作。美国和拥有庞大移民社区的欧洲国家所面临的一个日益严峻的挑战是如何在多种族、多元化的文化社会中建立信任和合作。在理想世界中，大家会对成为美国人、英国人、巴西人究竟意味着什么达成共识，并被社会广泛接受。这种共识包括支持民主（例如言论自由权、参与政治进程的重要性）和经济成就（努力工作和创新的回报，受教育和自我提高的重要性）的准则。正是同一文化中所达成的共识，让整个民主国家紧密团结，与贫困文化背道而驰。而共识背后是让多元文化社会展现活力的各种准则、传统和信仰。

创建共识是一项跨越政治体系、教育体系和媒体的挑战。但随着太多公民赶不上经济增长、移民人数增加和全球气温上升导致的社会关系日益紧张，这一挑战变得越发重要。在许多方面，美国都是在创造这种共识方面做得最成功的国家。除了历史上美国对美洲土著人和非洲裔美国人的排斥之外，它在让移民融入当地社会并带来经济增长和机会方面无可匹敌。美国的开国元老们所创建的不仅仅是法律文件，更是体现价值观的文件。这些价值观为美国服务了两个世纪，但在面临社会剧变的某一时期，在美国国内的家庭、学校、宗教场所、媒体和政治机构中传播、更新和强化这些价值观的机制却败落了。

当今世界，振兴和更新文化可能是美国在新的世纪面临的最重要的任务之一。但这又不仅仅是美国面临的挑战，随着 23 万信仰伊斯兰教的民众的融入，随着欧盟到底是文化共同体还是政治经济共同体这一答案的确定，欧洲也面临着类似的问题。同时，广大发展中国家的高速发展无疑会带来一场痛苦的文化变革。正如前面所说，倘若没有文化变革，即便得到了援助、有了投资、进行了结构改革，世界上最贫穷的国家还是不会出现经济增长。

同样，这些问题都不可能刚好就是左、右派之间存在的分歧。正如莫伊尼汉参议员总结的那样：“保守主义的核心真理是，决定一个社会成功与否的是文化，而不是政治。自由主义的核心真理是政治可以改变文化，并使之获得拯救。”[61]

未来方向

本章中，我对复杂经济学在公共政策等重要问题方面的应用进行了抽样研究。不管怎样，复杂经济学都可能会帮助我们加深对其他几个领域的理解。

复杂经济学也许无法帮助我们更好地预测通货膨胀，但正如前面所说，它会让我们对商业周期的动态性有新的认识，从而更有效地管理宏观经济政策。一个长期存在的谜题是，为什么工资水平具有黏性，为什么我们无法通过降低工资来阻止经济衰退？在一个完全理性的社会中，我们可以通过小幅削减员工工资，而不是大规模的裁员来消化经济的衰退。强互惠行为也许可以解释这一难题，因为员工认为降薪是不公平的，而仅凭员工那点可怜的动态直觉也无法意识到经济衰退会导致失业率上升。[62]

环境问题是另一个相关的例子。自然环境本身就是一个复杂适应系统。大约开始于 1750 年的全球财富激增导致大气中的碳排放量达到了高峰。从长期来看，全球财富快速增长所产生的影响已经让全球生态系统产生了戏剧性的、脉冲式的改变，而这些都是由人为因素引起的。我们正在盲目地对环境进行试验，试验结果目前还无法得知。由于复杂系统往往具有临界点，而且会经历突然的变化或者崩溃，我们应该高度重视这个试验。据某次大规模调查发现，人类对地球的破坏已经超出了它的再生能力，人类所消耗的资源已经是地球承载能力的 1.2 倍。[63] 复杂经济学以自己的方式为此贡献了一分力量，它帮助我们更好地了解了经济和环境的共同进化，重新建立了经济学和热力学的联系，让我们深入了解了为什么人类对这一全球性问题产生的反馈会如此之慢。[64]

各领域对复杂经济学的研究仍在进行，包括医疗体系改革、竞选筹款改革、国际贸易、取消工业管制等领域的研究。[65] 这些领域的共同之处是，它们都需要理解复杂适应系统正在经历的变化。

复杂经济学在公共政策领域还是一个非常新的参与者，我在本章中讨论的许多想法也仍处于推测阶段，但新的研究每天都在进行，复杂经济学的研究进展以及大家对它的理解也都在加速当中。

玛格丽特·撒切尔夫人曾说过，“世界上没有‘社会’这种东西，有的只是作为个体的男人和女人，还有家庭”。[66] 从复杂经济学的角度看，她完全错了。数百万人进行的互动，包括做决定、参与强互惠行为、执行文化准则、合作、竞争、过日常生活，创造了一个我们称之为社会的新现象，这个现象就像突然出现的漩涡一样真实。社会内部有国家、市场和社区三个概念，这三个要素共同创造了人类生活的经济世界。也许我们无法控制或预测社会的未来走向，但可以努力确保这三者共同发挥作用来创造财富、社会资本和机会。

我认为，复杂经济学超越甚至摒弃了传统的左、右派分类。它不是两极之间模糊的中间地带，而是一个全新的视角，一个看问题的新维度。我个人的希望是，将经济学建立在更加科学的基础之上，让复杂经济学帮助减少美国政治辩论中某些激烈的党派之争，尤其是自 20 世纪 90 年代以来的党派之争。毕竟，公民们感兴趣的并不是为其服务的政策制定者中谁的得分更高或者左、右派之间谁胜出，他们只希望看到自己的生活得到改善。

有两种制度为经济发展提供了基础：市场和科学。在此，我们还应该增加第三种：民主。民主本身就是一种政策思想的进化体系。正如爱德华·摩根·福斯特（E. M. Forster）所呼吁的，“请为民主喝彩，这不是因为它承认多样性，而是因为它认可批判主义”。[67] 未来几年，复杂经济学将使政治和政策相关的辩论变得更加多元化，最终将由发展而来的进化机制来选择和传播那些最能服务社会的思想。

后记

马赛族流传着一个传说，在 18 世纪中期，一位族长梦见一群白色的鸟毁灭了马赛族族人的土地。这位族长还梦到巨蛇从海中爬到陆地上吞食自己的族人。马赛族人认为白鸟预言了他们与欧洲殖民者的遭遇，而巨蛇则预言了蒙内铁路的修建。自从这些力量来到家门口，在长达一个世纪的时间里，马赛族人都在不遗余力地保护本族古老的游牧生活方式。

坐在马赛族老人的小屋中时，我在不停地思考经济进化的进程是如何将我们带向不同地方的。一方面，他的生活充满了艰辛。当一位村民给我们看他被感染的伤口时，我更是深刻体会到了这一点。而我可以用抗生素防治感染，任何现代人花几美元就可以做到，而对于那位村民来说，由于没有抗生素，他可能会失去自己的手指，甚至会死去。然而，虽然生活这么艰辛，但我发现当地村民们的脸上洋溢着幸福的笑容，他们的居住环境美丽古朴，邻里关系和睦友爱。相反，当我回到伦敦，我只能注意到地球上最富有的一些人满脸愁容。

我很好奇，经济进化将来会把我们带向何方。我很好奇，这位马赛族长老会做什么样的关于人行道、手机和电视的梦。马赛族人能抵制这些变化多久呢？当变化不可避免地出现，马赛族人会适应吗？或者，他们会丧失本族的立身之本吗？最重要的是，这些变化会使他们更幸福吗？

这些问题不仅关乎马赛族人，更关乎我们所有人。经济进化和增长无疑带来了益处，富有的西方人很容易忘记八代人之前的生活是什么样的，而现在世界上超过 1/3 的人口还在过着那样古老的生活。过去两个世纪的经济爆炸式增长将数十亿人从饥寒交迫、疾病缠身的霍布斯式存在中解放出来，[1] 接下来一个世纪还能再解放数十亿人。但是增长也是有代价的，比如古老的生活方式的消失和环境遭到的破坏。

我们更趋向于认为进化等同于进步，不论是从单细胞生物到人类的物种跨越，还是从石器时代到现代社会的经济跨越。但是进化理论家提醒我们，进化无法完全等同于进步。进步这个术语本身就十分主观，我们只能客观地说，在特定的条件下，进化能随着时间的流逝通向更高的复杂度，而在经济语境中，这意味着更多的财富。但是，理论家还告诉我们，通向更高复杂度的趋势也是不确定的：生物进化历史充满了失败和灭绝，人类社会的历史亦是如此。[2]

我们无法保证经济可以一直停留在 1750 年以来搭乘的爆炸性增长曲线上。我们必须记住，这样的增长是近期的现象，在人类经济史中只占 0.01%。想要增长持续下去，我们就需要运用和发展社会技术，因为它们奠定了增长的基础：市场、科学和民主。即使是在社会技术深度植入的富有的西方，它们也不应当被认为是理所当然的。例如，美国在前段时间陷入了商业丑闻中，并引发了民众对市场的抵制、科学教育的下滑以及民主竞争力的丧失（在 2004 年的总统选举中，98% 二次参选的国会成员都入选了）。[3] 经济进化依赖于这些社会技术的健全，它们的持续更新应该成为首要任务。

持续增长曲线还需要市场、科学和民主在世界其他地方植根更深。目前的两个经济飞速增长的大国——印度和中国，都在这方面取得了进步，但是还需要做得更多。印度的民主力量十分强大，科学也进步不小，但是市场改革不尽如人意。与此同时，中国在科学方面也作出了较多的投资。令人感到悲哀的是，在世界大部分地区，尤其是撒哈拉以南的非洲，基本上还未被这三项社会技术影响。在这些地方，腐败、迷信和强权依然大行其道。有条不紊地建立经济进化所需要的制度和文化是这些国家摆脱贫穷的唯一途径。

不过，我们也有理由对增长曲线的持续持乐观的态度。此前，我介绍了马文·明斯基，并且讨论了组成“心智社会”的人擅长的非凡技能。在全球范围内，经济都在进化为一个心智社会。物理技术的革新持续以指数速度降低人与人之间的互动成本，提高互动效率。[4] 几乎整个人类知识库都在被数字化，向地球上任何地方的任何人敞开大门。从根本上说，全球心智社会正发展出全球记忆。物理技术的革新以及全球心智的增强，将极大地增加系统的可能性。我们无法想象这样的系统有多么强大。

持续的进化以及物质技术和社会技术的扩散给了我们乐观的理由。一些人可能会争辩说，对人类来说，真正的风险不是从增长曲线上掉落，而是继续留在上面。这里存在三个问题。首先，像弗兰肯斯坦博士的怪物一样，全球经济可能已经开始攻击它的创造者了，它吞噬着地球的资源，污染了地球的土地、海洋和天空。如前所述，环境本身是一个复杂适应系统，临界点、巨变，甚至是崩溃的风险都是真实存在的。其次，自 18 世纪以来，物理技术进化的节奏已经远远超过了社会技术。我们已经在与核技术和基因技术的影响博弈，在下一代人身上，人工智能与纳米技术也可能会被列入博弈的名单。如果我们的社会技术无法迎头赶上，全球灾难来临的风险将会持续增加。最后是文化的碰撞。[5]此前，文化冲突只存在于地理边界。如今，文化冲突每天都在电视、网络以及多元文化城市中发生。不幸的是，人类在控制文化冲突方面——从科尔特斯人入侵墨西哥事件到伊斯兰与西方世界的冲突，并不令人满意。[6]

虽然存在这些挑战，但在我看来，天平还是倾向于乐观，因为我们现在有能力理解复杂的人类系统。我们可能无法预测或者控制这些系统，但是可以通过自己的行动来塑造它们。

毫无疑问，不论是政治领袖还是商业领袖都需要愿景和智慧来采取许多行动以解决这些问题。但是我们应该记住，在进化系统中，力量并非自上而下，而是自下而上的。进化是一个盲目的过程，而进化算法会回应接收到的任何适合度函数。如果作为个体消费者、工人和选民，我们要求所处的经济体制和政治体制最大化满足自己的短期需要，用更多的东西来填充物质生活，不考虑地球和未来子孙的健康，那么我们将得偿所愿。

但我们并非别无选择。通过选择消费方式、雇主、候选人以及自己的声音，我们能创造出另一种适合度函数，它需要我们的商业系统、政府和科研机构采取长远的视角，用更广阔和可持续发展的方式来解决全球社会的需求。如果我们创造出这种适合度函数，那么那些机构和经济就必然会适应和响应这一号召。埃德蒙·伯克（Edmund Burke）曾说过，社会是一种“关系，它不仅仅是所有生者之间的关系，还是所有生者、死者和未出生的人们之间的关系”。[7]我们都是全球心智社会的一部分，社会将怎样进化取决于我们。

注释

序言

1. 参见 Kuhn1962。引自尼古拉斯·韦德对库恩的科学研究的回顾，摘自 *Science*, vol. 197, July 8, 1977, pp. 143- 145。

2. 人们普遍认为是托马斯·卡莱尔使用"惨淡的科学"一词来形容马尔萨斯的理论：Samuelson and Nordhaus 1998, p. 323, or Heilbroner 1953, p. 76。这实际上是不正确的。卡莱尔首先使用这个短语来进一步表述他自己的令人震惊的种族主义观念。卡莱尔在 1849 年出版的一本小册子上发表了这番话，这本小册子被整理成为"*An Occasional Discourse on the Negro Question*"。在这期间，经济学家们，例如斯图亚特·密尔正在对奴隶制进行声讨，称其否定了基本的人权。当卡莱尔使用这些词汇时，他是在嘲笑经济学家和废奴主义者的联盟。

3. John Maynard Keynes's 1936 *The General Theory of Employment, Interest and Money*, ch 24, part V.

4. Brown and Eisenhardt 1998, Clippinge 1999, Kelly and Allison 1999, Lis-sack and Roos 1999, Petzinger 1999, Koch 2000, Lewin and Régine 2000, Pascale, Millemann, and Gioja 2000, and Stacey Griffin, and Shaw 2000.

01

1. Smith 1776, chapter IV, p. 25.
2. Kahneman, Diener and Schwarz 1999.
3. Krugman 1992.
4. Kauffman 1995. Kauffman 2000, pp. 211-241.
5. Anderson, Arrow, and Pines 1988.
6. Gell-Mann 1994 and Flake 1998. Haken 2000.
7. Seabright 2004, pp. 13-26.
8. Diamond 1997, Wright 2000, Landes 1998, Jay 2000, Cameron and Neal 2003, and Seabright 2004.
9. ones, et. al. 1992, and Diamond 1997.
10. Horan, Bulte, and Shogren 2005.
11. Seabright 2004. Bonabeau, Dorigo, and Theraulaz, eds. 1999.
12. Horan, Bulte, and Shogren 2005.
13. Chagnon 1992.
14. www.j-bradford-delong.net, accessed on July 16, 2002. New York state government statistics.
15. Chagnon 1992.
16. www.j-bradford-delong.net, accessed July 16, 2002.
17. Schwartz 2004, pp. 9-22.
18. Chagnon 1992.
19. Petroski 1992,23. Schwartz 2004 pp. 9-22.
20. Diamond, 1997, pp. 45-50.
21. 德隆经由七组数据构建了这一结果：克莱默对人口规模的一组长期估计，三组人均 GDP 的长期数据，以及世界 GDP 的三组数据。这个几组数据和关于德龙如何构建出这一结果的描述发表在德隆的网站上，名为“公元前 100 万年前至今的世界 GDP 估算”。

22. Bernstein 2004, pp. 17-23.

23. Ormerod 1994, p. 10.

24. Landes 1969, p.5.

25. Kauffman 2000, p. 211.

26. Dennett, 1995, pp. 48-50. Dawkins 1976 and 1982 and Dennett 1995.

27. Rothschild, 1990, “The Power of Biobabble” published on the *Slate* website October 24, 1997.

28. Holland 1992, Whitley, ed. 1993, Mitchell 1996, Landweber and Winfree, eds. 2002, and Crutchfield and Schuster, eds. 2003.

29. Hodgson 1993, p. 81.

30. Dennett 1995, pp. 28-34; 48-60.

31. Dembski and Ruse, eds. 2004.

32. Kauffman 1993. Wright 2000, and Cameron and Neal 2003.

33. Dennett 1995. Kauffman 1995, pp. 149-189.

34. Seabright, 2004.

35. Nelson 2003.

36. 社会技术与经济学家所说的制度近似，但又不完全相同，我将在第 12 章更加全面地定义社会技术。

37. Freeman and Soete 1997.

38. Hodgson 1993.

39. Charles Darwin’s Autobiography, p. 120, as quoted in Plotkin 1993, pp. 28-29.

40. Browne, 2002.

41. Thorstein Veblen, “Why is Economics Not an Evolutionary Science?” , *The Quarterly*

Journal of Economics, XII 1898, pp. 373-397, reprinted in Gherity 1965.

42. Hodgson 1993, Chapter 7.
43. Hodgson 1993, Chapter 12. Vriend 2002. Colander, ed. 2000.
44. Nelson and Winter 1982.
45. Waldrop 1992 pp. 82.
46. Waldrop 1992. Gell- Mann 1994, Kauffman 1995, Holland 1998, and Johnson 2001. Flake 1998. Bar-Yam 1997. Cowan, Pines and Meltzer, eds. 1994.
47. Anderson, Arrow, and Pines, eds. 1988, and Cowan, Pines and Meltzer, eds. 1994.
48. Arthur 1999.
49. Mark Blaug's essay in Hausman, ed. 1994, pp. 348-375. Hands 2001.

02

1. Waldrop 1992.
2. Waldrop 1992, p. 91.
3. Keen 2001, Fullbrook, ed. 2004, and Ormerod 1994.
4. Fullbrook, ed. 2004.
5. Colander, Holt, and Rosser, eds. 2004.
6. Cassidy 1996.
7. Alan Greenspan quoted in Andrews 2005.
8. Hausman 1994 and Hands 2001.
9. Niehans 1990 and Backhouse 2002. Samuelson and Nordhaus 1998 and Stiglitz 1997. Mansfield 1999.
10. 一些读者会注意到，我对传统经济学共识的描述具有明显的英美新古典主义的偏差。这是因为近几十年来这些想法在全球占主导地位。大陆学者通常比英美学者更重视历史和制度经济学的观点。稍后我将讨论这些观点与复杂经济学的相关性。

11. Nelson and Winter 1982, pp. 6-11.

12. Samuelson and Nordhaus 1998, Stiglitz 1997, and Mas-Colell, Whinston, and Green 1995. For macroeconomics: Dornbusch and Fischer 1990, Mankiw 1994, Krugman and Obstfeld 1991, Romer 1996, Blanchard and Fischer 1989, and Heijdra and Van Der Ploeg 2002. Aghion, Frydman, Stiglitz, and Woodford, eds. 2003 and Szenberg and Ramrattan, eds. 2004.

13. Baumol 2000, pp. 3-4.

14. Szenberg and Ramrattan, eds. 2004.

15. 并非所有的诺贝尔奖得主都属于我所谓的传统阵营，例如赫伯特·西蒙、弗里德里希·哈耶克、道格拉斯·诺斯和丹尼尔·卡尼曼的工作都为复杂经济学家的工作提供了基础。

16. Colander, ed. 1999, pp. 6-7.

17. Backhouse 2002, pp. 13-17.

18. Adam Smith are from Ross 1995, Niehans 1990, and Backhouse 2002. Niehans, 1990, pp. 9-13.

19. Niehans, 1990.

20. Smith 1776, p. ix.

21. Backhouse 2002, p. 124.

22. Smith 1776, Book I, Chapter 1, p. 4.

23. Niehans 1990, p. 60.

24. Smith 1776, Book I, Chp. 2, p. 15.

25. Smith 1776, Book IV, Chp. 2, p. 482.

26. mith 1776, Book IV, Chp. 2, p. 485.

27. Niehans 1990 and Backhouse 2002.

28. Niehans 1990, pp. 24-36.

29. Mirowski 1989.
30. Louis XIV. Backhouse 2002, p. 91.
31. Backhouse 2002, pp. 104-108, Niehans 1990, pp. 73-76.
32. 我们将在第二部分继续讨论。
33. Antoine Augustin Cournot and Johann Heinrich von Thünen. Niehans 1990, pp. 164-187.
34. Niehans 1990, pp. 123-126.
35. Niehans 1990, pp. 118-137, and Backhouse 2002, pp. 132-165.
36. Backhouse 2002, p. 136.
37. Niehans 1990, pp. 187-196.
38. Ingrao and Israel 1990, p. 87.
39. Igrao and Israel 1990, p. 88.
40. Mirowski 1989 Niehans 1990, and Backhouse 2002.
41. Backhouse 2002, pp. 237- 240. Backhouse 2002, pp. 166-168.
42. Stewart 1989.
43. Ingrao and Israel 1990.
44. Stewart 1989, p. 60.
45. Ingrao and Israel 1990, p. 88 and Mirowski 1989, pp. 219-220.
46. Ingrao and Israel 1990, p. 88.
47. Mas-Colell, Whinston, and Green 1995, pp. 584-598.
48. Mirowski 1989, pp. 243-248.
49. Niehans 1990, pp. 197-207.
50. Niehans 1990, p. 197 and p. 198.
51. Mirowski 1989, p. 217, pp. 256-257.

52. Mirowski 1989, p. 257.

53. Mirowski 1989, p. 219.

54. Mirowski 1989, pp. 217-222. Niehans 1990, p. 189, p. 201.

55. Mirowski 1989, p. 219.

56. Niehans 1990, pp. 259-266.

57. Niehans 1990, p. 265.

58. Voltaire's *Candide*, 1759, Chapter I.

59. Mirowski 1989, pp. 219-221.

60. Niehans 1990, pp. 420-444.

61. Backhouse 2002, p. 259.

62. Mas-Colell, Whinston and Green 1995, pp. 5-16.

63. Mas-Colell, Whinston and Green 1995, pp.691-693.

64. Hayek 1988.

65. Niehans 1990，第445-451页，约翰·埃利奥特在1983年版Schumpeter 1934中的介绍。

66. John Elliot in Schumpeter 1934, 1983 edition, p. xix.

67. John Elliot in Schumpeter 1934, 1983 edition, p. xxiv.

68. Nelson 1996, Scherer 1999, and Helpman 2004.

69. Niehans 1990, pp. 451-456.

70. 罗伯特·索洛偶尔也会担任麦肯锡公司的顾问一职。

71. Solow 2000, pp. ix-xxvi.

72. Solow 1956.

73. Solow 2000, Barro and Sala-i-Martin 1995 and Romer 1996.

74. Romer 1994, Aghion and Howitt 1998 and Barro and Sala-i-Martin 1995.

75. Romer 1990.

76. Heijdra and Van Der Ploeg 2002.

77. 应用最广泛的迈克尔·波特关于战略的观点源于新古典主义微观经济学，参见 Porter 1980 and 1985。

78. Niehans 1990, p. 491.

03

1. Waldrop 1992.

2. Anderson 1972.

3. Haynie 2001.

4. 我所属的麦肯锡公司自 1994 年以来一直是圣塔菲研究所的研究项目的资金支持者。

5. Waldrop 1992, pp. 136-197, Anderson, Arrow and Pines, Eds. 1988.

6. Waldrop 1992, p. 142.

7. Ingrao and Israel, p. 158.

8. Ingrao and Israel, p.158.

9. Mirowski 1988 pp. 241-265 and Ingrao and Israel 1990, pp. 148-173.

10. Friedman 1953.

11. Hands 2001, p. 53. Hausman, 1994.

12. Simon, H. 1963. "Testability and Approximation", *American Economic Review: Papers and Proceedings*, vol. 53, reprinted in Hausman, ed. 1994, pp. 214-216.

13. 这是我简化后的结果，但逻辑与西蒙的例子是一样的。西蒙指出，纳格尔证明了使用 Z 的有效性来支持 X 和 Y 的谬论，并且进一步认为，即使观察到 Z，也需要观察 X 和 Y 来支持这一理论。

14. "Why Look Under the Hood?" Hausman, ed. 1994, pp. 217-221.

15. Hands 2001, pp. 53-60. Hands 2001. Hausman 1994.

16. Hands, 2001, p. 311. Holland 1998, pp. 28-33. Sterman 2002.

17. Axel Leijonhufvud, "Towards a Not-Too-Rational Macroeconomics," Chapter 3, pp. 39-55, in Colander, ed. 1996.

18. Kahneman, Slovic, and Tversky 1982.

19. 技术在确定满足行为的界限方面起着重要作用。例如，我们不可能在未来让附近所有加油站通过无线互联网将油价发送到汽车上，然后通过 GPS 定位最便宜的加油站，车载电脑还要计算额外的行驶距离和成本。即使有更多的可用信息，人们还是可能会关闭计算机，不去费心计算可以节省几美元，而较近的加油站可能有更干净的浴室。

20. Camerer 2003, pp. 473-476.

21. Kirman 1999 p. 10. Hicks, 1939, p. 122.

22. 假设有一块区域在随机地抛撒 20 美元的钞票。该地区的人口分布不均衡，人们主要聚集在一个我们称之为 A 的地区。在某一点上，钞票会在一个相对不受欢迎的地区（称之为 B）积累起来。一旦发现这种现象，人们就会冲到 B 区去抢钞票。但由于这需要时间，当人们离开的时候，钞票会在 A 区积累起来，于是，人们又会冲回 A 区，这种变化造成了整体格局上的波动。

23. Richard Day 1994 and 1999. Fudenberg and Tirole 1991 and Heijdra and Van Der Ploeg 2002.

24. Anderson, Arrow, and Pines, eds. 1988, Arthur, Durlauf, and Lane, eds. 1997, Sterman 2000, and Durlauf and Young, eds. 2001.

25. Aghion and Howitt, 1998.

26. Crutchfield and Schuster, eds. 2003, pp. 65-78, and pp. 81-100.

27. Cutler, Poterba, and Summers 1989.

28. Mankiw 1994, p. 326.

29. Mordecai Kurz 1997.

30. Arthur 1994a.

31. Keynes 1923, p. 65.

32. Thomas Love Peacock's 1835, *Crotchet Castle*, Chapter II: The March of Mind.
33. Hempel 1965. Hands 2001, pp. 82-88 and Hausman, ed. 1994, pp. 1-50.
34. Klemke, Hollinger, and Kline, eds. 1980, pp. 19-34. Hands 2001, pp. 88-93.
35. Hull 1988.
36. Kirman and Gérard-Varet 1999, p. 8.
37. Greene 2000.
38. Campbell, Lo, and MacKinlay 1997, Mandelbrot 1997, Lo and MacKinlay 1999, Mantegna and Stanley 2000, Shleifer 2000, Shiller 2000, Johnson, Jeffries, and Hui 2003, and Sornette 2003.
39. Kagel and Roth, eds. 1995, Camerer, Loewenstein, and Rabin, eds. 2004.
40. Blanchard and Fischer 1989, pp. 301-308, 332-336. Sterman 2000, pp. 661-842.
41. Lillo and Farmer 2004.
42. Samuelson and Nordhaus 1998, p. 681.
43. Cave 2004.
44. Montier 2002, pp. 29-31.
45. Nagel, Shubik, Paczuski, and Bak 2000.
46. “今天的宏观经济学牢固地建立在一般均衡结构中，现代模型将经济描述为处于暂时的均衡状态。”参见 Blanchard 2000, p. 1402。
47. Scarf and Hansen 1973 and Axtell 2002, 2003.
48. Scarf and Hansen 1973.
49. Lo and MacKinlay 1999, pp. 26-40.
50. Mandelbrot 1997, Lo and MacKinlay 1999, Mantegna and Stanley 2000, and Johnson, Jeffries, and Hui 2003.
51. Sornette 2003 and Mandelbrot and Hudson 2004.
52. 更完整的讨论见第 17 章。

53. Ijiri and Simon 1977，感谢多因·法默让我意识到这句话。

54. Greene 1999.

55. 关于隐喻和科学模型之间关系的讨论，参见 Holland 1998, Cartwright 1999 and Hands 2001。

56. Mirowski 1989 and Ingrao and Israel 1990. Mirowski 1989, p. 224.

57. Anderson, Arrow, and Pines, eds. 1988.

58. Baeyer 1998, Kondepudi and Prigogine 1998.

59. Mirowski 1989, pp. 230-233, p. 314, 328. Smith and Foley 2002.

60. 如前所述，直到 20 世纪 50 年代，新古典主义经济学和增长理论才得以统一。然而，正如我们将在第三部分看到的，新古典主义增长模型仍然有一个如何实现真正的创新的问题。

61. Lionel Robbins' *An Essay on the Nature and Significance of Economic Science*, reprinted in Hausman 1994, pp. 83-110.

62. Samuelson and Nordhaus 1998, p. 4.

63. Bayer, 1998, p. 133.

64. Baeyer 1998, p. 56.

65. 我找不到 1867 年出版的汤姆森和泰特的书的原版。大英图书馆中有 1890 年出版的第四版复印件，汤姆森和泰特在书中详细介绍了不同版本之间的差异。可以确定的是，1890 年版的书中仍然没有提到熵。

66. 多宇宙物理学理论有时会提出关于宇宙之间通过黑洞或量子效应相互作用的可能性的问题。

67. Waldrop 1992, p. 147.

68. Mas-Colell, Whinston, and Green 1995, p. 620. Blanchard 2000, p. 1402.

69. Georgescu-Roegen, 1971.

70. 当一个封闭的系统达到最小能量平衡时，能量可能发生流动，并在此过程中产生秩序。我们可以把能量能自由流动并产生秩序的区域，视作一个更大的、封闭系统内的一个子系统。

71. Nicholas Georgescu-Roegen 1971 and Jay Forrester 1961, Meadows, Randers, and Meadows, 2004.

72. 1996 年，我在访问纳斯达克计算机中心时听到了这个故事。虽然该中心有备用发电机，但很明显，松鼠还是造成了一系列的连锁反应，导致备用电源接通时间发生延迟。人们倾向于对所有发生在重要机构的意外都严肃对待，从那时起，他们的设备已被改进，用于预防此类意外事件。

73. Bender, T. and Schorske, C., eds. 1997. *American Academic Culture in Transformation*. Princeton, N.J.: Princeton University Press, pp.73-74, quoted in Mirowski 2002, p. 8n3.

74. Maynard Smith, 1982.

75. Devlin 2000. Lakoff and Nunez 2000.

76. Ingrao and Israel 1990, pp. 280-288. Alan Kirman in Kirman and Gérard-Varet 1999, Chapter 1.

77. Deutsch (1997) , ch. 10.

78. 这并不意味着只有直观的数学对象才是真实的。物理学家创造了各种奇异的数学物体，这些物体不是直观的，但具有真正的物理学意义。例如，超弦理论假设宇宙中有 11 个或更多个维度。但归根结底，这种分类和解释与一些与物理世界的相互作用有关，不管是一个复杂的物理实验，还是一个孩子在数鹅卵石。

79. The *Oxford Dictionary of Physics* 2000, pp. 158-159.

80. The *Collins Dictionary of Economics* 2000, p. 16. Stiglitz 1997, p. 88.

81. Daly 1999, pp. 75-88.

82. Anderson, Arrow and Pines, eds. 1988, Waldrop 1992.

83. Arthur, Durlauf and Lane, eds. 1997, Durlauf and Young 2001, Bowles, Gintis, and Osborne Groves 2005, Gintis, Bowles, Boyd, and Fehr 2005, Farmer and Geanakopolos 2005, and the Santa Fe Institute website www.santafe.edu.

84. Krugman 1998.

04

1. Seth Mydans, "In a Philippine Wasteland, a 'Living Metaphor,'" *The International Herald Tribune* reprinted from the *New York Times*, July 19, 2000, p. 1.
2. Hicks' Value and Capital 1939, Schumpeter 1934, Hayek 1948, North 1990 and 2005, Rosenberg and Birdzell 1986, Mokyr 1990 and 2002.
3. Epstein and Axtell 1996, Rauch 2002.
4. Waldrop 1992, pp. 241-243.
5. Epstein and Axtell 1996, Chapter 2.
6. Epstein and Axtell 1996, pp. 71-82.
7. Aghion, Frydman, Stiglitz, and Woodford, eds. 2003, p. 368.
8. Epstein and Axtell 1996, pp. 54-68.
9. Epstein and Axtell 1996, pp. 94-137.
10. Epstein and Axtell 1996, p.97.
11. Lo and MacKinlay 1999 and Thaler 1993.
12. Axtell 2002.
13. Epstein and Axtell 1996, pp. 36-37, p. 154.
14. Colander, ed. 2000, Mirowski 2002.
15. Anderson, Arrow, and Pines, eds. 1988, Arthur 1994, Colander, ed. 1996, Arthur, Durlauf, and Lane, eds. 1997, Axelrod 1997, Albin 1998, Lesourne and Orléan, eds. 1998, Prietula, Carley, and Gasser, eds. 1998, Young 1998, Gintis 2000, Durlauf and Young, eds. 2001, Rauch and Casella, eds. 2001, Camerer, ed. 2003, Johnson, Jefferies, and Hui 2003, Kollman, Miller, and Page, eds. 2003, Bowles 2004, Farmer and Geanakopolos, eds. 2005.

05

1. Gleick 1987,Stewart 1989,Devaney 1992, Flake 1998, Kaplan and Glass 1995, Strogaz 1994, Bar Yam 1997.

2. Devaney's 1992, pp. 9-11.

3. Forrester 1961，Sterman 2000，Senge 1990.

4. Sterman 2000, pp. 649-654.

5. Skidelsky 1994.

6. 从技术上讲，如果输入和输出之间有足够长的延迟，负反馈可以驱动振幅增大，但负反馈最常见的影响是抑制。

7. Stewart 1989, pp. 60-72 and Mirowski 1989, p. 72.

8. Gleick 1987, Stewart 1989, and Devaney 1992.

9. Stewart 1989, pp. 81-84.

10. LeBaron 1994.

11. Peters 1991 and Chorafas 1994.

12. Brock, pp. 77-97 in Anderson, Arrow, and Pines, eds. 1988, Le Baron 1994, Brock, pp. 385-423 in Arthur, Durlauf, and Lane, eds. 1997, Mandelbrot 1997, Mantegna and Stanley 2000, Sornette 2003, Johnson, Jeffries, and Hui 2003 for discussions.

13. Stewart 1989, pp. 60-62.

14. Chapter 20 of Sterman 2000.

15. Sterman 2000, pp. 791-798.

16. Sterman 2000, p. 798.

17. Sterman 2000, pp. 798-841.

18. Sterman 2000, pp. 824-828.

19. Paich and Sterman 1993.

20. Sterman 1989a and 1989b.

06

1. 这是一幅合成图像，用来说明各种传统经济模型中的典型理性假设。

2. Pindyck and Rubinfeld 1989，Romer 1996，Plous 1993，Kirman and Salmon 1995.

3. Simon 1997, and Simon 1992.

4. Selten 1990，Akerlof and Yellen 1985.

5. Selten 1990, Nordhaus 1998, p. 178, Stiglitz 1997 or Mas-Colell et. al. 1995, Pindyck and Rubinfeld 1989, Dornbusch and Fischer 1990, or Romer 1996.

6. Rubinstein 1998 and Sterman 2000.

7. Camerer, Lowenstein, and Rabin, eds. 2004, p. 6. Kahneman, Slovic and Tversky 1982.

8. Hogarth 1990, Thaler 1992, Plous 1993, Thaler 1993, Kagel and Roth 1995, Henrich, et. al., eds. 2004, Montier 2002, Camerer, Lowenstein, and Rabin, eds. 2004. Camerer 2003, and Gintis, Bowles, Boyd, and Fehr 2005. Russo and Schoemaker 1989, Bazerman 1998, and Dörner 1996.

9. "Rethinking Thinking," *The Economist*, December 18, 1999, pp. 63-65, Roger Lowenstein, "Exuberance is Rational," *The New York Times Sunday Magazine*, February 11, 2001, and Louis Uchitelle, "Some Economists Call Behavior a Key," *The New York Times*, business section, February 11, 2001.

10. Bazerman 1998, p. 81.

11. Kagel and Roth 1995, pp. 253-348.

12. Fehr and Gächter 2000.

13. "Primary Sources"，the Atlantic Monthly, April 2003, pp. 33-34.

14. Gintis, Bowles, Boyd, and Fehr, eds. 2005, pp. 3-39.

15. 一个传统的经济学家可能会说，互惠行为有一个合理的基础。人们会假设未来他们会有互动，因此这些策略在一个重复进行的游戏中是有意义的。我对此有两点需要澄清：第一，我从来没有说过这种行为是不合理的。事实上，这是一种进化的逻辑。第二，不管将来是否会有互动，人们都倾向于这么做，因为它是启发式行为，而不是计算后的行为。

16. "Rethinking Thinking," *The Economist*, December 18, 1999, p. 65.

17. Roxburgh 2003.

18. "The Price of Safety," *The Economist*, November 23, 2000.

19. James Surowiecki, "The Financial Page: Mind Over Money," *The New Yorker*, April 23 & 30, 2001, p. 60.

20. Fischer Black in Thaler 1993, pp. 3-22.

21. Lewis 1985.

22. Deutsch 1997, pp. 131-140.

23. Steven Pinker 1997, Andy Clark 2001, and Daniel Dennett 1991.

24. Foster and Young 2001.

25. Arthur 1994b.

26. 更具体地说，考虑到在行为主体身上施加的信息和协调约束，酒吧问题中的固定点是不稳定和不可访问的，参见 Arthur 1994b。

27. Challet and Zhang 1997, Johnson, Jeffries and Hui 2003, pp. 87-136.

28. Stillings, et. al. 1995, Clark 1999, and Clark 2001, Pinker 1997.

29. Pinker 1997.

30. Schank 1990, McKee 2003.

31. Mitchell 1993.

32. Gilovich, Vallone and Tversky 1985.

33. Clark 2001, p. 38.

34. 教电脑从餐馆订餐并不是一件小事，有研究者在 20 世纪 70 年代就在尝试这一点，参见 Schank 1990。

35. 布莱恩・阿瑟在 1992 年的圣塔菲研究所工作文件中指出了这种归纳与演绎的对比。

36. Holland, et. al. 1986.

37. Holland 1995, pp. 43-62.

38. Holland, et. al. 1986, pp. 68-76.

39. Schank 1990, pp. 4-5.

40. Mitchell 1993.

41. Arthur 1995, and Arthur, Holland, LeBaron, Palmer, and Tayler, "Asset Pricing Under Endogenous Expectations in an Artificial Stock Market," in Arthur, Durlauf, and Lane, eds. 1997, pp. 15-44.

42. 这条规则与完全理性相似，但并不精确，其原因可以追溯到在图灵机上实现完美理性的问题，人们只能在计算机上创建完美理性的近似值。

07

1. Rauch and Casella, eds. 2001, pp. 3-5, Watts 2003, Giddens 2001.

2. Watts 1999, Chapter 2.

3. Watts 2003 and Barabási 2002.

4. Kauffman 1995, pp. 55-58, Kauffman 1993, pp. 307-310. Watts 2003, pp. 43-47.

5. Kauffman 1993, pp. 307-310 and 1995, pp. 55-58, Watts 2003, pp. 43-47.

6. Gladwell 2000.

7. Farrell 1998.

8. Watts 2003.

9. Watts 1999, pp. 3-5, and Watts 2003, pp. 92-95.

10. 数字 510、829 是所有有限贝肯系数的男演员和女演员总数。样本中有 10% 的人与贝肯没有关联，或者有着无穷大的贝肯系数。

11. Watts 2003, pp. 121-129.

12. Watts 2003, pp. 39-40.

13. Watts 1999 and Newman 1999.

14. Newman 1999 pp. 3-4.

15. 这个口号归属于升阳公司。

16. 它们也是细胞自动机的一种形式，这一概念是由冯·诺依曼提出的。

17. Kauffman 1995, pp. 74-80.

18. 布尔网络是一种特殊的元胞自动机。物理学家和数学家斯蒂芬·沃尔夫拉姆等人认为，宇宙本身就是一个由细胞组成的机器人，经济也是这样。所有这些观念都是纯理论性的，关键是利用计算机对经济现象进行分析能够产生有趣的见解，是一个非常庞大的研究领域。

19. IBM“蓝色基因”的运算速度为每秒 70.62 万亿浮点。

20. 然而，如果量子计算机最终被开发出来，无法完全探索大型网络的现状可能会有所改变。参见 Johnson 2003。

21. Cookson and Griffith 2001.

22. Kauffman 1993, pp. 191-203.

23. 此示例摘自当时的新闻报道、戴尔和 IBM 的各种介绍文件以及公司的网站。

24. Porter 1996.

25. Kauffman 1993, pp. 209-218.

26. Kauffman 1995, pp. 252-271，Eisenhardt and Brown 1999.

27. 在第 16 章中，我们将研究密歇根大学计算经济学家斯科特·佩奇的工作，他研究了层次结构在解决计算网络难题中的作用，参见 Page 1996。

28. KKauffman 1993, pp. 209-227.

29. Kauffman 1995, pp. 84-92.

30. 除了对初始条件和扰动的敏感性之外，对于给定数量节点的网络，混沌在布尔网络中表现为更长的中间值状态循环，参见 Kauffman 1993, p. 197。

31. Katzenbach and Smith 1993.

08

1. 改编自 Fischer 1996, pp. 35-37。

2. Kennedy 1987.

3. Moore 1983 and Gordon 1986.

4. Niehans 1990, pp. 372-378.

5. Heijdra and van der Ploeg 2002, pp. 477-539.

6. 想象一下，我们把勺子敲击的输入编码成一个字符串，然后通过压缩算法运行字符串并尽可能地压缩它。如果勺子敲击输入真的是随机的，我们将不能大幅压缩。如果我们对输出字符串进行编码，发现它比输入字符串长，这是因为一个输入点可能会产生多个振荡输出摆动。通过压缩算法运行输出时，我们将得到一个长度与原始字符串相等或稍长一点的字符串，这取决于压缩的效率。我们既没有与熵作斗争，也没有向输入字符串添加实际信息，我们只是在被压缩算法过滤掉的噪声中添加了一些“回声”。相反，如果我们选取一个随机的字符串作为输入值，例如 01001001011101001，然后运行，即使用能量来对抗熵，字符串将会重新排列成相同长度的输出，并被读取为 00000000011111111，这可以进一步压缩为“打印 9 次 0，打印 8 次 1”的声明，这就可以编码成少于 17 位的东西了。具体参见 Gell-Mann 1994。

7. Heijdra and van der Ploeg 2002, p. 528.

8. Skidelsky 1994.

9. 克鲁格曼对凯恩斯主义经济学的发展有一个很好的描述，具体参见 Krugman 1994。

10. Akerlof and Yellen 1985a and 1985b, Krugman 1994, pp. 206-220.

11. Heijdra and van Der Ploeg 2002, pp. 359-403.

12. Kurz, 1997.

13. Heijdra and van der Ploeg, 2002, p. 402.

14. Holland 1998, Buchanan 2000, Johnson 2001, and Morowitz 2002.

15. Anderson 1972.

16. Nijhout, Nadel, and Stein 1997.

17. 俄罗斯经济学家尼古拉·康德拉耶夫认为，俄罗斯经济也有一个长达 60 年的“长波”周期，具体参见 Sterman 1985。

18. Lotka 1956.

19. Sterman 2000, pp. 684-708. Senge 1990.

20. Sterman 1989a, 1989b, and 2000, pp. 684-698.

21. Sterman 1989b.

22. Chapter 9 in Casti and Karlqvist 1991. Sterman 2000, pp. 684-698.

23. 在游戏的时间框架内，振荡无法恢复均衡。如果没有某种协调机制，例如允许所有人见面协调订单，振荡也不太可能在更长时间内恢复均衡。即使玩家在听完一场关于游戏动态结构的讲座后，再次使用不同的订单牌进行游戏，仍然无法达到完全的理性均衡。

24. 啤酒分销游戏中信息的增加并不会改变完全理性的结果，同样，游戏参与者拥有计算理性均衡所需的所有信息。相反，附加的信息可以识别、锚定和调整启发式带来的问题，并提高启发式的性能。

25. Sensier and van Dijk 2004.

26. McCarthy and Zakrajšek 2002 for an analysis and further references.

27. 有人可能会注意到，我刚刚提到了一个导致商业周期放缓的外生因素。在对传统理论的批判中，我并没有否认外生因素的存在和影响，而是批判了外生因素在理论中的典型作用。在这种情况下，我的论点是，商业周期是内生动态结构的一个涌现属性，因此不是外生的，但技术变化等外生因素可以影响动态结构本身。

28. Gould and Eldridge 1993 and Gould 2002.

29. Gould 1989, p. 54.

30. Gould 2002, pp. 774-775，pp. 824-839.

31. Bak 1996，Mantegna and Stanley 2000 and Johnson, Jeffries and Hui 2003.

32. 关于社会和生物背景下的网络结构的具体讨论参见 Girvan, M. and Newman, M.E.J. 2001。

33. Jain and Krishna 2002a and Jain and Krishna 2002b.

34. Marx's Critique of Political Economy and Schumpeter's *Business Cycles: A Theoretical,*

Historical and Statistical Analysis of the Capitalist Process.

35. Lydia Adetunji, “Inventor found investors not on his wavelength,” *The Financial Times*, December 19, 2001, p. 5.

36. Ziman, ed. 2000.

37. Rosenberg 1982, pp. 55-80.

38. Kauffman in Anderson, Arrow, and Pines, eds. 1988, pp. 125-146.

39. Baldwin and Clark 2000.

40. Cutler, Poterba, and Summers 1989.

41. Buchanan 2000, p. 35.

42. 这个分布被称为幂律，因为一个变量是另一个变量的指数幂。

43. Bak 1996 and Buchanan 2000.

44. Niehans 1990, pp. 259-266.

45. Mandelbrot 1997, pp. 252-269.

46. Mandelbrot 1997, pp. 371-411.

47. 摘自斯坦利于 2001 年 11 月 16 日在圣塔菲研究所举办的“经济作为一个不断发展的复杂系统”第三次会议上的演讲。

48. Plerou, et. al. 1999.

49. Axtell 2001.

50. Stanley et. al. 1996 and Lee et. al. 1998.

51. Farmer, et. al. 2004, Lillo and Farmer 2004, and Lillo, Szabolcs, and Farmer 2005.

52. Szabolcs and Farmer 2005.

09

1. Dennett 1995.

2. 道金斯和丹尼特指出，设计必须拥有设计师的直觉是神创论信仰的强大动力，缺乏对进化如何创造智能设计的理解是许多人仍然相信神创论或相信进化只是“一种理论”的重要原因。参见 Dembski and Ruse, eds. 2004。

3. Dawkins 1986.

4. 实验描述见 Sims 1994a 和 1994b。

5. Dennett 1995.

6. 从某种意义上来说，西姆斯的程序中有一个“创造者”，因为西姆斯设定了进化的条件。在自然界中，我们离能够讲述从大爆炸到生命起源再到今天的故事已经很近了。参见 Fry 1999，Sole and Goodwin 2000，Morowitz 2002，Schneider and Sagan 2005，and Lane 2005。

7. Dennett 1995, pp. 48-60.

8. 乐高是乐高集团的注册商标。

9. Kauffman 2000, pp. 223-225.

10. 这个例子的灵感来自丹尼特的巴别塔图书馆。道金斯使用了一个类似的例子，他称之为贝壳博物馆，参见 Dawkins 1996, pp. 180-203。

11. Holland 1975 and 1995, Mitchell 1996.

12. Hull 1988.

13. 赫伯特·西蒙在 1962 年的一篇论文中讨论了等级制度和模块化在复杂系统中的作用，参见 Simon 1996, pp. 183-216。

14. Dawkins 1976 and 1982.

15. 原则上，这种思想实验可以在现实生活中实现，人们会期望借此开发出有趣的乐高玩具。唯一的障碍是进化确实需要很多的迭代和很长的时间，这可能超出了两个 7 岁孩子的忍耐极限。这就是为什么这类实验通常要在计算机上模拟，因为计算机不容易疲劳。

16. From Dawkins 1976, pp. 15-20, Wilson 1992 and Fortey 1997.

17. 相关讨论和进一步的参考资料参见 Fry 2000，Morowitz 2002，Schneider and Sagan 2005。

18. Dawkins 1976.

19. Dawkins1976.

20. Kauffman 1995, p. 163.

21. Dennett 1995, pp. 111-113.

22. 设计空间大小由模式的长度定义。尽管模式的长度没有概念上的限制，但是在任何运行的进化系统中，模式的长度将受到模式阅读器工作方式的限制。无限长的模式是不可能的，因为任何模式阅读器都无法在有限的时间内读取它们。

23. Dennett 1995, pp. 77-80.

24. 在现实中，这样的适合度景观将有数十亿个维度。然而，为了便于讨论，我们将假设它只有三个维度。关于适合度景观维度的讨论参见 Kauffman 1993、1995。我们还将假设小于最大 100 亿个碱基对的编码用“0”填充在空格中，因此一次移动一个符号也意味着向更长的或更短的基因组方向移动。

25. 1931 年，休厄尔·赖特率先讨论了适合度景观，考夫曼对其数学性质进行了广泛的探索。针对普通读者的精彩讨论参见 Kauffman 1995 and Dennett 1995。

26. Kauffman 1995, pp. 161-189.

27. Crutchfield, pp. 101-133 in Crutchfield and Schuster, eds. 2003。

28. 实际上有很多种爬山的算法，其中一种叫做随机突变。其他参见 Mitchell 1996, p. 129 for others。

29. 考夫曼在他的适合度景观模型中讨论了远距离跳跃和近距离跳跃混合的效果。

30. Kauffman 1995, p. 180.

31. Crutchfield, pp. 101-133 in Crutchfield and Schuster, eds. 2003.

32. 关于双臂赌博机问题的讨论请参见 Holland 1975, 1995。关于组织范围内的探索与开发之间的紧张关系参见 March 1991。关于在进化的背景下进行进一步的讨论参见 Mitchell 1996, pp. 117-118，以及 Axelrod and Cohen 1999, pp. 43-50。

33. 关于双臂赌博机的证据和讨论参见 Mitchell 1996, pp. 119-125。

34. Dennett 1995, pp. 77-78.

35. Dennett 1995, pp.128-135.

36. 关于不同搜索算法适用于不同的景观结构有着丰富的文献：Whidey 1993、Kauffman 1993 和 Mitchell 1996。我并不是说进化是所有问题的最佳搜索算法，只是说进化在搜索动态的、粗相关的景观时具有许多有用的特征。大自然提供了一种存在证明，即进化是解决这类搜索问题的好方法。尽管目前还不存在，但我们还是有可能找到一种更优越的算法。

37. 这些结果都不是预先确定的。进化并不一定带来秩序或增长，除非存在正确的参数。考大曼认为生物进化会自我调整适应这些参数：Kaufman 1993。

38. Koza 1992.

39. Hodgson 1993.

40. Crutchfield and Schuster, eds. 2003, Koza 1992, and Mitchell 1996.

41. Henry IV, Part I, II, iv, line 460.

10

1. Axelrod 1997a, p. xi.

2. Fudenberg and Tirole 1991 and Gintis 2000. Brandenburger et. al. 1997.

3. Bowles 2004, p. 24.

4. 合作在单轮博弈的案例中占有强大的主导地位。反向归纳法表明，在重复有限次数的博弈中，两名玩家都背叛是一种完美的子博弈平衡。在无限次数的博弈中，总是背叛的策略仍是一种完美的子博弈平衡。如果未来的贴现足够高，“在第一轮中合作，然后只要对手没有背叛就继续合作，一旦对手背叛，就在接下来的博弈中也选择背叛”也是一种完美的子博弈。在未知次数的有限博弈中，结果是不确定的，参见 Fudenberg and Tirole 1991, pp. 110-111。

5. Axelrod 1984.

6. Axelrod 1997a, pp. 14-29.

7. Lindgren and Nordahl 1994, Lindgren in Arthur et. al. eds. 1997, pp. 337-367 and Lindgren and Johansson in Crutchfield and Schuster, eds. 2003, pp. 341-360.

8. 生命游戏是细胞自动机最著名的例子之一，参见 Wuensche and Lesser 1992 and Wolfram 1994 and 2002。

9. 关系被一个随机数打破。格子边缘是连接在一起的，因此格子实际上是一个环面，而不是平面。

10. 在这些阶段，行为者采取的是稳定的进化策略，相当于纳什均衡在生物学中的对应物。参见 Maynard Smith 1982。

11. Dennett 1995, pp. 107-111.

12. 为了了解丹尼特的把戏，可以把他的套装书策略发挥到极致。人们可以说有一个字母表图书馆，里面只有 100 本书，每本书里都只有一个字符。即使这个图书馆非常小，它仍包含着每一本可能的书。例如《白鲸》就是一部特别的 1 250 000 册的套书。同样，我们可以拥有一个比巴别图书馆更大的图书馆，里面有各种可能的 5 000 页的书籍。

13. 如前所述，这是因为概要阅读器要先读取代码然后呈现设计，阅读器必须在有限的时间内读取代码。

14. Hannan and Freeman 1977.

15. Penrose 1959.

16. Nelson 2003.

17. Gould 2002.

11

1. Dawkins 1982, p. 109.

2. Carruthers & Chamberlain 2000. Cavalli-Sforza 2001.

3. 当然，像大多数文化创新一样，贸易的“发现”可能不是一组人的单一行为。相反，这样一个有用的生存技巧可能是由多组原始人多次分别发现的，其中一组是智人的祖先。

4. Horan, Bulte, and Shogren 2005.

5. Ziman 2000. p. 3. Petroski 1992. Baldwin & Clark 2000.

6. Mokyr 1990, pp. 273-299, Mokyr in Chapter 5 of Ziman, ed. 2000, pp. 52-65, and Mokyr 2000.
7. 莫基尔将他的设计空间定义为一组可行的技术和一组有用的知识。我对 PT 空间的定义与 λ 相对应。莫基尔的 Ω 就是 PT 进化所寻找的，并由模式阅读器呈现为物理存在。
8. Ridley 2001.
9. Cavalli-Sforza 2001, pp. 92-96, and Jones et al. 1992, pp. 107-143.
10. Anderson, Arrow, and Pines, eds. 1988, pp. 125-146.
11. Kauffman 1993, pp. 395-402, and 2000, pp.222-232.
12. Braha and Maimon 1998, pp. 6-7. Henderson and Clark 1990, and Baldwin and Clark 2000.
13. Baldwin and Clark 200. Braha and Maimon 1998, pp. 109-142.
14. Jones, et. al. 1992, pp. 350- 360.
15. Kauffman 1995, pp. 191-206 and Kauffman 1995b.
16. Kauffman 1995, pp. 191-206 and Kauffman 1995b.
17. Ziman in Ziman, ed. 2000, pp. 3-12, and pp. 41-51.
18. Campbell 1960. Simon 1996, pp. 51-83. Aldrich 1999, pp. 22-26. Braha and Maimon 1998, pp. 19-84. Stuart Kauffman 1995, p. 202.
19. Braha and Maimon 1998, p. 25.
20. 有关便利贴发展的故事可以在 3M 公司的网站上找到。
21. Petroski 1992, p. 22.
22. 许多人认为这个故事是一个都市传奇或网络神话。1982 年 7 月 3 日，飞机起飞后《纽约时报》和美国有线电视新闻网报道了这个故事。1992 年 12 月 19 日，沃尔特斯因意外事故被联邦航空管理局处以罚款处罚。沃尔特斯在 1993 年自杀，随后，一部以他的生活和飞行梦想为原型的戏剧被创作出来。
23. This is again building on the ideas of Simon 1996.
24. Mokyr 1990; Mokyr, in Ziman 2000, pp. 52-65; and Mokyr 2000.

25. Campbell and Pryce 2003.

26. Foster 1986.

27. Kauffman 1995a, pp. 202-206.

28. Henderson and Clark 1990.

29. Henderson and Clark 1990.

30. Jardine 1999, Dear 2001 and Gribbin 2002.

12

1. Easterly and Levine 2002.

2. Lewis et al. 2002 and Johnson 2002. “US Productivity Growth 1995- 2000” . Dorgan and Dowdy 2002.

3. Nelson 2003.

4. North 1990, p. 3. Scott 2001.

5. Simon, 1996, pp. 139-167. Nelson and Winter, 1982. Loasby 1999, Hodgson, ed. 2002, and Bowles 2004.

6. Krames 2002.

7. Wright 2000.

8. Diamond 1997, pp. 83-193.

9. Freeman and Soete 1997，pp. 141-148.

10. Ibid., pp. 137-138.

11. Chandler 1962.

12. Axelrod 1984, Skyrms 1996, Axelrod 1997a, Young 1998, Gintis 2000, and Bowles 2004.

13. Wright 2000.

14. Wright 1994, p. 194.

15. Sylvia Nasar 1998.
16. Sober and Wilson 1998. Seabright 2004. Dawkins 1976 and Maynard Smith 1982.
17. Lindgren and Nordahl 1994 and Arthur et al. 1997, pp. 337-367.
18. Kagel and Roth 1995, pp. 253-348. Henrich, et. al. 2004.
19. A Wright 1994, Pinker 1997 and Pinker 2002.
20. Fukuyama 1995 and Harrison and Huntington 2000. Maynard Smith 1982 and Axelrod 1997b.
21. Sober and Wilson 1998.
22. Wright 1994, pp. 155-180.
23. Wright 2000, pp. 30-31.
24. Diamond 1997.
25. Seabright 2004.
26. Wright 2000, pp. 33-35.
27. Wright 1994.
28. Wright 2000, p. 33.
29. Wright 2000, pp. 39-41.
30. Easterly and Levine 2002.
31. 有关语言和参考文献演变的讨论，见第 11 章注释 2。
32. Simon, 1992 and 1996. Cyert and March 1992. Prietula et al. 1998, Kennedy and Eberhart 2001, and Monge and Contractor 2003.
33. Hutchins 1996.
34. Jay 2000, p. 38.
35. Ibid., pp. 121-122.
36. Micklethwait and Wooldridge 2003.

13

1. 我只是说基因是生物学中选择的单位，这仍然是一个活跃的研究领域，参见 Dawkins 1976 and 1982。

2. Nelson 1995, Hodgson 2002, and Knudsen 2002.

3. Dawkins 1976 and 1982.

4. 最佳实践管理研究和商学院案例证明，人类有回顾性地识别模块的能力。有关最佳实践研究的示例，请参阅公司执行委员会的网站和哈佛大学商学院的案例库。

5. Nelson and Winter 1982, p. 14. Cohen and Sproull 1996. Dawkins 1976, p. 192. Dawkins 1982, Dennett 1995, Lynch 1996, Brodie 1996, Blackmore 1999, Aunger 2000, and Sherman 2002. Boyd and Richerson 1985, Dunbar, Knight, and Power 1999, Balkin 1998, Klein and Edgar 2002, Plotkin 2002, Boyd and Richerson 2005.

6. 亚马逊网站上关于如何写商业计划的书竟然有 97 041 本。有研究表明，这些作者都遵循着相同的基本公式。我也可以证明这个公式的适用性，因为我曾经在一家风险投资公司工作过，在几年的时间里阅读过几百份商业计划书。

7. Collins and Porras 1994, pp. 140-168.

8. Niehans 1990, p. 447.

9. Hayek 1948, 1988.

10. Wright 2000.

11. Cameron and Neal 2003. McMillan 2002. Bevir and Trentmann 2004.

12. Baumol 2002.

13. Chandler 1977.

14. My use of the term resources in this context is consistent with its meaning in the management literature. Wernerfelt 1984 and 1995 and Robert Grant, pp. 179-199, in Segal-Horn 1998 for a review and references.

15. Nelson & Winter 1982, pp. 119-121, and Nelson 1995, p. 69.

16. Nelson 1995.

17. Aghion and Howitt1998. Baumol 2002.

18. Gintis 2003.

19. Axtell 2002 and 2003.

20. Baumol 2002.

21. Kahneman, Diener, and Schwarz 1999 and Schwartz 2004.

22. V Havel, *Summer Meditations* New York: Alfred A. Knopf, 1992, p. 62. McMillan p. 7.

23. Campbell 1960. Plotkin 1993, 2000. Hull 1988.

24. Cameron and Neal 2003, pp. 154-155.

25. Johnson 1997.

26. Ibid., pp. 94-95.

27. Ibid., p. 94.

14

1. 传记细节来自纽约大学创办的“经济思想史”网站。

2. Cambridge, MA: Harvard University Press, 1966.

3. Georgescu-Roegen 1971.

4. Teilhard de Chardin 1969. Wright 2000.

5. Hayek 1960 and 1988, and Boulding 1978.

6. Schneider and Sagan 2005.

7. Kauffman 1995a, pp. 44-45.

8. Georgescu-Roegen 1971, p. 18.

9. Roegen 1971, Daly 1999, and Mirowski 1989.

10. Daly 1999, pp. 78-79.

11. Ecological Economics 22, no. 3 September 1997: 271-273.

12. Georgescu-Roegen 1971, p. 21.

13. Georgescu-Roegen,1971, p.17. Mirowski, 1989, p. 367.

14. Mirowski 1989, p. 382.

15. Mirowski 1989, p. 383.

16. 对于现代人来说，乔治斯库－罗根的一些论点看起来很古怪，甚至是错误的。他对熵的看法并没有吸收 20 世纪 80 年代和 90 年代信息理论研究的成果，他的进化观是在计算机能够对进化理论进行数学探索等的基础上发展起来的。尽管如此，他的总体思路仍然很好。

17. A. S. Eddington, *The Nature of the Physical World New York*: MacMillan, 1930, p. 74. Haynie 2001, p. xii.

18. Georgescu-Roegen 1971, pp. 6, 11, 196-198, 278.

19. Georgescu-Roegen 1971, p. 277.

20. Georgescu-Roegen 1971, p. 18.

21. Keizer 1987.

22. 唯一能告诉我们时间的方向的方法是有一个参考点指向一组固定的恒星。但只有当我们事先知道“正确”的轨道是什么时，这些信息才会有用。我们可以说这个过程是可逆的，因为一个对太阳系一无所知的太空物理学家无法区分前向轨道和后向轨道，而任何熟悉热力学第二定律的外星人都能从一段打碎牛奶瓶的影片中分辨出时间的方向。

23. Prigogine 1996 and Deutsch 1997.

24. Christian von Baeyer 1998, p. 133.

25. Christian von Baeyer 1998.

26. 在传统经济学中，可逆性问题没有得到明确的论述。然而，从可逆性的角度看传统理论，我们会发现一些有趣的矛盾。例如，交易通常是不可逆的，例如瓦尔拉斯拍卖。然而，没有什么固有的东西可以阻止一个人向后运行新古典主义的生产函数。因此，新古典主义理论之所以有“时间之箭”（就其本身而言），是因为公共事业的安排，或者是最初的捐赠，或者是外生的冲击，使系统失去了平衡，使得公共事业通过不可逆的交易及时拉动经济向前发展。有趣的是，这种微观经济不可逆性并不会转化为宏观经济不可逆性。大多数宏观模型要么是时间可逆的，例如索洛的增长模型；要么是时间之箭外生的，例如钻石叠代模型。这进一步证明了传统微观和宏观理论世界之间缺乏一致性和整合性。

27. Christian von Baeyer 1998, pp. 152-155.

28. Smith and Foley 2002.

29. Christian von Baeyer 1998, pp. 146- 152.

30. 有人可能会提出这样的问题：破坏公物的人是为了享乐才破坏东西的。我认为，尽管这些人可能满足了一些心理需求，但他们并没有创造经济价值。而纳税人需要付钱给警察来阻止这些人，从社会的角度来看，破坏公物是一种破坏价值的行为。

31. 即使我们将拆除这一中间步骤隔离开来，并将其本身视为一个转变，我们也会看到，虽然实体建筑的熵在增加，但随着拆除公司不断扩大，雇用人员、建立组织、购买设备、创造关于拆除的知识等，它的熵是在减少的。整个经济系统中局部的熵减小，随着建筑物的瓦砾回到环境中，宇宙的熵增大了。

32. 感谢 2002 年密歇根大学－圣塔菲研究所复杂性研讨会的参与者提出了这个例子。

33. Christian and Baeyer 1998, pp. 157- 158.

34. Bowles 2004, pp. 93-126. Buss, 1999.

35. Wright 1994, Pinker 1997 and 2002, Ridley 1997 and Buss 1999.

36. Wright 1994.

37. Consumer Expenditures in 2000, *U.S. Bureau of Labor Statistics*, April 2002.

38. Abul-Magd 2002.

39. Pinker 1997, pp. 374-378.

40. Pinker 1997, pp. 378-385.

41. Wright 1994.

42. Fox 2002.

43. www.telenor.no/fou/program/nomadiske/artikler.shtml. Accessed on August 15, 2004.

44. Pinker 1997, p. 522.

45. Pinker 1997, pp. 521-538.

46. Laland, Odling-Smee, and Feldman 2000 and Bowles and Gintis 2002.

47. Klein and Edgar 2002, pp. 194-195. Pinker 1997, pp. 528-538.

48. Georgescu-Roegen 1971, pp. 283-291.

49. Dawkins 1976, 1998, Dennett 1995, and Wright 2000.

50. Kahneman et al. 1999 and Layard 2005.

51. Wright 2000. Horan, Bulte, and Shogren 2005.

52. Cohen and Sproull, eds. 1996, Mintzberg, Ahlstrand, and Lampel 1998, pp. 175-231, and Eisenhardt and Santos in Pettigrew, Thomas, and Whittington, eds. 2002, pp. 139-164.

53. Plotkin 1993.

54. Gould 2002.

55. Hausman, ed. 1994, pp. 10-15 and Cartwright 1999, pp. 49-74.

15

1. Mas-Colell, Whinston, and Green 1995, pp. 167-215.

2. "And Now, the War Forecast," *The Economist Technology Quarterly*, September 17, 2005, pp. 21-22.

3. Flake 1998, Weinberger 1996.

4. Mintzberg, Ahlstrand, and Lampel 1998 and Pettigrew, Thomas, and Whittington eds. 2002.

5. Chandler 1962, p. 13.

6. Mintzberg, Ahlstrand and Lampel 1998. Rumelt, Schendel and Teece, eds. 1994 and Pettigrew, Thomas, and Whittington eds. 2002.

7. Pettigrew, Thomas, and Whittington eds. 2002, pp. 55-71.

8. Pettigrew, Thomas, and Whittington, eds. 2002, pp. 55-71.

9. Ghemawat 1991.
10. www.ormiston.com/annieoakley accessed August 15, 2004.
11. Gell-Mann 1994, pp. 133-134.
12. www.yogi-berra.com.
13. Van der Hijden 1996 and Schwartz 1991. Courtney 2001.
14. Mas-Colell et al. 1995.
15. Holland et al., 1989.
16. Lee et al. 1998, Axtell 2001, and Powell 2003. Camerer et al. 2004, pp. 9-12.
17. Foster and Kaplan 2001, ch. 3.
18. Micklethwait and Wooldridge 2003.
19. Wiggins and Ruefli 2005. Wiggins and Ruefli 2002.
20. Foster and Kaplan 2001.
21. 在合并或兼并中，即便被并购公司的所有权改变了，其资产也是存在的。但我认为这属于“放弃清单”，因为在第三部分的概述框架中，资产正处于另一个业务计划的控制之下。并购是成功的商业计划加强对资源控制的一种机制。
22. Wiggins and Ruefli 2002.
23. Wiggins and Ruefli 2002 and 2005.
24. 绩效是通过资产回报率和托宾的 q 来衡量的，所述结果是资产回报率。
25. Powell 2002.
26. 参见鲁弗利 2005 年 9 月 25—26 日与作者的往来邮件。
27. “A new evolutionary law,” *Evolutionary Theory*, vol. 1, pp. 1-30. Kauffman 1995b.
28. Henderson and Mitchell, 1997, Pettigrew, Thomas, and Whittington, eds. 2002, and Hoopes, Madsen, and Walker, 2003. Mintzberg, Ahlstrand, and Lampel 1998.
29. 参见鲁弗利 2005 年 9 月 25—26 日与作者的往来邮件。

30. Hannan and Freeman 1977, 1984, 1989, and Hannan and Carroll 1992.

31. Foster 1986, p. 132-135 and Tushman and O'Reilly 1997, pp. 17-25.

32. Hannan and Freeman 1989 and Baum and Singh 1994.

33. Foster and Kaplan 2001, p. 20.

34. Robert Boyd and Peter Richerson 1985, Nelson and Winter 1982, Donald Campbell 1960, Burgelman 1983, Barnett and Burgelman 1996, and Burgelman's 2002, Peters and Waterman 1982, p. 114 and Hamel 2000, pp. 264-269, and pp. 297-306.

35. Avinash Dixit and Robert Pindyck 1994, Beinhocker 1999, Bryan 2002.

36. Beinhocker 1999.

37. Beinhocker and Kaplan 2002.

38. Foster and Kaplan 2001, Chapter 11.

39. Mintzberg, Ahlstrand, and Lampel 1998, pp. 176-231.

40. Dixit and Pindyck 1994, Copeland and Keenan 1998, and Leslie and Michaels 2000.

41. Bryan 2002.

42. Peters and Waterman 1982, March 1991, Collins and Porras 1994, Tushman and O'Reilly 1997, and Foster and Kaplan 2001.

43. Bryan 2002.

44. Wiggins and Ruefli 2002, p. 95.

45. Collins and Porras 1994, Tushman and O'Reilly 1997, and Lencioni 2002.

46. Collins and Porras 1994, p. 94.

47. Collins and Porras 1994, p. 95.

48. Welch 2001.

49. Camazine et al. 2001, pp. 188-215.

50. J. Doneheyand G. Overholser of CapitalOne at the Ernst & Young Embracing Complexity Conference, Boston, M.A., August 2-4, 1998 Bonabeau and Meyer 2001.

51. Kaplan et al. 1996.

52. Campbell et al. 2003.

53. Hamel 2000.

54. Berzins et al. 1998, p. 7.

16

1. www.westinghousenuclear.com and www.ge.com, and Collins and Porras 1994, Slater 1999, and Welch 2001.

2. Welch 2001 and Collins and Porras 1994.

3. Collins and Porras 1994.

4. Slater 1999 and Welch 2001.

5. Krames 2002 and Slater 1999.

6. Arrow 1974, Simon 1997, Williamson and Winter 1991, Jensen 1998, Hatch 1997, Penrose 1959, Williamson 1990, Cyert and March 1963, Astely et al. 1983, Koza and Thoenig 1995, and Giddens 2001. Hatch 1997.

7. Nelson and Winter 1982, Aldrich 1999, Dosi, Nelson, and Winter 2000, Haken 2000, Lee et al. 1998, Lesourne and Orléan 1998, Morecroft and Sterman 1994, Prietula et al. 1998, Axelrod 1984 and 1997a, Axelrod and Cohen 1999, Durlauf and Young 2001, Young 1998, and Monge and Contractor 2003.

8. Aldrich 1999.

9. Cyert and March 1992, Williamson, ed. 1995.

10. Aldrich 1999, p. 4.

11. Roberts 2004, pp. 74-117.

12. Williamson and Winter 1993.

13. Ibid, and Williamson 1995.

14. Holmstrôm and Roberts 1998.

15. Camazine et al. 2001, pp. 23-26.
16. Cohen and Sproull, 1996, pp. 516-540, Hutchins 1996.
17. Wright 2000.
18. Axelrod and Cohen 1999, pp. 43-50.
19. Peters and Waterman 1982.
20. Collins and Porras 1994, Foster and Kaplan 2001, and Tushman and O'Reilly 1997.
21. March 1991.
22. "Help At Last," *The Economist*, November 29, 2003, p. 11.
23. Cohen and Sproull 1996 and Camerer, Loewenstein, and Rabin 2004.
24. Bob Woodward's Bush at War New York: Simon & Schuster, 2002 and Richard Clarke's Against All Enemies New York: Free Press, 2004.
25. Lovallo and Kahneman 2003.
26. Ibid., p. 5.
27. Welch 2001, p. 106.
28. Holland et al. 1986 and Holland 1995.
29. Sternberg 1999, pp. 122-123, Holland et al. 1986, pp. 250-254.
30. Margaret Thatcher, "Special Report: Politics Past," politics.guardian.co.uk.
31. Harrington 1998.
32. Krames 2002, p. 105.
33. Page 1996.
34. Penrose 1959.
35. Wernerfelt 1984 and 1995, Barney 1991, Henderson and Mitchell 1997, Segal-Horn 1998, Mintzberg, Ahlstrand, and Lampel 1998, and Dosi, Nelson, and Winter 2000.
36. Penrose 1959.

37. Prahalad and Hamel 1990, Baghai, Coley and White 1999.
38. Prietula, Carley and Gasser 1998, pp. 3-22.
39. Boyd and Richerson 1985, p. 33.
40. Balkin 1998, Aunger 2000, and Sherman 2002. Dunbar et al. 1999 and Klein and Edgar 2002.
41. Nelson and Winter, 1982.
42. Katz 2000, Wright 1994, Ridley 1996, and Pinker 2002.
43. Henrich et al. 2004.
44. Anna Karenina, part I, ch. 1. Deal and Kennedy 1982, Peters and Waterman 1982, Kotter and Heskett 1992, Schein 1992, Howard and Haas 1993, Collins and Porras 1994, Cohen and Sproull 1996, de Gues 1997, Tushman and O'Reilly 1997, Aldrich 1999, Cohen and Prusak 2001, Collins 2001, Welch 2001, Bower 2003, and Roberts 2004.
45. Collins and Porras 1994, p. 147.
46. Edersheim 2004. www.mckinsey.com.
47. Krames 2002.
48. Gardner 2004.
49. Krames 2002.
50. Collins and Porras 1994, Collins 2001, Slater 1999, Foster and Kaplan 2001, Tushman and O'Reilly 1997, and Roberts 2004.
51. Penrose 1959.
52. Ibid., p. 18.
53. Axtell 2001.
54. Penrose 1959, pp. xvi-xviii, 12-13,18-19, 213-214.
55. Axtell 2001, Stanley et al. 1996, and Amaral et al. 1997 and 1998.
56. Minsky 1985.

17

1. Lewis 1999 and Lowenstein 2000.
2. Lewis 1999.
3. Peter Bernstein 1992.
4. Mandelbrot, 1997, p. 24.
5. Malkiel 1973.
6. Brealey and Myers 1988, Cochrane 2005, and Ross 2005, Lengwiler 2004
7. Copeland et al. 1994.
8. Campbell et al. 1997 p. 20.
9. Bernstein 1992, p. 17.
10. Fischer Black, "Noise," in Thaler 1993, pp. 3-22.
11. Malkiel 1973, pp. 161-172.
12. Thaler 1993, Shleifer 2000, Montier 2002, and Camerer, Loewenstein, and Rabin 2004, Ross 2005.
13. Gleick 1987, pp. 83-90.
14. Mandelbrot 1997, pp. 371-411.
15. 更具体地说，曼德尔布罗特提出数据遵循列维稳定分布（Levy Stable Distribution），尾部具有无标度的特点。
16. Mandelbrot and Hudson 2004.
17. Mandelbrot and Hudson (2004), p. 166.
18. Mandelbrot 1997, pp. 444-457.
19. Mandelbrot 1997, pp. 419-443.
20. Lo and MacKinlay 1999, p. 4.
21. Fama 1970, Lo and MacKinlay 1999, p. 13.

22. Lo and MacKinlay 1999, p. 14
23. Lo and MacKinlay 1999, pp. 17-45, Mandelbrot, 1997, and Mandelbrot and Hudson, 2004 Engle 1982.
24. LeBaron 1989 and 1994, Campbell et al. 1997, and Lo and MacKinlay 1999.
25. Farmer 1999, Farmer and Lo 1999, Mantegna and Stanley 2000, Sornette 2003, and Johnson, Jeffries, and Hui 2003.
26. Mantegna and Stanley 1996, Plerou et al. 1999, and Cont and Bouchaud 2000, and Sornette 2003.
27. Gleick 1987 and Bass 1999.
28. Farmer 2001.
29. Arthur 1995, Arthur et al. 1997, p. 38.
30. Arthur et al., "Asset Pricing Under Endogenous Expectations in an Artificial Stock Market," in Arthur, Durlauf, and Lane 1997, pp. 15-43.
31. Kahneman et al. 1982, Thaler 1993, Kagel et al. 1995, and Shleifer 2000.
32. LeBaron et al. 1999.
33. Farmer 1998, p. 5.
34. Farmer 1998 and 2002.
35. Farmer 2001, p. 64.
36. O'Hara 1995.
37. Farmer 1998, 2001, and 2002.
38. Neftci 1991, Brock et al. 1992, and LeBaron 1998.
39. Campbell et al. 1997, pp. 253-287.
40. Bernard, "Stock Price Reactions to Earnings Announcements," in Thaler 1993, pp. 303-340.
41. "A Survey of Risk", *Economist*, January 24, 2004, pp.10-11.
42. Farmer 1998, p. 4.

43. Surowiecki 2004.

44. Surowiecki 2003.

45. *General Theory of Employment, Interest and Money*.

46. Farmer 1998, pp. 44-45, and Farmer 2002, p. 935.

47. Lo 2004.

48. Copeland, Koller, and Murrin 2000.

49. Brealey and Myers 1988. Cochrane 2005.

50. Campbell, Lo, and MacKinlay 1997, pp. 188-217, and Montier 2002, pp. 81-86.

51. 1977 年，理查德·罗尔发现了这个问题。市场投资组合通常代表的是价值加权的 CRSP 指数。

52. Karceski 2002.

53. Campbell, Lo, and MacKinlay 1997, pp. 211-212, and Monder 2002, pp. 83-84. Copeland, Roller, and Murrin 2000, pp. 224-226.

54. 该理论认为比较仪应该是零 beta 组合，但必须再次使用代理，通常是政府债务作为代理，并且必须在选择代理时选择，如时间框架、特定工具和发行政府。

55. Campbell, Lo, and MacKinlay 1997, pp. 219-251, Lo and MacKinlay 1999, pp. 189-212, and Montier 2002, pp. 87-92.

56. Andrew Hill, reported by Financial Times, May 14, 2003.

57. McNulty et al., 2002, and Shefrin, 2005.

58. Copeland, Koller, and Murrin 2000, p. 7.

59. De Swaan and Harper 2003.

60. Kaplan and Norton 1996 and 2000.

61. Dobbs and Koller 2005.

62. Jensen 1998 and 2001, and Mas-Colell, Whinston, and Green 1995, pp. 152-154.

63. Copeland, Koller, and Murrin 2000, pp. 3-15.

64. Elkington 1999, Kelly 2003, Zadek 2004, and Bakan 2004.

65. Handy 2002.

66. Foster and Kaplan, 2001, p. 8.

67. 公司也可以在没有外部投资的情况下从自身的现金流中获取增长，但此类收益不会返还给股东，而是作为资本重新投资于企业生产。

68. Graham, Harvey, and Rajgopal 2005.

69. Davis 2005a.

70. Davis 2005b

71. de Gues 1997, p. 11.

72. Collins and Porras 1994, pp. 48-79.

18

1. Johnson 1988, p. 4.

2. Fukuyama 1992.

3. Giddens 1998 and 2000.

4. Giddens 2000.

5. Gintis et al. 2005, p. 4.

6. Gintis et al. 2005, p. 3.

7. Ibid., p. 8.

8. Gintis et al. 2005 and Henrich et al. 2004.

9. Silk in Gintis et al. 2005, pp. 43-75.

10. Damasio 2005.

11. Gintis et al. 2005, p. 29, and Heinrich et al. 2004, pp. 125-167.

12. Fong, Bowles, and Gintis, in Gintis et al. 2005, pp. 278-302.

13. Arrow 1974.

14. Wright 2000.

15. 英国撤销电话目录的故事可以在英国广播公司 2004 年 5 月 20 日播出的《错误的号码》（Wrong Numbers）这一纪录片中找到详细介绍。

16. Fligstein 2001.

17. Morris 2001.

18. www.worldbank.org.

19. www.worldbank.org.

20. Landes 1998, p. xix

21. North and Thomas 1973, Rosenberg and Birdzell 1986, and Landes 1998.

22. Diamond 1997.

23. Harrison and Huntington 2000.

24. Ibid., p. 2.

25. Bednar and Page 2003 and Bowles 2001a.

26. Grondona, in Harrison and Huntington 2000, pp. 44-55.

27. Thomas and Mueller 2000.

28. Harrison 2001.

29. Hammond 2000.

30. Zak and Knack 2001, Zak 2003, and Glimcher 2002 and 2003.

31. Henrich et al. 2004.

32. Zak 2003, Gintis et al. 2005, p. 381.

33. Fukuyama 1995, pp. 62-145.

34. Hoff and Sen 2001.

35. Easterly 2002.

36. Putnam 2000.
37. Ibid., p. 19.
38. Ibid., pp. 21-22
39. Putnam 1993, p. 5.
40. Ibid., pp. 5-6.
41. Padgett and Ansell 1993.
42. Putnam 2000, pp. 15-17.
43. Purdy 2003, Fukuyama 1995.
44. Fukuyama 1999, pp. 31-44.
45. Putnam 2000, p. 195.
46. Ibid., pp. 402-414.
47. Fukuyama 1999, pp. 263-282.
48. Putnam 1993 and 2000, Fukuyama 1995 and 1999, Bowles, Choi, and Hopfensitz 2003, Skyrms 1996, Sober and Wilson 1998, and Bowles 2004.
49. Bowles 2004, p. 12.
50. Stanley Fischer, "Global Inequality: More or Less Equal," The *Economist*, May 11, 2004.
51. Abul-Magd 2002.
52. Miller 2003, p. 50. Matt Miller.
53. Arrow, Bowles, and Durlauf 2000, and Bowles, Gintis, and Osborne Groves 2005.
54. Ibid., pp. 1-22.
55. Duncan et al., in Bowles, Gintis, and Osborne Groves 2005, pp. 23-79. Bowles, Gintis, and Osborne 2001.
56. Feldman, Otto, and Christiansen, in Arrow, Bowles, and Durlauf 2000, pp. 62-85.
57. Bowles 2001b.

58. Durlauf 2001.

59. Miller 2003, pp. 69-91.

60. Hertz, in Bowles, Gintis, and Osborne Groves, eds. 2005, p. 188.

61. Harrison and Huntington 2000, p. xiv.

62. Bewley, in Gintis et al. 2005, pp. 303-338.

63. Wackernagel et al. 2002.

64. Sterman and Sweeney 2002.

65. Richards, ed. 2000, and Kollman, Miller, and Page, eds. 2003.

66. *The Oxford Dictionary of Quotations Oxford*: Oxford University Press, 1999.

67. E. M. Forster, 1938, *Two Cheers for Democracy.*

后记

1. Fogel 2004 and Bernstein 2004.

2. Diamond 2005.

3. www.lib.umich.edu / govdocs / elec2004.

4. Buder et al. 1997 and Johnson, Manyika, and Yee 2005.

5. Huntington 1996.

6. Kennedy 1987, Diamond 1997, and Wright 2000.

7. Edmund Burke, 1790. Reflections on the Revolution in France.

译者后记

2018 年 6 月，湛庐文化的简学老师和黄小骑老师向我推荐了他们花费数年时间、付出诸多努力而成功引进的《财富的起源》，并邀请我担任翻译。由于本人时间精力有限，于是我又邀请了刘玮琦、尤娜两位朋友与我共同翻译，我负责翻译的是 1—9 章的内容，刘玮琦负责的是 10—14 章的内容，尤娜负责的是 15—18 章以及后记的翻译。在此，我想感谢两位朋友的通力合作，感谢简院长与黄主编对我们工作的大力支持，使得本书得以顺利出版。

我在经济学方面的翻译经验可谓有限，平日里对于经济学读物也总怀有一种距离感。然而，在翻译本书的过程中，我深深地被书中的内容所吸引。本书为我们呈现了诸多事实，提供了一套创新性的、富有洞见的理论框架，为现代经济社会提供了更加贴切的解释和指导，让人耳目一新、深受启迪。相信读完此书的读者都会拥有这样的感受。由于我们的能力有限，译文中难免存在一些错误和不足之处，恳请广大读者多提宝贵建议和意见！我们也希望在未来能够翻译更多这类颇具价值的读物以飨读者。

俸绪娴

未来，属于终身学习者

我这辈子遇到的聪明人（来自各行各业的聪明人）没有不每天阅读的——没有，一个都没有。巴菲特读书之多，我读书之多，可能会让你感到吃惊。孩子们都笑话我。他们觉得我是一本长了两条腿的书。

——查理·芒格

互联网改变了信息连接的方式；指数型技术在迅速颠覆着现有的商业世界；人工智能已经开始抢占人类的工作岗位……

未来，到底需要什么样的人才？

改变命运唯一的策略是你要变成终身学习者。未来世界将不再需要单一的技能型人才，而是需要具备完善的知识结构、极强逻辑思考力和高感知力的复合型人才。优秀的人往往通过阅读建立足够强大的抽象思维能力，获得异于众人的思考和整合能力。未来，将属于终身学习者！而阅读必定和终身学习形影不离。

很多人读书，追求的是干货，寻求的是立刻行之有效的解决方案。其实这是一种留在舒适区的阅读方法。在这个充满不确定性的年代，答案不会简单地出现在书里，因为生活根本就没有标准确切的答案，你也不能期望过去的经验能解决未来的问题。

而真正的阅读，应该在书中与智者同行思考，借他们的视角看到世界的多元性，提出比答案更重要的好问题，在不确定的时代中领先起跑。

湛庐阅读 App：与最聪明的人共同进化

有人常常把成本支出的焦点放在书价上，把读完一本书当作阅读的终结。其实不然。

时间是读者付出的最大阅读成本

怎么读是读者面临的最大阅读障碍

“读书破万卷”不仅仅在“万”，更重要的是在“破”！

现在，我们构建了全新的“湛庐阅读”App。它将成为你“破万卷”的新居所。在这里：

- 不用考虑读什么，你可以便捷找到纸书、电子书、有声书和各种声音产品；
- 你可以学会怎么读，你将发现集泛读、通读、精读于一体的阅读解决方案；
- 你会与作者、译者、专家、推荐人和阅读教练相遇，他们是优质思想的发源地；
- 你会与优秀的读者和终身学习者为伍，他们对阅读和学习有着持久的热情和源源不绝的内驱力。

CHEERS

本书阅读资料包

给你便捷、高效、全面的阅读体验

本书参考资料

湛庐独家策划

- ✔ 参考文献
  为了环保、节约纸张，部分图书的参考文献以电子版方式提供

- ✔ 主题书单
  编辑精心推荐的延伸阅读书单，助你开启主题式阅读

- ✔ 图片资料
  提供部分图片的高清彩色原版大图，方便保存和分享

相关阅读服务

终身学习者必备

- ✔ 电子书
  便捷、高效，方便检索，易于携带，随时更新

- ✔ 有声书
  保护视力，随时随地，有温度、有情感地听本书

- ✔ 精读班
  2~4周，最懂这本书的人带你读完、读懂、读透这本好书

- ✔ 课　程
  课程权威专家给你开书单，带你快速浏览一个领域的知识概貌

- ✔ 讲　书
  30分钟，大咖给你讲本书，让你挑书不费劲

湛庐编辑为你独家呈现
助你更好获得书里和书外的思想和智慧，请扫码查收！

（阅读资料包的内容因书而异，最终以湛庐阅读App页面为准）

湛庐阅读App

思想者的声音图书馆

倡导亲自阅读

不逐高效，提倡大家亲自阅读，通过独立思考领悟一本书的妙趣，把思想变为己有。

阅读体验一站满足

不只是提供纸质书、电子书、有声书，更为读者打造了满足泛读、通读、精读需求的全方位阅读服务产品——讲书、课程、精读班等。

以阅读之名汇聪明人之力

第一类是作者，他们是思想的发源地；第二类是译者、专家、推荐人和教练，他们是思想的代言人和诠释者；第三类是读者和学习者，他们对阅读和学习有着持久的热情和源源不绝的内驱力。

CHEERS

以一本书为核心

遇见书里书外，更大的世界

有声书

随时随地，有温度、
有感情地听本书

纸质书

湛庐纸书一站购买
还有读者专享福利

精 读

2~4周，带你读完、
读懂、读透一本好书

电子书

最新最全的湛庐电子书
随时随地亲自阅读

讲 书

30分钟
大咖给你讲本书
让你挑书不费劲

延伸阅读

编辑精心制作的内容拓展
测试、视频、注释、参考文献
只为优化你的体验

课 程

权威专家带你快速浏览
一个领域的知识概貌

专 题

主题式阅读书单
让你与更多好书相遇

图书在版编目（CIP）数据

财富的起源 /（英）埃里克·拜因霍克著；俸绪娴，刘玮琦，尤娜译．— 杭州：浙江人民出版社，2019.10（2025.10 重印）

书名原文：The Origin of Wealth

ISBN 978-7-213-09419-4

Ⅰ．①财… Ⅱ．①埃… ②俸… ③刘… ④尤… Ⅲ．①经济史—研究—世界 Ⅳ．① F119

中国版本图书馆 CIP 数据核字（2019）第 182919 号

浙江省版权局
著作权合同登记章
图字：11-2019-122 号

上架指导：商业趋势

财富的起源

［英］埃里克·拜因霍克　著

俸绪娴　刘玮琦　尤娜　译

出版发行：浙江人民出版社（杭州市环城北路 177 号　邮编 310006）

市场部电话：（0571）85061682　85176516

集团网址：浙江出版联合集团　http://www.zjcb.com

责任编辑：朱丽芳

责任校对：杨　帆　陈　春

印　　刷：唐山富达印务有限公司

开　　本：710mm × 965mm 1/16　　　印　　张：38

字　　数：506 千字

版　　次：2019 年 10 月第 1 版　　　印　　次：2025 年 10 月第 8 次印刷

书　　号：ISBN 978-7-213-09419-4

定　　价：159.90 元

如发现印装质量问题，影响阅读，请与市场部联系调换。